Ruschkowski
Elektronische Klänge und
musikalische Entdeckungen

Reclam Sachbuch premium

André Ruschkowski

Elektronische Klänge und musikalische Entdeckungen

Mit 69 Abbildungen

Reclam

3., ergänzte Auflage 2019

RECLAMS UNIVERSAL-BIBLIOTHEK Nr. 19613
1998, 2010, 2019 Philipp Reclam jun. Verlag GmbH,
Siemensstraße 32, 71254 Ditzingen
info@reclam.de
Umschlagabbildung: Professioneller Synthesizer –
© shooter / Alamy Stock Foto
Druck und Bindung: Esser printSolutions GmbH,
Untere Sonnenstraße 5, 84030 Ergolding
Printed in Germany 2025
RECLAM, UNIVERSAL-BIBLIOTHEK und
RECLAMS UNIVERSAL-BIBLIOTHEK sind eingetragene Marken
der Philipp Reclam jun. GmbH & Co. KG, Stuttgart
ISBN 978-3-15-019613-7
reclam.de

Inhalt

Vorwort 9

»Die wahre Art, den Synthesizer zu spielen« – Analoge Klangerzeugung und Klangsteuerung

Die Anfänge

Erste Schritte 15
Klänge aus der Luft 23
Jörg Magers Mikromelodien 36
Musikalische Wellen aus Paris 47
Die Odyssee des Trautoniums 56
Frische Ideen für neue Klänge 75
Verblüffende Instrumentenideen aus Kanada . . . 87
Robert Moog und die Spannungssteuerung 109
Donald Buchla und das San Francisco Tape Music Center 120
Synthesizer als Symbol des Fortschritts 136

Technik analoger Klangsynthese und Klangsteuerung

Spannungsgesteuerte Klänge 148
Die Klangerzeugung 152
Die Klangformung 158
Die Modulation 165
Sequenzer 175
Analoge Synthesizerarten 181

Elektronische Klangerzeugung und musikalische Konzeptionen
Die amerikanische Music for Tape und der erste Synthesizer 184
Die Entwicklung der Musique concrète 207
Elektronische Musik aus Köln 228

»Der wohlprogrammierte Computer« – Digitale Klangerzeugung und Klangsteuerung

Der Computer und seine musikalischen Anwendungen 259

Die Anfänge 261

Komposition mit dem Computer
Erste Experimente von Lejaren Hiller und Iannis Xenakis 266
Algorithmische Komposition 284
Markov-Modelle 285 · Generative Grammatiken 286 · Übergangsnetzwerke 288 · Chaos und Selbstähnlichkeit 289 · Genetische Algorithmen 291 · Zelluläre Automaten 292 · Neuronale Netze 294 · Künstliche Intelligenz 295

Klangsynthese mit dem Computer
Technische Voraussetzungen 298
Direkte Synthese 300
Additive Synthese 305
Synthese durch Frequenzmodulation 308
Synthese durch Amplitudenmodulation 319
Waveshaping-Synthese 323
Granularsynthese 327

Resynthese 332
Physical Modeling 345
Sound-Sampling 349
Digitale Synthesizerarten 357
Immer neue Synthesizer? 361

Klangsteuerung und Klangbearbeitung
mit dem Computer

Digital/Analog-Systeme 364
Gemischte digitale Systeme 368
Computer steuern Synthesizer und Sampler 373

Die MIDI-Kommunikation

Warum MIDI? 384
Das MIDI-System 391
Die MIDI-Kanaldaten 398
Die MIDI-Systemdaten 415
Der General MIDI-Standard 421

Musiktechnologie zu Beginn des 21. Jahrhunderts . . 426

Anmerkungen 435
Abbildungsnachweis 452
Bibliographie 453
Diskographie 463
Register 468

Zum Autor 476

Vorwort

Es ist schon seltsam, daß ausgerechnet Musik und elektronische Technik in der medialen Welt eine so enge Verbindung eingegangen sind. Stehen diese Bereiche doch geradezu für zwei Pole menschlicher Weltsicht, für verstandes- und gefühlsgesteuerte Prozesse, für wissenschaftliche und künstlerische Aneignungsweisen. Um so erstaunlicher ist die Tatsache, daß wir seit längerer Zeit bereits in einer partiell von Mikroprozessoren kontrollierten Musikwelt leben, ohne daß viele bisher davon Kenntnis genommen haben. Das Computerzeitalter verändert zunehmend auch die Arbeitsweise von Komponisten und Interpreten. Hier ist innerhalb kurzer Zeit die Elektronik in einem Umfang unentbehrlich geworden, daß man schon von einer heimlichen Revolution sprechen kann.

Komponisten, gleich welchen Genres, sind der Verwirklichung einer uralten Vision nahe: Im Dialog mit der Maschine sind sie allein in einem kreativen »Elfenbeinturm«, ohne Streit mit Interpreten. Sie können das Resultat sofort im Lautsprecher überprüfen, korrigieren, ergänzen oder Mißglücktes aus dem Programm streichen. Obwohl diese aufregend utopisch anmutenden Produktionstechniken bereits massenhafte Realität sind, erschwert auf der Rezipientenseite das noch immer verbreitete Image des Computers als »personifizierten Übermenschen« eine sachgerechte Auseinandersetzung mit Vor- und Nachteilen elektronischer Musikproduktion.

Die vorliegende Publikation soll innerhalb dieser Diskussion auch dem Nichtfachmann als Wegweiser dienen, als eine Orientierungshilfe innerhalb dieses sich derzeit explosionsartig entwickelnden Gebietes, das auf dem Weg ist, zum medialen Angelpunkt der weiteren musikkulturellen Entwicklung zu werden. In diesem Punkt unterscheidet sich die vorliegende Darstellung von technischen Abhandlungen, wie sie meist in speziellen Synthesizer- oder MIDI-Handbüchern geboten werden. Der Schwerpunkt dieser Publikation ergibt sich aus der Entscheidung, musikalische und technische Entwicklungen zusammenhängend darzustellen. Damit sollen Bedingungen für die Herausbildung musikelektronischer Techniken umrissen werden, die seit ihren Anfängen in Bastelstuben erfinderischer Ingenieure und in akademischen Forschungslaboratorien immer öfter von populären musikalischen Genres adaptiert wurden und so massenhafte Verbreitung fanden, die mittlerweile fast vollständig in die Marktmechanismen populärer Musikproduktion integriert und dennoch nicht in ihnen aufgegangen sind.

Das Konzept weist, wie am Inhaltsverzeichnis ersichtlich, mit einem analogen und einem digitalen Abschnitt eine deutliche Zweiteilung auf. Daraus sollte jedoch nicht geschlossen werden, daß beide Bereiche nichts miteinander zu tun haben – im Gegenteil. Besonders bei den im Kapitel »Klangsynthese mit dem Computer« erläuterten Verfahren wird deutlich, daß eine scharfe Trennung nicht existiert. Viele der Synthesetechniken lassen sich ebenso mit analogen Mitteln realisieren, wenn auch mit unvergleichlich höherem technischen Aufwand und mit geringerer Präzision. Der Rechner »simuliert« in den meisten Fällen durch ein entsprechendes Programm die analogen Abläufe.

Der erste Teil dieses kleinen Bandes bezieht sich in technischer Hinsicht vor allem auf die traditionell in diesem Zusammenhang wichtige subtraktive Klangsynthese. Jeder interessierte Leser soll hier Anregungen finden, wenn er, tagtäglich mit den Resultaten der Elektrifizierung der musikalischen Umwelt durch die verschiedensten Medien konfrontiert, mehr über Zusammenhänge und Hintergründe elektronischer Musikproduktion erfahren möchte. Unvermeidlich ist der bei diesem Thema relativ hohe Anteil technischer Details, auch wenn es sich mit einem elektronischen

Musikinstrument wie mit einem Radioapparat verhält: Detaillierte Kenntnis der internen technischen Vorgänge ist für die erfolgreiche Benutzung keine Bedingung. Jedem, der bereits seine ersten Schritte bei der Beschäftigung mit elektronischen Instrumenten hinter sich hat, ist andererseits klar, daß es ohne Kenntnis grundlegender akustischer, musikalischer und technischer Zusammenhänge nicht besser geht.

Mein herzlicher Dank gilt allen Freunden und Kollegen, die mir sowohl mit Material und Informationen als auch durch Anregungen und Kritik bei der Fertigstellung dieses Manuskriptes eine entscheidende Hilfe waren.

Die im Buch genannten Markennamen und Produktbezeichnungen unterliegen in der Regel dem patent- und warenrechtlichen Schutz, werden jedoch nicht ausdrücklich mit ®, © oder ™ gekennzeichnet.

Für die 2. Auflage 2010 ist im Kapitel »Komposition mit dem Computer« der Teil »Algorithmische Komposition« hinzugefügt worden.

Für die 3. Auflage 2019 wurde das neue Kapitel »Musiktechnologie zu Beginn des 21. Jahrhunderts« ergänzt.

André Ruschkowski

»Die wahre Art, den Synthesizer zu spielen« –

Analoge Klangerzeugung und Klangsteuerung

Die Anfänge

Erste Schritte

Von der bestaunten Varietésensation zur jederzeit verfügbaren Klangquelle entwickelten sich Musikinstrumente auf elektrischer Basis erst in den letzten drei Jahrzehnten des 20. Jahrhunderts. Sucht man nach ihren Wurzeln, stößt man auf die überraschende Tatsache, daß bereits vor mehr als 250 Jahren elektrische Kraftwirkungen musikalisch genutzt wurden. Seit Mitte des 16. Jahrhunderts – die Elektrizitätslehre begann sich gerade als neuer Teilbereich der physikalischen Wissenschaften zu formieren – versuchte man die sprunghaft anwachsenden Erkenntnisse dieses Bereiches für immer zahlreichere praktische Anwendungen zugänglich zu machen. Einen Markstein dieser Entwicklung verkörperten die Elektrisiermaschinen, die im 18. Jahrhundert zu regelrechten Lieblingsgeräten der Naturforscher avancierten, obwohl das Prinzip bereits 1663 durch Otto von Guericke entdeckt worden war. Er hatte eine Schwefelkugel mit einer Eisenstange als Achse versehen, sie rotieren lassen und an der sich drehenden Schwefelkugel mit den Händen (!) eine Ladungstrennung herbeigeführt. Die so gewonnenen Erkenntnisse nutzte er für das Studium von Anziehung und Abstoßung solcherart elektrisierter Körper.

Um die Mitte des 18. Jahrhunderts gab es dann die erste Möglichkeit, diese flüchtigen elektrischen Ladungen zu speichern. 1745/46 wurden die ersten sogenannten Leidener Flaschen konstruiert, die zunächst aus einem eisernen Nagel oder Drahtende in einem Medizinfläschchen bestanden, in dem sich eine Flüssigkeit – Quecksilber oder Weingeist – als Elektrolyt befand. Wurde diese Anordnung durch eine

Elektrisiermaschine »aufgeladen«, so konnte man auch nach Abtrennung der Maschine die gewünschten elektrischen Effekte erreichen. Diese bestanden zumeist darin, daß derjenige, welcher das Ende des Nagels und die Glasaußenwand des Gefäßes gleichzeitig berührte, einen elektrischen Schlag erhielt.

Auf diesen Entdeckungen beruhten auch die Forschungen des Philosophen und Naturforschers Alessandro Volta, der 1799 die Leidener Flasche zur Voltaschen Säule perfektionierte. Die Säule bestand aus einer Aufeinanderschichtung von Zinkplatten, feuchten Pappscheiben und Silberstücken. Damit hatte er eine Reihenschaltung einzelner Stromquellen realisiert, die erstmals die kontinuierliche Erzeugung höherer Spannungen bis zu einigen 100 Volt ermöglichte. Batterien dieser Art, die das elektrische Fluidum in Bewegung setzen, bezeichnete man damals interessanterweise u. a. als »Elektromotor«. Bereits 1780 hatte der Anatom Luigi Galvani aus Bologna eine folgenreiche Zufallsbeobachtung gemacht: Er entdeckte bei Versuchen mit der Elektrisiermaschine, daß im Augenblick des Funkenüberschlages die Schenkel eines frisch präparierten Frosches, an dessen Schenkelnerven ein Messer angelegt war, merkwürdig zusammenzuckten. Galvani weitete seine Beobachtungen zu einer stark beachteten Theorie aus, die den Namen Galvanismus erhielt. Sie glaubte sich der romantischen Vorstellung von einer »allgemeinen Lebenskraft« auf der Spur, wurde aber im 19. Jahrhundert durch neuere Forschungen widerlegt.

Die erste Überlieferung einer im weitesten Sinn musikalischen Anwendung dieser elektrischen Kraftwirkungen nun stammt aus dem Jahr 1730, wurde also bereits 50 Jahre vor dem spektakulären Froschschenkelzucken Luigi Galvanis erprobt. Sie geht auf den tschechischen Erfinder Pater Prokopius Diviš aus Prendnitz bei Znaim zurück, der durch die erste Anwendung des Blitzableiters in Europa von sich reden machte. Er konstruierte ein sogenanntes Mutationsorchestrion mit dem Namen »Denis d'or«. Seine Versuche sorgten für einiges Aufsehen in der Öffentlichkeit. Nach Curt Sachs' Reallexikon der Musikinstrumente konnten darauf die Töne ziemlich aller Blas- und Saiteninstrumente nachgeahmt werden. Wenn auch nahezu nichts über die genaue technische Wirkungsweise dieses Instrumentes überliefert ist, so findet eine besonders spektakuläre konstruktive Finesse bei Sachs dennoch Erwähnung:

> Auch war ein unzeitiger und ortswidriger Scherz dabei angebracht, indem der Spieler des Instruments so oft einen elektrischen Schlag erhielt, als der Erfinder es wollte. Das einzige Exemplar, welches Diviš verfertigte, kaufte der Prälat vom Bruck, Georg Lambeck, der dann, solange er lebte, zu dessen Spiele einen besonderen Tonkünstler unterhielt.[1]

30 Jahre später beschrieb der französische Jesuitenpater Jean-Baptiste Laborde ein von ihm erfundenes »elektrisches Cembalo«. Hierbei handelte es sich um ein speziell präpariertes Glockenspiel, das durch elektrische Kraftwirkungen gesteuert wurde. Es nutzte die Anziehungs- und Abstoßungskraft elektrisch aufgeladener Pendel zum Anschlagen von Glocken und war mit einer Tastatur ausgerüstet, die für jede Glocke eine eigene Taste besaß.

Aus dem Jahr 1867 stammt ein elektromechanisches Klavier, konstruiert vom Direktor der Telegraphenfabrik Neufchâtel, Matthäus Hipp. 1876 trat in Chicago Elisha Gray, der unabhängig von Bell und zur selben Zeit das Telefon erfand, mit einem elektromusikalischen Piano ans Licht der Öffentlichkeit. Er übertrug anläßlich der Einhundertjahrfeier der Stadt Philadelphia Schwingungen von chromatisch gestimmten Stahlzungen, die auf elektromagnetischem Weg abgenommen wurden, durch Telefonleitungen. Ein erstes Patent auf dem Gebiet elektrischer Klangerzeugung wurde 1885 an Ernst Lorenz aus Frankfurt am Main erteilt. Er schlug für die Tonerzeugung den elektromagnetischen

Selbstunterbrecher vor, wie er mittlerweile noch in Gleichstromklingeln Verwendung findet. Auch eine Art Lautsprecher beinhaltete seine Patentschrift bereits. In Boston erfanden zu Beginn des 20. Jahrhunderts Melvin L. Severy und George B. Sinclair ein zweimanualiges Klavierinstrument, dessen Metallsaiten nicht durch eine Hammermechanik, sondern durch Elektromagneten in Schwingung versetzt wurden. Sie nannten es »Choralcello« und versuchten damit den Klang bekannter Orchesterinstrumente zu imitieren. Klangfarbenänderungen der schwingenden Saiten erreichten sie mit Hilfe von Wechselströmen, deren Frequenzen unter den Schwingungsfrequenzen der jeweiligen Saiten lagen.

Die Neuzeit des elektronischen Instrumentenbaus leitete eine Erfindung ein, die in nahezu jeder Beziehung ungewöhnlich war. Dabei beabsichtigte der Konstrukteur weniger die Schaffung bestaunenswerter Kuriosa, sondern ging von pragmatischen Forderungen aus: Technisch auf der Höhe der Zeit und völlige Kontrolle der Töne durch den Spieler. So lauteten die erklärten Ziele des Amerikaners Thaddeus Cahill (1867–1934). Um 1900 stellte er in Washington den Prototyp einer 200 Tonnen schweren Orgelmaschine vor, die er »Dynamophone« nannte. Doch nicht nur das Instrument, auch der Konstrukteur selbst war eine außergewöhnliche Person. Verkörperte er doch den Typ des professionellen Erfinders, der sich – als ausgebildeter Jurist – ebenso fachkundig um die Vermarktung seiner Konstruktionen bemühte. Das Dynamophone war ohne Zweifel seine spektakulärste, nicht aber seine einzige Erfindung. Bekannt wurde er vor allem durch den Bau der ersten elektrischen Schreibmaschine und die Entwicklung der Idee zur industriellen Musikberieselung an öffentlichen Orten, später »Muzak« genannt, die sich folgerichtig aus seinen Vorstellungen über den Einsatz seines Dynamophones ergab. Für die Konstruktion des Dynamophones, das auch unter dem Namen »Telharmonium« bekannt wurde, waren drei wissenschaftlich-technische Voraussetzungen nötig: Zunächst die Erkenntnis, daß auch komplexe Töne durch Addition einzelner Sinusschwingungen erzeugbar sind, wie es Hermann von Helmholtz in seiner 1863 erschienenen *Lehre von den Tonempfindungen* demonstriert hatte. Dazu kam die Erfindung des elektrischen Generators zur Erzeugung von sinusförmigen Wechselströmen und schließlich die Erfindung des Telefons 1861. Cahill erdachte und baute seine Maschine, bevor es elektronische Verstärker gab. Die Elektronenröhre wurde erst ein halbes Jahrzehnt später durch Robert von Lieben und Lee de Forest erfunden. Daher mußte er für jeden Ton einen riesigen dampfgetriebenen

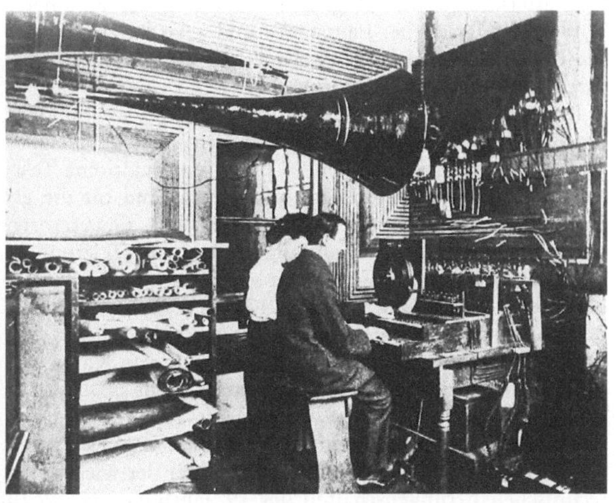

Abb. 1 Das um 1900 von Thaddeus Cahill konstruierte Dynamophone zählt zu den spektakulärsten elektronischen Musikinstrumenten.

Wechselstromerzeuger benutzen, der ihm die sinusförmigen Ausgangsspannungen lieferte. Dieses Prinzip des Zahnradgenerators erwies sich schließlich als zukunftsweisend, verhalf es doch gut 30 Jahre später Laurens Hammond in Chicago bei der Konstruktion seiner Orgel zu großem kommerziellem Erfolg.

Bei der Klangformung des Dynamophones kam das additive Verfahren zur Anwendung, d. h., der Spieler hatte die Möglichkeit, ihm musikalisch verwendbar erscheinende Klangfarben durch Schalter zu kombinieren. Das Instrument produzierte Klänge mit veränderbarem Obertongehalt in einem Bereich von fünf Oktaven, wobei es dem Konstrukteur vor allem um die Imitation von bekannten Orchesterklangfarben ging. Zur Steuerung der Parameter Tonhöhe, Klangfarbe, Lautstärke und »Artikulation« verfügte das Instrument über zwei anschlagsdynamische Tastaturen sowie eine Pedaltastatur.

Erste Konzerte mit dem Prototyp des Dynamophones um 1900 in Washington wurden – in Ermangelung geeigneter Übertragungsmöglichkeiten – über das städtische Telefonnetz ausgestrahlt. Hier lag auch der Grund für die gigantischen Ausmaße des Instruments: Die Generatoren mußten die ständigen Spannungsverluste im Telefonnetz wieder ausgleichen. Insgesamt produzierten die 35 Stromerzeuger eine Leistung von über 10 000 Watt, was auch die 200 Tonnen Gewicht des Instrumentes erklärt.

Die Idee, das Telefon für die Übertragung von Konzerten oder Opern zu nutzen, ist weniger exotisch, als sie heute, da das Telefon zum profanen Alltagsgerät geworden ist, erscheinen mag. Nachrichten übertrug man damals schnell und zuverlässig mit dem Telegraphen, einer der wichtigsten technischen Errungenschaften des 19. Jahrhunderts. Wozu sollte man diese Nachrichten nochmals am Telefon wiederholen? Also hörte man in vielen großen Städten um die Jahrhundertwende am Telefonhörer vor allem Musik. In

London gab es das Electrophone, in Paris das Théâtrophone, in Delaware das Tel-Musici, und in Budapest hörte man bis 1945 Hírmondó. Auch in Deutschland gab es vergleichbares; in München konnte man bis 1929 Musik am Hörer genießen, bis diese Übertragungsform schließlich durch den Hörfunk obsolet wurde.

Thaddeus Cahill war also nicht der Erfinder musikalischer Telefonübertragungen, nutzte sie aber geschickt für seine Zwecke. Die ersten Dynamophone-Konzerte hatten vor allem ein Ziel: Investoren anzulocken, welche diese neue Art der Musikerzeugung für renditeträchtig hielten. Es gab zahlreiche positive Reaktionen in der Öffentlichkeit, was sich auch in einer entsprechenden Investitionsbereitschaft niederschlug. Dadurch wurde es möglich, ein neues, technisch weiterentwickeltes Modell des Dynamophones zu bauen, das nach seiner Fertigstellung 1906 in Holyoke, Massachusetts, auf nicht weniger als 30 Eisenbahnwagen gen New York transportiert wurde. Dort wurde das Instrument in einem eigens dafür präparierten Saal, der »Telharmonium Hall«, aufgestellt. Cahill gründete eine Gesellschaft, die New York Electric Music Company, mit dem Ziel, Live-Aufführungen »populärer Klassik« für zahlende Hörer am Telefon zu veranstalten. Als beitragszahlendes Mitglied dieser Gesellschaft konnte man die Telefonkonzerte Cahills »abonnieren«. Die Gesellschaft war zunächst ein großer Erfolg. Beim ersten Konzert zur Einweihung der Telharmonium Hall im September 1906 hatte Cahills Gesellschaft bereits etwa 900 Mitglieder. Diese Zahl wollte er so schnell wie möglich auf Tausende von Mitgliedern ausweiten. Dazu beabsichtigte er nicht nur ein, sondern vier verschiedene Dynamophone-Programme gleichzeitig anzubieten, die sich stilistisch an jeweils spezielle Hörertypen wenden sollten.

Dazu kam es jedoch nicht mehr. Es gab vielfältige technische und auch rechtliche Probleme, so daß immer mehr Mitglieder der Gesellschaft – nachdem der Sensationscharakter abnahm – ihr Interesse verloren. Vor allem die Telefon-Übertragung erwies sich als technisch problematisch. Viele Telefonteilnehmer beklagten sich über Störungen des Gesprächsverkehrs. Zum endgültigen Eklat soll es gekommen sein, als sich einer der Sponsoren Cahills, der einflußreiche J. P. Morgan, bei der Telefongesellschaft über die Beeinträchtigung eines seiner Gespräche durch Musikübertragungen des Dynamophones beschwerte. Gewichtiger mag eine andere Ursache gewesen sein: Einer der Interpreten berichtet über den Klangcharakter des Dynamophones:

> Trotz aller Variabilität der verfügbaren Klangfarben hatte das Instrument seinen eigenen, alles durchdringenden speziellen Klangcharakter, der mit der Zeit stark auf die Nerven ging.[2]

Damit war um 1911 das Schicksal dieser »außergewöhnlichen Erfindung zur Herstellung wissenschaftlich vollkommener Musik«, wie ein zeitgenössisches Magazin zu berichten wußte[3], besiegelt.

Bemerkenswert an der Entwicklung des Dynamophones war vor allem die Tatsache, daß die Übertragung mittels Telefon – ursprünglich in Ermangelung geeigneter technischer Alternativen als notwendiges Übel gewählt – sich immer mehr als Vorteil bei der Durchsetzung der wirtschaftlichen Interessen Cahills und seiner Investoren erwies. Ging es dem Erfinder zu Beginn noch primär um die Aufführung von traditionellem musikalischem Repertoire mit modernen technischen Mitteln, so trat zunehmend die Idee der direkten und kostenpflichtigen Lieferung von Musik an Haushalte und Büros in den Vordergrund. Das Telefon war dafür das geeignete Mittel, da es, im Gegensatz zum später entstandenen Hörfunk, eine individuelle Abrechnung der in Anspruch genommenen Leistungen ermöglichte. Damit war Thaddeus Cahill einer der ersten, der das wirtschaftliche Potential eines Kabelnetzes erkannte und für sich zu nutzen versuchte. Eine alte Idee also, die Jahrzehnte später zahllosen Pay-TV-Kanälen rund um den Erdball zu ihrem Einkommen verhalf und in Verbindung mit den Multimedia-Datennetzen im Computerbereich bei Netzbetreibern und Anbietern von Netzdiensten die Grundlage für ein profitables Geschäftsmodell bietet.

Klänge aus der Luft

In den frühen zwanziger Jahren des 20. Jahrhunderts begann man in der damals neu gegründeten Sowjetunion, sich mit elektronischer Klangerzeugung zu befassen. Dies war Teil eines allgemeinen Aufbruchs, der besonders nach der Oktoberrevolution von 1917 und dem Ende des Ersten Weltkrieges und vor allem im künstlerischen Bereich spürbar war. Viele russische Künstler pendelten bereits seit dem Beginn des 20. Jahrhunderts zwischen ihrer Heimat und dem Westen. So begann Wassily Kandinsky um 1900 in München seine Karriere als Maler, und Sergej Diaghilew präsentierte 1909 erstmals seine »Ballets russes« in Paris, um sich schließlich – nach ausgedehnten Tourneen durch Europa und Amerika – vollständig dort niederzulassen. Auch Marc Chagall reiste 1910 erstmals an die Seine, um dort für ihn fremdartige kubistische Bilder zu sehen. Igor Strawinsky fuhr im selben Jahr in die Schweiz und begann dort mit der Arbeit an seinem *Sacre du Printemps.*

Die radikalen Umwälzungen der russischen Revolution, der totale Bruch mit Tradition und bisheriger Geschichte, ließ viele Künstler nach neuen Ausdrucksformen suchen, was sich vor allem in einer veränderten Auswahl und Behandlung des Materials zeigte. Der Konstruktivismus entstand, und auch der Russische Formalismus als ästhetisches Programm in Literatur und Musik sorgte innerhalb Rußlands und im Westen gleichermaßen für Aufsehen. Diese produktive und folgenreiche Phase, in der die russische Kunst der des Westens neue Impulse gab – und umgekehrt – fand ein jähes Ende. Als Lenin 1924 an den Folgen eines auf ihn verübten Attentates starb und Stalin seine Nachfolge antrat, verschlechterten sich insbesondere auch die Arbeitsbedingungen für Künstler rapide. »Formalismus« avancierte vom Stilmittel zum Schimpfwort, und das Zeitalter des »sozialistischen Realismus« mit seinem Ideal neoklassizistischer Volkstümelei begann jede Innovation im Keim zu ersticken. Doch davon war am 7. Oktober 1921 noch nichts zu spüren. Die *Prawda* berichtete an diesem Tag über die Vorführung eines neuartigen Musikinstrumentes auf dem »8. Allrussischen Elektrotechnischen Kongreß« in Moskau folgendes:

> In der Abendsitzung der vereinigten Sektionen des Kongresses wurde ein äußerst interessanter Vortrag des Ingenieurs Termen über einen Tongenerator neuester Konstruktion und seine Anwendung auf dem Gebiet der Wiedergabe von Klangeffekten angehört. Genosse Termen erklärte die Konstruktion des Tongenerators, wies auf die Möglichkeiten hin, auf elektrischem Wege musikalische Klänge wiederzugeben, und demonstrierte verblüffende Versuche: Er bewegte die Hand in der Luft vor einem Metallschirm und erzeugte dadurch Töne von einer Membran, die in einem Stromkreis geschaltet war. Die Höhe der Töne wurde durch den Abstand der Hand vom Schirm geregelt [. . .].[4]

Der Mann, der auf diese eindrucksvolle Weise von sich reden machte, war der gerade 25jährige Ingenieur Lew Sergejewitsch Termen[5], 1896 in St. Petersburg als Sohn einer aus Südfrankreich stammenden hugenottischen Adelsfamilie geboren.[6] Seine Mutter förderte früh sein Interesse für Musik und Literatur. Sein Vater motivierte ihn zur Beschäftigung mit Naturwissenschaft, so daß er bereits in früher Kindheit elektrische Versuche anstellte. Da er zu dieser Zeit auch Instrumentalunterricht auf einem Violoncello zu absolvieren hatte, begann er bereits frühzeitig darüber nachzudenken, wie man wohl ein Musikinstrument auch ohne große körperliche Anstrengung spielen könnte. Er träumte davon, ein Instrument zu bauen, das sich nicht der mechanischen Einwirkung der Hände unterordnet, sondern auf deren freie Bewegung im Raum reagiert und den in der Phantasie entstandenen Gedanken folgt.[7] Die praktische Umsetzung dieser Idee sollte jedoch noch einige Zeit in Anspruch nehmen. Bis dahin absolvierte er ein stattliches Ausbildungspensum. An der Universität von St. Petersburg studierte er Physik und Astronomie, an der dortigen Militärhochschule Funktechnik, am Konservatorium seiner Heimatstadt Musiktheorie und Cello. Er wurde Offizier in der Armee des Zaren, doch noch während seines Studiums veränderte die Revolution alles um ihn herum.

Um 1918 experimentierte er mit Geräten für den Empfang von Radiowellen und entdeckte dabei durch Zufall Töne, die das vermeintliche Empfangsgerät selbst hervorbrachte. Er begann, dieses Phänomen genauer zu untersuchen, und fand so schließlich in der Tat eine praktikable Möglichkeit, ohne jeden mechanischen Aufwand Töne und Klänge zu erzeugen und zu steuern. 1920 folgten erste öffentliche Vorführungen des von ihm in der Zwischenzeit auf der Grundlage seiner Versuche konstruierten Musikinstrumentes, welches in Europa unter dem Namen »Ätherophon« bekannt wurde. Die beschwörenden Gesten, welche der Spieler vollführen mußte, um diesem Gerät Töne zu entlocken – die er quasi »aus dem Äther« holte – sind aller Wahrscheinlichkeit nach die Ursache für diese Bezeichnung. In der Presse findet sich auch der Name »Termenvox« für dieses Instrument, was wohl als ironische Anlehnung an das Phono-Label »His Masters Voice« zu verstehen ist.[8]

Technisch gesehen hatte Termen mit seinem Ätherophon

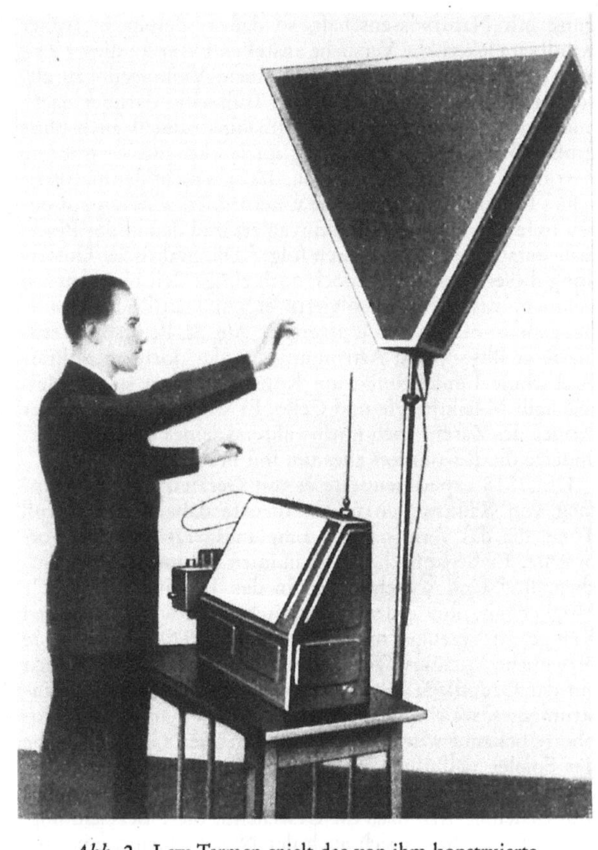

Abb. 2 Lew Termen spielt das von ihm konstruierte Ätherophon.

einen »Schwebungssummer« konstruiert: Die Erzeugung eines hörbaren Tones erfolgt durch die Überlagerung von zwei hochfrequenten, nicht mehr hörbaren Tönen. Gesteuert wurde die Tonhöhe durch eine Spielantenne, welche zusammen mit der Hand des Spielers einen Kondensator bildete, dessen Kapazität um so größer wurde, je mehr sich die Hand der Spielantenne näherte.

> Die Kapazität zwischen Hand und Antenne ist Bestandteil des Schwingungskreises eines der beiden Hochfrequenzgeneratoren, dessen Frequenz deshalb durch die Stellung der Hand zur Spielantenne beeinflußt wird. Nähert man die Hand der Antenne, dann wird die akustisch wirksame Höhe des Differenztones der beiden hochfrequenten Schwingungen tiefer, wenn die feste Hochfrequenz unterhalb der manuell beeinflußbaren Hochfrequenz liegt; sobald letztere jedoch unter die feste Hochfrequenz sinkt, nimmt die Tonhöhe mit der Annäherung der Hand wieder zu.[9]

Das Gerät hatte, zeitgenössischen Berichten zufolge, einen Klangumfang von sechs Oktaven. Davon waren jedoch nur drei bis vier Oktaven sinnvoll verwendbar. Neben der eigentlichen Spielantenne für die Tonhöhe besaß das Instrument eine weitere kleinere Antennenschleife an der linken Seitenwand des Gerätes, die zur Lautstärkensteuerung benutzt wurde. Der erzeugte Ton war ziemlich oberwellenfrei, also fast sinusförmig. Nicht nur ein außerordentlich gutes, sondern ein absolutes musikalisches Gehör sowie im wahrsten Sinne des Wortes »Fingerspitzengefühl« war zu seiner Beherrschung notwendig. Termen wurde zum Leiter des neu eingerichteten Laboratoriums für elektrische Schwingungen des staatlichen physikalisch-technischen Instituts seiner Heimatstadt, die jetzt Leningrad hieß, ernannt. 1922 wurde er zur persönlichen Vorführung seiner Erfindung von Lenin in den Kreml gerufen. Termen selbst berichtete später über diese Begegnung:

> Wir stellten das elektronische Musikinstrument und ein Klavier in Wladimir Iljitschs Arbeitszimmer. Ich spielte die »Etüde« von Skrjabin, den »Schwan« von Saint-Saëns und die »Lerche« von Glinka. Begleitet wurde ich von der Privatsekretärin W. I. Lenins, Lydia Alexandrowna Fotijewa. Dann spielte Lenin auf dem Termenvox die Melodie der »Lerche« selbst. Nachdem er unter stürmischem Applaus geendet hatte, wandte er sich an die Anwesenden: ›Ich sage doch, daß die Elektrizität Wunder vollbringen kann. Ich freue mich, daß gerade bei uns ein solches elektrisches Instrument geschaffen wurde.‹ Auf seine Anordnung hin gab man mir eine Jahreskarte für die Eisenbahn, damit ich das neue Musikinstrument im ganzen Land vorführen konnte. Ich habe damals rund 180 Vorträge gehalten.[10]

Wenn es auch nicht sehr wahrscheinlich ist, daß ein ungeübter Spieler auf Anhieb die diffizile Tonerzeugung des Ätherophons beherrschte, so ist doch verblüffend, daß ein – heute würde man sagen – ›Spitzenpolitiker‹ Dinge wie die Neuentwicklung von Musikinstrumenten zur Kenntnis nimmt und sich auch noch für deren Förderung stark macht. Neben einem gewissen Wunderglauben in die Möglichkeiten der Elektrizität zeigt diese von Termen überlieferte Episode aber auch unfreiwillig, auf welcher Ebene Entscheidungen selbst über so »nebensächliche« Dinge wie Musikinstrumente im Sowjetstaat gefällt wurden. Die Genehmigungen für Termens zahlreiche Auslandsreisen mit dem Auftrag, ein »Beispiel der Sowjet-Technologie« bekannt zu machen, sind vor allem unter dem Aspekt der Propaganda für das neue politische System zu sehen. Termen entwickelte 1926 überdies ein funktionstüchtiges Fernseh-Übertragungssystem, das sofort als militärischer Geheimgegenstand vereinnahmt und in der Nachrichtentechnik der Roten Armee zur Bildübertragung verwendet wurde.

Er gab aber weiterhin gefeierte Konzerte im In- und Ausland, u.a. in Hamburg, Frankfurt am Main, der Berliner Philharmonie, der Pariser Oper und der Royal Albert Hall in London.

Schließlich durfte Termen auf Vorschlag des Volksbildungskommissariats auch in die USA reisen. Bereits für seinen ersten Auftritt in der Neuen Welt wurden ihm – gesponsert durch die Stiftungen von Astor, Rockefeller und Vanderbilt – 1927 die Türen der New Yorker Metropolitan Opera geöffnet. Ein Jahr später erhielt er das US-amerikanische Patent für seine Erfindung. 1929 erwarben drei größere Gesellschaften, darunter die Radio Corporation of America (RCA), Lizenzen für die Produktion und den Verkauf von insgesamt 3000 Geräten. Das Ätherophon sollte ohne Unterricht in Musikalienhandlungen und Radioläden an den Mann gebracht werden, indem man auf seine scheinbar leichte Spielweise hinwies: »Das Ätherophon kann von jedem gespielt werden, der auch nur summen oder pfeifen kann.« Die leichte Spielbarkeit erwies sich rasch – auch bei erfahrenen Musikern – als Fiktion, so daß nach den ersten 200 Geräten die Produktion mangels Nachfrage eingestellt werden mußte.

Trotz der diffizilen Spieltechnik und kaum vorhandener Originalliteratur für das Instrument hatte Termen in den USA das Glück, gleich zwei prominente Interpretinnen zu finden: Lucie Bigelow-Rosen, die Gattin eines kunstinteressierten amerikanischen Bankiers, und Clara Rockmore, eine russische Emigrantin und Musikerin, Gattin eines ebenfalls vermögenden Anwalts und Kunstmäzens. Das spieltechnische Problem des Ätherophons brachte Clara Rockmore in einem Interview auf den Punkt:

> Es ist ein Instrument, an dem man nur vorbeizugehen braucht, um schon Klänge damit hervorzurufen. Jeder kann das, ganz leicht, wenn er einmal in dem [Magnet-]Feld ist. Aber um Musik darauf zu machen [...] das ist schon eine exakte Kunst.[11]

Aus diesem Grund entwickelte sie selbständig eine Spieltechnik für das Instrument, schuf sich spezielle Etüden, um vor allem im genauen Treffen der Töne, einem Hauptproblem, sicher zu werden. Durch das Fehlen eines festen Bezugspunktes für Tonhöhen war dazu absolutes Gehör Voraussetzung. Auch die Kontrolle jeglicher Körperbewegung war unerläßlich, da alle Bewegungen – auch von Fuß oder Gesicht – die Tonerzeugung beeinflußten. Bereits das »Stillhalten« wurde unter diesen Bedingungen zum Problem. Den Klang des Ätherophons beschrieb Clara Rockmore als einer Gesangsstimme vergleichbar, mit dem wichtigen Unterschied, daß für das Ätherophon keine Stimmlagengrenzen existierten.

Als »seltsam graues Gemisch von Streichinstrumenten und Saxophon« bezeichnete Béla Bartók die Klangfarbe des Ätherophons: die mit Hilfe dieses Instruments hervorgebrachte Musik sei eigentlich nichts anderes als die Bändigung der Pfeiftöne bei weniger perfekten Radioapparaten zu etwas ähnlichem wie Musik.[12] Andere Komponisten zeigten sich interessierter. Die neuartigen Klangeigenschaften waren es vor allem, die eine Reihe von ihnen zu Werken für das Ätherophon inspirierten. Speziell für Clara Rockmore wurde von Anis Fuleihan, einem amerikanischen Komponisten zyprischer Herkunft, ein Konzert für Theremin und Orchester komponiert. Es wurde 1945 vom New York Symphony Orchestra unter Leopold Stokowski und Clara Rockmore als Solistin uraufgeführt.

Daß die diffizile Spieltechnik einer größeren Verbreitung sehr im Wege stand, kümmerte die interessierten Komponisten wenig. Den meisten von ihnen ging es um eine neue, die Vorzüge des Instruments nutzende Musik – im Gegensatz zu Termen selbst, der viele, die Grenze des Kitsches nicht selten überschreitende Bearbeitungen populärer Klassik-Instrumentalstücke im Repertoire hatte. Edgar Varèse verwendete in seiner 1934 entstandenen Komposition *Ecuatorial* neben Stimmen, Bläsern, Schlagzeug und Orgel auch zwei Ätherophone. Von Percy Grainger stammt die *Free Music* für sechs Ätherophone. Bohuslav Martinů, damals in Paris lebend, verwendete das Instrument in der Fantasie für Ätherophon, Oboe, Streichquartett und Klavier von 1944 und anderen Stücken. Auch Sergej Rachmaninow pries das Instrument, verwendete es selbst jedoch nicht. Bereits zehn Jahre zuvor hatte Gavriel Popov das Ätherophon in einem der ersten Tonfilme der Welt mit dem Titel *Der Komsomol ist der Anführer der Elektrifizierung* eingesetzt. 1935 verwendete der Komponist Franz Waxman das Instrument in seiner Filmmusik zu *Frankensteins Braut*.

Lew Termen wurde in den USA inzwischen als »russischer Edison« und »Prophet der künftigen Musik« gefeiert. Er traf mit vielen bekannten Gelehrten und Künstlern zusammen. Wiederholt besuchte ihn Albert Einstein, der ihn bereits 1927 in Berlin hatte spielen hören und seine Darbietungen »kosmisch« genannt haben soll. Wie Termen berichtet hat, versuchte sich Einstein des öfteren auf dem Ätherophon. Besonders jedoch interessierte er sich für Termens Versuche zur Synthese von Musik und Licht.[13]

Termen bekam ein Haus im Zentrum von Manhattan zur Verfügung gestellt, in dem er ein Studio einrichten konnte. Dort perfektionierte er das Ätherophon, entwickelte aber auch weitere außergewöhnliche Instrumente: ein Cello ohne Saiten und das »Rhythmikon«, ein Instrument, welches hohe Frequenzen mit komplexen rhythmischen Mustern kombinierte und damit die erste Rhythmus-Maschine der Welt darstellte. Eine weitere aufsehenerregende Entwicklung war das »Terpsiton«, eine Anlage, mit deren Hilfe die Körperbewegungen von Tänzern direkt in Musik übersetzt wurden. Die Musik entstand so als Folge der Choreographie, was sich jedoch in der Praxis als ausgesprochen schwierig erwies. Auch eher skurrilen Ideen widmete sich Termen: als Geschenk zum 18. Geburtstag von Clara Rockmore erfand er eine »elektronische Geburtstagstorte«, die sich bei Annäherung zu drehen begann und ihre Kerze selbsttätig entzündete.

Für Konzerte mit Ensembles einmal aus zehn, ein anderes Mal aus 16 Ätherophonen in der jeweils ausverkauften Carnegie Hall entwickelte er verschiedene Stroboskop-Lichtquellen und rotierende Anordnungen von Scheinwerfern, die durch die Musik der Ätherophone frequenzgesteuert wurden – gewissermaßen die erste Lichtshow der Welt.

Termens Glücksstern begann zu sinken, als er 1936 eine schwarze Primaballerina heiratete. Die New Yorker Gesellschaft ging auf Distanz, und er erhielt von seinen bis dahin großzügigen Gönnern kein Geld mehr. Doch Termen resignierte nicht. In kürzester Zeit setzte er ein Feuerwerk schier unglaublicher Ideen in vermarktbare Produkte um. Er konstruierte eine elektronische Sicherheitsanlage für das Gefängnis Sing Sing, die bei Annäherung Alarm auslöste. Angeregt durch einen spektakulären Fall von Kindesentführung in den USA, baute Termen eine Anlage, die bei Annäherung an den Kinderwagen automatisch an entfernter Stelle Alarm auslöste, ohne daß der potentielle Entführer dies merken konnte. Hinzu kam die Konstruktion einer automatischen Türöffner-Anlage für den Hauptbahnhof von Pennsylvania und die Entwicklung eines Modells zur Überwindung der Gravitation durch magnetische Kräfte, das er an einem Modell im New Yorker Central Park der verblüfften Öffentlichkeit vorführte. Ziel dieser Idee war der Transport von Autos über Flußläufe ohne kostenintensive Brückenkonstruktionen. Zu seinen Entwicklungen gehörte auch ein »elektronischer Handschuh«, der drahtlos (!) den Tastsinn übertragen konnte. 1937 stellte Termen eine Anlage zum Farbfernsehen vor. Trotz all dieser Aktivitäten verlor er auch die Musik nicht aus den Augen. Er gründete unter dem Namen »Teletouch Corporation« eine sowjetisch-amerikanische Vereinigung für elektronische Musikinstrumente.

Doch dann nimmt sein Schicksal eine jähe Wendung: Lew Termen wird 1938 durch sowjetische Geheimdienstmitarbeiter aus seiner Wohnung in New York entführt und inkognito nach Leningrad gebracht, ohne Abschied von seinen Freunden, nicht einmal von seiner Frau. Termen wird Opfer der stalinistischen Säuberung. Zu 8 Jahren Kerker verurteilt, wird er nach 6 Monaten in einem sibirischen Lager zur Arbeit in einem geheimen Militärinstitut gezwungen. Dort ist man besonders an Entwicklungen auf dem Gebiet der Sensor-, Signal- und Radartechnik interessiert. Bei der Entwicklung eines ferngesteuerten Flugzeugs arbeitet Termen mit dem Konstrukteur Andrej Tupolew zusammen, sein Assistent ist kein geringerer als Sergej Korolow, der Mann, der später das sowjetische Raumfahrtprogramm zum Erfolg führen wird.

Andernorts baute Termen 1946 unter dem Codenamen »Buran« (Schneesturm) einen elektronischen Kleinsender. Dieses Abhörgerät war nichts weniger als die berühmte »Wanze«, die von da an die Methoden der Geheimdienste rund um die Welt nachhaltig beeinflußte. Dafür mit dem Stalinpreis Erster Klasse ausgezeichnet, wurde er aus der Haft entlassen, aber erst 1958 rehabilitiert.

1964 erhielt Termen eine Arbeitsmöglichkeit im Labor für elektronische Musik von Radio Moskau. Das Labor wurde indessen noch im selben Jahr wieder geschlossen. Zwei Jahre später durfte er Akustik am Staatlichen Moskauer Musikkonservatorium lehren. Dort baute er erneut am Ätherophon und anderen Instrumenten. 1977 wurde er von einem amerikanischen Korrespondenten aufgespürt, der einen vielbeachteten Artikel in der New York Times über ihn verfaßte. Dieser Artikel brachte Termen erneut in ernste Schwierigkeiten. Ihm wurde von der Leitung des Konservatoriums erklärt, Elektrizität sei für Verräter und Verbrecher da, für deren Exekution auf dem »elektrischen Stuhl« nämlich, nicht aber für die Musik. Er wurde entlassen. Seine Instrumente wurden auf den Hof des Konservatoriums geworfen und zerstört. Doch auch diesmal resignierte Lew Termen nicht. Er begann in seiner Wohnung die zerstörten Instrumente nach alten Schaltplänen erneut zu bauen. Schließlich erhielt Termen in der Abteilung für Akustik der physikalischen Fakultät der Lomonossow-Universität in Moskau eine Arbeitsmöglichkeit als einfacher Labortechniker.

Ende der siebziger Jahre begann eine jüngere Generation von russischen Künstlern und Komponisten das Schaffen von Lew Termen für sich neu zu entdecken. Er wurde zu Festivals und Symposien eingeladen, insbesondere zu den Aktivitäten der »Farbtöner« um Bulat Galeev, die in Kasan die Zusammenhänge von Klang und Licht untersuchten.

1989, nach mehr als 50 Jahren, durfte Termen erstmals wieder ins Ausland reisen: Als Pionier der elektronischen Musik wurde er zu Festivals nach Frankreich eingeladen. 1991 wurde er bei der Einhundertjahrfeier der kalifornischen Stanford University als Wegbereiter der elektronischen Klangerzeugung begeistert gefeiert. Im Januar 1993 nahm er in Amsterdam am Schönberg/Kandinsky-Symposium für Probleme des Zusammenhanges von Farbe und Musik teil. Am 2. November 1993 hatte unter dem Titel *Good Vibrations – The Electronic Odyssey of Leon Theremin* ein Dokumentarfilm von Steven Martin über Termen in London seine Premiere auf Channel 4. Einen Tag später war Lew Termen tot, 97jährig in der Moskauer Wohnung seiner Tochter Natalie gestorben.

Zur Geschichte Termens und seines Ätherophons gehören die Versuche, es nachzubauen. Einer, der Termen 1927 in Berlin gehört hatte, Erich Zitzmann-Zerini aus Woltersdorf bei Berlin, experimentierte jahrelang, bis er eine »Ätherwellengeige« oder »elektronische Zaubergeige« (vornehmlich in Varietés) vorführen konnte. Als auf der 11. Großen Deutschen Funkausstellung 1934 in Berlin ein Orchester nur aus elektrischen Instrumenten zusammengestellt wurde, befand sich auch Zitzmann-Zerinis Erfindung darunter. In den sechziger Jahren nannte er sie »musikalischen Sputnik« und brachte sie äußerlich in die Form der russischen Raumkapseln.

Später entdeckten Popmusiker dieses historische Relikt neu. Auf der 1968 erschienenen LP *Lothar And The Hand People* ist es in den Pausen zwischen den einzelnen Stücken zu hören (»Lothar« ist hier das Ätherophon selbst). Ein Jahr zuvor hatten die Beach Boys einen Hit mit *Good Vibrations*, in dessen Refrain – für Popmusik recht ungewöhnlich – ein Cello und elektronische Klänge à la Termen ebenfalls eine, wenn auch keine dominierende Rolle spielten. Led Zeppelin nutzten in ihrem Film *The Song Remains The Same* die dramatische Wirkung der beschwörenden Ätherophon-Spielweise. Zu hören ist das Ätherophon auch im Led-Zeppelin-Klassiker *Whole Lotta Love*, wo es von Gitarrist Jimmy Page für einige Klangeffekte bearbeitet wurde.

Bevorzugte Anwendung fand das Ätherophon als stimmungsvolle Kulisse zu unzähligen Horror- und Science-fiction-Filmen, vor allem zu einschlägigen Hollywood-Produktionen, wie *The Lost Weekend*, *Spellbound* oder dem UFO-Klassiker *The Day The Earth Stood Still*, teilweise bis in die sechziger Jahre hinein. In *The Day The Earth Stood Still* verwendete Bernard Herrmann, Komponist der Filmklassiker *Citizen Kane* und *Psycho*, gleich zwei Ätherophone: ein Instrument für violinartige Klänge und ein anderes als Blasinstrument. Immer hatten die Ätherophon-Klänge stets auf die gleiche klischeehafte Weise zur Charakterisierung von besonders bedrohlichen Situationen zu dienen. Seit einigen Jahren findet im Zuge der Renaissance analoger Klangerzeugungsgeräte dieser historisch bedeutsame Wegbereiter erneut Beachtung, wenn auch meist nur als dekorativer und exotischer Zierat, der sich besonders für theatralische Aufgaben eignet. Es gibt sogar MIDI-Versionen neu gebauter Ätherophone.

Jörg Magers Mikromelodien

Es hat im 20. Jahrhundert nicht an Versuchen gemangelt, unser abendländisches Tonsystem, das in zweieinhalb Jahrtausenden vergleichsweise bescheidene Veränderungen erfuhr, in kleinere musikalische Intervalle, sogenannte Mikrointervalle, zu unterteilen. Ein leidenschaftlicher Pionier dieser Bemühungen um einen reicheren harmonischen und melodischen Ausdruck war Ferruccio Busoni (1866–1924). In seinem 1907 erschienenen *Entwurf einer neuen Ästhetik der Tonkunst* entwickelte er eine Theorie der Dritteltöne, für deren klangliche Realisierung er Cahills Dynamophone am geeignetsten hielt.[14] Bisher war man zur Erzeugung feinerer Tonhöhenabstufungen vor allem auf Streichinstrumente angewiesen; der durch Busoni angeregte tschechische Komponist Alois Hába (1893–1973), der sich als erster in größerem Umfang auch praktisch mit Mikrointervallen beschäftigte, wählte für seine erste Komposition in dieser Technik noch die traditionsreiche Streichquartett-Besetzung: das 2. Streichquartett op. 7 im Vierteltonsystem entstand 1920.

Zu den Anhängern neuer musikalischer Techniken, die sich in einem Kreis um Hába zusammenschlossen, gehörte der 1880 in Eichstätt bei Ingolstadt geborene Volksschullehrer und Organist Jörg Mager. Der am Konservatorium Mannheim auch in Klavier und Orgel Ausgebildete veröffentlichte mehrere Kampfschriften gegen die damalige Pädagogik, war Mitkämpfer der Antialkoholbewegung und setzte sich als entschiedener Kriegsgegner für die friedliche Verständigung der Völker ein, u. a. als Geschäftsführer einer internationalen Esperanto-Liga. Dieser vielseitige Mann machte als Organist in der katholischen Kirche zu Aschaffenburg-Damm 1911 eine Zufallsentdeckung. Die tropische Hitze im Sommer jenes Jahres hatte zu einer außerordentlichen Verstimmung seiner Orgel geführt.

> Dabei ergaben sich so interessante Tonunterschiede, daß ich mich sofort daran machte, die Verstimmung auf einem Register der Orgel durchzuführen. Ich erhielt so eine Art Vierteltonregister. Das war der Anlaß, der mich auf die Vierteltonforschung brachte, die ich alsdann für Deutschland begründet habe.[15]

Die Mikrointervalle, vorzugsweise Vierteltöne, standen von nun an im Mittelpunkt von Magers musikalischem Interesse. Zum genaueren praktischen Studium dieser Phänomene ließ er sich bei einem befreundeten Orgelbauer ein Vierteltonharmonium bauen, das aus zwei jeweils einmanualigen und um einen Viertelton gegeneinander versetzten Harmonien traditioneller Bauart bestand.

Er studierte die noch spärlich vorhandene Literatur zu diesem Thema, vor allem Busonis *Entwurf einer neuen Ästhetik der Tonkunst* und die Manifeste der Futuristen, die zu dieser Zeit in ganz Europa leidenschaftlich diskutiert wurden. Schließlich gründete er einen eigenen Verlag und gab dort 1915 unter dem Titel *Vierteltonmusik* eine Schrift zum Thema heraus. Darin schilderte er seinen Weg zur VT-Musik, wie er Vierteltonmusik nun geheimnisvoll abkürzte, und beschrieb den Aufbau seines speziell dafür präparierten Harmoniums. Die darin beschriebenen Mischungen von Viertel- und Halbtönen in Akkorden stellten einen ersten Versuch der Systematisierung dieser bisher kaum untersuchten Klangwelt dar.

Mager leitete sein Interesse an Mikrointervallen vor allem aus einer Beobachtung des Akustikers und Musikethnologen Erich Moritz von Hornbostel ab. Dieser hatte die Gründe für die Transponierbarkeit von Melodien durch Veränderung ihrer Tonhöhenlage oder durch gemeinsame Vergrößerung oder Verkleinerung der Notenlängen untersucht. Das Besondere war, daß die Melodie dabei stets als ein und dieselbe Gestalt erschien, vorausgesetzt, die inneren Proportionen, d. h. die Intervallverhältnisse der Melodie, blieben bei den Veränderungen erhalten.

Mager leitete daraus die Möglichkeit ab, ein Gerät zu konstruieren, das traditionelle musikalische Strukturen in »Mikromelodien« und »Mikroharmonien« umwandelt und dabei die Proportionen der Ausgangsstrukturen erhält. So entstehen neue musikalische Strukturen, die den chromatischen Bereich einer Tonleiter durch noch feinere Abstufungen auffächern. Dem Hauptproblem derartiger Versuche, dem Finden geeigneter mikrotonaler Gestaltungsmethoden, versuchte Mager mit einem speziellen technischen Hilfsmittel zu begegnen. Er dachte an eine Art »akustischen Storchschnabel«, vergleichbar dem gleichnamigen Zeichengerät zur Übertragung von Zeichnungen in verkleinertem oder vergrößertem Maßstab, welcher traditionelle musikalische Intervalle in Mikrointervalle umwandelt.[16]

Nach 1920 als aktiver Sympathisant der »Räterepublik Baiern« verfolgt, entzog sich Mager der drohenden Verurteilung durch eine Flucht nach Berlin, das damals eines der wichtigsten kulturellen Zentren Europas war. Hier hatte Busoni gerade eine Meisterklasse für Komposition an der Berliner Akademie der Künste übernommen, Arnold Schönberg pendelte noch zwischen Wien und Berlin, bis auch er an derselben Akademie eine Meisterklasse bekam, und Alois Hába, noch Student an der Berliner Musikhochschule, schrieb hier bereits seine ersten vierteltönigen Streichquartette.

Bei Hilfsarbeitertätigkeiten, mit denen er sich in Berlin durchschlug, war Mager in einer radiotechnischen Fabrik auf Elektronenröhren und andere funktechnische Bauelemente gestoßen, die ihm dazu dienen konnten, mit Hilfe der »Radioelektrizität«, wie es damals hieß, ein Instrument zu bauen, das Mikrotöne exakt reproduzieren konnte. Mit Hilfe der Firma Lorenz verwirklichte er 1921 seine Vorstellungen von einem Alltoninstrument, wie er es nannte, das er schließlich »Elektrophon« oder auch »Elektromophon«[17] taufte. Das Elektrophon bestand aus zwei hochfrequenten elektronischen Schwingkreisen, die Mager mit Elektronenröhren realisierte. Aus deren Überlagerung entstand die eigentliche Tonfrequenz. Ein Kurbelapparat, der die Kapazität eines Schwingkreis-Kondensators veränderte, diente als Steuerungsmechanismus für die Tonhöhe des erzeugten Tones. Die Bewegung der Kurbel erfolgte in einem etwa 20 Zentimeter großen Halbkreis, innerhalb dessen, je nach Bedarf, Töne über mehrere Oktaven oder auch nur im Bereich eines Ganztones erzeugt werden konnten. Das Gerät arbeitete nach dem gleichen Prinzip, das Lew Termen für sein Ätherophon eingesetzt hatte, nur die Spielantenne ersetzte Mager durch eine Kurbel. Dadurch waren vorerst – wie schon beim Ätherophon – nur gleitende Tonhöhenbewegungen möglich. Um dies zu vermeiden, brachte Mager an der Kurbel einen Druckknopf an, durch den der Stromkreis beim Übergang von einem Ton zum nächsten unterbrochen werden konnte. Weitere Vervollkommnungen des Instruments folgten. So verwendete er zur Erzeugung unterschiedlicher Klangfarben Oszillatoren, die in der Lage waren, verschiedenartige Wellenformen zu erzeugen.

Damit war Mager seinem Ziel, das gesamte Tonhöhenkontinuum »flexibel wie ein Gummiband« beeinflussen zu können, erheblich näher gerückt. Von den Wirkungen der Klänge seines Elektrophons war er so angetan, daß er es schließlich in »Omnitonium-Sphärophon« umbenannte, der Einfachheit halber aber meist vom »Sphärophon« sprach.

Um die Industrie von der Notwendigkeit der Serienproduktion dieses Instruments zu überzeugen, verfaßte er anläßlich der ersten »Großen Deutschen Funkausstellung« 1924 in Berlin die Schrift *Eine neue Epoche der Musik durch Radio*. Unter Berufung auf Arnold Schönbergs Harmonielehre faßte er das Resultat seiner Erfindung mit den überschwenglichen Worten zusammen:

Die absolute Musik, der ganz geschlossene Alltonkreis, lag vor mir: Der Tonozean in seiner Unermeß-

> lichkeit! Das Omnitonium, das Ideal der Musiker aller Zeiten![18]

Die Vertreter der Industrie wußten mit Magers Sphärophon nicht allzuviel anzufangen. Man war mehr an der ertragversprechenden Übertragung von Musik interessiert, weniger an der Erzeugung von neuartigen Klängen. Mager sammelte Gutachten von Autoritäten des Faches. So kam er zu positiven Expertisen u. a. vom Präsidenten des telegraphentechnischen Reichsamtes, aber auch von Alois Hába, der Magers Erfindung die Fähigkeit zuschrieb, eine epochale Entwicklung nicht nur im Instrumentenbau, sondern für die Musik überhaupt einzuleiten. Auch Curt Sachs, der berühmte Musikethnologe und Instrumentenforscher, stellte ein glänzendes Gutachten aus. All dies verfehlte seine Wirkung nicht. Mager erhielt finanzielle Förderung in Form einer »Monatsrente« von 150 Reichsmark, gestiftet vom Reichsrundfunk, sowie ein monatliches Stipendium von 300 Reichsmark von der Notgemeinschaft der deutschen Wissenschaft. Das Telegrafentechnische Reichsamt in Berlin stellte ihm einen Treppenabsatz seines Institutes als Arbeitsstätte zur Verfügung und erlaubte ihm, die elektrischen Zubehörteile für sein Instrument dem Abfall des Telegrafen-Instituts zu entnehmen.

1926 präsentierte Mager ein weiter verbessertes, nun mit zwei Kurbeln (eine weitere Kurbel zur rechtzeitigen Auswahl des folgenden Tones) ausgestattetes Sphärophon bei den Donaueschinger Tagen für zeitgenössische Musik. Paul Hindemith, der führende Kopf der musikalischen Avantgarde in Deutschland, erklärte das Sphärophon zur umwälzendsten Erfindung auf dem Gebiet der Musikinstrumente, und die Zeitschrift *Der deutsche Rundfunk* pries das Instrument als »den« Erfolg des Musikfestes.

1928 führte er das nochmals weiterentwickelte Sphärophon in der Technischen Hochschule Darmstadt vor; dabei beeindruckte der weite Dynamikbereich des Sphärophons und die Fülle neuartiger Klangfarben. Das Instrument besaß für die Tonhöhensteuerung nun keine Kurbel mehr, sondern wie bei einer Orgel zwei Manuale und eine Pedaltastatur. Statt eines großen, durch Kurbelbewegungen veränderbaren Kondensators hatte es jetzt kleinere, parallel geschaltete Kondensatoren, die durch die Tasten des Manuals geschaltet wurden und die Tonhöhe damit in festen Stufen vorgaben. Zur Klangerzeugung verwendete Mager erstmals einen Rückkopplungsgenerator pro Stimme, in dessen Schwingkreis sich die Kondensatoren befanden.[19]

Jedem Manual dieses nun folgerichtig »Klaviatur-Sphärophon« genannten Instruments konnte eine individuelle Klangfarbe zugewiesen werden, deren Formung Mager mittels spezieller Filterschaltungen erreichte. Durch Kombination der Manuale konnte man mehrstimmig, d. h. maximal dreistimmig spielen, und jeder dieser drei Stimmen eine andere Klangfarbe geben. So wurde eine »kaleidoskopartige« Mischung von Klangfarben möglich, was dem Instrument auch die Bezeichnung »Kaleidosphon« einbrachte. Selbst die Erzeugung von Bruchteiltönen, geräuschhaften Klängen also, war mit diesem Instrument möglich.

Der Ersatz der Kurbel durch die Klaviaturen bedeutete aber nicht nur einen technischen Wechsel. Vielmehr nahm Mager damit auch von seinem ursprünglichen, seit fast zwei Jahrzehnten verfolgten Ziel, der exakten Erzeugung von Vierteltönen, Abschied. Er hatte einsehen müssen, daß eine breitere Anwendung der Vierteltonmusik nicht zu erreichen war. Die Ursachen sah Mager vor allem in der nach wie vor schwierigen technischen Handhabung der Mikrotöne, aber auch im Fehlen einer einheitlichen Notenschrift für diese Art von Musik. Hinzu kam, daß es kaum Komponisten gab, die bereit waren, sich in dieses komplizierte Gebiet ernsthaft einzuarbeiten und es mit neuen Kompositionsweisen zu bereichern.

Mager zogen fortan die neuen, ungewöhnlichen Klangfarben seines Sphärophons mehr und mehr in ihren Bann.

> Zum erstenmal in der Geschichte der Akustik kann in das Innerste, bisher am schwersten Zugängliche des Klanges eingegriffen werden, nämlich in die Obertonstruktur. Dadurch ist es selbstverständlich, daß bei Elektroinstrumenten im Gegensatz zu unseren nur einfarbigen Instrumenten die Klangfarbe reich variiert werden kann. Daher wird es in der Elektromusik ein Klangfarben-Crescendo und -Decrescendo geben.[20]

Für seine weiteren Pläne erhielt Mager unerwartete Förderung. Im Januar 1929 bildete sich in Darmstadt eine »Studiengesellschaft für elektro-akustische Musik e. V.« mit dem Ziel, »Bestrebungen, auf elektrischem Wege Musik zu erzeugen, zu fördern«. Mager wurde ein Vertrag angeboten:

> In erster Reihe soll Herr Jörg Mager aus Berlin durch die Mitwirkung des Vereins in den Stand gesetzt werden, seine bisherigen Vorarbeiten auf dem Gebiet der elektrischen Musikerzeugung weiterzubetreiben und zu Ergebnissen zu verdichten, die eine praktische Ausnutzbarkeit ermöglichen. [. . .] Es wird eine wirtschaftliche Verwertung angestrebt, deren Ausnutzung in erster Linie in Hessen, wenn möglich in Darmstadt zu erfolgen hat.[21]

Teil des Vertrages war, daß Mager seinen Wohnsitz für mindestens drei Jahre nach Darmstadt verlegen und dort seine Arbeit fortsetzen mußte. Der Verein, zu dem die Stadtverwaltung Darmstadt, der Hessische Staat sowie eine Reihe mäzenatischer Industrieller und Musikfreunde gehörten, stellte dafür finanzielle Mittel, Räume, Hilfskräfte und Materialien zur Verfügung.

Er erhielt einen Techniker, einen Mechaniker, einen Ingenieur und einen Wissenschaftler als Mitarbeiter und ein Budget von 100 000 Mark für die ersten drei Jahre.

Vorrangig war anfangs die Verbesserung der vorhandenen Instrumente. Da Mager zu empirischer ›Bastelei‹ neigte, sollte die ihm an die Seite gestellte wissenschaftliche Assistenz den Übergang zu ›systematischer Forschung‹ gewährleisten, woraus nichts wurde: Schon nach einem Jahr setzte Mager die Entlassung des Wissenschaftlers durch. Auch die angestrebte kommerzielle Nutzung durch Unternehmen wie die Elektrofirma Siemens & Halske, die Interesse an einer Lizenzfertigung des »Klaviatur-Sphärophons« zeigte, scheiterte an Magers Widerstand.

Das alles führte zu Verstimmungen und Zweifeln an Magers Konstruktionen, die er aber fürs erste zerstreuen konnte: Im August 1930 wartete er mit einer Elektrotonorgel auf, die vierstimmig spielbar war und, wie schon das »Klaviatur-Sphärophon«, für jede Stimme ein eigenes Manual besaß, was eine ungewöhnliche Spieltechnik forderte. Die Tagespresse und die Musikzeitschriften feierten das Instrument und seinen Konstrukteur:

> Jörg Mager ist der erste, der ein Instrument konstruiert hat, das orgelähnlich in seiner Wirkung ist, mehrstimmige, bis zu vierstimmige Musik wiederzugeben gestattet, dabei keine einzige Pfeife oder ähnliches bisher übliches Tonerzeugungsmittel aufweist, dafür aber den Einzelton in mannigfaltiger Weise variieren kann.[22]

Unter den vielen, die zu Magers Elektrotonorgel nach Darmstadt pilgerten, waren Berühmtheiten wie die Dirigenten Hermann Scherchen und Karl Böhm. Mager spielte einem erlauchten Publikum auf diesem Instrument Werke von Bach, Beethoven, Wagner und Mendelssohn vor.

Später erweiterte Mager seine Elektrotonorgel auf fünf Stimmen und nannte sie »Partiturophon«. Der Name verdeutlicht, daß auch hier jede Stimme mit einer separaten Klangfarbe erklingen konnte. Neu war, daß das Instrument zerlegbar und damit transportabel war. Da beim Spielen des Partiturophons Hände und Füße bereits voll ausgelastet waren, erdachte Mager zur Dynamiksteuerung der Töne einen sogenannten Bauchschweller: durch Vor- und Zurück-

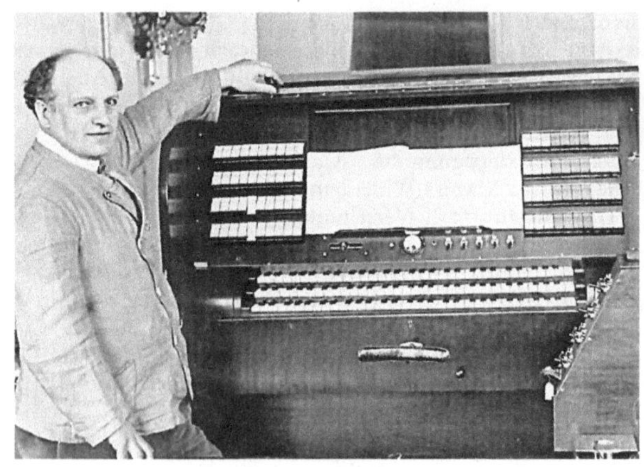

Abb. 3 Jörg Mager mit seiner Elektrotonorgel (um 1930).

bewegen des Oberkörpers, d. h. mit dem Bauch, konnte der Spieler das An- und Abschwellen der Töne steuern.

Da es Jörg Mager seit seinem Klaviatur-Sphärophon, erst recht aber bei der Elektrotonorgel und dem Partiturophon weniger um die Erzeugung von Mikrotönen, sondern vor allem um die Hervorbringung ungewöhnlicher Klangfarben ging, interessierte er sich auch für neue Methoden der Klangwiedergabe. Dabei bezog er die Lautsprecheranordnungen – entgegen unserem Ideal eines neutralen, den Klang nicht beeinflussenden Strahlers – in die Klangformung von Tönen mit ein. Neben der Kontrolle der Obertöne im Instrument durch elektronische Mittel, wie Filter und Siebketten, verwendete Mager zusätzlich speziell präparierte Lautsprecher. Deren Membrane bestanden aus diversen Blechwänden, Gongs, Resonanzböden aus verschiedenen Materialien oder Pappschachteln, welche den Ton bei der Abstrahlung durch ihr ausgeprägtes Eigenschwingverhalten stark modifizierten.[23] Trotz dieser fortgeschrittenen Ideen fand Magers Partiturophon so gut wie keinen Eingang in die musikalische Konzertpraxis.[24]

Aber auf anderem Gebiet hatte Mager Erfolg. Im Bereich der angewandten Musik, bei Schauspiel und Film, wo elektronische Instrumente sich eher als im Konzertsaal behaupteten, hatte er einen bemerkenswerten Anteil an der Entwicklung: 1931 intonierte er im Bayreuther *Parsifal* die »Gralsglocken« auf einem speziell für diese Aufgabe modifizierten Partiturophon. Arturo Toscanini, der die Aufführung leitete, zeigte sich hochzufrieden über den Klang der Glocken und darüber, daß er die Glocken wie jedes andere Instrument von seinem Pult aus dirigieren konnte.[25] Und die Darmstädter Studiengesellschaft nahm es mit Befriedigung zur Kenntnis.

Sie wollte weiterhin, daß Mager seine Ergebnisse stärker als bisher in der Öffentlichkeit präsentierte und so für das Partiturophon als serienfähiges Instrument warb. Eine Gelegenheit dazu bot sich im Juli 1931 auf der 2. Tagung für Rundfunkmusik in München mit ihrem Schwerpunkt elektronischer Klangerzeugung. Doch Mager weigerte sich, dort sein Partiturophon vorzuführen und in Konkurrenz zu treten mit den Erfindern anderer neuer elektronischer Instrumente, wie dem Trautonium, dem Hellertion sowie einer Konstruktion von Oskar Vierling, einem seiner im Unfrieden aus Darmstadt geschiedenen ehemaligen Assistenten. Mager weigerte sich auch beharrlich, seine Arbeitsweise zu ändern, obwohl sich die Wirtschaftslage nach dem Börsenkrach 1929 verändert hatte: Die Gelder für die Studiengesellschaft flossen spärlicher. Das alles führte dazu, daß sein Vertrag im Februar 1932 nicht verlängert wurde. Die Notgemeinschaft der deutschen Wissenschaft hatte bereits im August 1931 ihre Zahlungen eingestellt.

Mager arbeitete auf eigene Faust weiter. Kurze Zeit erhielt er noch Zuwendungen vom Reichsrundfunk und vom Reichsinnenministerium. Zum 100. Todestag Goethes im Jahr 1932 betraute man ihn mit der Aufgabe, bei *Faust*-Inszenierungen im Frankfurter Schauspielhaus und in Darmstadt eine elektronische Bühnenmusik zu realisieren. Dies brachte noch einmal öffentliche Aufmerksamkeit und einen kleinen finanziellen Rückhalt.

Als ein Jahr später die Nationalsozialisten an die Macht kamen, wurden dem erklärten Pazifisten alle finanziellen Zuschüsse gesperrt. Die Ortskrankenkasse pfändete ihm wegen 70 Mark Rückstand in der Beitragszahlung sein Vierteltonharmonium! Aus seinem repräsentativen Domizil, dem Darmstädter Rokokoschlößchen, mußte er ausziehen, da er Strom- und Wassergeld nicht mehr bezahlen konnte.

Eine letzte Rettung sah Mager im Verkauf von Klangfarbenprotokollen und einigen seiner Instrumente an ausländische Interessenten. Dazu brauchte er die Genehmigung des Reichsministers für Propaganda, Joseph Goebbels, der ihm dies jedoch untersagte. Zum Ankauf durch das Ministerium selbst, so erklärte man Mager, stünden keine finanziellen Mittel zur Verfügung. In Darmstadt hielt Mager nun nichts mehr. Eine Einladung der UFA-Filmgesellschaft zu einer Vorführung seiner Instrumente 1936 in Berlin kam ihm in dieser Situation gerade recht. Mager erhielt den Auftrag, in der UFA-Produktion *Stärker als Paragraphen* die halluzinatorischen Visionen der Hauptdarstellerin Renate mit seinem Partiturophon musikalisch zu unterlegen. Diese Arbeit fand viel Beifall, aber Anschlußaufträge blieben aus, vermutlich weil das Deutsche Reich 1937 die Aktienmehrheit an der UFA erwarb, um sie stärker in den nationalsozialistischen Propagandaapparat einbeziehen zu können. Und dort war kein Platz für Jörg Mager.

Ein Engagement am Weimarer Theater wurde im letzten Augenblick durch Intrigen aus Darmstadt verhindert. Mager fand vorübergehend Unterschlupf in einer Bamberger Gastwirtschaft. Indes kam zu einer fortschreitenden Zuckerkrankheit geistige Verwirrtheit. Er begann, den ihres stofflichen Trägers enthobenen, sphärisch reinen Klängen seiner Instrumente therapeutische Wirkungen zuzuschreiben, und spekulierte in Philosophemen. Johannes Freiherr von Gumppenberg, ein ehemaliger Schüler Magers, gewährte ihm schließlich Altersasyl auf seinem Schloß in Pöttmes bei Ingolstadt. Doch Magers Gesundheitszustand verschlechterte sich zusehends. Am 7. April 1939 starb er in Aschaffenburg, wohin ihn seine Tochter geholt hatte, nur 59 Jahre alt.

Musikalische Wellen aus Paris

Das in den zwanziger Jahren entwickelte elektronische Musikinstrument »Ondes Martenot« hatte ein ungleich freundlicheres Schicksal als das Ätherophon und die Konstruktionen von Jörg Mager. Kaum ein anderes elektrisches Musikinstrument der Vor-Synthesizer-Ära konnte sich einen ähnlich festen Platz auf französischen Konzertpodien erobern. Alle größeren Theater und Opernhäuser von Paris nutzten es. Am Pariser Conservatoire de Musique wurde sogar eine eigene Instrumentalklasse eingerichtet, die der Erfinder leitete. Das war 1947. Ihren Anfang nahm diese Entwicklung jedoch schon wesentlich früher.

Der Musiklehrer und Radiotelegraphist Maurice Martenot (geb. 1898 in Paris), Kompositionsschüler von André Gédalge (bei dem u. a. auch Arthur Honegger, Maurice Ravel und Darius Milhaud studierten) und Leiter der École d'Art Musicale in Neuilly, ließ sich bei der Konstruktion eines elektrischen Musikinstruments von ausgesprochen praktischen Überlegungen leiten. Er wollte die Klangfarben und dynamischen Abläufe der Orchesterinstrumente genau imitieren und damit einen Ersatz für die mechanisch anfälligen herkömmlichen Instrumente schaffen. Nach mehr als zehn Jahren Arbeit an der praktischen Umsetzung seiner Idee führte er am 20. April 1928 in der Pariser Oper sein »Ondes musicales« (Musikalische Wellen) genanntes Instrument mit großem Erfolg vor. Konzertanzeigen verhießen »neue Klangerlebnisse«, man verglich Martenots ersten öffentlichen Auftritt mit einer Revolution. Das Gerät hatte den von Lew Termen und Jörg Mager her bekannten Aufbau: Ein Schwebungssummer erzeugte die gewünschte Tonfrequenz, wobei die Tonhöhenbestimmung durch manuelle Betätigung des Drehkondensators eines der beiden Schwingkreise erfolgte.[26] Während Mager dazu eine Kurbel verwendete, entschied sich Martenot für eine Seilzugkonstruktion, die aus einer Metallschiene sowie einem davor angeordneten beweglichen Metallband bestand. Je mehr Teile des Metallbandes mit der Metallschiene zur Deckung kamen, desto größer war die Kapazität des so entstehenden Kondensators und desto höher der erzeugte Ton. Martenot experimentierte mit zwei verschiedenen Methoden, dieses Metallband zu handhaben: Entweder wurde das Band, das unter Federzug stand, durch Ziehen an einer Schnur hin und her bewegt, oder man verwendete eine Endlosschnur, die das Metallband gleichmäßig an der Metallschiene vorbeizuziehen gestattete.[27] Er entschied sich für die zweite. Dadurch konnte der Spieler die Tonhöhe nun durch ergonomisch vorteilhaftere Längsbewegung steuern und nicht mehr durch Rundbewegungen, wie bei Magers Kurbel. Der Spieler saß also vor einem gespannten Seil, an dem eine Öse befestigt war. Melodisches Spiel entstand dadurch, daß der rechte Zeigefinger in der Öse das Seil auf einer waagerechten Achse hin und her zog. Den Zeiger, mit dem die Zugmechanik ausgestattet war und der eine recht genaue Tonhöhen-Kontrolle gestattete, ersetzte er bald durch eine anschaulichere Klaviaturattrappe. Dennoch ergaben sich Probleme, besonders bei schnellerem Spiel von weit auseinanderliegenden Tönen, da die Seilzugmechanik beizeiten an ihre mechanischen Grenzen stieß.

In den folgenden Jahren verbesserte Martenot sein Instrument ständig. Wichtigste Neuerung war 1947 das Ausstatten der Klaviaturattrappe mit einer echten spieltechnischen Funktion, so daß dem nach wie vor vorhandenen Seil lediglich die Funktion des Glissandospiels blieb. Die Dynamik der erzeugten Töne hing vom Druck des linken Zeigefingers auf eine dem Manual an der linken Seite vorgebauten besonderen Taste ab, mit der auch Ein- und Ausschwingvorgänge individuell geformt werden konnten. Die Umschaltmöglichkeit zwischen 12 verschiedenen Klangfarbenregistern war ebenfalls an dieser Stelle untergebracht. Maurice Martenot starb am 10. Oktober 1980 in Clichy bei Paris.

Einer der ersten, der die Ondes Martenot, wie das Instrument in der späteren Zeit genannt werden sollte, musikalisch nutzte, war der französische Komponist Arthur Honegger. Er verwendete es in einer Reihe seiner Orchesterkompositionen und intensiv in dem 1935 komponierten Oratorium *Jeanne d'Arc au Bûcher* (*Johanna auf dem Scheiterhaufen*). Zu diesem Auftragswerk (der russischen Tänzerin und Schauspielerin Ida Rubinstein) schrieb Paul Claudel das Libretto.

Der Dichter äußerte präzise Wünsche zum musikalischen Aufbau und den Stimmungen der Szenen. Wie genau Claudel dabei Bilder und Klangfarben dem Komponisten nahelegte, geht schon aus seinen Anweisungen für die erste Szene hervor:

> Die Stimmen am Himmel: Man hört einen Hund heulen in der Nacht. Einmal, zweimal. Beim zweiten Mal mischt sich mit dem Geheule das Orchester in einem Schluchzen oder unheimlichen Gelächter. Beim dritten Mal: die Chöre. Dann Schweigen [. . .].[28]

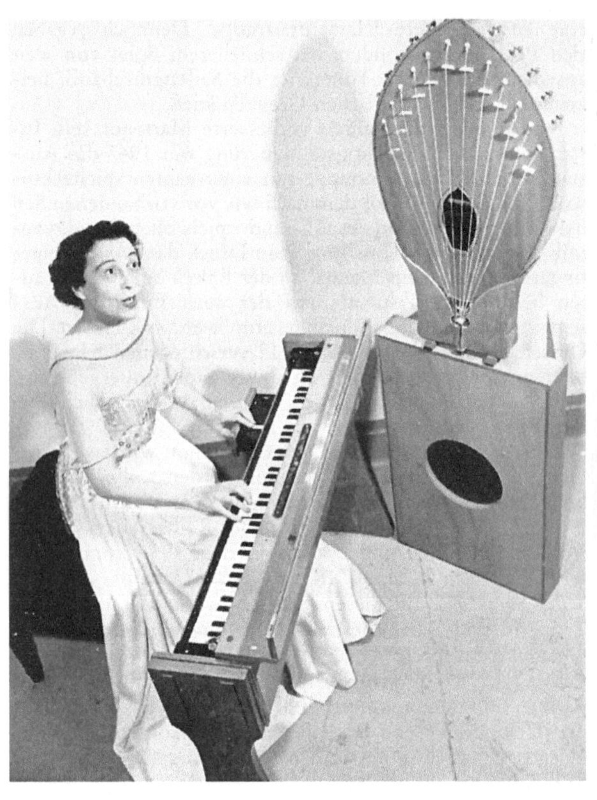

Abb. 4 Die Ondes Martenot, gespielt von der Schwester des Erfinders.

Jeanne, die Zentralgestalt des am 12. Mai 1938 in Basel durch Paul Sacher selbstverständlich mit Ida Rubinstein in der Hauptrolle uraufgeführten Oratoriums, schwankt zwischen Himmel und Hölle. Für die Charakterisierung dieser Sphären verwendete Honegger die Ondes Martenot, ihr Klang erscheint sowohl »höllisch« für die teuflischen Gestalten als auch »himmlisch« für das Reich Gottes und seine irdische Repräsentanz, die Kirche. Es gibt also im gesamten Stück nur die Zuordnung »elektronischer Klang = außermenschliche Kraft«, die – zumindest instrumentaltechnisch – nicht nach Gut und Böse unterschieden wird.

Der elektronische Klang wird vor allem durch zwei Dinge ohrenfällig. Zum einen verwendete Honegger im gesamten Stück fast durchweg die gleiche »elektronische« Klangfarbe, die sich durch ihren pfeifenden Charakter aus den Klanggemischen meist deutlich heraushören läßt. Zum anderen bevorzugt der Komponist gleitende Tonhöhenbewegungen, teilweise über mehrere Oktaven, was ebenfalls zur leichten Erkennbarkeit der elektronischen Klänge beiträgt. Das musikalische Resultat dieses Einsatzes ist bemerkenswert. Obwohl die Ondes Martenot an keiner Stelle solistisch eingesetzt werden, stehen sie für den Hörer deutlich außerhalb des Orchesters.

Dabei schreckte Honegger gelegentlich auch vor klangmalerischen Effekten nicht zurück. Bereits in der ersten Szene wird das Heulen des Höllenhundes durch Klänge der Ondes Martenot dargestellt. Ihre Aufgabe, das Auslösen von Angst und Unruhe, erfüllen die Ondes durch ein fulminantes Anfangsglissando, das hier zum klanglichen Symbol für den Aufschrei und den Ausbruch sonst unterdrückter Kräfte gerät. War man bisher für solche Wirkungen auf die Imitation durch Orchesterinstrumente angewiesen, so konnte man nun dem Naturalismus der Darstellung durch die Nutzung des direkten und unmittelbaren Assoziationspotentials elektronischer Klänge erheblich näher kommen.

In der dritten Szene gestaltet Honegger die Vision Jeannes von ihrem bevorstehenden Feuertod auf dem Scheiterhaufen ebenfalls mit klangmalerischen Mitteln: Um einen akustischen Eindruck der teuflisch auf- und abwallenden Flammen zu erzeugen, verwendet er hier erneut Riesenglissandi der Ondes Martenot über fünf Oktaven, die sich jeweils mit der punktierten melodischen Linie des Orchesters kreuzen. So entsteht beim Hörer die physische Wahrnehmung eines »bedrohlich wogenden Flammenmeeres«.

Interessant ist die elfte Szene, »Jeanne d'Arc in den Flammen«. Gemeint sind nicht die Flammen des Scheiterhaufens, sondern das »göttliche Feuer«. Demzufolge unterscheidet sich die musikalische Darstellung des Feuers erheblich von der dritten Szene. Die Ondes Martenot begleiten, in höchster Lage spielend, die Heiligsprechung Johannas, wobei sie sich im Einklang mit dem Orchester an der tonmalerischen Ausdeutung der Worte des Chores beteiligen. Hier gibt es also, im Gegensatz zur dritten Szene bei der Versinnbildlichung des Höllenfeuers, keine Gegenbewegung zu Chor und Orchester, sondern Übereinstimmung zwischen Menschlichem und Außermenschlichem, das hier durch das »göttliche Feuer« verkörpert wird. Größer hätte die ausdrucksmäßige Wandlung des Bildes »Flammen« nicht ausfallen können.[29]

Neben der Erweiterung der klanglichen Gestaltungsmöglichkeiten und den Fähigkeiten des Instruments, himmlische Stimmen, das Heulen des Höllenhundes, Flammenglissandi sowie Glockenklang und Eselsgeschrei zu versinnbildlichen, hatten Honegger noch ganz praktische Gründe zur Verwendung der elektronischen Klänge der Ondes Martenot bewogen: Es ging ihm auch um das Ausgleichen von akustischen oder spieltechnischen Unzulänglichkeiten traditioneller Instrumente. Zu diesem Zweck mischte Honegger gern die Klänge von Ondes und traditionellen Instrumenten, ersetzte diese Instrumente gelegentlich auch vollständig durch elektronische Klänge.[30]

Die große stilistische Spannweite der Ondes nutzten nicht wenige andere Komponisten in ihren Werken, darunter Darius Milhaud, André Jolivet, Edgar Varèse und auch Olivier Messiaen.[31]

> Dieses Instrument interessiert mich erstens, weil es eine Menge neuer Klangfarben hat, und nicht nur Klangfarben, sondern auch Nuancen der Registrierung, welche die Instrumente des Orchesters weder mit solcher Schnelligkeit noch mit solcher Kraft und Zartheit ausführen können. Endlich ermöglicht dieses Instrument eine außerordentliche Vielfalt des Tonanschlages, über die weder Klavier noch Streicher, noch Bläser verfügen. Zum Beispiel kann man mit den Ondes in der Klangfarbe der Posaune Staccati machen, die auf einer normalen Posaune niemals mit solcher Tonstärke ausführbar sind.[32]

Vergleicht man diese Sätze mit den Partituren Messiaens, so fällt auf, daß er dennoch von diesen Klangmöglichkeiten kaum Gebrauch machte. In seinem mehr als 30minütigen Stück *Fête des belles eaux* von 1937 für nicht weniger als sechs Ondes Martenot dominieren ruhige orgelartige Klänge, die durch lebhafte Passagen, in denen die Ondes wie Holzblasinstrumente klingen, kontrastiert werden. In anderen Werken, etwa seiner 1983 abgeschlossenen Oper *Saint François d'Assise*, werden die Ondes Martenot selten solistisch eingesetzt, dagegen häufiger im Zusammenklang mit traditionellen Instrumenten des Orchesters zur Modifizierung und Erweiterung der Farben des Orchestersatzes.

Im Gegensatz dazu haben andere Komponisten die Ondes Martenot als Soloinstrument bevorzugt. Von Darius Milhaud stammt eine 1933 komponierte *Suite pour Martenot et piano*, in der er die Ondes vollständig wie eine Solo-Violine behandelt. Eine gleiche traditionell-solistische Behandlungsweise erfahren die Ondes auch im *Concerto pour*

Ondes Martenot et Orchestre von André Jolivet aus dem Jahr 1947.

Zu den Komponisten, die den Klangfarbenreichtum des Instrumentes besonders schätzen und auch musikalisch gestalteten, gehört der Franzose Jacques Charpentier (geb. 1933), der Komposition bei Olivier Messiaen und in den fünfziger Jahren auch indische Musik in Bombay und Kalkutta studierte. Von ihm stammen *Lalita pour Martenot et percussion* und ein Quartett für vier Ondes Martenot aus den sechziger Jahren, in denen er die Klangfarben dieser Instrumente einfallsreich und virtuos zur Erzeugung dramatischer musikalischer Strukturen einsetzt.

Von dem seit 1919 in Paris lebenden Komponisten Iwan Wyschnegradsky (1893 – 1979), der sich in seinem Schaffen – ähnlich wie Alois Hába, jedoch unabhängig von diesem – intensiv mit Mikrotönen auseinandersetzte, kennen wir die außergewöhnlichen *Transparences I* op. 36 von 1956 und *Transparences II* op. 47 von 1963, beide für Ondes Martenot und zwei Klaviere, die im Vierteltonabstand gestimmt sind. Was Wyschnegradsky interessiert, ist weniger der neue Klangfarbenreichtum der Ondes als die Geschmeidigkeit der Tonhöhengestaltung mit genauer Fixiermöglichkeit im Mikrotonbereich. Als kontrastierendes Gestaltungsmittel zu den Klavieren kommen die dynamischen Möglichkeiten nicht perkussiver Tongebung hinzu, von beliebig lang aushaltbaren Einzeltönen bis zu gewaltigen Dynamiksteigerungen, die hier nicht durch Atem oder Bogenlänge begrenzt werden.

Ein weiteres, besonders beeindruckendes Beispiel zeitgenössischer Verwendung der Ondes Martenot ist das Werk *Les Courants de l'Espace* (1979) des Franzosen Tristan Murail (geb. 1947), der auch ein virtuoser Interpret auf diesem Instrument ist. Hier ist es musikalisch als Soloinstrument mit einem Orchester kombiniert, technisch mit einem Ringmodulator und einem Phase Shifter zur Klangerweiterung versehen. Murail verwendet das erweiterte Klangmaterial der Ondes als harmonische Grundsubstanz für das Orchester, indem er kunstvolle Übergänge von harmonischen Strukturen in Klangfarben und umgekehrt von Klangfarben, d. h. charakteristischen Obertonanordnungen, zu deren akkordischen Entsprechungen in den Mittelpunkt der musikalischen Gestaltung stellt. Edgar Varèse schließlich lieferte einen indirekten Qualitätsbeweis für das Instrument, indem er den Ätherophon-Part in seinem 1934 entstandenen Werk *Ecuatorial* Anfang der sechziger Jahre für zwei Ondes Martenot umarbeitete.

Aufs Ganze gesehen unterscheiden sich die meisten der für Ondes Martenot solo geschaffenen Werke in der Kompositionstechnik allerdings wenig von den für herkömmliche Soloinstrumente verfaßten Werken der betreffenden Komponisten. Bestenfalls läßt sich eine Erweiterung der musikalischen Parameter bei der Gestaltung in die Höhe (bemerkenswerterweise fast nie in die Tiefe) beobachten, stärker in Dynamik und Klangfärbung beim Zusammenspiel mit traditionellen Instrumenten – worin aber der Grund liegen könnte, daß einige Kompositionen aus der Anfangszeit dieses Instruments, insbesondere von Olivier Messiaen, André Jolivet und Darius Milhaud, zu regelrechten Repertoirestücken geworden sind, eine für elektrische Klangerzeuger nach wie vor höchst ungewöhnliche Tatsache.

Auch Schauspiel, Film, Rundfunk und als jüngstes Medium das Fernsehen waren ständige Anwendungsgebiete der Ondes Martenot bis in die sechziger Jahre hinein. Eines der bekanntesten Beispiele bietet die Filmmusik zu dem Jules-Verne-Klassiker *Zwanzigtausend Meilen unter dem Meer*, 1955 von Maurice Jarre, dem Vater des »elektronischen« Popmusikers Jean-Michel Jarre, unter Zuhilfenahme der Ondes Martenot komponiert, die hier vor allem die Geheimnisse und Gefahren der Tiefe stimmungsvoll glaubhaft zu machen haben. In all diesen angewandten Bereichen wurden die Ondes Martenot erst in jüngster Zeit durch noch flexiblere elektronische Instrumente verdrängt.

Die Odyssee des Trautoniums

Nachdem die nachrichtentechnischen Erfindungen des ausgehenden 19. Jahrhunderts im Weltkrieg 1914–1918 erst einmal ihre militärische Verwendbarkeit unter Beweis stellen mußten, standen sie mit dem Beginn der zwanziger Jahre nach und nach auch für zivile Anwendungen zur Verfügung. Die Geburtsstunde des Rundfunks war gekommen. In Deutschland schlug sie offiziell 1923, nachdem bereits drei Jahre zuvor zu Testzwecken Instrumentalkonzerte von der Hauptfunkstelle Königswusterhausen bei Berlin auf Langwelle gesendet worden waren. Am 15. Oktober 1923 gab es eine vielbeachtete Pressevorführung, und wenige Tage später begann die Ausstrahlung regelmäßiger Rundfunksendungen. In den USA war man etwas schneller. Dort nahm bereits 1921 ein Mittelwellensender in Pittsburgh seine Arbeit auf. In Österreich und der Schweiz begann man 1924 mit regelmäßigen Rundfunksendungen.

Die ersten Empfangsgeräte, Kristalldetektoren, mußte der Rundfunkhörer sich meist selbst bauen, was allerdings nicht allzu schwierig war, da sie aus nur wenigen Bauteilen bestanden. Dazu gehörte ein auf die Empfangsfrequenz abstimmbarer Schwingkreis und ein sogenannter Demodulator, der die Tonsignale aus der empfangenen Hochfrequenz entschlüsseln konnte. Als Demodulator wurden natürliche Kristalle zumeist aus Silizium, Bleiglanz oder Schwefelkies verwendet. Der Radiohörer mußte nun auf diesem Kristall mit einer feinen Drahtspitze stets aufs neue geduldig nach einer geeigneten Berührungsstelle suchen, die den Strom in nur einer Richtung durchließ und damit den Empfang erst möglich machte. Die Wiedergabe des Klangsignals erfolgte mit Kopfhörern, da Lautsprecher Anfang der zwanziger Jahre noch nicht zur Verfügung standen. Daß Kristalldetektoren ohne Batterien auskommen, da sie die gesamte zum Betrieb notwendige Energie aus dem Sendesignal beziehen, war ein Vorteil dieser schlichten Anordnung. So konnte jeder, der wollte, zum Radiohörer werden, denn die Ausrüstung war für jedermann erschwinglich. Allerdings ließ die bescheidene Empfangsqualität auch viele Wünsche offen. Die technische Vervollkommnung der Empfangsgeräte führte dann rasch zur Ablösung der Kristalldetektoren durch die ersten Röhrenempfänger, die über größere Empfindlichkeit und bessere Trennschärfe verfügten, was man durch die Erhöhung der Zahl von Empfangskreisen erreichte. Insgesamt sorgte der Einsatz von Verstärkerröhren für eine wesentlich verbesserte Empfangsqualität. Das hing auch damit zusammen, daß man nun nicht mehr mit Kopfhörern dem Programm lauschen mußte, sondern durch Lautsprecherwiedergabe das Radiohören zum familiären Ereignis werden lassen konnte.[33]

Erste dynamische Lautsprecher gab es erst Ende der zwanziger Jahre. Ihre Konstruktion war vom Arbeitsprinzip des elektromagnetischen Kopfhörers abgeleitet, der ja bereits mit der Erfindung des Telefons 1876 durch Graham Bell bekannt war und vielfach praktische Verwendung gefunden hatte: Eine stromdurchflossene Spule erzeugt ein veränderliches Magnetfeld, in dem sich eine Blechmembran befindet, die im Rhythmus der Spannungsänderungen elastische Biegebewegungen ausführt. Diese sind dann als Luftdruckänderungen und damit als Sprache oder Töne vom Ohr in unmittelbarer Nähe der Membran wahrnehmbar (Abb. 5). Leider ließen sich diese Spulensysteme, die auch als magnetische Lautsprecher bezeichnet wurden, nicht beliebig vergrößern. Dies hatte bereits Thaddeus Cahill bei der Wiedergabe der Klänge seines Dynamophones (vgl. S. 18 ff.) versucht, mit mäßigem Erfolg. Schließlich versah Cahill solche magnetischen Spulensysteme mit üppig dimensionierten Schalltrichtern, wie man sie in kleinerer Form bereits von Hörrohren kannte, um wenigstens in Ansätzen eine räumliche Abstrahlung zu erreichen (vgl. Abb. 5,2). Die Klangqualität indes – Cahill

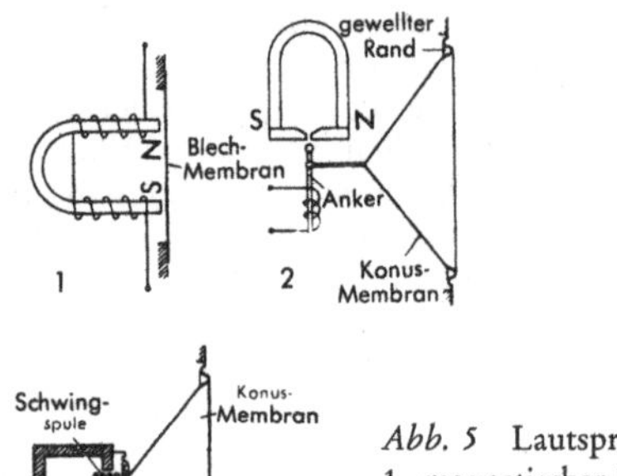

Abb. 5 Lautsprechertypen:
1. magnetischer Lautsprecher (nach Art des Telefons)
2. Freischwinger
3. dynamischer Lautsprecher.

wollte ja Musik und nicht nur Sprache übertragen – blieb unbefriedigend.

Die nächste Stufe der Entwicklung verkörperten sogenannte Freischwingerlautsprecher, welche auch in den ersten Röhrenempfängern Verwendung fanden. Hier wurde die Tonfrequenz einer Spule zugeführt, die sich auf einer Eisenzunge befand. Diese Zunge bewegte sich ihrerseits im Magnetfeld eines großen Dauermagneten und übertrug ihre Schwingungen auf eine federnd gelagerte Konusmembran aus Pappe.

Die bis ins 21. Jahrhundert hinein hauptsächlich verwendete elektrodynamische Bauform des Lautsprechers wurde bereits 1925 durch die Amerikaner Rice und Kellogg zum Patent angemeldet und konnte sich ab 1927 beispielsweise in Rundfunkempfängern durchsetzen, in die sie nun direkt eingebaut wurden.[34] Hier wird zur Erzeugung der Pappmembran-Schwingungen die Ablenkung einer stromdurchflossenen Spule direkt im Feld eines Dauermagneten ausgenutzt. Obwohl das Prinzip dem des Freischwingers sehr ähnlich ist, läßt sich mit dieser elektrodynamischen – oder einfach dynamisch genannten – Methode eine deutlich bessere Wiedergabequalität als beim Freischwingerlautsprecher erreichen. Aus Kostengründen wurden jedoch weiterhin Freischwingerlautsprecher produziert. Die Qualitätsverbesserung diente als wichtiges Verkaufsargument der Industrie, wie eine Werbeanzeige für Siemens-Radioempfänger anläßlich der Berliner Funkausstellung 1932 belegt:

> Auf dem Lautsprecher-Gebiet finden wir außerordentliche Fortschritte in bezug auf den Wirkungsgrad der Lautsprecher, aber auch die Klanggüte wurde verbessert. Beides ist ein Erfolg der hohen Präzision, mit welcher heute die sogenannten ›Freischwinger-Systeme‹ hergestellt werden. Bei den dynamischen Lautsprechern finden wir viele neue Heim-Lautsprecher-Typen, die an Klanggüte auch den verwöhntesten Musiker befriedigen werden. Der dynamische Lautsprecher mit Dauermagnet kommt mehr und mehr auf.[35]

Die rasche Entwicklung der Übertragungstechnik und der wachsende Bedarf an mediengerecht aufbereiteten Programminhalten ließ auch das Interesse von Wissenschaft und musikalischer Praxis an Grundfragen der Musikvermittlung durch Rundfunk wachsen. 1927 wurde in der Staatlichen akademischen Hochschule für Musik Berlin-Charlottenburg eine Rundfunkversuchsstelle gegründet, die besonders das Verhältnis von Musik und Technik im Rundfunk untersuchen sollte. Im Zentrum der Arbeit stand die Untersuchung spezieller Anforderungen, welche die Mikrophon-Übertragung sowohl an die musikalische Interpretation als auch an die Wortbeiträge stellt:

> Die fast unbegrenzten neuen Möglichkeiten der Musikweitergabe in den Alltag verpflichten zu höchster Verantwortung in der Anwendung wie in der Nutznießung der neuen Mittel. Durch geistige Ordnung ist

die Technik dem Geiste dienstbar, durch klaren Kulturwillen ist die zivilisatorische Errungenschaft für das Leben fruchtbar zu machen. Alle zivilisatorischen Mittel müssen nach ihrer technischen Erfindung, die sich ohne kulturelle Not vollzieht, erst geistig zu Ende erfunden werden, wenn sie Kulturwert erhalten und als lebensnotwendig erachtet werden sollen.[36]

Nur ein Jahr später wurde am Berliner Konservatorium Klindworth-Scharwenka ebenfalls eine Lehr- und Studienstätte für Radiomusik eingerichtet, die ähnliche Ziele verfolgte. Zu den Dozenten, die in beiden Versuchsstellen unterrichteten, gehörte der Komponist Max Butting (1888–1976), der in der Ausbildung unter Mikrophonbedingungen einen geeigneten Weg sah, künftige Komponisten und Interpreten auf spätere Anforderungen vorzubereiten.[37]

Bei dieser Forschungsorientierung war es nur eine Frage der Zeit, bis die elektrische Klangerzeugung zum Gegenstand des Interesses wurde. Bot sie doch die verlockende Möglichkeit, das technisch noch unvollkommene Mikrophon zu umgehen und Töne unmittelbar in die Sendeapparatur einzuspeisen. Auf diese Weise wäre erstmals eine »radiophone« Musik denkbar, die speziell für die Rundfunkübertragung konzipiert ist und den technischen Bedingungen dieser Übertragung von vornherein Rechnung trägt. Ihre Konzeption wäre damit anderen musikalischen Gattungen vergleichbar, in denen die Bedingungen ihrer Aufführung ebenfalls bereits bei der Komposition Berücksichtigung finden. So beispielsweise bei Orchestermusik, in welche die akustischen Eigenschaften eines Aufführungssaals quasi mit ›einkomponiert‹ sind und die der Komponist eigens für diesen einen Saal geschrieben hat. Eine Rundfunkübertragung stellt in einem solchen Fall nur mehr oder weniger vorteilhaften Ersatz dar.

Diese und ähnliche Gedanken mögen Friedrich Trautwein (1888–1956) beschäftigt haben, bevor er mit der Entwicklung des Trautoniums begann, dem heute noch am wenigsten vergessenen Vertreter der elektrischen Spielinstrumente. Von Anfang an legte er seinen Konstruktionsüberlegungen die Forderung nach höchster Wirtschaftlichkeit und Zweckmäßigkeit zugrunde, weil sie, wie Trautwein wußte, über das Schicksal eines Instruments entscheiden. Es ließe sich eine Geschichte der Musikinstrumente unter diesem Aspekt schreiben.[38]

Als man ihn 1930 zunächst als Dozent in die Rundfunkversuchsstelle der Staatlichen Musikhochschule holte und ihn ab 1935 mit einer Professur für musikalische Akustik betraute, wußte man, daß er wie kaum ein zweiter für diese Arbeit qualifiziert war: Seit seiner Kindheit mit dem Orgelspiel vertraut, hatte er Musik und technische Physik studiert, war 1921 Doktoringenieur, ein Jahr später Postrat am Telegraphentechnischen Reichsamt geworden und an der Errichtung des ersten deutschen Rundfunksenders beteiligt.

1923 unternahm er die ersten Versuche auf dem Gebiet der »elektrischen Musik«, wie es damals hieß, und im Sommer 1930 war sein elektrisches Musikinstrument, das Trautonium, vorführbereit. Zur Klangerzeugung verwendete Trautwein die tonfrequenten Kippschwingungen von Glimmlampen. Diese lieferten einen sägezahnförmigen und damit obertonreichen Grundklang, der durch zwei abstimmbare Filter mit sogenannten Formanten angereichert wurde, die mit Hilfe von zwei durch Drehkondensatoren einstellbaren Schwingkreisen erzeugt wurden. Diese Veränderungen konnten während des Spiels mit zwei Fußpedalen ausgeführt werden. Ein Verfahren, das die Erzeugung einer großen Anzahl unterschiedlicher musikalisch interessanter Klänge gestattete, die obendrein schnell und kontinuierlich abrufbar waren.[39] Diese einfache und doch sehr effektive Art der Tonfärbung begeisterte sogar den Psychologen und Musikforscher Carl Stumpf, der 1930, vier Jahre nachdem er *Die Sprachlaute* veröffentlicht hatte, die Klangformung des Trautoniums interessiert in Augenschein genommen hatte.

Den Spielapparat des Instruments bildete ein Bandmanual, welches aus einer waagerecht über eine Metallschiene gespannten, mit Widerstandsdraht umsponnenen Saite bestand. Sobald sich Saite und Schiene berührten, entstand durch den Kontakt eine elektrische Schwingung, die über eine elektronische Verstärkung als Ton im Lautsprecher hörbar wurde. Als Orientierung zum sicheren Treffen der Töne waren über der Saite federnde Metallzungen angebracht, unter denen der Finger beim Spiel hindurchglitt. Sie waren verschiebbar und wurden später mit einem isolierenden Lederüberzug versehen.[40]

Die Dynamik war durch die Stärke des Berührungsdrukkes beeinflußbar. Dazu befand sich unter der Metallschiene ein Kohlekörnermikrophon, das hier jedoch nicht als Mikrophon, sondern als druckempfindlicher veränderlicher Widerstand wirkte. Sobald man die Saite auf die Metallschiene niederdrückte, konnte man durch die weiter anhaltende Intensität des Druckvorganges den elektrischen Widerstand der Kohlekörner[41] verändern und damit die Lautstärke des erzeugten Tones direkt steuern[42]. Ein Zeitgenosse beschreibt es so:

> Auf dem Manual sind normalerweise etwa drei Oktaven untergebracht, die Lage der Töne kann durch angesetzte Zungen festgelegt werden, so daß das Drahtmanual des Trautoniums etwa ein Zwischending darstellt zwischen der Violinsaite und der Tastatur eines Klavieres, ohne daß man auf das Vibrato der Violine verzichtet. Schon ein leichter Fingerdruck auf den Draht genügt, um einen Kontakt herzustellen und damit den Klang in der gewünschten Höhe zu schaffen. Der Einsatz ist ganz weich; ein unter dem Manual in der Mitte angebrachter Kohlewattewiderstand ist die Ursache dafür, daß bei stärkerem Druck die Tonstärke größer wird.[43]

Neben der Feinregelung der Dynamik durch Fingerdruck gab es außerdem ein Fußpedal für gröbere Veränderungen der Gesamtlautstärke. Die druckempfindlichen Kohlewiderstände der Anfangszeit wurden später durch präziser arbeitende Flüssigkeitswiderstände ersetzt.

Eine weitere wichtige Einrichtung des Trautoniums war ein Drehknopf für die Einstellung der sogenannten Mensurweite des Manuals. Damit konnte man die Anzahl der Oktaven bestimmen, die auf dem Bandmanual spielbar waren.

> Mehr als drei Oktaven wird man meist auf dem Manual nicht unterbringen, weil die einzelnen Töne sonst zu eng zusammenliegen, um von der Hand noch rein abgegriffen werden zu können. Man kann aber mit Hilfe dieses Drehknopfes am Apparat die Töne auf dem Manual so weit auseinanderziehen, daß man Vierteltöne oder noch viel kleinere Intervalle mühelos abgreifen und spielen und auf diese Weise neue musikalische Möglichkeiten schaffen kann.[44]

Unabhängig von der Mensurweite des Manuals konnte man die klingende Oktavlage während des Spiels mittels einer seitlich drehbaren Fußpedalkonstruktion vollständig umschalten.[45] Dies war deshalb möglich, weil die Mensur der Saite linear und nicht exponentiell verlief, was zu einer gleichbleibenden Griffweite der Oktaven auf der Saite führte. Trautwein war Pragmatiker genug zu wissen, daß der Erfolg neuer Instrumente wesentlich vom Interesse bestimmt wird, welches führende Komponisten der Zeit ihnen entgegenbringen. In dieser Hinsicht hatte Trautwein das Glück, Unterstützung bei seinem Kollegen Paul Hindemith zu finden, der seit 1927 Lehrer für Komposition an eben der Staatlichen Hochschule für Musik in Berlin war, welche auch die Rundfunkversuchsstelle beherbergte. Hindemith hatte zu dieser Zeit schon umfangreiche Erfahrungen mit verschiedenen technischen Medien gesammelt. Bereits 1921 realisierte er eine erste Stummfilmmusik. 1926–28 folgten die Musik zum Trickfilm *Felix, der Kater*, zum *Triadischen Ballett* des Bauhauskünstlers Oskar Schlemmer, jeweils für walzengesteuerte mechanische Orgel, sowie *Vormittagsspuk* für das mechanische Welte-Mignon-Klavier. Außerdem experimentierte Hindemith, gemeinsam mit Ernst Toch, mit Grammophon-Aufnahmen von Xylophonen und Singstimmen, die sie mit verschiedenen Geschwindigkeiten abspielten, um daraus Montagen anzufertigen. In Berlin bot sich nun die seltene Möglichkeit, technische und künstlerische Entwicklungsarbeit an einem neuen Musikinstrument von Anfang an zu koordinieren.

Das erste Trautonium-Konzert gab es zum Festival »Neue Musik Berlin« im Juni 1930 im Konzertsaal der Berliner Hochschule für Musik.[46] Hindemith-Kompositionen für gleich drei Trautonien, gespielt von Hindemith selbst, Oskar Sala und einem Klavierprofessor der Hochschule, Rudolph Schmidt, standen auf dem Programm. Die Kritik zeigte sich vor allem von den Klangmöglichkeiten des Trautoniums begeistert. Aus jenem Jahr stammt auch die erste Eintragung in Paul Hindemiths Werkverzeichnis, Trautonium-Stücke betreffend. Es handelt sich hierbei um einen Hinweis auf vier Stücke für drei Trautonien, die den etwas skurrilen Untertitel »Des kleinen Elektromusikers Lieblinge« tragen. Überraschenderweise fanden sich im musikalischen Nachlaß von Paul Hindemith aber nicht vier, sondern sieben Stücke für drei Trautonien. Der Berliner Musikwissenschaftler Klaus Ebbeke, der diese Stücke Anfang der achtziger Jahre genauer untersucht hat, kam zu dem Schluß, daß alle sieben Kompositionen von Hindemith selbst stammen müssen, u. a. deshalb, weil sie als zusammenhängendes Ganzes konzipiert sind.[47] Die sieben Triostücke sind durchweg kurz. Mit Ausnahme des sechsten umfassen sie jeweils kaum mehr als 20 Takte. Während im ersten Stück kanonartige Imitationen dominieren, ist das zweite Stück vor allem unter instrumentaltechnischem

Aspekt interessant. Es wurde von Hindemith mit *Langsam (Fernwerk)* überschrieben, was bedeuten soll, daß dieses Stück über eine Lautsprechergruppe abgestrahlt wurde, die an einer entfernten Stelle des Saales lag.[48] Zudem ist ein Wechsel zwischen zwei Klangfarben – als »dumpf« und »scharf« von Hindemith charakterisiert – vorgesehen. Der Komponist bezieht hier die neuen technischen Möglichkeiten des Instruments direkt in die musikalische Konzeption mit ein. Ohnehin hat man beim Hören dieser Triostücke den Eindruck, daß es Hindemith um die Vorführung der Besonderheiten des Trautoniums ging. Dies geschieht in geradezu wissenschaftlicher Trennung musikalischer Elemente, welche die Konzentration auf das jeweils Neue der Gestaltung ungeschmälert ermöglichen soll. Im ersten Stück erfolgt die Behandlung der drei Trautonien eher ›traditionell‹, etwa drei Streichinstrumenten vergleichbar. Es lassen sich weder signifikante dynamische noch klangfarbliche Änderungen beobachten, so daß der Eindruck entsteht, Hindemith wolle zunächst die allgemeine Musikalität des Instruments, seine grundsätzliche musikalische Eignung beweisen. Anders dagegen im zweiten Stück *Langsam (Fernwerk)*. Hier geht es vor allem um räumliche und, damit verbunden, dynamische Änderungen der Klangparameter. Dazu fehlt im zweiten Stück fast jeder rhythmische Fluß, so daß nichts von der Wahrnehmung der dynamischen Änderungen ablenkt. Auch melodische Elemente finden sich in diesem Stück kaum, so daß sich die Aufmerksamkeit des Hörers automatisch auf die übrigen, normalerweise nicht im Zentrum der Aufmerksamkeit liegenden musikalischen Parameter richtet. Im Zusammenhang aller sieben Triostücke ist das zweite gleichsam ein Zwischenspiel, in dem die neuen Eigenschaften des Instruments besonders drastisch, man könnte auch sagen didaktisch, demonstriert werden. Die weiteren Sätze sind weniger auffallend gestaltet. Hier dominieren kontrapunktische Bildungen, wie sie auch für das Instrumentalschaffen Hindemiths zu dieser Zeit nicht untypisch sind, allerdings nutzt der Komponist hier die erweiterten Klangmöglichkeiten der Trautonien, was sich vor allem im Tonumfang der drei Stimmen und der kontrastierenden Klangfarbengestaltung zeigt.

In unmittelbarer Folge dieser Studien entstand das *Concertino für Trautonium und Streichorchester* von Hindemith, das auf der zweiten Tagung für Rundfunkmusik, die vom 6. bis 8. Juli 1931 in München stattfand, uraufgeführt wurde. Hindemith selbst war der Dirigent des Stückes, Oskar Sala der Solist am Trautonium. Hierbei handelte es sich um eben jene Tagung, an der teilzunehmen sich Jörg Mager aus Konkurrenzgründen beharrlich geweigert hatte (vgl. S. 45). Der Bericht über die Tagung in der Musikzeitschrift *Melos* erwähnt Hindemiths Werk lediglich beiläufig als »einigermaßen locker gefügtes und jedenfalls sehr amüsantes Stück, bei dem das neue Instrument bald wie eine Gambe, bald wie irgendein riesenhaftes Baß-Blasinstrument klingt«. Bei genauerer Betrachtung ist Hindemiths Behandlung des Trautoniums hier am ehesten der eines Streichinstruments vergleichbar, was bei dieser Besetzung Solo und Streichorchester auch naheliegt. Auch in formaler Hinsicht orientierte sich Hindemith an der Gattungstradition des Konzertes: Sein *Concertino* gliedert sich als »kleines Konzert« in drei Abschnitte, wobei zwei schnellere Teile um einen langsameren Mittelteil gruppiert sind. Der mittlere Abschnitt nützt die Thematik des Vorangegangenen, und der Schlußteil greift reprisenartig erneut auf den Anfang zurück, um schließlich mit einer Coda zu enden. Paul Hindemith zeigt mit diesem Stück, daß er die musikalische Experimentierphase auf dem Trautonium, die in den sieben Triostücken noch deutlich spürbar war, bereits hinter sich gelassen hat und dieses Instrument nun technisch und musikalisch souverän zu handhaben versteht. Es ging also nicht mehr um den Beweis, daß man auf dem Trautonium »auch Musik machen kann«, sondern um seinen der jeweiligen kompositorischen Intention adäquaten Einsatz.

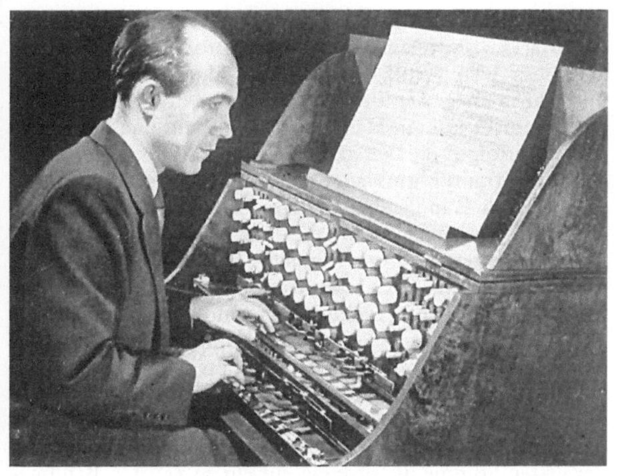

Abb. 6 Oskar Sala am Trautonium.

Viele Studenten der Berliner Musikhochschule waren vom Trautonium ebenfalls beeindruckt. Besonders interessiert zeigten sich die Kompositionsstudenten Harald Genzmer und Oskar Sala, die sich unter Hindemiths Leitung mit den spieltechnischen und kompositorischen Möglichkeiten des Trautoniums beschäftigten. Oskar Sala (1910–2002), der eigentlich Pianist hatte werden wollen, machte sich bald als Virtuose einen Namen und wurde zum Protagonisten der weiteren Entwicklung des Trautoniums.

Auch der Film wurde schnell auf die neuen Klangmöglichkeiten dieses Instruments aufmerksam, und so realisierte Oskar Sala bereits zu dieser Zeit erste Produktionen. Eines seiner ersten Engagements war 1930 die Realisation der von Paul Dessau komponierten Musik zu dem Film *Stürme über dem Mont Blanc.*

1933 brachte die Firma Telefunken ein eigenes Modell auf den Markt, das sogenannte »Volkstrautonium«. Es kostete allerdings wenig volkstümliche 424 Mark (ohne Röhren) und war in erster Linie für den »privaten« Nutzer, also den technologiebewußten Hausmusiker gedacht. Um Kosten zu sparen, erfolgte die Verstärkung und Lautsprecherwiedergabe der Trautoniumklänge in einem als Zusatzgerät anschließbaren Rundfunkempfänger. Telefunken baute etwa 100 Stück, verkaufte davon aber nur wenige.

Sala erweiterte die ursprüngliche Bauform des Trautoniums ständig. Als ein erstes Resultat dieser permanenten technischen Weiterentwicklung entstand 1934/35 ein größeres Modell, das sogenannte »Rundfunk-Trautonium«, das er im Auftrag der Reichsrundfunkgesellschaft, vermittelt durch die Firma Telefunken, konstruierte. Entscheidende Neuerung des ursprünglich monophonen Instruments war die Hinzufügung einer zweiten Stimme. Diese konnte von der ersten Stimme unabhängig auf einem zweiten Bandmanual erzeugt werden, das sich unterhalb der Spieleinrichtung für die erste Stimme befand (vgl. Abb. 6).

Auf diesem Rundfunk-Trautonium spielte Oskar Sala viele Stücke für das Archiv des Reichsrundfunks ein, trat aber auch live in der Rundfunksendung »Musik auf dem Trautonium« auf, wo er Klassikbearbeitungen, z. B. von Paganini, Tartini, Reger oder Dvořák, aber auch Originalkompositionen für das Trautonium aufführte.

Im August 1935 komponierte Paul Hindemith für Salas neues Trautonium ein *Langsames Stück und Rondo*, in dem er insbesondere die Möglichkeit der Zweistimmigkeit des Instruments musikalisch auslotete. Leider findet sich in Hindemiths musikalischem Nachlaß kein Manuskript dieses Stückes, die Partitur ist verschollen.[49]

Sala erregte durch seine Beschäftigung mit »mechanischer Musik« die Aufmerksamkeit der Nationalsozialisten. 1934 wurde er zu Propagandaminister Goebbels ins Berliner Kronprinzenpalais bestellt. Dort spielte er möglichst unverdächtige Stücke vor, ein Capriccio von Harald Genzmer, vor allem aber Virtuoses aus der Welt der Klassik. Dies stellte auch Goebbels zufrieden: »Prima, wunderbar, was woll'n wir eigentlich. Machen 'se mal weiter ...«.[50] Sala konnte daraufhin zunächst unbehelligt weiterarbeiten.

Um nicht nur im Rundfunk, sondern auch live im Konzertsaal auftreten zu können – wofür sich das Rundfunk-Trautonium nur unvollkommen eignete –, entwickelte er in den Jahren 1937/38 ein transportables »Konzert-Trautonium«. Dafür komponierte Harald Genzmer 1938/39 sein *Konzert für Trautonium und Orchester*, das seine Uraufführung 1939 aber nicht im Konzertsaal, sondern im Deutschlandsender erlebte. Die Konzertpremiere wurde 1940 in der Berliner Philharmonie im Rahmen eines Sonderkonzertes zeitgenössischer Musik mit dem Berliner Philharmonischen Orchester nachgeholt. Die *Berliner Zeitung* berichtete, daß es bereits nach dem ersten Satz spontanen Beifall gab.[51] Das lag vor allem im virtuosen Charakter des Konzertes begründet, der dem Solisten Sala breiten Raum zur Präsentation seiner Fähigkeiten ließ. Daß ein Soloinstrument im Laufe des Stückes mehrfach seine Klangfarbe wechselte, war sicherlich eine neue, ebenfalls faszinierende Erfahrung für das Publikum.

Nach Kriegsende war Sala zunächst in Weimar am Theater tätig. Seit 1954 lebte er wieder in Berlin. Er konzertierte regelmäßig in den Rundfunkstationen der alliierten Sektoren und arbeitete an der Deutschen Staatsoper wieder mit Paul Dessau zusammen. An der Städtischen Oper Berlin spielte Sala zwischen 1948 und 1950 den Part der Ondes Martenot in Honeggers *Jeanne d'Arc au Bûcher* auf seinem Konzert-Trautonium. Für die Intonierung der Gralsglocken in *Parsifal* der Bayreuther Inszenierung von Wieland Wagner von 1954 bis 1956 war Oskar Sala – anstelle Jörg Magers (vgl. S. 45) – engagiert. Zwischen 1948 und 1952 konstruierte Sala das »Mixtur-Trautonium«, eine Neukonstruktion auf der Basis des Konzert-Trautoniums, das, nachdem es den Krieg unbeschadet überstanden hatte, danach Schrottdieben zum Opfer gefallen war.

Das grundsätzlich Neue beim Mixtur-Trautonium bestand in der Erzeugung einer kontinuierlichen Untertonreihe (die Subharmonische), d. h. einer Reihe, die sich spiegelbildlich zur bekannten Obertonreihe verhält und auch im Aufbau mit ihr identisch ist. Sala verwendete dazu vier Nebengeneratoren pro Stimme, die vom Hauptgenerator des jeweiligen Manuals synchronisiert wurden und teils auf ausgewählte Frequenzen der subharmonischen Tonreihe einstellbar waren, sich aber auch frei abstimmen ließen. Verschiedene subharmonische Mixturen waren vorwählbar und konnten während des Spiels durch einen Fußpedalschalter gewechselt werden. Das war eine Weiterentwicklung des Fußschalters, der früher nur zur Umschaltung der Oktavlage der Manuale benutzt worden war.[52]

Die Klangfarben, die hier, wie schon beim Urmodell des Trautoniums, mittels abstimmbarer Formant-Schwingkreise geformt wurden, konnten nun auch für alle Töne der Untertonreihe separat (!) geregelt werden. Dieser durchdachte Spielapparat machte das Instrument zum einzigen elektrischen Musikinstrument mit nichttemperierter gleitender Tonskala, das virtuos spielbar und zugleich mehrstimmig war.[53]

Beim Spiel auf dem Mixtur-Trautonium, welches seinen Namen der Bezeichnung für eine ähnliche Art der Stimmkopplung bei der Orgel verdankt, überlagern sich die Grundtöne mit ihren harmonischen Ober- und Untertonreihen. Eine interessante kompositorische Herausforderung, so fand auch Paul Hindemith, da sich durch die starre Koppelung der Unterstimmen zwar starke Beschränkungen für das Setzen der Töne, aber dank des »Durcheinanderlaufens« der Kopplungsreihen auch seltsam-interessante Möglichkeiten ergeben.

Für das neue Mixtur-Trautonium wurde wieder eine Reihe von Kompositionen geschrieben, in zunehmendem

Maße für Schauspiel, Theater und Film. Paul Dessau schrieb 1949 eine Schauspielmusik mit Trautonium zu Goethes *Faust*. Auch in seiner Oper *Das Verhör des Lukullus* von 1951 ist das Trautonium zu hören. Harald Genzmer schrieb 1952 sein *Konzert für Mixtur-Trautonium und großes Orchester*. Werner Egk, Carl Orff, Hans Werner Henze und Jürg Baur nutzten das Trautonium vereinzelt, meist für naturalistische Effekte. Richard Strauss hatte es bereits 1940 zur Imitation von Glockenklängen in seiner *Japanischen Festmusik* verwendet.

Oskar Sala, der von Beginn an immer wieder auch selbst für das Trautonium komponiert hatte, verstärkte zu Beginn der fünfziger Jahre seine Aktivitäten in diesem Bereich. Seine Stücke tragen Titel wie *Grotesker Marsch*, *Improvisation*, *Kleine Melodie*, *Marsglocken*, *Vision*, *Serenade* oder *Tanzweise* und führen vor allem die zahlreichen Klangmöglichkeiten des Mixtur-Trautoniums vor. Kompositorisch zeigt sich Sala hier seinem Lehrer Hindemith eng verbunden.

Zur selben Zeit, d. h. Anfang der fünfziger Jahre, machte in Köln eine andere Art des Umgangs mit elektronischem Klangmaterial von sich reden. Nicht, wie bei Sala, der spielerische Umgang mit der Assoziationskraft der Klänge stand dort im Mittelpunkt, sondern das Gegenteil: die Herleitung der Klangstrukturen aus übergeordneten, seriellen Kompositionsprinzipien. Es gab also kaum Gemeinsamkeiten zwischen beiden Umgangsweisen mit elektronischen Klängen. Im Kölner Konzept der elektronischen Musik war für »elektrische Spielinstrumente«, zu denen das Trautonium nun in der Kölner Terminologie gehörte, kein Platz mehr vorgesehen. Oskar Sala und auch Friedrich Trautwein gerieten mehr und mehr ins musikpolitische Abseits. Sala reagierte darauf, indem er sich aus der öffentlichen Neuen Musik mit ihren Festivals und Arbeitstagungen, in denen er ohnehin nie richtig heimisch war, in sein Studio zurückzog.

Friedrich Trautwein indes, der schon während der faschistischen Herrschaftszeit »verantwortungsbewußten Volksgenossen zur seelischen Erhebung des Volkes« die elektrische Musik schmackhaft machen wollte[54], versuchte sich mit der neuen Richtung zu arrangieren. Noch gegen Ende des Krieges trat er in die NSDAP ein. Nach Kriegsende war er aus diesem Grund an der Berliner Musikhochschule nicht mehr erwünscht. Er ging schließlich nach Düsseldorf, wo er am Robert-Schumann-Konservatorium bei der Tonmeisterausbildung mitwirkte. Trautwein starb 1956.

Im selben Jahr erhielt Sala einen eigenen Raum in der Berliner Musikhochschule, den er als Studio nutzen konnte. Später konnte er ein neues Studio in einem ehemaligen UFA-Gebäude in Berlin-Ruhleben beziehen. Dort begann sich, nicht zuletzt durch die Kölner elektronische Musik, Salas Arbeitsweise zu verändern. Dafür war vor allem die ständig wachsende Zahl von Filmmusik-Aufträgen verantwortlich, welche fortan den Löwenanteil an Salas Schaffen ausmachten. Als schließlich die ersten Tonbandgeräte verfügbar waren, blieb dies ebenfalls nicht lange ohne Auswirkung auf Salas Arbeitsweise. Sie wurden ein wichtiger Teil seiner kompositorischen Arbeit. Er nutzte die Tonbandtechnik wie einen Skizzenblock. Vom Instrument aus konnte er das Gerät bedienen, sein improvisierendes Spiel aufnehmen, später abhören und erneut bearbeiten, wenn eine musikalisch brauchbare Idee dabei entstanden war.

Einer, dessen Name mit der Geschichte der elektronischen Klangerzeugung und den Anfängen des Kölner Studios eng verknüpft war, Werner Meyer-Eppler (1913–1960), einer der führenden Phonetiker und Kommunikationswissenschaftler, schrieb ihm Ende 1953:

> Mit großem Vergnügen habe ich mir gestern im Nachtprogramm Ihre »Konzertanten Variationen« angehört. Ich finde, daß Sie mit Hilfe der Bandtechnik jetzt erst die eigentlichen Klangmöglichkeiten des Mixtur-Trautoniums auszuschöpfen beginnen. Einzelne Stellen ha-

ben mich fasziniert, so beispielsweise die raschen Repetitionen eines Klanges und die intensiven Raumwirkungen.[55]

In den achtziger Jahren konstruierten Hans-Jörg Borowicz, Dietmar Rudolph und Helmut Zahn, Professoren der Fachhochschule der Deutschen Bundespost in Berlin, eine digitale Variante des bis zu diesem Zeitpunkt auf der Röhrentechnik von 1952 basierenden Mixtur-Trautoniums Salas. Sie nannten sie respektvoll »Mixtur-Trautonium nach Oskar Sala«, und auch Sala selbst, der es 1988 zur »künstlerischen Auswertung« übergeben bekam, zeigte sich von dieser Konstruktion begeistert:

> Was in der Röhrentechnik zur subharmonischen Klangkultur nur mit einer Kunstschaltung gelang (die sogar in den USA ein Patent erhielt), gelingt in der Mikroelektronik mit geradezu »natürlicher« Präzision, mit der Stabilität von mechanischen Klangerzeugern und tolerant anscheinend gegenüber jeder Abweichung von der subharmonischen Reihe, wobei die wählbaren Abweichungen voll in die Subharmonik integriert werden. Dieser Effekt – der z. B. aus der Moll-Akkordik der subharmonischen Reihe eine Dur-Charakteristik machen kann – war in der Röhrentechnik schon vorhanden, aber von einer Kongruenz der Röhrencharakteristiken abhängig und daher besonders diffizil einzustellen.[56]

Oskar Sala hat seit den fünfziger Jahren Hunderte von elektronischen Kompositionen für Spiel-, Industrie-, Trick- und Dokumentarfilme sowie Fernsehspiele in seinem Ruhlebener Studio mit Hilfe des Mixtur-Trautoniums produziert.[57] Bekanntestes Beispiel aus seinem Studio ist wohl die unheimliche Klangkulisse für den Hitchcock-Thriller *Die Vögel* aus dem Jahre 1962. All dies geschah nahezu unbemerkt von der Öffentlichkeit. Das änderte sich erst, als er 1990, anläßlich seines 80. Geburtstages, gewissermaßen öffentlich wiederentdeckt wurde. Es folgten plötzlich Einladungen zu nationalen und internationalen Musikfestivals und Gastvorträgen; Rundfunksender brachten Jubiläumssendungen. Auch für Auszeichnungen, wie das »Filmband in Gold« und 1991 schließlich das Bundesverdienstkreuz, war Sala nunmehr ein geeigneter Kandidat. Durch die Fertigstellung des digitalen »Mixtur-Trautoniums nach Oskar Sala« konnte Sala erstmals wieder nach 35 Jahren live auftreten. Sein erstes Konzert damit gab er am 18. August 1988 in der Berliner Kongreßhalle im Rahmen einer Werkstatt-Reihe von »E 88«[58], wo er seine *Fantasie-Suite für Mixtur-Trautonium solo* uraufführte. Sala erhielt neue Kompositionsaufträge und brachte sogar CD-Veröffentlichungen mit Eigenkompositionen auf einem Popmusik-Label heraus.[59]

Für viele junge Leute, die sich vor allem für elektronische Popmusik interessierten und bisher mit der Entwicklung zeitgenössischer E-Musik nichts anzufangen wußten, war bei ihrer Suche nach den analogen Ahnen der modernen digitalen Synthesizer Oskar Sala eine echte Neuentdeckung. Seiner Musik fühlte man sich ohnehin näher als den Klangkreationen der elektronischen Avantgarde, die im populären Bereich stets nur als Feindbilder gut waren, von denen man sich durch publikumsorientierte Funktionalität abzugrenzen hatte.

So entwickelte sich Oskar Sala unerwartet zu einer Art Vaterfigur der elektronischen Popmusik, gerade in Deutschland, und wurde auch bei zahlreichen Veranstaltungen, wie dem Festival »Inventionen« 1990 in Berlin oder dem KlangArt-Festival 1991 in Osnabrück, vom Publikum wie ein Popstar gefeiert. Auf der anderen Seite gab und gibt es eine eher vorsichtige Annäherung der zeitgenössischen E-Musik an Sala. Es stehen jedoch bisher weniger seine kompositorischen Arbeiten als vor allem seine hohen Verdienste als Virtuose und technischer Protagonist des Trautoniums im Zentrum wachsenden Interesses.

Frische Ideen für neue Klänge

Die dreißiger Jahre des 20. Jahrhunderts brachten eine bis dahin ungekannte Vielzahl neuer Vorschläge zum Bau elektronischer Musikinstrumente und auch Prototypen. Zu den außergewöhnlichsten Entwicklungen dieser Zeit gehörten Instrumente, die ein neuartiges Verfahren zur Klangerzeugung nutzten: das fotoelektrische Prinzip. Die technische Grundlage dafür, die Änderung des elektrischen Widerstandes des chemischen Elementes Selen unter dem Einfluß von Lichtstrahlen, war bereits 1873 von Smith und May entdeckt worden. Die grundsätzliche Anordnung nutzte die Strahlung einer Lichtquelle, die, durch eine Blende begrenzt, auf eine Fotozelle fällt (Abb. 7). In Abhängigkeit von der Intensität der Lichteinstrahlung verändert die Fotozelle ihren elektrischen Widerstand. Damit läßt sich eine Spannung erzeugen, die sich im Rhythmus der Lichtschwankungen verändert. Diese Spannungsänderungen lassen sich nach Verstärkung im Lautsprecher als Klang hörbar machen. Aufsehenerregend wurde diese Versuchsanordnung, als man begann, zwischen Lichtquelle und Fotozelle eine rotierende Scheibe einzufügen, die durch verschiedene Schwärzungsmuster den Anteil des hindurchtretenden Lichtes und damit die entstehende Wechselspannung gezielt verändern kann. Dabei ist die entstehende Frequenz abhängig von der Drehzahl der Scheibe sowie der Anzahl der transparenten »Löcher« darauf.

In Wien baute Emerich Spielmann um 1930 ein »Superpiano«, das nach diesem fotoelektrischen Prinzip Klänge erzeugte. Er verwendete rotierende Scheiben aus geschwärztem Film, in dem die Löcher als transparente Stellen erschienen. Für die zwölf Halbtöne der Oktave verwendete er zwölf verschiedene Scheiben. Diese wurden zwar gemeinsam von einem Motor angetrieben, mußten aber – gemäß dem Frequenzunterschied der einzelnen Töne – unter-

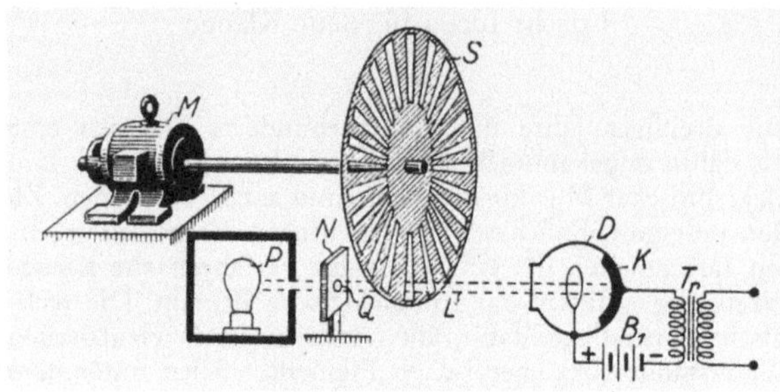

Abb. 7 Das Prinzip der fotoelektrischen Klangerzeugung: M = Motor, P = Lichtquelle, N = lichtundurchlässige Fläche, Q = Blende, S = rotierende Scheibe, L = Lichtstrahl, D = Fotozelle, K = lichtempfindliche Schicht, B_1 = Spannungsversorgung, Tr = Transformator.

schiedliche Drehzahlen haben, was Spielmann mit einer entsprechenden Zahnradübersetzung löste. Pro Scheibe gab es mehrere konzentrische Lochreihen, deren Anzahl der vom Instrument spielbaren Oktavenanzahl entsprach. Hinter jeder Lochreihe befand sich eine Glühlampe, die über einen Tastaturkontakt eingeschaltet wurde. Dabei war auch eine individuelle Regulierung der Lautstärke möglich, was durch die Koppelung des Tastenhubes mit einem veränderlichen Widerstand geschah. Stärkerer Tastendruck bewirkte eine größere Helligkeit der betreffenden Glühlampe und damit eine größere Lautstärke. Diese war für jeden angeschlagenen Ton separat steuerbar – eine Form der Anschlagsdynamik also. Die Regelung der Gesamtlautstärke erfolgte durch ein Fußpedal. Genaugenommen hätte das Superpiano eigentlich »Superorgel« heißen müssen, da die gespielten Töne beliebig lange aushaltbar waren. Hinzu kam, daß durch einen Kniehebel eine beliebige Anzahl von niedergedrückten Tasten in ihrer gedrückten Stellung festgehalten werden konnte, um so vielstimmige Akkorde oder Orgelpunkte halten zu können, während mit anderen Tasten weitergespielt wurde. Die Klangfarbe des Superpianos, wie bei jeder fotoelektrischen Klangerzeugung, war von der konkreten Form der Schwärzung auf den rotierenden Scheiben abhängig. Da man diese nur bei der Herstellung der Scheiben ausformen konnte, waren die Klangfarben nicht veränderlich, es sei denn, man tauschte die Scheiben komplett gegen andere mit verändertem Schwärzungsmuster aus oder ließ mehrere Scheiben mit verschiedenen Schwärzungen gleichzeitig rotieren. Da diese Varianten alles andere als komfortabel waren, mußte ein Kunstgriff helfen: Man veränderte die Position des Lichteinfalls durch verschieden ausgeschnittene Blenden vor den Lochreihen der Scheiben, was eine Klangänderung zuließ, wenn auch nur in engen Grenzen.[60]

Neben dieser begrenzten Klangauswahl kam noch ein zweites Problem hinzu. Die relativ grobe Zahnradmechanik für die verschiedenen Umlaufgeschwindigkeiten der einzelnen Scheiben führte immer wieder zu Problemen mit der musikalisch notwendigen Konstanz der einzelnen Tonhöhen. So war auch diesem Instrument keine größere Zukunft beschieden. Obwohl von der Wiener Klavierfabrik Stelzhammer geplant, gab es keine Serienfertigung des Superpianos.

Das fotoelektrische Prinzip legte auch der Leipziger Klavier- und Orgelbauer Edwin Welte der Konstruktion seiner Lichtton-Orgel zugrunde, die er 1936 der Öffentlichkeit präsentierte. Er verwendete, wie Spielmann, zwölf rotierende Glasplatten in seinem Instrument. Auf diesen waren jedoch keine Lochmuster, sondern 18 »Tonspuren« in Form von wellenformartigen Lichtblenden aufgebracht, darunter auch fotografische Übertragungen wichtiger Orgelregister. Der auf die rotierende Scheibe gelenkte Lichtstrahl tastete die betreffende Tonspur ab und gab die nun im Lichtstrahl enthaltene Schwingungskurve an die Fotozelle weiter, welche die charakteristischen Lichtschwankungen in eine entsprechende Wechselspannung umwandelte. Anders als bei Spielmann leuchteten bei der Welte-Lichtton-Orgel sämtliche zu einer Klangfarbe gehörenden Tonlämpchen dauernd, denn der Lichtstrahl, der zum Ton führte, wurde hier durch eine spezielle elektromagnetisch betätigte Blende freigegeben, was u. a. die Erzeugung von Tremoli möglich machte.[61] Am 6. November 1936 gab es in der Berliner Philharmonie das erste Konzert mit der Welte-Lichtton-Orgel, bei dem vor allem traditionelle Orgelliteratur, z. B. von Buxtehude, Bach, Liszt und Reger, auf dem Programm stand. Die Presse reagierte zurückhaltend. Der Eindruck sei »nicht besonders günstig, doch man sei zuversichtlich, daß es Welte in Zusammenarbeit mit dem Telefunken-Laboratorium noch gelingen werde, die Störgeräusche und das Schaltknacken zu verringern«.[62]

Das fotoelektrische Prinzip ließ sich jedoch nicht nur für den Bau elektronischer Musikinstrumente nutzen, es war vor allem die Grundlage für eine weit folgenreichere Erfindung, den Tonfilm. Ihren Anfang nahm diese Entwicklung bereits 1903, als Oskar Meßter in Berlin kurze Stummfilme zu bereits existierenden Grammophon-Aufnahmen drehte und diese dann synchron zum Grammophon ablaufen ließ – von der Presse damals als »sprechende Photographien« gefeiert[63]. In den Jahren 1919 bis 1922 entwickelten die Erfinder Jo Engl, Joseph Masolle und Hans Vogt ebenfalls in Berlin unter dem Namen »Triergon« ein Verfahren für die synchrone Wiedergabe von Bild und Ton, das als Lichtton-Verfahren schließlich dem Tonfilm zum Durchbruch verhalf. Die mit einem Mikrophon aufgefangenen Schallschwingungen wurden hier mit Hilfe eines sogenannten Lichtsteuergerätes in Intensitätsschwankungen des Lichtes umgewandelt. Diese Lichtschwankungen wurden zusätzlich zum Bild direkt neben diesem auf den Film aufgezeichnet, indem neben der Belichtung des Filmes getrennt vom Bild eine optische Tonspur belichtet wurde.

Die Wiedergabe erfolgte entsprechend umgekehrt: Eine Lichtquelle traf auf die Tonspur, und die Helligkeitsschwankungen durch die teilweise Belichtung der Tonspur wurden mittels einer hinter dem Film befindlichen Fotozelle in Spannungsschwankungen »zurückübersetzt«, die schließlich verstärkt und im Lautsprecher[64] hörbar gemacht werden konnten.

Doch bevor 1929 die ersten theaterreifen Tonfilme in Deutschland aufgeführt wurden, galt es, neben zahlreichen technischen und rechtlichen Problemen, vor allem das Desinteresse der Filmemacher zu überwinden, die zu dieser Zeit von den Erfolgen des Stummfilms fasziniert waren und keinen Grund für unsichere Investitionen in die teure Tonfilmtechnik sahen.

Dennoch gab es in den zwanziger und dreißiger Jahren auch zahlreiche kühne Experimente im Bereich des Films. Zu den interessantesten Arbeiten in diesem Bereich gehören Produktionen von Oskar Fischinger und Walter Ruttmann.

Es begann mit abstrakten Filmen, die rhythmische Bewegungen sich ständig wandelnder geometrischer Formen bildeten, am Anfang noch ohne Ton. Aufgrund der noch unvollkommenen Synchronisationstechnik gestalteten sie, wie bereits Oskar Meßter, in einem nächsten Schritt existierende Tonaufnahmen filmisch, wobei meist die visuelle Umsetzung klanglicher Strukturen im Vordergrund stand.[65]

Besonders Walter Ruttmann (1870–1941), der Architekt und Maler war, experimentierte in den zwanziger Jahren intensiv mit Schnitt- und Montagetechniken. Bereits 1923 hatte er einen experimentellen Kurzfilm hergestellt, *Opus III*, der 1927 auf dem Musikfest in Baden-Baden mit einer Musik von Hanns Eisler Premiere hatte.[66] Im gleichen Jahr 1927 drehte Ruttmann einen der ersten künstlerischen Tonfilme *Berlin – Sinfonie einer Großstadt* mit der Musik von Edmund Meisel, jenem Komponisten, der bereits 1925 die Musik zum wohl berühmtesten Film dieser Epoche,

Panzerkreuzer Potemkin von Sergej Eisenstein, komponiert hatte.

Doch von Walter Ruttmann stammen nicht nur Filme, die sich durch ihre starke Musikalität auszeichnen. Ruttmann selbst schuf unter dem Titel *Week-End* ein sogenanntes Hörstück ohne visuelle Ebene, das in der Tat das Wochenende in einer Stadt mit all seinen typischen Tätigkeiten zum Gegenstand hat. Es wurde im Rahmen der »Berliner Funkstunde 1930« produziert und gesendet. Die zeitgenössische Kritik beschrieb den Inhalt des Stückes durchaus treffend als eine Collage von Geräuschen, »ein sinfonisches Gemälde von Arbeits- und Feiertag; Maschinen stampfen, fauchen, Fernsprecher schrillen, Schreibmaschinen klappern, Glocken klingen, ein abgerissenes Gespräch weht herein, Glockenklang und Liebesgeflüster huschen vorüber«.[67]

Aus heutiger Sicht sind vor allem zwei Dinge an diesem Hörstück bemerkenswert: Da ist zunächst die ungewöhnliche Technik der Herstellung. Ruttmann verwendete keine Grammophon-Aufzeichnungen, sondern das gerade verfügbar gewordene Lichtton-Verfahren für die Speicherung seines Tonmaterials. Das hat den Vorteil besserer Wiedergabequalität und vor allem die Möglichkeit zur schnittechnischen Bearbeitung des Klangmaterials. So gibt es kaum simultane Überlagerungen von Ereignisketten, sondern vor allem Schnitte zwischen verschiedenen akustischen Schauplätzen. Ruttmann überträgt hier optische Montagetechniken, die er in seinen Filmen immer wieder praktiziert hat, erstmals in den autonomen akustischen Bereich – das zweite bemerkenswerte Faktum an diesem Hörstück von 1930. Interessant ist nun, daß Ruttmann den Zusammenhang, die musikalische Logik des Stücks, einerseits durch beschreibende, d. h. inhaltliche Bezüge der Klänge herstellte, andererseits aber rein akustische Ähnlichkeiten und Kontraste von Klängen benutzte, um die Entwicklung im Stück voranzutreiben.

Noch einen Schritt weiter gingen Oskar Fischinger und der in München lebende Schweizer Elektroingenieur Rudolf Pfenniger. Pfennigers Anliegen war eher pragmatisch. Er wollte die üppigen Filmmusik-Produktionskosten, die durch Engagements von Orchestern entstanden, reduzieren und übertrug musikalische Partituren direkt in die grafischen Muster der Lichttonschrift.

Oskar Fischinger, der den Beruf des Orgelbauers erlernt hatte, begann etwa ab 1919 mit seinen filmischen Arbeiten. Er experimentierte zunächst mit abstrakten Linienbewegungen zu bekannten Musikstücken von Brahms, Mozart, Verdi usw., seit Beginn der dreißiger Jahre aber auch mit direkt auf die Tonspur des Filmes gezeichneten abstrakten Klangstrukturen, welche dann auf jedem Lichtton-Wiedergabegerät abgetastet werden konnten. Dafür wurde zeitweilig die Bezeichnung »synthetische Musik« verwendet.[68] 1936 emigrierte Fischinger nach Hollywood. Auch der Kanadier Norman McLaren arbeitete in den vierziger Jahren mit dieser Technik, indem er nicht nur die akustische, sondern auch die visuelle Ebene auf diese Weise »zeichnerisch« herstellte.[69]

Neben der Nutzung des fotoelektrischen Verfahrens zur Klangsynthese gab es nach wie vor auch eher traditionelle Ideen zur Konstruktion elektronischer Musikinstrumente, was nicht heißen muß, daß diese Instrumente auch konventionell waren. Ein gutes Beispiel dafür ist der »Neo-Bechstein-Flügel«. Der Rückgang der aktiven häuslichen Musikpflege durch die rasche Zunahme des Rundfunk- und Schallplattenkonsums war für die Berliner Klavierbaufirma Bechstein der Anlaß, sich von einer Gruppe von Konstrukteuren um den Nobelpreisträger Walther Nernst eine Technik entwickeln zu lassen, die die Brücke zwischen traditionellem Tonmöbel und technischem Fortschritt schlagen sollte. Es entstand der Neo-Bechstein-Flügel, eine Art Stutzflügel ohne Resonanzboden, der mit elektromagnetischen Tonabnehmern für die Saiten ausgerüstet war. Die

Saiten waren sternförmig zu Bündeln zusammengefaßt, um je fünf Saiten mit einem Tonabnehmer[70] abtasten zu können. Auf diese Weise kam man mit 18 Tonabnehmern aus, was sich auf das Gewicht und den Preis des Instruments positiv auswirkte. Für den Anschlag konnten keine normalen Klavierhämmer benutzt werden, da diese die Saiten zu stark auslenkten, was zu Verzerrungen bei der elektromagnetischen Übertragung führte. Also entwickelte man eine leichtere Mechanik, sogenannte Mikrohämmer, die einen sauberen Anschlag und eine weitgehend störungsfreie Übertragung der Schwingungen ermöglichten. Ein Augenzeuge berichtete über die Klangformung dieses Instruments:

> Die schwache Dämpfung der dünnen Saiten gibt die Möglichkeit, lang anhaltende, orgelähnliche Klänge zu erzeugen, die man sogar nach dem Anschlag noch mittels eines Lautstärke-Pedals langsam anschwellen lassen kann. Ein neben der Tastatur angebrachter Hebelzug gestattet, eine Filzdämpfung auf die Saiten aufzulegen und so spinettähnliche Klänge zu erzielen. Nur die mittleren Tonlagen sind zweichörig (d. h. mit je zwei Saiten pro Ton) ausgeführt, die obere und untere Tonlage dagegen einchörig.[71]

Der Neo-Bechstein-Flügel enthielt außerdem einen Rundfunkempfänger nebst Verstärker; auch ein Plattenspieler im extra aufzustellenden Lautsprecherschrank gehörte dazu. Die Wiedergabe des Klavierklanges sollte hauptsächlich durch die elektronische Übertragungsanlage erfolgen. Daher auch der fehlende Resonanzboden, die filigrane Anschlagsmechanik und die Möglichkeit starker Saitendämpfung. So konnte die Lautstärke kontinuierlich mit dem linken Pedal geregelt werden, und – wichtig im Zeitalter bürgerlicher Musikpflege – es konnte das Klavierspiel auch ausschließlich mit Kopfhörern abgehört werden, ein starkes Argument für den Verkauf von E-Pianos und damit den Erhalt nachbarlichen Friedens. Die öffentliche Vorstellung des Neo-Bechstein-Flügels erfolgte am 25. August 1931 mit großen Erwartungen seitens des Klavierbauers Bechstein und der Firma Siemens & Halske, den beiden Berliner Herstellerfirmen. Konnte man doch nicht nur Klavierspielen, sondern, ganz multimedial, auch Radiohören, Schallplatten wiedergeben und, so man wollte, auch Schallplatten am Klavier begleiten. Bechstein wollte das Instrument zu einem tragbaren Preis anbieten, doch darf bezweifelt werden, daß es bei einer Länge von nur 1,40 m, fehlendem Resonanzboden und der reduzierten Saitenzahl die versprochene Konzertflügel-Klangqualität erreichen konnte. Jedenfalls erfüllte der Neo-Bechstein-Flügel nicht die Erwartungen der Kunden und verschwand recht schnell aus den Ausstellungsräumen der Händler.

Einen Schritt weiter ging Oskar Vierling bei der Konstruktion des sogenannten »Förster-Elektrochords«. Vierling, der bereits als Assistent von Jörg Mager gearbeitet hatte und auch an der Konstruktion des Neo-Bechstein-Flügels beteiligt war, entwickelte dieses Instrument 1932 in Zusammenarbeit mit der sächsischen Klavierbaufirma Förster. Das Förster-Elektrochord war ein klavierartiges Instrument, das mit Tonabnehmern[72] für die Übertragung der Saitenschwingungen ausgerüstet war. Auch hier sollte eine direkte akustische Abstrahlung vermieden werden. Daher verfügte das Förster-Elektrochord auch über keinen Resonanzboden; es hatte verkürzte Saiten, die bis auf die letzten acht Baßsaiten durchgängig zweichörig waren, sowie eine separate Verstärkungs- und Wiedergabeeinrichtung, allerdings ohne Radio und Plattenspieler.[73] Das klangliche Ergebnis wurde als glockenähnlich in der Höhe und Orgelbässen vergleichbar in der Tiefe beschrieben. Die Mittellage soll dem Klang eines guten Konzertflügels entsprochen haben.[74] Die entscheidende Weiterentwicklung gegenüber dem Neo-Bechstein-Flügel bestand jedoch in der Einrichtung zur elektronischen Formung der abgenommenen Klavierklänge. Diese Formung erfolgte durch elektronische Sperr-

und Siebketten, Filterschaltungen also, wie sie später auch in den ersten analogen Synthesizern Verwendung fanden. Eine besondere Finesse des Förster-Elektrochords war die Schwingungsmischung von zwei Saiten gleicher Frequenz, was zu einem weichen, blasinstrumentenartigen Toncharakter führte. Die Auswahl verschiedener Klangfarben erfolgte mit Druckknöpfen, die an der Vorderseite des Instruments angebracht waren. Indessen konnte sich auch das Förster-Elektrochord keinen dauerhaften Platz im Musikleben erobern.

Vierling machte in der Zeit des Nationalsozialismus als Leiter einer Forschungsgruppe für Elektrische Musik am Heinrich-Hertz-Institut Karriere. Dort beschäftigte ihn der Bau von Orgelinstrumenten mit elektronischen Röhrengeneratoren. Diese Aktivitäten mündeten in die Konstruktion der »Kraft durch Freude-Großtonorgel«, die zu den Olympischen Spielen am 21. Juli 1936 erstmals in der Kuppelhalle des Sportforums auf dem Berliner Reichssportfeld erklang. Für den Rest der Spiele wurde diese Orgel dann auf der Dietrich-Eckart-Bühne, der heutigen Waldbühne, installiert.[75]

Joseph Goebbels, der dem im März 1933 gegründeten »Reichsministerium für Volksaufklärung und Propaganda« vorstand, förderte die Fertigstellung der KdF-Großtonorgel. Paßten doch solche spektakulären Instrumente durchaus in das kulturpolitische Konzept der Nazis. Alles jedoch, was sich der ideologischen »Gleichschaltung« widersetzte, indem es sich kulturpolitisch nicht vereinnahmen ließ, wurde bekämpft. Dazu gründete man bereits 1933 die Reichsmusikkammer. Das Klima für künstlerische Innovationen in Deutschland verschlechterte sich rapide. Für die Entwicklung neuartiger elektronischer Musikinstrumente gab es immer weniger Spielraum. Viele der aus Deutschland emigrierten Künstler gelangten in die USA. Obgleich die Weltwirtschaftskrise 1929 von dort ihren Ausgang nahm, waren die Verhältnisse für Komponisten und »Musikingenieure« günstiger als in Deutschland.

Dort konstruierte Anfang der dreißiger Jahre der Maschinenbauer und vielseitige Erfinder Charles Laurens Hammond (1895–1973) seine berühmte Orgel, die auf elektromagnetischer Basis arbeitete. Zuvor hatte er bereits mit einer schallisolierten elektrischen Uhr, die keine Tickgeräusche machte, und elektrischen Bridge-Tischen wirtschaftlichen Erfolg. Zu deren Vermarktung gründete er 1928 die Hammond Clock Company. Hammonds Idee war die Umgehung des damals für die rein elektronische Klangerzeugung noch recht hohen konstruktiven Aufwands durch eine geschickte Kombination von elektrischen und mechanischen Elementen. Als Ergebnis dieser Überlegungen stellte er 1934 eine Orgel der Öffentlichkeit vor – nicht ohne sie sich vorher patentieren zu lassen –, die pro Ton eine rotierende stählerne Zahnscheibe besaß, der in geeignetem Abstand ein elektromagnetischer Tonabnehmer zugeordnet war. Durch Drehung der Scheibe erfolgte die Induktion einer sinusähnlichen Wechselspannung im Tonabnehmer, wobei die Frequenz dieser Spannung ein Produkt aus Zähnezahl und Anzahl der Umdrehungen je Sekunde war. Die Form der Zähne war für den Obertongehalt der Wechselspannung verantwortlich. Da man die Anzahl der Zähne aus technischen Gründen nicht unbegrenzt steigern konnte, wurde die temperierte Stimmung durch die entsprechenden Zähneverhältnisse nicht genau eingehalten. Hammonds Anordnung brachte also den Nachteil unvermeidlicher Stimmungsungenauigkeit, gleichzeitig aber auch absolute Konstanz der einmal gegebenen Stimmung innerhalb der Orgel, da die Gesamtstimmung nur durch die Drehzahl des verwendeten Synchronmotors, ebenfalls eine Erfindung von Hammond, steuerbar war.

Die Orgel konnte mit einem Satz von 91 Zahnscheiben Klänge über siebeneinhalb Oktaven erzeugen, die jeweils aus maximal sieben Teiltönen (1. bis 6. und 8.) bestanden.[76]

Eine Besonderheit, die die Hammond-Orgel von Anfang an auszeichnete, war die Möglichkeit, jeden Teilton durch einen stufenlosen Widerstand, die sogenannten »Zugriegel«, in seiner Stärke regeln zu können. Resultat war die Erzeugung von kontinuierlich veränderbaren Klangfarben durch Regelung einzelner Obertonanteile nach dem Prinzip der additiven Klangsynthese. Man konnte solche individuellen Kombinationen auch voreinstellen und dann mittels Tastendruck auf die neue Klangfarbe umschalten.[77] Eine Reihe von Effekten, wie Tremolo und Vibrato, waren ebenfalls bereits im ersten »Modell A« vorhanden. Später folgten Chorus-Effekte für ein spezielles Kirchenmodell »BC« und ab 1939 Spiralfedereinrichtungen für die Erzeugung künstlicher Räumlichkeit im Klangbild.[78] Nachdem das Instrument vorführbereit war, begann Hammond nun öffentliche Präsentationen zu organisieren. Vor allem positive Meinungsäußerungen berühmter Musiker waren als Verkaufsargument begehrt. Und die bekam er auch, u. a. von George Gershwin, dem Dirigenten Leopold Stokowski, Pietro A. Yon, dem Organisten der New Yorker St. Patrick's Cathedral. Orgelvorführungen wurden an öffentlichen Orten, wie Eisstadien oder Rennbahnen, organisiert, was für popularitätsfördernde Schlagzeilen in der Presse sorgte.[79] So wurde die Hammond-Orgel zum ersten elektronischen Musikinstrument, das kommerziellen Erfolg hatte, obwohl sie im Jahr ihrer Premiere 1934 in der einfachsten Ausführung stolze 1250 Dollar kostete. Ende 1937 waren bereits 3000 Exemplare ausgeliefert.

Zum großen Verkaufserfolg der Hammond-Orgel haben sicherlich ihre relativ einfache Bedienbarkeit und ihre gut verwendbaren Klangfarben beigetragen. Ihr charakteristischer Klang – rauchig-heiser, mitunter kreischend – und der beim Drücken der Taste auftretende berühmte »Tastenclick«, verbunden mit einer eher dem Klavier als der Kirchenorgel nahestehenden Anschlagtechnik, machten das Instrument auch »swingtauglich« und damit für den Jazz interessant, der auf diese Art an der massenhaften Verbreitung des Instruments entscheidend mitwirkte. Hammond-Orgeln konnten über Jahrzehnte ihre führende Marktposition in den USA und auch in Europa nicht nur halten, die Bezeichnung »Hammond-Orgel« wurde, sehr zum Leidwesen anderer Orgel-Hersteller, lange Zeit zum Synonym für elektronische Orgeln überhaupt.

Neben der Hammond-Orgel wurde in den USA seit Ende der dreißiger Jahre ein weiteres Prinzip der Klangerzeugung erfolgreich, das zuerst im »Orgatron« von Frederick Albert Hoschke aus Michigan zu finden war: Metallzungen, wie in der Mundharmonika, die aber ständig schwingen. Das Orgatron wurde ab 1946 von der Wurlitzer Company in New York und Chicago gebaut; so hat sich dann der Name »Wurlitzer-Orgel« eingebürgert.

Verblüffende Instrumentenideen aus Kanada

Vieles, was heute als Errungenschaft moderner elektronischer Technologien im Instrumentenbau gilt – die Anschlagsdynamik beispielsweise – ist Jahrzehnte zuvor in Kanada bereits mit vergleichsweise einfachen Mitteln realisiert worden, ohne daß es in Europa gebührend zur Kenntnis genommen wurde. Auf die Frage, warum diese Instrumente trotz ihrer unbestreitbaren Vorzüge nicht in größerem Maße von sich reden machten, soll hier eine Antwort versucht werden.

Der Mann, der diese Instrumente entwarf und baute, war Hugh Le Caine (1914–1977). Sein Lebenslauf scheint typisch für die »Musikingenieure« dieser Generation. Wie Lew Termen oder Friedrich Trautwein hatte sich Hugh

Le Caine für eine naturwissenschaftliche Laufbahn entschieden, nachdem er eine Weile zwischen dieser und einer künstlerischen Laufbahn als Pianist geschwankt hatte. Von 1934 bis 1939 studierte er Physik an der kanadischen Queens University in Kingston. Anschließend erhielt er ein Stipendium des National Research Council (NRC), das ihm ein weiteres Jahr Aufenthalt im nukleartechnischen Labor dieser Universität erlaubte. Nach Ablauf dieser Zeit wechselte er vollständig zum National Research Council in die kanadische Hauptstadt Ottawa, wo er zur Verwendung in der Kernforschung technische Hilfsmittel, wie Verstärker für den Nachweis ionisierter Strahlung oder Oszillatoren für unterschiedlichste Frequenzbereiche, entwickelte – Module, die in ähnlicher Form in seinen elektronischen Musikinstrumenten auftauchen sollten.

Le Caine war der Meinung, daß das Ziel eines jeden Instrumentenbauers die maximale Kontrolle der wichtigsten Parameter eines Klanges durch den Spieler sein sollte, ohne daß dadurch das Erlernen eines Instruments erschwert werden dürfte. Vor allem das Studium traditioneller Orchesterinstrumente, aber auch der damals bekannten elektronischen Instrumente, wie etwa den Ondes Martenot oder des Ätherophons, verhalf Le Caine zu der Erkenntnis, daß die subtile Kontrolle der Anschlagsdynamik über den gesamten Lautstärkebereich eines Tones, seiner Ein- und Ausschwingzeit sowie der Klangfarbe für die Expressivität eines Instruments, um die es ihm hauptsächlich ging, verantwortlich ist. Daran mangelte es vielen, gerade elektronischen Instrumenten. Das Fehlen der Anschlagsdynamik machte sich besonders bei den immer komplexer werdenden Keyboard-Instrumenten der dreißiger Jahre negativ bemerkbar, und die Kultur subtiler Tonkontrolle schien gar nur noch auf monophone Instrumente begrenzt.[80]

Le Caine hielt es für möglich, daß ein Instrument, welches alle diese Vorzüge in sich vereint, elektronisch konstruiert werden könnte. Das Ergebnis war die Entwicklung und Konstruktion eines monophonen, anschlagsdynamischen

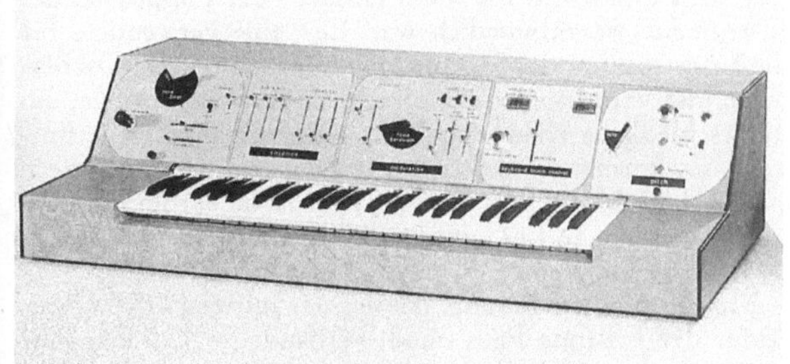

Abb. 8 Bei der Konstruktion des »Sackbut« verwirklichte Hugh Le Caine bereits 1948 viele Ideen späterer Synthesizer.

Keyboard-Instruments in der Zeit von 1945 bis 1948, dem er den Namen »Sackbut« gab.

Viel Sorgfalt bei der Konstruktion dieses Instruments erforderte das Ziel, dem Spieler subtile Tonhöhen-, Lautstärke- und Klangfarbenveränderungen auch durch wechselnden seitlichen (!) Druck der Taste während des Spiels zu ermöglichen und dabei die Kontrolle solch expressiver Merkmale wie Vibrato, Intensität, Einschwingvorgänge etc. auf eine Art zu ermöglichen, wie man sie normalerweise nur mit Streich- und Blasinstrumenten oder der menschlichen Stimme erreicht. In zahlreichen Beziehungen erweiterte und verfeinerte das Sackbut die musikalischen Möglichkeiten früherer elektrischer Keyboards der zwanziger Jahre. Das konstruktive Detail aber, das das Sackbut am meisten von der Entwicklungslinie der historischen Vorläufer entfernte, war die Verfügbarkeit eines sehr großen Bereiches musikalisch verwendbarer Klangfarben, die es dem Spieler bis zu einem gewissen Grad erlaubten, auch traditionelle Instrumente zu imitieren. Es ist immer wieder interessant, daß gerade diese Eigenschaft beim Publikum auf besonderes Interesse stieß und damit für einen Großteil der Popularität des Instruments verantwortlich war. Le Caine verwendete für die Konstruktion des Sackbut spannungsgesteuerte Oszillatoren und Verstärker sowie verschiedene Wellenformen, um unterschiedliche Klangcharaktere zu erzielen, alles Techniken, die normalerweise erst mit den ersten Synthesizern von Robert Moog und Donald Buchla in Verbindung gebracht werden. In Le Caines Sackbut finden sie sich bereits 20 Jahre zuvor.

Mit der Namensgebung, bei der der mittelalterliche Vorläufer der Posaune Pate stand, verband der Erfinder eine ausgesprochen taktische Überlegung: Indem er für seine Konstruktion die Bezeichnung eines hoffnungslos veralteten Musikinstruments wählte und damit für zusätzliche terminologische Verwirrung sorgte, gedachte er sich unliebsame Kritiker zunächst auf Distanz zu halten.[81] In musikalischer Hinsicht war es vor allem die Möglichkeit der gleitenden Tonhöhenbeeinflussung, welche die beiden Instrumente verband. In konstruktiver Hinsicht handelte es sich beim Sackbut, ähnlich wie schon beim Trautonium, um eine geschickte Kombination der spieltechnischen Möglichkeiten von Geige und Klavier. Das Sackbut wurde gespielt, indem die rechte Hand die vier Oktaven umfassende anschlagsdynamische monophone Tastatur bearbeitete, während die Klangfarbenänderungen den Fingern der linken Hand oblagen. Die rechte Hand des Spielers bestimmte die Lautstärke in traditionell-pianistischer, d. h. anschlagsdynamischer, Weise durch vertikale Bewegung der Tasten. Dazu kam die kontinuierliche Lautstärkekontrolle durch wechselnden Druck auf die bereits niedergedrückte Taste, wofür sich in der MIDI-Welt die Bezeichnung »Aftertouch« durchgesetzt hat. Das ermöglichte das An- und Abschwellen der Lautstärke innerhalb eines Tones wie bei Blas- oder Streichinstrumenten. Außerdem konnte die rechte Hand die Tonhöhe der Note durch Seitwärtsbewegung der Taste beeinflussen; zweifellos eine außergewöhnliche konstruktive

Lösung, die sich jedoch auch schon bei späteren Bauformen der Ondes Martenot ab 1928 fand. Man konnte damit – ähnlich wie bei einer Geige – Vibrato durch schnelle seitliche Bewegungen der Hand erzeugen.

Die linke Hand kontrollierte gleich sechs Komponenten der Klangfarbe simultan: drei Arten von Frequenzmodulation, Wellenform und zwei Formantfrequenzen. Die Wellenformen wurden mit einer Art Joystick zwischen verschiedenen Rechteck-, Puls- und Sägezahnschwingungen stufenlos ausgewählt. Eine Besonderheit war auch die Klangfärbung durch Formantfrequenzen, eine Technik, wie sie erstmals 1930 im Trautonium Verwendung fand: Elektrische Schwingkreise verstärken im Bereich ihrer veränderbaren Resonanzfrequenz die Obertonanteile der Basis-Wellenformen und verändern damit den Klang des Instruments. Und auch die verschiedenen Arten der Frequenzmodulation waren mit für die außergewöhnliche Lebendigkeit der erzeugten Klänge verantwortlich. Bei dieser Einrichtung handelte es sich gewissermaßen um die kontrollierte Zugabe von ›Verunreinigungen‹, die den Klang expressiver gestaltbar und weniger elektronisch starr machten. Le Caine erreichte dies durch die Modulation der Tonfrequenz mit verschiedenen komplexen Wellenformen, u. a. auch mit Rauschsignalen.

Eine weitere Besonderheit des Sackbut war die Kontrolle all dieser Parameter aus einer Position der linken Hand heraus, d. h., verschiedene Eigenschaften des Klanges konnten gleichzeitig verändert werden. Nicht schwer vorzustellen, daß für eine Reihe von Tönen mit gleicher Klangfarbe vom Spieler die totale Bewegungslosigkeit seiner linken Hand gefordert war. Ein hohes Maß an pianistischer Unabhängigkeit der Hände war also Voraussetzung, denn auch der abrupte Wechsel in eine neue Klangfarbe erforderte verschiedene aufeinander abgestimmte Bewegungen der linken Hand. Eine erste veröffentlichte Beschreibung des Sackbut findet sich in den *Proceedings of the Institute of Radio En-*

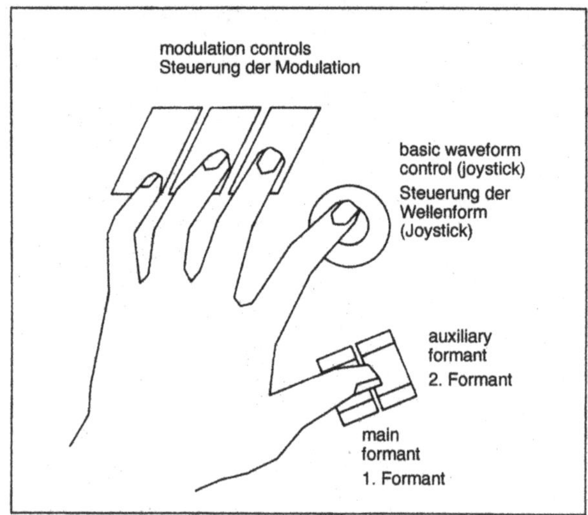

Abb. 9 Beim Spiel auf dem »Sackbut« konnte die linke Hand gleich sechs Komponenten der Klangfarbe simultan steuern.

gineers vom April 1956. Erste Tonaufnahmen mit diesem Instrument stammen aus den Jahren 1946 bis 1948. Eine Reihe davon entstanden bei Jam Sessions mit befreundeten Physikern, die in Le Caines Heimstudio Klavier und Klarinette spielten.[82]

1948 erhielt Hugh Le Caine, der auch während der Entwicklung des Sackbuts weiter als Physiker gearbeitet hatte, ein Stipendium, das ihm einen Forschungsaufenthalt an der Birmingham University in England ermöglichte. Hier konnte er seine in Ottawa begonnenen kernphysikalischen Arbeiten an einem größeren Protonenbeschleuniger fortsetzen. Dabei hörte er nachts im dritten Programm der BBC erstmals eine Sendung mit Musique concrète von Pierre Schaeffer. Le Caine war davon begeistert, da er sofort den radikal neuen Ansatz, nämlich die Klänge selbst zu komponieren, verstand. Leider fand Le Caine niemanden in seiner Birminghamer Umgebung, der diese Faszination teilte. Als »zutiefst uninteressiert« an musikalischen Neuerungen dieser Art beschrieb er diese Haltung seiner Kollegen und Freunde.[83]

1952 nach Ottawa zurückgekehrt und noch ganz unter dem Eindruck der Musique concrète stehend, überlegte er, wie notierte musikalische Abläufe direkt in Klang umgewandelt werden könnten. Dazu beschäftigte er sich zunächst mit den historischen Formen der Steuerung von Musikautomaten, wo die Töne etwa durch Löcher in einer Papierwalze ausgelöst wurden. Eine geniale Konstruktion, so fand Le Caine, die jedoch entscheidende Nachteile hatte. Dazu gehörte vor allem, daß man an eine feste Tonhöhenskala gebunden war und die Klangfarben kaum verändern konnte. In der Zeit von 1952 bis 1955 widmete er sich deshalb der Weiterentwicklung solcher Steuertechniken. Dabei hatte er ein geradezu visionäres Ziel:

> Ich beschrieb ein System, in welchem jeder Oberton durch eine eigene grafische Kurve bestimmt wurde, so daß während der Wiedergabe eines einzigen Tones jeder Oberton unabhängig variiert werden konnte. Auf diese Weise ließe sich ein perfekter Übergang zwischen Klangfarben erreichen.[84]

Hugh Le Caine konstruierte schließlich ein solches Gerät. Er nannte es »Coded Music Apparatus«[85], ein Apparat also, der speziell kodierte Aufzeichnungen zur Produktion von Musik in klingende Musik umwandeln konnte. Und das funktionierte so: Der Komponist zeichnete seine detaillierten musikalischen Vorstellungen in Form von fünf Kurven auf eine entsprechend lange Papierrolle. Dabei war jede dieser Kurven für die Steuerung eines speziellen musikalischen Parameters zuständig. Diese umfaßten Tonhöhe, Lautstärke sowie drei verschiedene Werte zur Klangsteuerung. Das Papier mit den Kurven bewegte sich beim Abspielen durch den Apparat hindurch, wobei jede Kurve durch einen entsprechenden Indikator abgetastet wurde und die verschiedenen Werte ein Potentiometer steuerten, das seinerseits entsprechende Steuerspannungsänderungen produzierte. Diese bewirkten dann die gewünschten Tonhöhen-, Lautstärke- und Klangänderungen. Zur Erstellung der Klänge hatte Le Caine sein Sackbut entsprechend modifiziert, d. h., anstatt einer Tastatur und Klangänderungen von Hand erfolgte die Steuerung der Klangerzeugung ausschließlich durch die fünf Kurven des neuen Musikapparates. Hier liegt auch der Grund für die Verwendung von drei Parameterkurven zur Klangformung. Das Sackbut gestattete noch nicht die Manipulation einzelner Obertöne, sondern nur von Obertongruppen. So fand sich ein Teil der Klangparameter des Sackbuts hier als Steuerfunktionen wieder. Dazu gehörten zwei die Wellenform manipulierende Einstellungen (»hell/dunkel« zur Addition von höheren Obertönen, »Oktave/nicht Oktave« zur Addition von Obertönen, die nicht im Oktavabstand zum gespielten Grundton stehen) sowie die Position des Formant-Filters. Was Le Caine hier mit seinem kodierten Musikapparat konstruiert hatte, war nichts weniger als eine Methode zur automatischen Erzeugung von Klängen, die in ihren wichtigsten Parametern direkt steuerbar waren. Damit hatte Le Caine zwischen 1952 und 1955 die Urform des Sequenzers geschaffen, der obendrein die Parameter nicht nur in Steuerspannungen umsetzte, sondern auch die Kontrolle über die Klangerzeugung gleich mit übernahm.

Le Caine hatte bei der Konstruktion vor allem an Komponisten gedacht, die ihre Ideen auch ohne teure Musiker ausprobieren wollten. Sie sollten ihre Aufzeichnungen an Le Caine schicken und die fertige Tonbandaufnahme des

Stückes zurückbekommen. Zur selben Zeit entstand in New York der RCA-Synthesizer, der viele Gemeinsamkeiten mit der Konstruktion von Le Caine aufwies.[86] Parallel zur Arbeit an diesem Musikapparat beschäftigte sich Le Caine ab 1953 mit Plänen für die Konstruktion einer anschlagsdynamischen elektronischen Orgel.

All diese außergewöhnlichen Konstruktionen, die Hugh Le Caine bisher ausschließlich in seiner Freizeit angefertigt hatte, überzeugten schließlich die Leitung seines Arbeitgebers, den National Research Council, von der Notwendigkeit, Le Caine auch innerhalb seiner Arbeitszeit an elektronischen Instrumenten forschen zu lassen. Im Frühjahr 1954 bekam er ein eigenes Forschungsprogramm bewilligt. Er konnte nun über finanzielle Mittel und über die Räumlichkeiten eines »Electronic Laboratory of Music« (ELMUS) verfügen, vor allem aber die nicht unbeträchtlichen technischen Mittel des NRC nutzen. Ziel des Forschungsprogramms war die Entwicklung neuer elektronischer Musikinstrumente, die von kanadischen Firmen produziert werden sollten.

Von seinen bisherigen Konstruktionen sah Le Caine in seiner anschlagsdynamischen Orgel das größte kommerzielle Potential. Die eigentliche Idee bestand in der Verwendung von elektrostatischen Tastenkontakten. Beim Niederdrücken einer Taste schob sich ein plattenförmiger Kontakt senkrecht an zwei Elektroden vorbei, wodurch sich bei wachsendem Druck der kapazitive Widerstand zwischen Kontakt und Elektroden verringerte. Der Ton wurde mit wachsendem Tastendruck lauter. Eine einfache und dennoch wirkungsvolle Methode.[87]

In einer Zeit von nur drei Monaten stellte er einen Prototyp fertig, der 1955 auf der kanadischen Handelsmesse in Toronto präsentiert werden konnte. Dieser war mit zwei fünfoktavigen Manualen sowie einem Pedal ausgerüstet und nutzte denselben Oszillator-Typ, den Le Caine bereits im Sackbut verwendet hatte, allerdings ohne dessen detaillierte

Klangregelmöglichkeiten, die hier eher an der Orgeltradition ausgerichtet waren, d. h., sie bestanden vor allem im Umschalten von verschiedenen Registern. Die Verstärkung erfolgte mit Hilfe von insgesamt 84 Elektronenröhren. Es zeigte sich jedoch bald, daß die neue Freiheit der dynamischen Gestaltung nicht nur von Vorteil war. Die Orgel war schwerer zu spielen als vergleichbare nicht anschlagsdynamische Modelle, viele Organisten bemängelten das Fehlen des Vibrato.

Dennoch erregte das Instrument auf der kanadischen Handelsmesse das Interesse der US-amerikanischen Klavier- und Orgelfirma Baldwin. Die Firma war sowohl am langfristigen Erwerb der Patentrechte für die Orgel als auch an Hugh Le Caine selbst interessiert, dem sie einen gut bezahlten Posten in ihrer Entwicklungsabteilung in Aussicht stellte. Doch Le Caine winkte ab. Er wollte nicht in die speziellen Sachzwänge der Forschung für einen kommerziellen Hersteller geraten, zumal er bei der kanadischen NRC große Freiheiten genoß. Auch dort war man mit den ersten Resultaten der Arbeit Le Caines in seinem Forschungsprojekt zu elektronischen Musikinstrumenten sehr zufrieden, die schließlich gleich zum Verkauf von Patentrechten führten. Doch die Hoffnung, möglichst bald die Serienproduktion anschlagsdynamischer Orgeln mitzuerleben, mußte bald der Erkenntnis weichen, daß Baldwin auf diese Weise nur den Absatz seiner eigenen Orgelmodelle sichern wollte und der Konzern auf diese Weise die Nutzung neuer Patentideen durch die Konkurrenz verhinderte.

Nach diesem technischen Erfolg und kommerziellen Mißerfolg widmete sich Hugh Le Caine erneut der Vervollkommnung des Sackbut sowie seines Coded Music Systems zur Steuerung des Sackbuts. Er unternahm viele Demonstrationsreisen, auf denen er seine Instrumente vor immer neuem Publikum vorführte. Zu dieser Zeit erinnerte er sich auch wieder an die Musique concrète-Aufnahmen von Pierre Schaeffer und begann Versuche zur Vereinfachung der Bearbeitung von Klangsignalen auf dem Magnetband, der dominierenden Klangspeicherungstechnik innerhalb der Musique concrète. Die Bearbeitung aufgezeichneter Klänge, so Le Caines feste Meinung, war seit Pierre Schaeffer zur wichtigsten Technik bei der Produktion elektronischer Musik überhaupt geworden.[88]

Als technische Basis verwendete er zunächst ein Mehrspur-Tonbandgerät, das er seit Anfang der fünfziger Jahre zur Aufzeichnung seiner musikalischen Demonstrationen genutzt hatte. Während alle Hersteller solcher Geräte auf möglichst synchrone Wiedergabe der einzelnen Spuren bedacht sind, ging Le Caine den genau entgegengesetzten Weg. Er machte die Wiedergabegeschwindigkeit jedes einzelnen Kanals separat regelbar. Das setzte die Aufteilung der Spuren auf jeweils einzelne Bänder voraus. 1955 konstruierte er den Prototyp einer Mehrspur-Bandmaschine, die nicht nur bis zu sechs separate Stereo-Bänder gleichzeitig abspielte und diese auf einen gemeinsamen Stereo-Ausgang zusammenfaßte, sondern auch die Wiedergabegeschwindigkeit von jedem der sechs Bänder unabhängig mittels einer drei Oktaven umfassenden Tastatur regeln konnte.[89]

Die zentrale mechanische Baueinheit bildete ein Motor mit regelbarer Geschwindigkeit, der sowohl eine sehr konstante Wiedergabegeschwindigkeit als auch rasche Wechsel derselben ermöglichen mußte. Gesteuert wurde der Motor durch eine Tastatur, welche eine direkte musikalische Transposition der auf dem Band befindlichen Klangereignisse ermöglichte. Eine Oktave höher bedeutete eine Verdopplung der Abspielgeschwindigkeit, eine Oktave tiefer deren Halbierung usw. Andere »Stimmungen« der Tastatur waren ebenfalls möglich. Zusätzlich zum Keyboard besaß dieses Gerät noch einen berührungsempfindlichen Kontaktstreifen, mit dem sich die Wiedergabegeschwindigkeit stufenlos verändern ließ. Das Bandmaterial bestand aus normalen Viertelzoll-Bändern. Die Wiedergabe der Bänder erfolgte durch einen Mechanismus, der das betreffende Band an eine

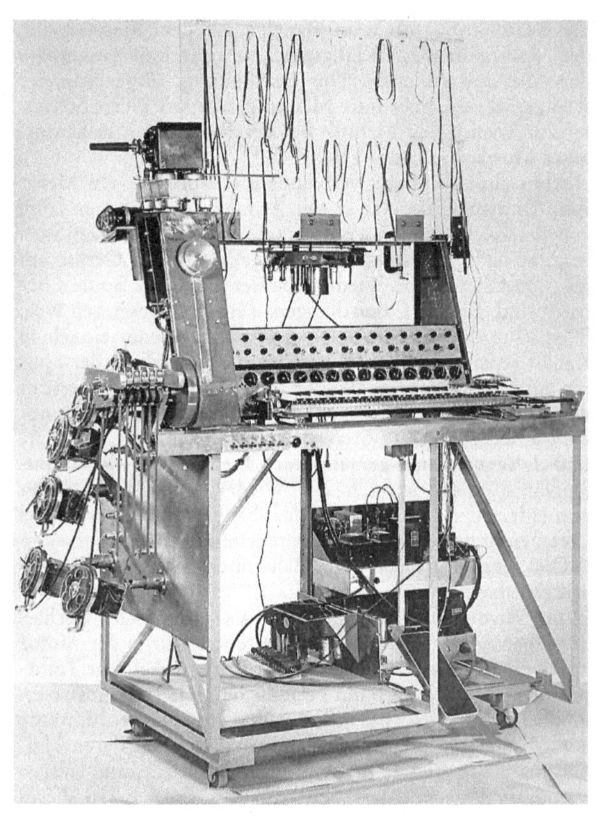

Abb. 10 Hugh Le Caine konstruierte 1955 eine Mehrspur-Bandmaschine, welche die Wiedergabegeschwindigkeit von sechs Stereo-Tonbändern unabhängig voneinander über drei Oktaven regeln konnte.

rotierende Welle drückte, wodurch es am jeweiligen Wiedergabetonkopf des Bandes vorbeigeführt wurde. Während beim Prototyp von 1955 nur alle Bänder gleichzeitig in ihrer Wiedergabegeschwindigkeit regelbar waren, stellte Hugh Le Caine 1960 eine weiterentwickelte Version vor, die nicht nur über insgesamt zwei mal zehn Tonspuren verfügte, sondern bei der diese auch individuell zwei verschiedenen Geschwindigkeitsgruppen zugeordnet werden konnten. Eine dieser Gruppen war konstant, d. h., die Geschwindigkeit konnte zwischen verschiedenen Standardwerten umgeschaltet werden. Die andere Gruppe, die, wie die erste, beliebige Kombinationen von Spuren enthalten konnte, ließ sich mit der beschriebenen Tastatur in ihrer Wiedergabegeschwindigkeit steuern. Auch Bandschleifen ließen sich mit den Spulenbändern kombinieren und mit der gleichen Technik steuern. Die Bandmaschine verfügte über eine eigene Mixer-Sektion, in der die Klänge der zwölf Kanäle in einem Stereo-Signal zusammengefaßt wurden. Das geschah über den Zwischenschritt von sechs Gruppen, auf welche die Signale der einzelnen Kanäle aufschaltbar waren. Eine besondere Lösung fand Le Caine für die musikalische Lautstärkesteuerung dieser Gruppen: Sie wurden durch zwei Tastaturen gesteuert, wobei jede Tastatur über sieben anschlagsdynamische Tasten verfügte. Beide Tastaturen waren für einen der Stereo-Ausgangskanäle zuständig, wobei jede der sechs Tasten die Wiedergabe einer der Gruppen auslöste, beim Drükken der siebenten Taste waren alle Gruppen gleichzeitig zu hören. Und das alles anschlagsdynamisch, d. h. mit individueller Lautstärkeregelung der Wiedergabe für jede einzelne Gruppe! Für die endgültige Wiedergabe wurde das Stereo-Signal schließlich noch über eine Federhall-Einheit geleitet.

1959 ersetzte Le Caine die Röhrenverstärker der Mixer-Sektion durch erste transistorisierte Ausführungen, die weniger Störgeräusche produzierten. 1961 waren alle Komponenten der Bandmaschine auf Transistoren umgestellt.

Weitere Ergänzungen, wie der Einbau elektronischer Oszillatoren für Tonfrequenzen, Vibrato und die Umstellung von Dreh- auf Schieberegler folgten, um die Benutzerfreundlichkeit zu erhöhen. Bei Le Caines Konstruktion handelte es sich also um eine erstaunliche Synthese aus Mehrkanal-Bandmaschine und Mellotron[90], mit der sich besonders für die Arbeit mit konkreten Klängen ungeahnte Möglichkeiten ergaben.

Eines der ersten Stücke, in denen 1955 der Prototyp der Bandmaschine seine Fähigkeiten demonstrieren konnte, war *Dripsody* von Le Caine. Das Besondere an diesem nur eineinhalb Minuten dauernden Stück ist das musikalische Material. Es besteht aus dem Geräusch eines einzigen Wassertropfens. Le Caine kopierte diesen Ton mit verschiedenen Geschwindigkeiten und ordnete die so entstandenen verschiedenen Tonhöhen in einer pentatonischen Skala an. Das Stück beginnt mit dem Originaltropfen, weitere Bandschleifen kommen hinzu, Dichte und Intensität steigern sich und bilden in der Mitte einen Höhepunkt, von dem aus der Abbau beginnt bis hin zu zwölftönigen Arpeggios, die alle aus dem Klangmaterial des Tropfens abgeleitet sind. Insgesamt arbeitete Le Caine mit vier Bandschleifen, wobei eine lediglich aus den Originaltropfen bestand. Die anderen drei enthielten kurze rhythmische Motive, welche durch Überlagerung der Schleifen zu komplexen Rhythmen verknüpft wurden. Le Caine verwendete bei den Schleifen drei verschiedene Geschwindigkeiten der Wiedergabe, was – durch die klanglichen und zeitlichen Veränderungen – die akustische Wirkung von zwölf verschiedenen Bandschleifen erzeugte. Die Geschwindigkeiten standen im Verhältnis von 1 : 2, d. h., die Ableitungen befanden sich im Oktavabstand zum Original. Der Arpeggio-Teil basierte auf einer einzelnen aufsteigenden Bewegung von zwölf Tönen, die Le Caine ebenfalls in Oktaven transponierte und sowohl auf- als auch absteigend verwendete.

1956 komponierte er das Stück *Ninety-nine Generators* für seine anschlagsdynamische Orgel, die mittlerweile über die entsprechende Anzahl von Tongeneratoren und über Einrichtungen zur gleitenden Tonhöhensteuerung verfügte, um die musikalischen Besonderheiten des Instruments zu demonstrieren. Daher verwendete er für dieses Stück auch keine Tonbandgeräte, alles wurde live in einem Durchgang eingespielt. Im selben Jahr entstanden zwei weitere kurze Stücke, welche die inzwischen gewachsenen Möglichkeiten seiner speziellen Mehrspur-Bandmaschine zeigten: *This Thing Called Key* und *Arcane Presents Lulu*. 1957 entstand die Komposition *Invocation*, in der er sich intensiv mit der stereophonischen Darstellung der Klänge befaßte, die hier aus einer zerbrechenden Glasscheibe, einem hüpfenden Ping-pong-Ball und dem aus *Dripsody* bekannten Wassertropfen bestanden.

In seiner *Study No. 1 for Player Piano and Tape*, ebenfalls 1957 komponiert, wich Le Caine von seinen bisherigen Kompositionsmethoden ab. Die Entwicklung der seriellen Musik zu dieser Zeit in Europa hinterließ auch bei Le Caine ihre Spuren. Er entwarf sechs grafische Formen musikalischer Strukturen, wie Akkorde, Cluster, Glissandi und punktuelle Fragmente, die er per Hand in einen Steuerstreifen für ein walzengesteuertes Klavier eingab. Diese Strukturen zeichnete er auf Tonband auf und unterzog sie in den Bereichen Tonhöhe, Dauer und Klangfarbe weiteren Permutationen. Dazu nutzte er die weitreichenden Möglichkeiten seiner speziellen Mehrkanal-Bandmaschine. Die Konstellation walzengesteuertes Klavier und Mehrkanal-Bandmaschine verwendete er auch 1985 für *The Burning Deck*, ein Stück, in dem er einen poetischen Text mit elektronischen Klängen begleitete und illustrierte.

Anfang 1958 besuchte der Direktor des Music Departments der University of Toronto, Arnold Walter, Le Caine in Ottawa. Man wollte in Toronto ein Studio für elektronische Musik einrichten und suchte nach Fachleuten für die

Planung und auch für den Aufbau einer solchen Einrichtung. Le Caine selbst ließ sich nicht abwerben, machte jedoch Vorschläge für die Erstausstattung. Im Frühjahr 1959 wurde das University of Toronto Electronic Music Studio (UTEMS) dann bereits eröffnet. Der Komponist Myron Schaeffer wurde dessen erster Leiter.[91] Er konnte dieses Amt jedoch nur kurz ausüben, da er bereits 1965 starb. Die Leitung übernahm anschließend der Komponist Gustav Ciamaga. Weitere Komponisten, wie Istvan Anhalt von der McGill University in Montreal oder Josef Tal aus Israel, besichtigten Le Caines Studio in Ottawa und waren begeistert. Andere, wie Lejaren Hiller aus Illinois, standen mit Le Caine in brieflichem Kontakt. Sie alle waren von seinen Instrumenten so angetan, daß sie diese jeweils für ihre eigenen Studios erwerben wollten.

1959 komponierte Hugh Le Caine *A Noisome Pestilence* aus sieben schmalen Rauschbändern, die jeweils eine Oktave umfaßten und sich zum nächsten Band in eben diesem Abstand befanden. Aus diesen Klängen fertigte er sechs Bandschleifen, die jeweils spezielle rhythmische Strukturen aufwiesen. Diese wurden in seiner Mehrkanal-Bandmaschine kombiniert und weiterbearbeitet, wobei es Le Caine um die Gestaltung des graduellen Überganges von tonhöhenbezogenem und nicht tonhöhenbezogenem Material ging. Im selben Jahr entstand auch *Textures*, wofür Le Caine Posaunenklänge auf seiner Mehrkanal-Bandmaschine verarbeitete und sich von Schönbergs Idee der Klangfarbenmelodie inspirieren ließ.

Angeregt durch die auf Sinustönen aufbauende *Studie II* von Karlheinz Stockhausen entwarf und baute Le Caine 1958 eine Oszillatorbank, die aus zwölf Reihen zu je neun Sinuston-Oszillatoren, also insgesamt 108 Klangerzeugern bestand. Diese hatten mit 20 Hz bis 20 kHz einen Frequenzbereich, der dem menschlichen Hörbereich entsprach. Bei der Suche nach einer geeigneten Kontrollmöglichkeit für diese Vielzahl von Klangquellen erinnerte sich Le Caine an sein »Coded Music System«, das er bereits 1952 zur grafischen Steuerung des Sackbut konstruiert hatte. Dieses wurde modifiziert, indem er die grafischen Informationen auf dem Papier nunmehr mit Fotozellen erfaßte, welche auf durch das Papier hindurchscheinendes Licht reagierten. 100 Stück dieser Fotozellen waren in einer Reihe angeordnet. Sie tasteten das vorbeilaufende Papier ab, auf dem sich Tintenmarkierungen für die Aktivierung der jeweiligen Generatoren befanden. Jeder Generator konnte in Tonhöhe und Lautstärke geregelt werden. Die neue Kombination aus Generatoren und deren Steuereinheit nannte Le Caine »Spectrogram«. Eine Linie des Spectrograms konnte jeweils eine einzelne Oszillator-Frequenz steuern. Auch die Kontrolle von fest eingestellten Frequenzgruppen, die aus mehreren Oszillatoren gebildet wurden, war auf diese Weise möglich. Die Lautstärke war prinzipiell durch die Deckkraft der geschwärzten Markierungen auf dem Papier steuerbar. In der Praxis erwies sich dies jedoch als schwierig, da das genaue Zeichnen der Lautnuancen nahezu unmöglich war. Im Herbst 1959 hat Le Caine damit eine Reihe von ungewöhnlichen Klängen synthetisiert, die eine große Ähnlichkeit mit Vogelstimmen aufwiesen. In jedem Fall gestattete das Spectrogram die präzise Erzeugung von sehr komplexen tonhöhenbezogenen elektronischen Tönen. Damit war Le Caine seinem ursprünglichen Ziel von 1952, jeden Oberton durch eine eigene grafische Kurve zu bestimmen, so daß während der Wiedergabe eines einzigen Tones jeder Oberton unabhängig variiert werden kann, wiederum näher gerückt. Le Caine wies vor allem auf die kompositorischen Möglichkeiten hin, die sich beim Spectrogram durch die grafische Abtastung ergaben, wie die einfachen strukturellen Variationen durch Umkehrung, Spiegelung usw.[92] Ein Handikap war die Prozedur der Stimmung des Spectrogram-Gerätes. Sie erwies sich als sehr zeitaufwendig, da jeder Oszillator für seine Kalibrierung etwa eine Minute benötigte, was sich für alle 108 Schwingungserzeuger auf fast zwei Stunden summierte.

Es zeigte sich, daß andere Komponisten ohne die direkte technische Hilfe von Le Caine kaum in der Lage waren, die hochkomplexen und empfindlichen Geräte zu bedienen. Le Caine war frustriert. Seine jahrelange Arbeit, ein universelles Werkzeug für die Komposition von Musik zu schaffen, schien plötzlich gefährdet. Auf Grund dieser Erkenntnis begann Hugh Le Caine 1962, verschiedene kleinere klangbearbeitende oder klangsteuernde Komponenten zu bauen, die in einem Studio für elektronische Musik einzeln oder in wechselnden Kombinationen Verwendung finden sollten. Dazu gehörte zunächst eine berührungsempfindliche Tastatur, die bei stärkerem Druck auf die Metallplättchen auch eine größere Steuerspannung produzierte. Mit Hilfe dieser Steuereinrichtung – und eines Systems von Tonbandverzögerungen – realisierte Le Caine im August 1962 eine Komposition mit dem Titel *Nocturne*, in der er die unterschiedlichen Möglichkeiten der Anschlagstechnik auf der Tastatur in den Mittelpunkt der musikalischen Gestaltung stellte. Auch John Cage nutzte diese Tastatur. Weitere Konstruktionen um 1962 waren ein hochwertiger spannungsgesteuerter Transistorverstärker, um die allgegenwärtigen Verzerrungen im Studio zu minimieren, eine Bank mit acht steilflankigen Filtern veränderlicher Frequenz sowie ein »Tone Shifter« genanntes Gerät, das, einem Ringmodulator vergleichbar, Tonfrequenzen modulieren konnte. 1963 folgte ein Funktionsgenerator, der aus einem spannungsgesteuerten Oszillator bestand, der niederfrequente Signale zur Modulation anderer Wellenformen erzeugen konnte.

1964 hielt Hugh Le Caine auf der Jahrestagung der Audio Engineering Society in New York einen Vortrag über sein Spectrogram und andere Geräte zur Erzeugung und Steuerung von Sinuston-Komplexen. Interessant ist dies vor allem, weil er auf dieser Tagung Robert Moog kennenlernte, der dort erstmals seinen spannungsgesteuerten Oszillator und Verstärker vorstellte.

1964 wurde Kanadas zweites Studio für elektronische Musik in der McGill University in Montreal eingerichtet, nachdem 1959 als erstes das University of Toronto Electronic Music Studio (UTEMS) mit dem Komponisten Myron Schaeffer als Leiter eröffnet worden war. Der kanadische Komponist Istvan Anhalt hatte sich jahrelang für ein solches Studio in Montreal eingesetzt und mit seinen Bemühungen letztlich Erfolg gehabt. Für die technische Ausstattung war, wie schon in Toronto, Hugh Le Caine zuständig, der ein Teil seiner Instrumente in das McGill Studio nach Montreal brachte.[93] Dazu gehörte vor allem das Spectrogram, mit dem Anhalt bereits bei Le Caine in Ottawa mehrere eigene Kompositionen realisiert hatte.

Le Caine wurde durch den Kontakt mit den Universitäten zunehmend zu deren technischem und musikalischem Berater und unterrichtete schließlich auch Studenten. Die Studioleiter, aber auch dort arbeitende Komponisten und Studenten traten an ihn mit ihren Wünschen nach Verbesserungen einzelner Instrumente genauso heran wie mit vielfältigen Anregungen zum Bau neuer Geräte. Bekannte Komponisten bekundeten ihr Interesse, in diesen Studios zu arbeiten. So besuchten David Tudor und Mauricio Kagel das UTEMS in Toronto, Vladimir Ussachevsky und Edgar Varèse baten um Zeit, dort Stücke zu realisieren. Unter den Studenten in Toronto war auch Pauline Oliveros, die besonders an der Oszillatorbank von Le Caine interessiert war und sie auf ungewöhnliche Weise zur Erzeugung von Überlagerungstönen nutzte. Im McGill Studio wurden die Komponisten Gabriel Charpentier und Murray Schafer für den künstlerischen Ausbau zuständig.

Anfang 1966 begann Le Caine gemeinsam mit Gustav Ciamaga, dem neuen Leiter des Studios in Toronto, die Konstruktion eines neuen technischen Hilfsmittels, das sie »Serial Sound Structure Generator« nannten. Dieser konnte aus unterschiedlichen Tonhöhen und -dauern bestehende Reihen speichern und diese dann beliebig oft wiedergeben. Für die Weltausstellung 1967 in Montreal baute Le Caine eine Ausführung dieses Generators, der dort teilweise vom Publikum gespielt werden konnte. Zwischen vier und 13 Schritte bei Tonhöhe und Tondauer waren programmierbar. Andere Parameter, wie Register, Wellenform und Filtereinstellungen, konnten während der Wiedergabe modifiziert werden. Zusätzlich, für das Publikum nicht sichtbar, beinhaltete er noch ein Tonbandgerät, bei dem eine Spur für die Produktion von Hall bzw. Echo zuständig war, die andere dagegen eine zuvor aufgenommene Demonstration von Le Caine enthielt, die er später *Music for Expo* nannte. In Montreal waren sechs Kopfhörer an das Gerät angeschlossen, mit denen die Veränderungen dieser Parameter und die Bandschleifen abgehört werden konnten.

1968 begann Le Caine auf der Basis seiner Oszillatorbank ein neues Gerät zu entwickeln, das er »Sonde« nannte. Es enthielt nur 30 Oszillatoren, die jedoch 200 verschiedene Sinusschwingungen erzeugen konnten. Diese hatten feste Frequenzen, mit denen sie den Bereich von 5 bis 1000 Hz im 5-Hz-Abstand überstrichen. Ein großer Vorteil war, daß die Sonde-Oszillatorbank, die vielseitig im elektronischen Studio einsetzbar war, nicht mehr zeitaufwendig gestimmt werden mußte.

Ende der fünfziger Jahre begann zunächst in den USA die Verwendung von Computern im musikalischen Kontext. Max Mathews hatte 1957 in den Bell Telephone Laboratories in Murray Hill, New Jersey, einer Rechenmaschine erstmals Klänge entlockt, und in Illinois errechnete Lejaren Hiller seit 1955 schon musikalische Strukturen mit Hilfe des Computers. 1969 begann man bei dem NRC in Ottawa mit dem Bau eines Computermusiksystems, das jedoch nicht Le Caine, sondern ein anderer Wissenschaftler, Ken Pulfer von der EDV-Abteilung des NRC, betreute. Gleichzeitig veränderten sich die politischen Bedingungen für die Arbeit des NRC in Kanada. Man wollte weniger Grundlagenforschung, wozu man auch die Arbeiten von Le Caine zählte, sondern mehr anwendungsbezogene Wissenschaft, die sich in entsprechenden Produkten niederschlagen sollte. Le Caines Abteilung wurde geschlossen und das Electronic Laboratory of Music der EDV-Abteilung zugeteilt.

Le Caine baute mit den technischen Mitteln, die ihm nun zur Verfügung standen, einen neuen Prototyp des Sackbuts. Die wichtigsten Neuerungen waren ein Portamento-Pedal sowie ein Hüllkurvengenerator, der die Ein- und Ausschwingzeit der gespielten Töne regeln konnte.

Anfang 1970 diskutierte Le Caine die Möglichkeiten zum Bau eines polyphonen Synthesizers mit dem Komponisten Paul Pederson, der zu dieser Zeit im Studio der McGill University in Montreal unterrichtete. Nur einige Monate später hatte Le Caine den Prototyp fertig und schickte ihn nach Montreal zur praktischen Erprobung. Das »Polyphone« war in der Tat ein polyphoner Synthesizer. Es verfügte über eine drei Oktaven umfassende anschlagsdynamische Tastatur, wobei jede der 37 Tasten ihren eigenen Oszillator mit individueller Auswahl von Wellenform, Stimmung usw. besaß. Die Bedienungselemente von vier spannungsgesteuerten Filtern, fünf Modulationsoszillatoren und zwei Hüllkurvengeneratoren befanden sich über der Tastatur. Außerdem gehörte ein Fußpedal, ebenfalls anschlagsdynamisch, zum Spielapparat. Dieses wurde ausschließlich zur Steuerung von Gesamtlautstärke, Modulation, Filterfrequenz usw. eingesetzt. Das Polyphone war, bei entsprechender Programmierung, wie ein Klavier spielbar, es konnte aber auch in einem Studio für elektronische Musik als komplexer Tongenerator mit dynamischer Steuerung von 37 individuellen Tonhöhen benutzt werden. Es gab zu dieser Zeit nichts Vergleichbares. Die ersten kommerziell hergestellten polyphonen Synthesizer von Tom Oberheim und Robert Moog folgten erst fünf Jahre später.

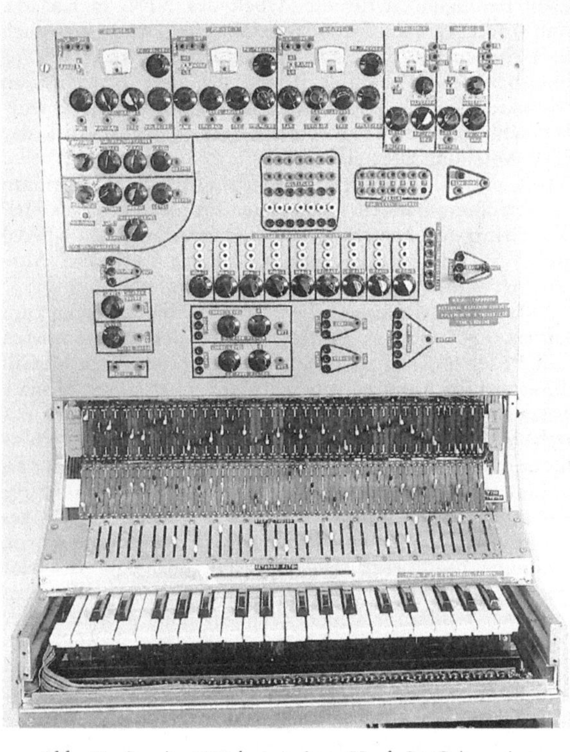

Abb. 11 Bereits 1970 konstruierte Hugh Le Caine seinen polyphon spielbaren Synthesizer »Polyphone«.

Leider verhinderten Inkompetenz einer Herstellerfirma und langjähriger Streit um die Rechte die Serienproduktion des Polyphone.

Als im März 1974 die Leitung des NRC einer Erweiterung seiner Forschungstätigkeit mit neuem Personal nicht zustimmte, betrachtete Le Caine dies als Affront und schied aus dem NRC aus. Seine Forschungsarbeit setzte er selbständig fort. Er widmete sich nun vor allem dem Sackbut, dessen reichhaltige und intuitiv kontrollierbare Klangsteuerung er von keinem der neuen Synthesizer erreicht sah, war auch künstlerisch tätig, drehte Kurzfilme, malte und schrieb Kurzgeschichten. Am 3. Juli 1977 starb Hugh Le Caine in Ottawa.

In Kanada ist es vor allem die Komponistin Gayle Young, die sich als Biographin Le Caines um die Erschließung und Popularisierung seines weithin unbekannten, seinerzeit zukunftweisenden Werkes bemüht.

Robert Moog und die Spannungssteuerung

Die Entwicklung des spannungsgesteuerten Synthesizers ist vor allem mit dem Namen des Mannes verknüpft, der lange Zeit Synonym für jede Art von Synthesizer war, des Physikers und Elektroingenieurs Robert Abraham Moog (1934–2005) aus New York. Schon in seiner Schulzeit faszinierte ihn Musik und musikalische Technik, mit 14 nahm er Unterricht in Gehörbildung, Gesang und Musiktheorie. Seit dieser Zeit beschäftigte er sich auch mit dem Bau von Radios und elektronischen Orgeln, mit 15 Jahren folgte das erste selbstgebastelte Ätherophon (vgl. S. 25 ff.).[94] An dieses Instrument erinnerte er sich, als er fünf Jahre später nach einer Möglichkeit suchte, sein Studium an der Cornell University zu finanzieren. Er nutzte das damals große öffentliche Interesse an elektronischen Instrumenten, das vor allem die Orgeln von Hammond und Baldwin hervorriefen. Moog bot Ätherophon-Bausätze für 50 Dollar das Stück zum Kauf an, was sich als lukratives Geschäft erwies. Während die ersten Geräte noch mit Röhren bestückt waren, ging Moog Anfang 1963 zur Produktion von transistorisierten Ätherophonen über. Einer von Moogs ersten Kunden war der Komponist Herbert Deutsch, der das Ätherophon im Gehörbildungsunterricht verwendete. Er fragte Moog, ob er etwas über elektronische Musik wüßte, da er auch solche Stücke schreiben wolle. Zu diesem Zeitpunkt mußte Moog das verneinen. Er kannte lediglich aus seiner Studienzeit an der Columbia University den Namen von Vladimir Ussachevsky (vgl. S. 194).[95] Schließlich nahm Deutsch Moog zu einem Konzert mit, das im Atelier des Bildhauers Jason Seley, der Objekte aus Auto-Stoßstangen schuf, stattfand. Deutsch war in diesem Konzert mit einem Stück für elektronisches Tonband und Perkussion vertreten, in dem der Interpret nicht nur traditionelle Perkussionsinstrumente einsetzte, sondern auch die ausgestellten Skulpturen. Moog war von den neuartigen Klängen dieser Skulpturen begeistert und begann mit Herbert Deutsch über die Anwendung von Elektronik zur Erzeugung neuer Klänge zu diskutieren. Deutsch wollte gleitende, sirenenartige elektronische Tonhöhen in seiner Musik verwenden und bat Moog um die Konstruktion eines solchen Gerätes. Moog konstruierte einen einfachen spannungsgesteuerten Oszillator für die Erzeugung gleitender Tonhöhen. Deutsch war sehr angetan, wollte aber, nachdem er nun über die gleitenden Tonhöhen verfügte, diese auch in der Zeit formen. So konstruierte Moog einen einfachen spannungsgesteuerten Verstärker. Er maß diesen Geräten zunächst keine weitere Bedeutung bei und betrachtete sie lediglich als Gefälligkeiten für einen Freund.

Diese Faszination aber, die seine einfachen Konstruktionen bei Musikern auslösten, brachte ihn dazu, weitere Elemente zur Klangsteuerung beizufügen, so ein Keyboard, das Steuerspannungen erzeugen konnte. Damit hatte er den Prototyp eines modular aufgebauten elektronischen Musiksynthesizers geschaffen.

Eine erste Präsentation erfolgte auf der 16. Jahrestagung der Audio Engineering Society (AES) im Herbst 1964. Moog nannte seine Entwicklung »Voltage Controlled Electronic Music Modules«, Module zur Erzeugung elektronischer Musik, die – und das war das Revolutionäre – durch eine von außen zugeführte Spannung in ihrer Funktion gesteuert werden konnten.[96] Damit war ein Prinzip zur Erzeugung elektronischer Klänge geboren, das bis in unsere Zeit die technische Grundlage einer ganzen Generation von Synthesizern geblieben ist.

Einer der ersten, der dieses Musikinstrumentensystem – für das Moog den Begriff Synthesizer erst ab 1967 verwendete – bestellte, war der Choreograph und Komponist Alwin Nikolais. Auch Vladimir Ussachevsky, der zu jener Zeit an der New Yorker Columbia University Studenten die Grundlagen der »Music for Tape« vermittelte, nahm die Entwicklung von Moog aufmerksam zur Kenntnis und machte Verbesserungsvorschläge. Moog berichtete darüber später:

> Ussachevsky spezifizierte eine Reihe von Anforderungen für die Kontrolle der Hüllkurve und des Oszillators. Das sind dieselben Eigenschaften, die heute in jedem Synthesizer wiederzufinden sind. Er wollte eine durch Tastendruck triggerbare Einrichtung, die eine vierstufige, aus den Phasen Attack, Decay, Sustain und Release bestehende Hüllkurve hervorbringen kann, welche auf einen existierenden Klang angewandt werden kann.[97]

Ein wichtiger Vorschlag kam von Gustav Ciamaga, einem Komponisten, der an der University of Toronto das Studio für elektronische Musik leitete. Er schlug Moog die Ergänzung seines Systems durch einen spannungsgesteuerten Tiefpass-Filter vor.

1966 waren erste Modelle verfügbar, nachdem Robert Moog für Herstellung und Vermarktung eigens eine Firma gegründet hatte. Die Anwendung des Moog-Synthesizers beschränkte sich zunächst auf die Lieferung von mehr oder weniger »futuristischen« Soundeffekten für die Werbung bei der Jingle-Produktion für Radio und Fernsehen. Eric Siday war dabei derjenige, der die neuen Moog-Klänge für den Werbemarkt erschloß. Auch die Studiomusiker Paul Beaver und Walter Sear waren auf die Entwicklung von Moog aufmerksam geworden und begannen bald, sie bei ihren Produktionen mit einzusetzen.

Den überzeugenden Nachweis jedoch, daß der Synthesizer von Robert Moog nicht nur Klangeffekte produzieren konnte, sondern ein Instrument war, auf dem sich »richtige« Musik machen ließ, erbrachte 1968 erst Walter Carlos. Carlos (geb. 1939) hatte Physik studiert, bevor er die Kurse von Otto Luening und Vladimir Ussachevsky am Electronic Music Center der New Yorker Columbia University über elektronische Komposition besuchte. Danach arbeitete er als Toningenieur im Gotham Recording Studio in New York und beriet seit 1964 Robert Moog bei der Perfektionierung seines Synthesizersystems. Aus dieser Gemeinsamkeit entstand Carlos' Idee zu einer speziellen Filterbank mit festen Filterfrequenzen, um den elektronischen Klang mit zusätzlichen Formantfrequenzen anreichern zu können und ihn dadurch lebendiger zu machen. Ziel dieser Kooperation war die Entwicklung einer Methode für die Schaffung elektronischer Versionen von Klangfarben bekannter Orchesterinstrumente.

Ab 1966 arbeitete Carlos gemeinsam mit Benjamin Folkman und Rachel Elkind an der Umsetzung dieser Idee. Auf einer LP sollte eine Reihe populärer Kompositionen von Johann Sebastian Bach mit dem neuen Synthesizersystem von Robert Moog eingespielt werden. Es ging dabei um die Nutzung der vielfältigen klanglichen Manipulationsmöglichkeiten der Synthesizermodule und die Demonstration einer bis dahin nicht gekannten Plastizität im Klangbild traditioneller Orchesterinstrumente. Warum man gerade Kompositionen des Barockmeisters Bach auswählte, begründete Benjamin Folkman mit Gemeinsamkeiten von elektronischem Klangpotential und barockem Klangideal:

> Viele barocke Kriterien, wie klare leuchtende Klangfülle, Terrassendynamik und ausgeprägte Plastizität der Stimmen gehören zu den charakteristischen Eigenschaften elektronischer Musik.[98]

Hergestellt wurden die Aufnahmen im Einzimmer-Appartement von Carlos in New York. Dazu verwendete Carlos die Methode der Mehrspur-Aufnahmetechnik. Mit Hilfe einer Achtspur-Bandmaschine wurden die einzelnen, nacheinander eingespielten Synthesizer-Stimmen zu komplexer orchestraler Vielstimmigkeit vereint. Teilweise erfolgten die Aufnahmen mit halber Geschwindigkeit, um die Genauigkeit zu erhöhen. 1968 wurde das Ergebnis dieser Arbeit veröffentlicht. Unter dem ironischen Titel *Switched-on Bach* (etwa ›Bach unter Strom‹), demonstrierte diese Schallplatte die musikalische Leistungsfähigkeit des neuen Instruments derart überzeugend, daß ihr sogar der Einzug in die Popmusik-Charts gelang. Insgesamt wurden über eine Million Schallplatten verkauft, und damit ist sie die meistverkaufte »Klassik-LP« aller Zeiten.[99] Die *Switched-on Bach*-Schallplatte, die manchem Hörer Entsetzensschauer über den Rücken gejagt haben mag, hatte einen kaum hoch genug zu bewertenden Anteil bei der Etablierung des Moog-Synthesizers.

Von dem Erfolg der *Switched-on Bach*-LP beflügelt, entstanden in der Folgezeit weitere Klassikbearbeitungen, bei denen neben Bach auch Händel, Monteverdi und Scarlatti als Ausgangspunkt dienten (*The Well-Temperated Synthesizer* 1968, *Switched-on Bach II* 1973).

Walter Carlos – seit einer Geschlechtsumwandlung 1972 Wendy Carlos – produzierte auch eigene Kompositionen für das Moogsche Instrumentarium, die jedoch nicht an den Erfolg der ersten Bach-Bearbeitung heranreichten. 1970 entstand mit Hilfe von Stimmen synthetisierenden Vocodern die Komposition *Timesteps*, die als Teil des Soundtracks zum Film *Clockwork Orange* von Stanley Kubrick bekannt wurde. Zwei Jahre später folgte das Doppelalbum *Sonic Seasonings*, auf dem impressionistische Collagen aus jahreszeittypischen Geräuschen dominierten, was als ein Vorläufer späterer Ambient- und Environmental-Music gelten kann.

Das Konzept elektronischer Imitation von Orchesterklangfarben verfolgt Wendy Carlos bis in die Gegenwart. In ihrer Musik zum Disney-Film *Tron* mischte sie ein Orchester mit analogen und digitalen Synthesizern, und 1985 erschien die LP *Digital Moonscapes* mit dem »LSI Philharmonic Orchestra«, einem ausschließlich auf digitale Weise synthetisierten Orchester – »vollständig ununterscheidbar von seinem akustischen Pendant«.[100] Seit dieser Zeit beschäftigt sie sich vor allem mit Fragen alternativer musikalischer Stimmungen sowie daraus ableitbarer Skalen, die von der temperierten Stimmung abweichen. 1992, 25 Jahre nach der Erstveröffentlichung von *Switched-on Bach*, wartete Wendy Carlos mit *Switched-on Bach 2000* auf, einer erneuten Bearbeitung der Bach-Kompositionen von 1968, allerdings unter Zuhilfenahme der nun zur Verfügung stehenden digitalen Technologie und unter Berücksichtigung ihrer Stimmungs-Untersuchungen.[101] Doch was 1968 noch eine Pioniertat war, weil erstmals ein größerer Hörerkreis elektronisch erzeugte Klänge überhaupt zur Kenntnis nehmen konnte, gerät heute, da elektronische Klänge den Beweis ihrer Leistungsfähigkeit längst nicht mehr nötig haben, leicht zu dekorativem Manierismus.

Robert Moog erkannte in den sechziger Jahren die Gunst der Stunde und tat, was wohl jeder Geschäftsmann in einer solchen Lage machen würde: 1963 hatte er in Trumansburg, einem kleinen Ort im Staat New York, einen Laden eröffnet, den er ab 1965 zu einer Produktionsfirma mit dem Namen »R. A. Moog Inc.« ausbaute. Dort richtete er ein komplettes elektronisches Studio ein und bot interessierten Musikern die Möglichkeit, darin zu arbeiten. Trotz der Begeisterung vereinzelter Musiker hielt sich das Gesamtinteresse in Grenzen. Das änderte sich erst 1968 mit dem Erfolg von *Switched-on Bach*. Bis zu dieser Zeit konnte er lediglich 40 Synthesizer-Systeme verkaufen. Dann allerdings wurde Moog mit Aufträgen überhäuft. Jeder Produzent wollte seine eigene LP mit Moog-Synthesizern herausbringen. Schallplattenfirmen, wie CBS, NBC oder Electra, und Rockstars, wie George Harrison, Mick Jagger oder Keith Emerson, standen gleichermaßen Schlange, um einen Moog-Synthesizer zu ergattern. All diese Abnehmer stellten nicht viele Fragen zu Aufbau und Konfigurationsmöglichkeiten des Systems, sondern sagten zu Moog: »Verkauf mir dein größtes System!« und erwarteten, daß sie damit ebensoviel Geld verdienten, wie es damals Carlos tat.[102] Zu seinen besten Zeiten Anfang der siebziger Jahre produzierte Moog mit 42 Mitarbeitern etwa zwei bis drei Synthesizer-Systeme pro Woche. Diese wurden in drei verschiedenen Ausführungen (Modelle 3 C, 2 C und 1 C) angeboten, die sich durch Größe und Ausstattung und natürlich auch im Preis voneinander unterschieden.

Obwohl Moog seine modularen Synthesizer in erster Linie für die Verwendung im Studio konzipiert hatte, waren einige Musiker von den klanglichen Möglichkeiten so begeistert, daß sie die vollständige Moog-Studioausrüstung auch live auf die Bühne schleppten und damit selbst Robert

Moog verblüfften. Damals gehörte im Bereich der Rockmusik Keith Emerson zu den ersten, die den Moog-Synthesizer häufiger verwendeten. Ob im Trio als »Emerson, Lake & Palmer« oder bei seinen Soloprojekten – die elektronischen Klänge seines fünf Zentner schweren Moog-Systems gewannen in seiner Musik seit *Lucky Man* an Bedeutung, weil – davon war Keith Emerson überzeugt – »nichts an den Sound dieser Moog-Synthesizer heranreicht«.[103] Charakteristische Klangfarben, verbunden mit einer von Klavier und Orgel her kommenden, virtuosen Spielweise, führte zu dem spezifischen Keyboard-Sound Keith Emersons, der auf viele jüngere Musiker stilbildend wirkte.

Weniger finanzkräftige, aber deshalb nicht minder experimentierfreudige Musiker verlangten nach einem kleineren, leichter bedienbaren, auch für die Bühne tauglichen und vor allem erschwinglichen Gerät. Moog sah die Notwendigkeit zur Vereinfachung ein, nachdem er 1969 miterleben mußte, daß ein Konzert abgesagt wurde, weil jemand zuvor auf die Verbindungsstecker getreten war und sich die ursprüngliche Klangeinstellung nicht mehr rekonstruieren ließ. Außerdem gingen die Verkaufszahlen der Moog-Modularsysteme drastisch zurück. Robert Moog entwarf daraufhin gemeinsam mit dem Ingenieur Jim Scott den »Minimoog«, der 1970 als monophones Instrument vorgestellt werden konnte und bis heute als »der« analoge Synthesizer gilt. Wurden doch in den Jahren seiner Produktion bis 1981 über 12000 Stück davon verkauft.

1972 wurden die ursprünglichen Modelle der Modul-Synthesizer 3 C, 2 C und 1 C durch eine neue stimmstabilere Serie (System 55, 35 und 15) ersetzt. 1975 entwickelte Moog, ebenfalls auf Anregung vieler Musiker, in Zusammenarbeit mit David Luce und Jim Scott einen polyphon spielbaren Synthesizer: den »Polymoog«, der, wie schon der Minimoog, mit 3000 verkauften Exemplaren ein großer Erfolg wurde und fast ein Jahrzehnt lang eine exponierte Marktstellung innehatte.

Von Anfang an waren Design und Produktion an den praktischen Bedürfnissen der Musiker orientiert, was sicherlich ein Hauptgrund für den kommerziellen Erfolg dieser Instrumente war. Moogs Augenmerk richtete sich seit den siebziger Jahren zunehmend auf die praktische Handhabung seiner Synthesizer in Live-Situationen:

> Schaltungen, die Klang produzieren, sind längst kein Problem mehr. Das Problem liegt in der Art der Konstruktion von Preset-Anordnungen, die dem Musiker die Programmierung eigener Klänge und deren Modifikation in einer Live-Situation gestatten. Dabei ist wichtig, daß er zum Ausgangsklang einfach durch Tastendruck zurückkehren kann.[104]

So widmete sich Robert Moog der Konstruktion von Geräten, die einerseits eine Vielzahl von veränderbaren Presets, ›vorgefertigten Klangfarben‹, enthielten, anderseits leichter und »natürlicher«, d. h. intuitiver als bisher gesteuert werden konnten.

Der Konkurrenzkampf unter den Synthesizerherstellern wurde härter, nicht zuletzt durch die wachsende Zahl von Anbietern aus Japan. Gute Qualität allein genügte nicht mehr, sie mußte auch zum konkurrenzfähigen Preis angeboten werden. Der Markt für Synthesizer selbst wandelte sich. Waren zu Beginn der finanziell potente professionelle Musiker oder Komponist bzw. das Musikstudio die Hauptabnehmer von Synthesizern, so erweiterte sich in den siebziger Jahren diese erlesene Zielgruppe. Es entstand ein Massenmarkt für elektronische Musikinstrumente, der neben professionellen Anforderungen auch auf die Bedürfnisse einer ständig wachsenden Zahl von Gelegenheits- und Hobbymusikern reagieren mußte.

Keine Verkäufe, riesige Rechnungen, viel Inventar und kein Kapital, so beschrieb Robert Moog die Situation seiner Firma um 1970.[105] So kam es, daß Moogs Firma von Bill Waytena gekauft wurde, einem Geschäftsmann, der sich auf die Übernahme konkursgefährdeter Firmen spezialisiert hatte. Seine einzigen Verpflichtungen waren die Übernahme der Belegschaft und die Begleichung der überfälligen Zahlungen, die immerhin mehr als 250 000 Dollar ausmachten. Waytena besaß bereits eine Firma namens Musonics, die den Synthesizer Sonic V vor allem für High Schools und Colleges herstellte. Der Absatz stockte jedoch auch dort, und so erhoffte sich Waytena durch den bekannten Namen Moog einen stärkeren Verkauf seines Sonic V-Instruments. Dazu fusionierte er seine alte Firma »Musonics« und »R. A. Moog Inc.« zu »Moog/Musonics«, woraus rasch »Moog Music« wurde, die sich 1971 in Buffalo ansiedelte. 1971 begann Robert Moog, der noch immer in der Firma arbeitete, mit der Entwicklung eines einfachen Preset-Synthesizers nach dem Vorbild des ARP Pro-Soloist. Mitte 1972 war ein Prototyp fertig, der den Namen »Moog Satellite« erhielt. Im Juni 1973 wurde er vorgeführt und interessiert von anderen Herstellern und Publikum begutachtet. Bill Waytenas Entscheidung, das Instrument nicht selbst zu bauen, sondern die Rechte an die Thomas Organs Company zu verkaufen, war eine geschickte Entscheidung; die Lizenzgebühren ließen die Einnahmen der Firma drastisch steigen. 1973 konnte Waytena seine Firma profitabel verkaufen für eine Summe, die zwischen zwei und zehn Millionen Dollar gelegen haben soll. Neuer Besitzer der Moog Music wurden die Norlin Industries, der größte Musikinstrumententrust der Welt, zu dem u. a. Firmen wie Gibson, Lowrey und Sennheiser gehören. Robert Moog blieb bis 1977 in der Firma. Danach wurde der Ingenieur David Luce, der bereits federführend bei der Entwicklung des Polymoog war, neuer Präsident von Moog Inc., wie die Firma nun hieß.

Wichtigstes Ergebnis der weiteren Arbeit bei Moog Inc. war ein neuer Synthesizer, der »Memorymoog«, der 1980 den Polymoog ablöste. Er war sechsstimmig polyphon spielbar, wobei der Stimmenaufbau sich am erfolgreichen

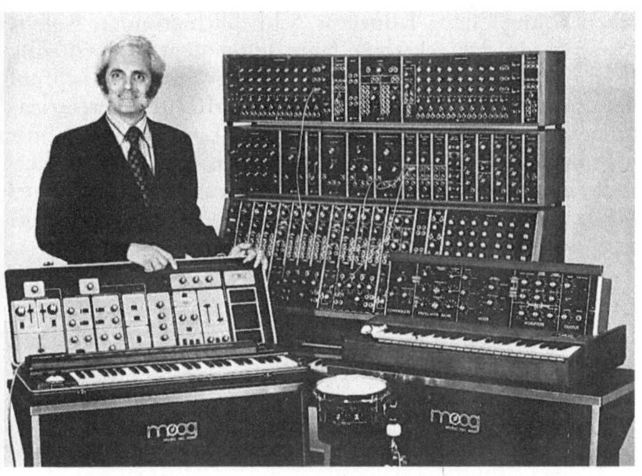

Abb. 12 Robert Moog – lange Zeit war sein Name Synonym für Synthesizer schlechthin.

Minimoog orientierte. Hinzu kamen umfangreiche Modulationsmöglichkeiten und die entscheidende Tatsache, daß alle Einstellungen auf insgesamt 100 Plätzen speicherbar waren, was schließlich dem Instrument auch seinen Namen bescherte. Die Speicherdaten der Klänge konnten über ein Kassettenrecorder-Interface auch extern abgelegt werden. Der Memorymoog blieb die letzte große Entwicklung der Firma Moog Inc., bevor sie Anfang 1984 endgültig in Konkurs ging.

Robert Moog war nach 1977 als technischer Berater für andere Synthesizer-Hersteller, wie z. B. die italienische Firma Crumar, tätig, bevor er zur damals noch amerikanischen Firma »Kurzweil« wechselte. Inzwischen ist diese Firma, die 1983 vom Computerfachmann und Pianisten Raymond Kurzweil gegründet worden ist, Teil des koreanischen Young Chang-Konzerns. Schließlich gründete Robert Moog Ende der achtziger Jahre unter dem Namen »Big Briar« eine neue eigene Firma, die sich ausschließlich auf den Entwurf und Bau von neuartigen MIDI-Steuereinrichtungen für Synthesizer konzentrierte. Eine gewisse Ironie liegt in der Tatsache, daß Big Briar auch Ätherophone herstellt und vertreibt – genau jene Instrumente, mit denen Moog vor mehr als 30 Jahren seine Karriere als Konstrukteur elektronischer Instrumente begonnen hatte.

Donald Buchla und das San Francisco Tape Music Center

Anfang der sechziger Jahre begann sich San Francisco zum kulturellen Zentrum der amerikanischen Westküste zu entwickeln. Außer der Populärkultur profitierte auch der Bereich der sogenannten experimentellen Musik von dieser Aufbruchstimmung. So organisierten die Komponisten Ramon Sender und Pauline Oliveros unter dem Titel »Sonics« seit 1960 eine Veranstaltungsreihe am San Francisco Conservatory of Music, in der Konzerte mit »Tape Music« stattfanden, die dort in einem kleinen Studioraum, das von Ramon Sender betrieben wurde, hergestellt worden war. Dort experimentierten Komponisten in der Tradition der in den fünfziger Jahren an der amerikanischen Ostküste entstandenen »Music for Tape« mit Klängen, die sie auf Tonband aufgezeichnet hatten und mit elektronischen Geräten bearbeiteten. Die treibende Kraft, Ramon Sender (geb. 1935), Kind eines Schriftstellers und einer Pianistin, die 1939 vor dem spanischen Bürgerkrieg in die USA geflüchtet waren, und seine Partnerin Pauline Oliveros (geb. 1932) wurden bei ihren Konzerten von Anthony Martin, einem experimentierfreudigen Bildkünstler, und dem Composer/Performer Morton Subotnick unterstützt. Auch der Komponist Terry Riley, der damals als Improvisator ausgedehnte Reisen durch die USA und Europa unternahm, gehörte zeitweilig zu diesem Kreis. Daraus wurde 1962 durch Ramon Sender und Morton Subotnick offiziell das »San Francisco Tape Music Center« am San Francisco Conservatory of Music.

Morton Subotnick (geb. 1933) war der Motor der weiteren Entwicklung des Center. Er hatte Literatur studiert und 1957 am Mills College in Oakland bei Leon Kirchner und Darius Milhaud ein Kompositionsstudium begonnen. Bereits während seines Studiums begann er mit Tonbändern zu arbeiten, die er mit Bühnenelementen zu multimedialen Werken kombinierte. Dazu arbeitete er mit der »Ann Halprin's Dancers Workshop Company« zusammen, deren musikalischer Leiter er wurde, und auch mit einer von ihm gegründeten »Mills College Performing Group«.

Subotnick und Sender entwickelten, dank ihrer musikalischen Erfahrungen, die Idealvorstellung einer »Black Box« als einer Farbpalette für Komponisten, die die Totalität aller möglichen Klangfarben für den Komponisten individuell verfügbar machen und überdies nicht mehr als 400 Dollar pro Stück kosten sollte. Bei der Suche nach einem kompetenten technischen Partner zum Bau einer solchen Box stieß man auf den musikalisch wie technisch versierten Donald Buchla (geb. 1936), der bis dahin eigene Klangexperimente gemacht und, angeregt durch die Instrumente von Harry Partch, »Sound Sculptures« gebaut hatte. Die Klangskulpturen bestanden aus phantasievoll verschweißten Stahlkonstruktionen, die mit schwingenden Saiten ausgestattet waren. Buchla hatte selbst elektronische Apparate entworfen und gebaut, z. B. ein Orientierungsgerät für Blinde, das in Abhängigkeit von seiner Bewegung im Raum an Hindernissen verschiedene Tonhöhen und Lautstärken produzierte. Für die Black Box schlug Subotnick eine Konstruktion auf fotoelektrischer Basis mit rotierenden Scheiben vor (vgl. S. 75 ff.), und innerhalb nur einer Woche realisierte Buchla eine solche Anordnung versuchsweise, die sich jedoch als praktisch nicht verwendbar erwies.[106]

Die Produktion von elektronischer Musik war bis dahin durch zahlreiche Arbeitsgänge bestimmt, die nacheinander ausgeführt werden mußten: Der Klang wurde mit Oszillatoren synthetisiert und anschließend auf ein Tonband aufgenommen; dieses Tonband mußte vielfach geschnitten und mit anderen Bändern kombiniert werden, um polyphone Strukturen und dynamische Änderungen zu erreichen. Subotnick und Buchla strebten nun ein Produktionsinstrument für elektronische Musik an, das alle diese Bearbeitungsprozeduren in einer Einheit gestattete. Ihre Idee führte zur Entwicklung eines modular aufgebauten Systems.

1962/63 baute Buchla einen ersten Prototyp, der über zwei Keyboards ohne herkömmliche Tastaturen verfügte. Das eine Keyboard besaß zwölf berührungsempfindliche Kontakte, mit denen zuvor programmierte Ereignisse ausgelöst werden konnten. Das andere Keyboard verfügte über zehn Tasten zur Wiedergabe-Steuerung von zehn mit Bandschleifen bestückten Tonbandgeräten, die damals im Tape Music Center bereits vorhanden waren. Buchla wollte eine Wiedergabe der Bandschleifen auf Tastendruck erreichen, eine Technik ähnlich der des zur selben Zeit in den USA entwickelten Mellotrons. Zur weiteren Ausstattung von Buchlas Prototyp-System gehörten bereits mehrere spannungsgesteuerte Oszillatoren mit Sinus-, Sägezahn- und Rechteckwellen, weißes Rauschen als Signal- und Modulationsquelle, spannungsgesteuerte Filter, die als Hoch-, Tief- und Bandpass verwendbar waren, mehrere spannungsgesteuerte Verstärker, Hüllkurvengeneratoren, Spannungsprozessoren, Mixer für Audio- und Steuerspannungen, eine Steuerung, bei der mit Hilfe eines Joysticks Klänge im Aufführungsraum Bewegungen zwischen verschiedenen Lautsprechern ausführen konnten, und – erstmals überhaupt – ein Sequenzer, wobei Buchla gleich drei Stück davon, zwei achtstufige Modelle sowie ein 16stufiges Exemplar, integrierte.

Buchla hat ihn dann zum 100 Series Modular Electronic Music System perfektioniert, das 1964 als das weltweit erste modulare spannungsgesteuerte transportable elektronische Musikinstrument öffentlich präsentiert wurde. Diese erste Buchla-Entwicklung verfügte über Funktionen, wie sie Moog erst im Laufe der folgenden Jahre oder überhaupt nicht in sein Synthesizer-System integrierte, beispielsweise über das berührungsempfindliche Keyboard (Touch Controlled Voltage Source Model 112), bei dem entsprechende Tasten eine von zwölf vorgewählten Steuerspannungen aktivierten, die jeweils an zwei verschiedenen Ausgängen vorhanden waren; eine dritte Steuerspannung war vom Fingerdruck abhängig, eine vierte erzeugte für die Zeit der Berührung eine pulsierende Spannung zur zeitlichen Tonsteuerung. Eine weitere zukunftsweisende Einrichtung, über die nur die Konstruktionen von Buchla verfügten, war der sogenannte Harmonic Generator (Model 148). Er erzeugte eine zwischen 5 Hz und 5 kHz liegende Grundfrequenz und dazu die ersten neun Obertöne. Die Grundtonhöhe war durch eine Steuerspannung kontrollierbar und erlaubte so die gezielte Hüllkurven-Beeinflussung individueller Obertonanteile.

Obwohl Buchlas Entwicklungen schließlich auch »Synthesizer« genannt wurden, wehrte sich der Konstrukteur von Anfang an gegen die mit dieser Bezeichnung verbundene Assoziation einer Art von Musizierinstrument, einem elektronischen Keyboard, welches auf »künstliche« Weise traditionelle mechanische Instrumente imitiert. Genau das wollte Buchla nicht. Er verstand sich als zeitgenössischer Konstrukteur von Musikinstrumenten, vergleichbar den Meistern des Geigenbaus im 17. und 18. Jahrhundert. Zu den traditionellen Streich-, Blas- und Perkussionsinstrumenten sollte die Familie der elektronischen Instrumente treten. Diese Einstellung schlug sich auch in der Art und Weise nieder, in der Buchla an die Konstruktion der Instrumente heranging. Für ihn war, in bester Instrumentenbauertradition, die musikalische Handhabung primär: zuerst wurden die Parameter der Steuerung und deren Art festgelegt, dann erst über die technische Umsetzung nachgedacht. Also ganz im Gegensatz zu den Ingenieuren, die von technischen Konstruktionsprinzipien ausgehen, um anschließend lediglich ein paar Steuerknöpfe für die Parameter vorzusehen.

Buchla baute mehrere 100 Series-Instrumente, wovon keines völlig identisch mit den anderen war. Schließlich erwarb die Firma CBS von Buchla die Lizenzen und baute selbst einige Modelle in Serie. Anfang der siebziger Jahre stellte er die Weiterentwicklung seines Instruments zur 200 Series vor, bei der bereits existierende Module technisch vervollkommnet wurden, andere neu waren. Dazu gehörten erweiterte Sequenzer-Funktionen (Modul 248) sowie ein neuer Oszillator (Modul 259), der nicht nur die Grundwellenformen, sondern auch andere komplexere Schwingungen innerhalb eines breiten Frequenzspektrums erzeugen konnte, so daß er auch als LFO (vgl. S. 165 ff.) zur Modulation von Klängen nutzbar war. Weitere Neuerungen waren die Verwendung kompletter Synthesizer-Einheiten innerhalb eines Moduls (Modul 208), um durch Umschalten von einem Modul zum anderen Vorprogrammierungen von Klangfarben zu erleichtern.

Zu dieser Zeit begann Buchla, seine Instrumente verstärkt mit Computertechnik auszustatten. Um 1975 konstruierte er auf dieser Grundlage ein neuartiges Hybrid-System, was analoge und digitale Elemente miteinander kombinierte: die 300 Series. Dieses Instrument verfügte über 24 digitale Oszillatoren und war mit einem Speicher ausgestattet, dessen Inhalt auf einem externen Kassettenband abgelegt werden konnte. Außerdem konnte es bis zu 64

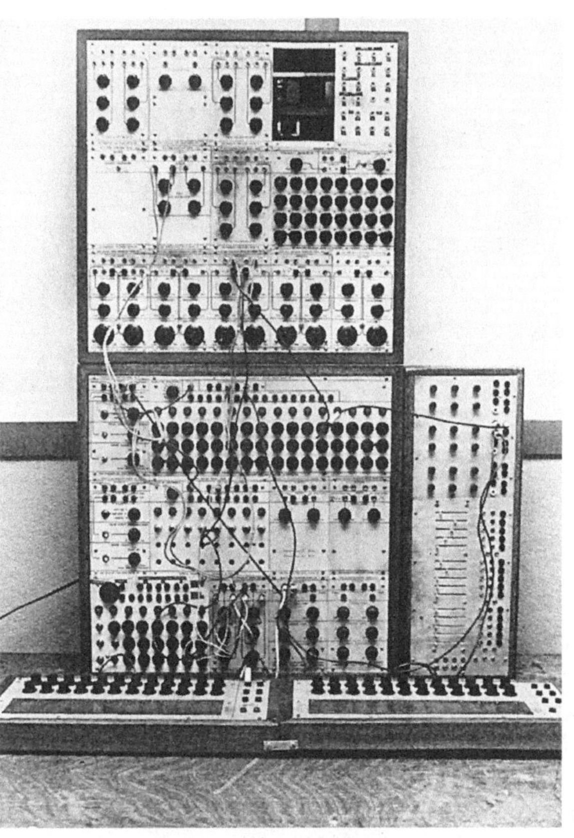

Abb. 13 Buchla-Synthesizer.

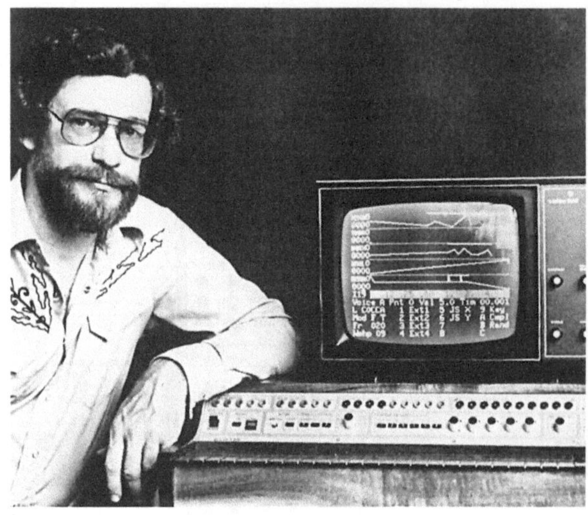

Abb. 14 Donald Buchla mit dem von ihm konstruierten Model 400-Synthesizer.

programmierbare Steuerspannungen bereitstellen, welche dann weitere Module, etwa der 200er Serie, ansteuern konnten. 1983 folgte schließlich, ebenfalls auf Mikroprozessor-Grundlage, ein weitgehend am Bildschirm bedienbares Modell, die 400 Series. Es war sechsstimmig und gestattete bereits das Edieren von Noten direkt am Monitor.

Die Kooperation von Morton Subotnick, Donald Buchla und dem Bildkünstler Anthony Martin zeigte auch Auswirkungen auf die damals Mitte der sechziger Jahre in San Francisco entstandene Hippie-Bewegung, die der Auslöser für die Entwicklung der psychedelischen Rockmusik war. Die Verwendung von Synthesizern und anderer Elektronik für, oft im LSD-Rausch ausgeführte, überlange Kollektivimprovisationen sowie die durch Anthony Martin entwickelten Lichtprojektionen mit Flüssigkeiten, die ständig ihre Farbe und Form veränderten, wurden bald auch zum festen Bestandteil der Live-Auftritte von Gruppen wie »Grateful Dead«, »Jefferson Airplane« oder »Quicksilver Messenger Service«. In Europa war es vor allem die damals in England frisch gegründete Gruppe »Pink Floyd«, die mit ihren ersten beiden LPs – 1967 *The Piper at the Gates of Dawn* und 1968 *A Saucerful of Secrets* – einen Beitrag zur psychedelischen Rockmusik leistete. Besonders die LP von 1968 beeinflußte viele Musiker in Europa und war damit Auslöser einer später unter der Bezeichnung »Electronic Rock« bekannt gewordenen spezifisch europäischen Verbindung von elektronischer Technik mit populärem, zeitweilig auch avantgardistischem musikalischen Background.

1966 war das San Francisco Tape Music Center vom San Francisco Conservatory of Music verlegt worden in das Mills College, das sich auf der gegenüberliegenden Seite des San Francisco Bay in Oakland befindet. Später wurde es dort in »Center for Contemporary Music« umbenannt. Die Leitung des Center ging von Subotnick und Sender an Pauline Oliveros und Anthony Martin über.

Ramon Sender, der neben seiner Arbeit im Tape Music Center seit 1962 am Mills College bei Darius Milhaud, später auch bei Elliot Carter und Henry Cowell Komposition studiert hatte, verlor mehr und mehr sein Interesse an elektronischen Klangmitteln und wandte sich traditionellen Instrumenten zu.

Für die musikalische Seite des San Francisco Tape Music Center war nun Pauline Oliveros verantwortlich. 1967 wechselte sie an die University of California in San Diego, wo sie bis 1981 elektronische Musik und »Experimental Studies« unterrichtete. Seit Beginn der achtziger Jahre lebt sie als freischaffende Komponistin in New York.

Im August 1967 komponierte sie im Tape Music Center ein Stück unter Verwendung des Buchla 100 Series Modular Electronic Music Systems mit dem ironischen Titel *Alien Bog* (»Fremder Morast«). Es ist Teil mehrerer *Bog*-Stücke, die durch Frösche und andere Kreaturen im Teich direkt hinter dem Studiofenster in Mills inspiriert waren.[107] Das Besondere an diesem Stück sind jedoch weniger die Frösche, sondern der Umstand, daß es trotz seiner musikalischen Komplexität in einem Arbeitsgang (Real-time), d. h. ohne Verwendung von Tonbändern zur Zwischenspeicherung von Klängen, entstand.

Protagonist der avancierten musikalischen Anwendung des Buchla-Synthesizers blieb jedoch Morton Subotnick, obwohl er im Herbst 1966 als »Artist in Residence« der New York University von Kalifornien an die Ostküste gewechselt war. Subotnick schätzte an Buchlas Synthesizer-Entwicklung vor allem, daß das Instrument nur wenige vorgeformte Abläufe besaß. Die meisten Verbindungen der Module zur Klangerzeugung und -steuerung mußte der Komponist selbst vornehmen. Folge war, daß sich das Instrument der jeweiligen Anwendung durch den Komponisten anpaßte, nicht umgekehrt. Buchla erreichte dies vor allem durch die strikte Trennung von Steuerspannungsquellen und Funktionen, die durch diese Spannungen zu steuern waren. So konnte jede Spannung Quelle für jede Art von Klangänderungen sein. Diese Komplexität und Flexibilität – im kommerziellen Bereich eher ein Hindernis – ermöglichte aufsehenerregende musikalische Anwendungen. Eines der ersten größeren Werke, die Subotnick ausschließlich mit dem Buchla-Synthesizer realisierte, war 1967 *Silver Apples of the Moon*. Dafür erhielt er einen Kompositionsauftrag von der Schallplattenfirma Nonesuch, den ersten für eine elektronische Komposition auf Schallplatte überhaupt.

In seinem New Yorker Studio, das um den Buchla-Synthesizer herum gebaut war, entstand 1967 als Subotnicks 21. Komposition das zweiteilige *Silver Apples of the Moon* nach einer Gedichtzeile von William Butler Yeats. Der erste Teil von *Silver Apples* kommt Subotnicks Vorstellung eines »bildhauerischen« Umgangs mit elektronischen Klängen bereits sehr nahe. Es dominieren verschiedene polyphone Bewegungsformen von Klängen, die durch ihre ausgeprägte Gestalthaftigkeit und Gestik den Hörer unmittelbar ansprechen. Es gibt eher rasche Wechsel als kontinuierliche Veränderungen in der musikalischen Entwicklung. Ein großes Repertoire von harmonischen und inharmonischen Klangspektren wird präsentiert, ohne jedoch nur ›bunte‹ Unterschiede zur Schau zu stellen. Es dominiert statt dessen eine freie Entwicklung von Klangstrukturen. Während der erste Teil von *Silver Apples* eher punktuelle Aktionen beinhaltet, in denen das enorme Potential klanglicher Vielfalt des Buchla-Synthesizers sichtbar wird, dominiert im zweiten Teil die musikalische Anwendung eines weiteren Spezifikums des Buchla-Synthesizers, die extensive Verwendung von Sequenzern. Bereits das erste Buchla-Modell Series 100 war ja mit zwei Sequenzern ausgestattet (8 sowie 16 Schritte), Einrichtungen, welche zuvor programmierbare Steuerspannungsabläufe in Form von Schleifen wiederholen, deren einzelne Spannungswerte dabei aber auch in Real-time verändert werden können. Die Steuerung erfaßt verschiedene musikalische Parameter, z. B. Tonhöhen. Doch auch andere Parameter, die durch eine Steuerspannung beeinflußt werden konnten, wie Filterfrequenzen, Lautstärkeverläufe usw., kontrollierte Subotnick hier erstmals mit Hilfe von Sequenzern. Ihm ging es dabei vor allem um eine Alternative zu den schwerfälligen Bearbeitungstechniken von Tonbändern. Durch den massiven Einsatz von Sequenzern verändert sich auch der musikalische Gestus des zweiten Teils von *Silver Apples of the Moon*. Während im ersten Teil punktuelle Strukturen dominieren, schafft der zweite Teil mit einem rhythmisch-motorischen Gestus jene musikalische Kontinuität, die als Klammer zum Verbinden der einzelnen musikalischen Episoden notwendig ist. Subotnick setzt den Sequenzer hier gleich auf drei verschiedene Arten ein: zunächst im »normalen« Geschwindigkeitsbereich (Metronomtempo etwa 40 bis 200), um musikalische Phrasen und Klangveränderungen in diesem Tempo zu erzeugen. Eine weitere Art des Einsatzes besteht in der weiteren Steigerung des Sequenzer-Tempos (über 200), bei dem die diskreten Klangereignisse zu dichten, lebendigen Klangkomplexen verschmelzen. Die dritte Form stellt gewissermaßen das Gegenteil davon dar. Der Sequenzer läuft hier besonders langsam (kleiner als 40), was sich besonders zur Strukturierung größerer musikalischer Abschnitte eignet.

Subotnick näherte sich dem neuen Klangmaterial und dem neuen Instrumentarium weitgehend empirisch. Damit trug er der Erfahrung Rechnung, daß sich ein Komponist zwar musikalische Strukturen abstrakt vorstellen kann, neue Klänge dagegen kaum. Andererseits belebt auch die Erfahrung im Umgang mit dem Klangmaterial wiederum die musikalische Vorstellungskraft:

> Mein Zugang zur Komposition war der tägliche Gang ins Studio, sechs Tage die Woche, zwölf Stunden pro Tag, und »einfach machen« (»simply create«). Alles was entstand, war Produkt von Editierung, Zusammenfügen und Denken und als ich dann das Stück hatte, war es die Arbeit von einem Jahr. Das war die Art, wie *Silver Apples*, aber auch *The Wild Bull* und *Touch* entstanden.[108]

Silver Apples of the Moon wurde von führenden Ballett-Ensembles choreographiert und zum Repertoire-Stück in diesem Bereich, ebenso *The Wild Bull*, auch ein Auftragswerk der Plattenfirma Nonesuch und damit »directed specifically to the LP record medium«, wie auf der Erstveröffentlichung von 1968 zu lesen ist. Aus diesem Grund gab es auf beiden LPs eine Unterteilung in Plattenseite A und B (13 und 15 Minuten).[109] *The Wild Bull*, ebenfalls ausschließlich mit Hilfe des Buchla-Synthesizers entstanden, spielt im (erst nach Fertigstellung der A-Seite gefundenen) Titel auf ein sumerisches Gedicht an, das vom Sterben eines Mannes und eines Bison-Bullen handelt. Solche literarischen Bilder dienten Subotnick als Strukturierungshilfe im Kompositionsprozeß, da für ihn die traditionellen musikalischen Formkriterien ihre Verbindlichkeit eingebüßt hatten.

Die Gedanken und Empfindungen, die durch das Gedicht ausgelöst werden, spielten, wie Subotnick erläuterte, bei der Komposition der LP-Seite B eine Rolle. So erschienen ihm die ersten drei Noten plötzlich als eine Art menschlich-animalischen Stöhnens interpretierbar. Um diesen Eindruck zu verstärken, ergänzte er diese Stelle mit dem Geräusch menschlichen Atmens. Der Komponist legt Wert auf die Feststellung, daß seine Komposition kein »musikalisches Porträt« des Gedichtes darstellt, obwohl die assoziative Kraft des über 3500 Jahre alten Textes sehr ausgeprägt ist. »Wie ein gezeichnetes Bild prähistorischen Lebens« erschien seinem Schüler Curtis Roads diese mittels avancierter musikalischer Technik geschaffene Musik.[110] Die musikalische Technik besteht auch hier zu einem Großteil im differenzierten Umgang mit Sequenzern, die Subotnick, wie schon im zweiten Teil von *Silver Apples of the Moon*, vor allem zum Erzeugen von dramatischen Steigerungen bzw. Verdichtungen einsetzt. Im Vergleich zur vorangegangenen Komposition ist die Vielfalt interessanter Klänge größer, die er hauptsächlich durch die intensive Nutzung von Modulationstechniken erzeugt.

1969 folgte *Touch*, wieder mit Buchla-System realisiert, aber zusätzlich mit einer weiblichen Stimme, die die Laute »t-ou-ch« an zahlreichen Stellen des Stückes spricht. Das Werk thematisiert Erfahrungen des Berührens und Nichtberührens. Musikalisch versucht Subotnick dieses Prinzip durch Klangelemente darzustellen, die ein Ziel anstreben und dabei entweder an neue Orte gelangen oder aber nach Erreichen ihres Zieles vergehen. Formal orientiert er sich hier stärker an historischen Vorbildern. Der erste Teil (schnell-langsam-schnell) ist eine strukturelle Umkehrung des zweiten Abschnittes (langsam-schnell-langsam). Interessant ist, daß die Originalaufnahme von *Touch* auf einem Halbzoll-Vierspur-Band erfolgte. Für die Wiederveröffentlichung auf CD[111] wurden die vier Kanäle nach Wünschen des Komponisten im Stereo-Panorama positioniert sowie behutsame Filterungen und Verstärkungen der bereits im Original vorhandenen Positionierung der Klänge im Stereo-Panorama vorgenommen.

Im gleichen Jahr 1969 ging Subotnick zurück an die Westküste, an die School of Music des California Institute of the Arts in Los Angeles. Das Spektrum seines musikalischen Schaffens erweiterte sich, er schrieb Werke für traditionelle Instrumente, Kammermusik, Vokalmusik, Orchester- und Schauspielmusiken, aber weiterhin auch elektronische Kompositionen (*Sidewinder* von 1971, *4 Butterflies* von 1974). 1979/80 war Subotnick als Stipendiat des Deutschen Akademischen Austauschdienstes ein Jahr in Berlin.

Selbstverständlich nutzten auch andere Komponisten den Buchla-Synthesizer für sich und ihre Arbeit. Unter technischem Aspekt interessant ist die Kooperation von Donald Buchla und David Rosenboom. 1978 erschien unter dem Titel *Collaboration in Performance* eine Schallplatte von ihnen, die zwei recht unterschiedliche, jeweils LP-Seiten füllende Kompositionen enthielt.[112] *And out come the night ears* war ein improvisatorisch entwickeltes Solo für Klavier, das ein elektronisches System steuerte, mit Rosenboom als Pianist und Buchla als »Instrumentator«. Die Grundidee stammte von Rosenboom und bestand in der Verwendung des Klaviers zur Steuerung von einer Art Orchester; die Elektronik diente als Mittel zur Instrumentation dieses Orchesters. Es ging also um die bereits im Rahmen der »Music for Tape« verfolgte Vorstellung der Klangerweiterung durch elektronische Hilfsmittel, nicht um die Schaffung neuer musikalischer Strukturen. Technisch wurde das

Klangspektrum des Klaviers durch Filter in verschiedene Tonhöhenbereiche unterteilt. Jedem dieser Bereiche wurde eine spezielle elektronische Bearbeitung des Frequenzbandes zugeordnet, die von Modulationen, weiteren Filterungen und Hüllkurvenveränderungen bis zur Triggerung vorprogrammierter Klangereignisse reichte. Einige der Manipulationen waren von Donald Buchla auch durch Schalter und berührungsempfindliche Sensoren auslösbar.

Das zweite Stück, mit dem etwas kryptischen Titel *How much better if Plymouth Rock had landed on the Pilgrims, Section V*, war bereits 1969 entstanden, im Jahr, als Subotnick *Touch* veröffentlichte. Eine Partitur von Rosenboom bildete hier das Skelett, das durch improvisierte Ausschmückungen und abgeleitete Entwicklungen zu einem dichten musikalischen Gewebe komprimiert wurde. Musikalischer Kern war eine Gruppe von pentatonischen Patterns, die alle durch melodische, rhythmische und klangliche Transformation auseinander hervorgingen. Klingendes Resultat war die Überlagerung der ursprünglichen Elemente zu neuen komplexen Einheiten, die sich ständig wandelten, letztlich aber doch gleich blieben. Es war wohl kein Zufall, daß sowohl kompositorische Idee als auch Klangbild an Terry Rileys Instrumentalkomposition *In C* von 1964 erinnerten. *How much ...* war eine Art elektronisches *In C*, wobei die bei Riley frei wählbaren Phrasen der Instrumentalstimmen durch komplexere elektronische Ableitungen ersetzt wurden. Donald Buchla entwickelte auf der Grundlage von Rosenbooms Idee eine elektronische Orchestrierung, bei der er vor allem die Möglichkeiten des im Buchla-Synthesizer eingebauten Sequenzers zur Variation von Patterns musikalisch eindrucksvoll nutzte. Vier verschiedene Sequenzer-Patterns sind im Stück simultan in wechselnder Überlagerung zu hören; Rosenboom hat bei der ersten Stimme, Buchla bei den Stimmen zwei bis vier zahlreiche Live-Modifikationen in Klangfarbe, Artikulation, Hüllkurven usw. vorgenommen.

Für die Neueinspielung dieses Stückes verwendete Buchla 1978 seine neue 300 Series Electric Music Box, die er während einer Konzertreise durch Europa ausgiebig in Live-Situationen getestet hatte. Zu den Neuerungen gehörte ein verbesserter Real-time-Zugriff auf Kombinationen von Parametern, was für die Improvisation musikalischer Prozesse in Live-Situationen eine neue Dimension bedeutete.

Vergleicht man die musikalischen Intentionen der beiden Pioniere Buchla und Moog, zeigt sich, daß sie durchaus gegensätzlich waren. Wie schon beschrieben, wollte Buchla gemäß seinem Selbstverständnis als zeitgenössischer Instrumentenbauer neue klangliche Möglichkeiten erschließen. Er lehnte die traditionellen Tastaturen zur Klangsteuerung, die unweigerlich zum »Musizieren« im traditionellen Sinn verleiten, ab und entwickelte deshalb seine Steuereinrichtungen als Alternative zum Tasten-Keyboard, ohne jedoch Spontaneität und Subtilität des Steuerungsvorgangs aufzugeben. Demgegenüber lag Moogs Ziel näher an der musikalischen Praxis und damit auch an der geschäftlichen Wirklichkeit. Er wollte das, was viele Musiker wollten, möglichst perfekte Imitation von bekannten Instrumentalklängen, die obendrein möglichst einfach zu erzeugen sein mußten. Neue Klänge sollten natürlich auch möglich sein, standen aber nicht im Zentrum des Forderungskataloges. Donald Buchla selbst stellte fest:

> Ich würde sagen, daß der Unterschied hauptsächlich in einer anderen Philosophie der Annäherung lag. Während ich Klang und Struktur trennte, tat er es nicht. Steuerspannungen waren mit Audiosignalen austauschbar. Der Vorteil dabei ist, daß man nur eine Art der Verbindung benötigt und das Modul für mehr als eine Art der Anwendung verwendet werden kann.[113]

Gemeint war hier die determinierte Verbindung zwischen Modulen bei Moog, etwa von Hüllkurvengenerator und VCA bzw. VCF, (vgl. S. 148 ff.), während bei Buchla Hüllkurvengeneratoren jede Art von Steuerung übernehmen konnten, also etwa auch einen Oszillator in der Tonhöhe kontrollierten.

Trotz dieser prinzipiellen Unterschiede waren sich die ersten Modelle von Moog und Buchla recht ähnlich, verfügten sie doch dank gleicher technischer Basis über viele gleichartige Funktionen. Die technischen Unterschiede traten in der Folgezeit gegenüber den unterschiedlichen Marketing-Konzepten in den Hintergrund. Während Buchla durch seine Kooperation mit Morton Subotnick und dem San Francisco Tape Music Center vor allem experimentelle Anwendungen im Blick hatte, standen bei Robert Moog die Bedürfnisse der Musiker als potentieller Käufer der Instrumente im Mittelpunkt. Das hatte direkte Auswirkung auch auf die Preispolitik. Buchla-Synthesizer blieben stets so teuer, daß sie außerhalb von Universitäten oder Forschungsinstituten selten zu finden waren und deshalb von der musikalischen Öffentlichkeit kaum wahrgenommen wurden. Moogs erste Synthesizer waren zunächst auch teuer, deshalb produzierte er kleinere und damit preiswertere Modelle, wie z. B. den »Minimoog«, die für viele interessierte Musiker erschwinglich wurden. Damit verwendete er ein Marketing-Konzept, das bei Einführung von neueren, kleineren Produkten stets die Imagination des zuerst in den Markt eingeführten teuren Modells hervorruft, auch wenn sie nur über einen Bruchteil der originalen Funktionen und damit der musikalischen Möglichkeiten verfügen. Außerdem fanden die Moog-Synthesizer, durch den Erfolg von *Switched-on Bach* beflügelt, rasch Eingang in das Instrumentarium der Rockmusik, was den Verkauf nicht nur belebte, sondern überhaupt erst massenhaft möglich machte. So geschah es, daß in der musikalischen Öffentlichkeit »Synthesizer« und »Moog« lange Zeit, vor allem in Europa, ein und dasselbe Produkt bezeichneten.

Synthesizer als Symbol des Fortschritts

Nachdem elektronische Klangerzeuger durch die Erfolge von Wendy Carlos und zahlreichen Nachahmern nachhaltig in das Bewußtsein der Öffentlichkeit gelangt waren, wurden sie so etwas wie ein musikalisches Fortschrittssymbol. Alle, die nicht als musikalisch konservativ gelten wollten, umgaben sich, je nach finanziellen Möglichkeiten, mit den entsprechenden Geräten. Die gestiegene Nachfrage blieb nicht lange ohne Konsequenzen für die Geräte selbst. Anfang der siebziger Jahre verstärkte sich der Konflikt zwischen den ursprünglichen technischen und ästhetischen Ideen der Konstrukteure auf der einen Seite und einer zunehmenden Kommerzialisierung des Synthesizer-Marktes auf der anderen Seite. Bei aller klanglichen Flexibilität wollten die meisten Anwender vor allem einfach zu bedienende Synthesizer haben, die die »aktuellen elektronischen Sounds lieferten«. Daran hat sich nichts geändert.

Dieser Konflikt endete in den siebziger Jahren mit dem schrittweisen Rückzug der einstigen Protagonisten. Donald Buchla kehrte, nachdem CBS einige Exemplare in Serie gebaut hatte, zur Eigenfabrikation in seinem Privathaus im kalifornischen Berkeley zurück. Robert Moog verließ 1977 die Firma Moog Inc., nachdem sie vom Musikkonzern Norlin übernommen worden war.

Ins Bewußtsein des Publikums gelangten Synthesizer vor allem durch ihre Anwendung bei der Imitation mechanischer Musikinstrumente. Doch oft genug erwies sich gerade diese Verwendung als problematisch. Die Gründe lagen in der Überschätzung der Synthesizer, was die Fähigkeit zur unmittelbaren Realisierung von Klangvorstellungen betraf, und in der Unterschätzung dieser Instrumente, was ihre technische Komplexität und Beherrschbarkeit anging. Ein Beispiel dafür lieferten die »Rolling Stones«, die kurz nach Erscheinen ein komplettes Moog-Studiosystem orderten, es aber nach kurzer Zeit wieder zurücksandten, weil sie damit nicht zurechtkamen.

Ihre besonderen Fähigkeiten offenbarten diese Geräte jedoch u. a. bei der Produktion von Klangbildern, die mit dem traditionellen Rock-Idiom brachen. Die neue Möglichkeit, beliebig lang aushaltbare Einzeltöne langsamen klanglichen Veränderungen zu unterwerfen, zeigte eine starke Affinität zur »zerfließenden Formlosigkeit« des Psychedelic Rock, in dessen Schlepptau Anfang der siebziger Jahre musikalisches Neuland erschlossen wurde. Dabei kam es zu einer fruchtbaren Begegnung zwischen zeitgenössischer Musik und Rockmusik, als deren Ergebnis die sogenannte Berliner Schule entstand (»Tangerine Dream«, Klaus Schulze, »Agitation Free« u. a.).

Die Konstruktionen von Moog und Buchla sind zweifellos die bekanntesten, beileibe aber nicht die einzigen Synthesizer, die in den sechziger Jahren gebaut wurden. Zu den weiteren wichtigen Entwicklungen, die auch das Prinzip der Spannungssteuerung nutzten, gehört das von dem Ingenieur Paul Ketoff Mitte der sechziger Jahre gebaute Synthesizer-Instrument »Synket«. Es entstand aus Diskussionen zwischen den Komponisten Joel Chadabe, Otto Luening und John Eaton bei einem gemeinsamen Gastaufenthalt in Rom. Man hatte von der Existenz des Moog-Synthesizers gehört, war von den musikalischen Möglichkeiten begeistert, wollte aber diese Möglichkeiten auch live einsetzen, wozu der Moog-Synthesizer durch seine Größe nur bedingt geeignet schien. Das führte zum Bau des auf Live-Performances hin konstruierten tragbaren Synket, das gleich drei Tastaturen mit jeweils zwei Oktaven besaß. John Eaton komponierte 1967 dafür ein *Concert Piece for Synket and Symphony Orchestra.*

Die vor allem durch *Switched-on Bach* ausgelöste Nachfrage in den USA und Europa gedachten amerikanische Firmen mit Eigenentwicklungen zu befriedigen. Eines der ersten Unternehmen in diesem Reigen war die 1969 durch den Ingenieur Alan Richard Pearlman in Lexington, Massachusetts, gegründete Firma ARP. Pearlman galt als guter Techniker und Manager, er hatte Verstärker für die Raumschiffe Apollo und Gemini konstruiert. Er witterte den Markt und begann Popmusiker mit Instrumenten zu beliefern, obwohl ihm die damit produzierte Art von Musik eigentlich zuwider war.

Technisch gesehen handelte es sich bei den ersten ARP-Modellen weitgehend um Adaptionen der Konstruktionen von Moog und Buchla. Die entscheidende Neuerung bestand in der Art der Verbindung aller einzelnen Module: Statt Patchchords verfügte der ARP 2500, den die Firma als ihren ersten Synthesizer 1970 vorstellte, über ein sogenanntes Kreuzschienenfeld, in dem durch Stecken von Verbindungsstiften die Verknüpfungen der Module erfolgten, eine Technik, die sich vor allem im professionellen Tonstudiobereich durchgesetzt hat. Eine weitere positive Eigenschaft des ARP 2500 war die Stimmstabilität seiner Oszillatoren, ein Merkmal, mit dem man die frühen Moog-Modelle gern ausgestattet hätte, wie Wendy Carlos 1971 eingestand.[114] Es folgten die ARP-Modelle »2600«, »Pro-Soloist«, »Odyssey«, »Axxe« u. a. Daß sie anstatt der bisher bei Moog und Buchla üblichen Drehpotentiometer Schieberegler verwendeten, war eine Besonderheit und mehr als ein Tribut an den Zeitgeist, da sich auf diese Weise die Stellungen der Regler leichter ablesen ließen. Allerdings verschmutzten sie auch schneller. Das am besten verkaufte Modell wurde der »ARP Omni«, der im Gegensatz zu allen anderen Modellen polyphon war. Er erschien 1975 fast gleichzeitig mit dem »Polymoog«, war aber billiger. Insgesamt wurden etwa 4000 ARP Omni verkauft, dabei kostete das Stück 1980 in den USA noch fast 2500 Dollar. Zu dieser Zeit hatte die Firma ARP ihren Zenit bereits überschritten; in den siebziger Jahren beherrschte sie etwa 40 Prozent vom gesamten US-Synthesizermarkt und machte damit einen

Umsatz von 25 Millionen Dollar im Jahr. Über die Konstruktion eines Gitarrensynthesizers (»Avatar«) war es zu Spannungen innerhalb des Managements von ARP gekommen. Aus der anschließenden Finanzkrise wollte man sich mit dem überstürzt herausgebrachten ARP Electronic Piano retten, was mißlang, weil es zahlreiche Konstruktionsfehler aufwies. Letzte Hoffnung war der Synthesizer ARP Chroma. Er kam zu spät. So blieb nur der Verkauf der Produktionsrechte des ARP Chroma an CBS Musical Instruments für 350 000 Dollar – ein Glücksgriff für CBS, denn es wurden über drei Millionen Dollar damit umgesetzt. ARP dagegen ging 1981 in Konkurs.

Mit dem Schicksal der Firma ARP war indirekt auch das von Thomas Oberheim verbunden, 1971 noch einer der ersten ARP-Händler in den USA. Oberheim war Physiker und Programmierer, er hatte Ringmodulatoren und Phase Shifter gebaut, zunächst nur für befreundete Musiker, wie den Trompeter Don Ellis, später auch in größeren Stückzahlen, die von der Firma Norlin unter dem Namen »Maestro« vertrieben wurden. 1972 baute er einen der ersten digitalen Sequenzer zur automatisierten Steuerung von Synthesizern (DS 2 mit 144 Schritten), dann kleine Synthesizer ohne Tastatur, die als preiswerte Klangmodule durch Sequenzer gesteuert werden konnten und die er Synthesizer Expander Module (SEM) nannte. Das war 1974. Ein Jahr später stellte er auf der NAMM Show[115] seinen ersten integrierten polyphonen Synthesizer »Oberheim Four Voice Polyphonic« vor, in dem vier solche von ihm konstruierte SEM-Klangmodule, zusammen mit einer von der Firma E-mu neu entwickelten Steuertastatur und einem Sequenzer, zu einem Instrument zusammengefaßt waren. Dieses Instrument gilt als der erste polyphone Synthesizer; erst kurz danach erschien die Konkurrenz mit den polyphonen Modellen »Polymoog« und »ARP Omni«. Auch Oberheims Konstruktion OB-1 war eine Premiere. Dieser monophone Synthesizer gilt als das erste Gerät, bei dem alle Klang-

und Performancedaten komplett speicherbar waren. Weitere zukunftsweisende Entwicklungen von Oberheim waren die komplette Speichermöglichkeit aller Klangparameter auch bei polyphonen Modellen (OB X) sowie, beim Modell OB Xa, Einrichtungen zur Synchronisation mit dem Oberheim-Sequenzer DSX und der Oberheim-Drum-Maschine DMX.

Nachdem Thomas Oberheim die Firma 1985 an Gläubiger verkaufen mußte, erhielt sie den Namen Oberheim/ECC. Zu Beginn der neunziger Jahre kaufte sie der Gitarrenbauer Gibson, der sich zuvor aus dem Norlin Trust gelöst hatte.

Eng mit der Frühzeit der Synthesizer-Entwicklung und der Etablierung des MIDI-Standards ist auch die 1974 von Dave Smith gegründete Firma »Sequential Circuits« verknüpft. Smith hatte Physik sowie Computerwissenschaft und Elektroingenieurwesen studiert, spielte Baß in verschiedenen »progressiven« Rock-Formationen. »Progressiv« wurde damals alles genannt, was nicht direkt dem Rock 'n' Roll zuzurechnen war.

Seit 1972 experimentierte er mit einem Minimoog und einem 4-Spur-Tonband. Dafür baute er 1974 seinen ersten analogen Sequenzer, dem er den Namen »Modell 600« gab und der je drei Steuerspannungsfolgen mit bis zu 16 Schritten erzeugen konnte. Drei Jahre später machte sich Smith selbständig. Dabei half ihm der Glücksumstand, daß zu dieser Zeit die Firma SSM Solid State Music integrierte Schaltkreise auf den Markt brachte, die komplette Synthesizer-Einheiten, bestehend aus VCO, zwei VCAs, VCF und Hüllkurvengeneratoren, enthielten. Zwar war all dies auch vorher schon produziert worden, nicht aber innerhalb nur eines mikroelektronischen Bausteins, so daß nun der Aufbau einer kompletten Synthesizerstimme mit vergleichsweise geringen Kosten möglich war. Nachdem kein anderer Hersteller diese Chance nutzte, ergriff sie Smith mit seiner Firma »Sequential Circuits«. Er baute den Synthesizer »Prophet 5«, der sowohl polyphon, d. h. in diesem Fall fünfstimmig, als auch vollständig programmierbar war. Die Präsentation auf der NAMM Show im Herbst 1978 war ein großer Erfolg und brachte viele Aufträge für die folgenden Jahre, so daß Sequential Circuits für die nächsten fünf Jahre zum erfolgreichsten amerikanischen Synthesizer-Hersteller wurde. Ende 1987 kam es dennoch zum Konkurs. Die Konkursmasse wurde von der japanischen Firma Yamaha für etwa eine halbe Million Dollar erworben, einschließlich des noch gültigen Arbeitsvertrages von David Smith, der nun für Yamaha und Korg Entwicklungsarbeit leistete. So war es kein Zufall, daß die 1986 im Synthesizer Prophet VS von Sequential Circuits verwirklichte neue Idee der Vektorsynthese anschließend in Yamahas Synthesizer SY 22 und Korgs Wavestation erneut auftauchte.

Wesentlich mehr Erfolg als die meisten amerikanischen Unternehmen hatten einige japanische Firmen, die ab den siebziger Jahren schrittweise den Synthesizermarkt unter ihre Kontrolle brachten.

Ein Beispiel ist die 1972 mit nur sechs Mitarbeitern in Osaka gegründete Firma Roland. Man produzierte zunächst die Rhythmusmaschinen TR 33, 55 und 77 sowie einen speziellen Lautsprechertyp für Musiker. Ein Jahr später beschäftigte Roland schon 80 Personen und begann die Produktion von Synthesizern.

Die Preset-Synthesizer SH-1000 und SH-2000 waren die ersten Synthesizer überhaupt, die nicht in den USA entwickelt und gebaut wurden. Die Erweiterung des Produktspektrums führte 1975 zur Produktion einer E-Piano-Serie und zwei Jahre danach zu einem Synthesizer, der nicht durch ein Keyboard, sondern – als Weltpremiere – durch eine Gitarre gesteuert wurde. Auch einen »Micro Composer« genannten digitalen Sequenzer hatte die Firma Roland zu dieser Zeit bereits in ihrem Programm. Die Produktpalette erweiterte sich ständig, blieb aber weitgehend auf musikelektronische Erzeugnisse beschränkt. Später wurde die Firma einer der weltweiten Marktführer im Bereich Synthesizer und Sampler. 1988 erwirtschaftete Roland einen Umsatz von etwa 32 Millionen Yen, mittlerweile beschäftigt die Firma über 1000 Mitarbeiter, von denen mindestens jeder fünfte im Bereich Forschung und Entwicklung tätig ist.

Im Gegensatz zu Roland blickt Yamaha auf eine lange Firmengeschichte zurück. Sie begann 1887 mit dem Bau von Harmonium-Instrumenten, dann von Klavieren. 1966 betrug die Jahresproduktion stolze 100 000 Klaviere und Flügel. Man expandierte in den Bereich Blasinstrumente und stellte 1959 die erste elektronische Orgel Electrone D-1 her. Der Konzernchef Kawakami hatte schon in den fünfziger Jahren die wachsende Bedeutung der Freizeit in der Industriegesellschaft erkannt und nutzte die Produktionserfahrungen, die man während des Zweiten Weltkrieges als Hersteller von Flugzeugteilen und Munition in der Metallbearbeitung gemacht hatte, auf friedliche Weise. Damit begann der Aufstieg von Yamaha zum Industriekonzern, zum Produzenten von Motorrädern, Schneemobilen, Booten inklusive der dazugehörigen Motoren, aber auch diverser Sportartikel, Möbel und Haushaltsprodukte. Für die Herstellung von HiFi-Technik baute Yamaha 1971 eine eigene Halbleiterfabrik, die, neben der Bereitstellung von ICs für die eigenen Produkte, auch andere Firmen beliefert. Zu dieser Zeit begann auch die Entwicklung und Produktion elektronischer Musikinstrumente, die über die Orgelfabrikation hinaus gingen, bei Yamaha als Professional Equipment-Bereich bezeichnet. Dabei landete man nach der Fertigung analoger Synthesizer 1983 mit dem neu entwickelten digitalen Synthesizer DX 7 gleich einen Verkaufshit. Innerhalb von nur drei Jahren wurden mehr als 150 000 Stück von diesem Modell verkauft. Doch nicht nur Synthesizer und Sampler, das ganze Programm professioneller Audiotechnik, wie Mixer, Verstärker, Lautsprecher, Effektprozessoren, Gitarren, Bässe, Schlagzeuge, Drumcomputer, Hardwaresequenzer usw., einschließlich einer E-Piano-Linie

»Clavinova«, findet sich im Produktspektrum der Firma Yamaha.

Die Firma Korg hieß ursprünglich – nach einer vorbeiführenden Eisenbahnlinie – Keio Gijutsu Kenkyujo und war seit ihrer Gründung 1962 zunächst mit der Entwicklung und dem Bau von Rhythmusmaschinen beschäftigt. 1967 begann man die erworbenen Kenntnisse auch auf die Entwicklung weiterer elektronischer Instrumente anzuwenden. 1971 präsentierte die Firma dann ihr erstes elektronisches Musikinstrument, das Keyboard »Korgue«, eine Mischung aus Synthesizer und Combo-Orgel, von dem insgesamt 15 Stück verkauft wurden. Da dieser Name für amerikanische Zungen wesentlich leichter auszusprechen war als der eigentliche Firmenname, wurde schließlich der neue Firmenname »Korg« als Ableitung von Keio ORGans daraus. Als erster Synthesizer kam Anfang der siebziger Jahre der »Mini-Korg 700 S« heraus. 1979 baute Korg die MS-Serie, die aus drei Synthesizern (MS-10, MS-20, MS-50) und einem Sequenzer (SQ-10) bestand und dank der Kombination von klanglicher Flexibilität und Preiswürdigkeit weltweit sehr erfolgreich war. Der sechsstimmige Synthesizer »Polysix« folgte 1982. Auch er war eine Sensation, da hier erstmals ein polyphoner Synthesizer für weniger als 4000 DM verkauft wurde. Neben Synthesizern stellt Korg auch einen Großteil der übrigen musikelektronischen Palette her, Orgeln, E-Pianos, Rhythmusgeräte bzw. Drumcomputer, Echogeräte bzw. Multi-Effektprozessoren, Stimmgeräte usw. Weniger bekannt ist, daß Korg seit 1986 mit vierzigprozentiger Aktienbeteiligung von Yamaha produziert.

Auch in Europa wollte man an der wachsenden Nachfrage nach Synthesizern teilhaben. In Großbritannien betrieb Peter Zinovieff in den sechziger Jahren in London ein Studio für elektronische Musik, die »Electronic Music Studios«. Daraus entstand schließlich die Firma Electronic Music Studios Ltd. (EMS). Ihr erstes Produkt war 1969 der von David Cockerell entworfene Synthesizer VCS3 (Voltage Controlled Studio Mark 3), der erste tragbare Synthesizer überhaupt; der Minimoog erschien erst ein Jahr danach (vgl. S. 116). Wie schon der erste Synthesizer der Firma ARP war der VCS3 mit einem Kreuzschienenfeld für die Verbindung der einzelnen Module ausgestattet. Ab 1971 wurde er in einer Aktenkoffer-Version als »Synthi A« angeboten, eine zunächst etwas skurril anmutende Variante, die aber durch ihre einfache Mobilität viel zu seiner Verbreitung beigetragen hat; man konnte ihn wie eine Gitarre leicht transportieren. 1972 wurde das Modell A, das bereits von Anfang an über mehrere Eingänge für externe Klangquellen verfügte, mit einem berührungsempfindlichen Keyboard und einem 256 Schritte umfassenden digitalen Sequenzer ausgerüstet. In dieser Konfiguration entwickelte es sich rasch als »Synthi AKS« im Bereich der zeitgenössischen E-Musik zum Favoriten für live-elektronische Anwendungen.

Durch den Erfolg des EMS VCS3-Synthesizers beflügelt, baute die Firma unter dem etwas verharmlosenden Namen »Synthi 100« 1974 ein üppiges modulares Studiosystem. Der Synthi 100 bestand im Prinzip aus drei VCS3-Synthesizern, die um zusätzliche Oszillatoren, einen drei Spuren umfassenden digitalen Sequenzer sowie zwei Steckfeld-Matrizen erweitert wurden. All dies war in einem gemeinsamen Gehäuse vereint. Wegen seines hohen Preises, über 25 000 Dollar, wurden nur etwa 30 Exemplare verkauft, vor allem an europäische Studios für elektronische Musik, wo sie lange Zeit intensiv genutzt wurden.[116] So beispielsweise im Studio für elektronische Musik des Westdeutschen Rundfunks in Köln, wo Karlheinz Stockhausen zwischen 1975 und 1977 den elektronischen Teil seiner Komposition *Sirius* mit Hilfe des dortigen Synthi 100 von EMS realisierte.

Im Bereich der E-Musik wurden Synthesizer, abgesehen von der fruchtbaren Kooperation zwischen Donald Buchla und Morton Subotnick (vgl. S. 121 ff.), zunächst als Instrumente für Popmusik beargwöhnt. »Richtige« elektronische Musik hatte ihr Klangmaterial nach festgelegten Regeln selbst herzustellen.[117] Erst nach und nach erkannte man die Vorzüge, die der Einsatz von Synthesizern auch in diesem Bereich mit sich brachte. Ließ sich der Prozeß der Klangsynthese nun doch mit weniger Zwischenschritten als bisher ausführen, was letztlich vor allem der Klangqualität der Stücke zugute kam. Und auch die Funktionen zur Modulation und Zeitstrukturierung von Klangereignissen erwiesen sich als äußerst praktikabel, da diese durch ihre Spannungssteuerung zum großen Teil automatisiert werden konnten. Alle amerikanischen Synthesizer-Firmen der sechziger und siebziger Jahre sowie auch die Firma EMS in Europa wurden von ideenreichen Konstrukteuren gegründet, die jedoch über zu wenig Kapital verfügten, um ihr Unternehmen auch über schwierige absatzschwache Zeiten zu retten. Fast alle diese Hersteller starteten als sogenannte ›Garagenfirmen‹, d. h. kleinste Produktions- und Entwicklungsbetriebe, die dank guter Produkte und weil Konkurrenz fehlte, schnell wuchsen, ihr Management jedoch nicht an die neuen Bedingungen, die Dutzende oder gar Hunderte von Angestellten schufen, anpaßten. Hinzu kam die ausschließliche Fixierung auf etwas, was man heute den High-End-Markt nennen würde, wo auf Kosteneffizienz kein übermäßiger Wert gelegt werden mußte.

Anders dagegen japanische Firmen, die zu Beginn der siebziger Jahre den Markt für Synthesizer entdeckten und eroberten. Sie waren von Anfang an zielorientiert, d. h., sie hatten vor allem die Bedürfnisse des Massenmarktes im Visier und achteten dabei streng auf Kosteneffektivität. Ein weiterer wichtiger Unterschied zwischen amerikanischen und japanischen Firmen war der Stellenwert, den Forschung und Entwicklung im Firmenkonzept einnahmen. Als Donald Buchla 1969 mit der Firma CBS über die Serienproduktion seiner Synthesizer verhandelte, zeigte sich CBS an den Lizenzen zur Produktion der bereits fertigen Synthesizer-Module sehr interessiert. Buchlas weitere Forschungs- und Konstruktionsarbeit wollte man jedoch finanziell nicht unterstützen. Ironie des Zufalls: Zur selben Zeit sandte die Firma Yamaha ihre Ingenieure aus, um an verschiedenen amerikanischen Universitäten neueste Informationen über den Stand technologischer Forschung bei elektronischer Klangerzeugung zu beschaffen. Forschung und Entwicklung war also in Japan von Beginn an ein wesentlicher Teil der Produktionstätigkeit, in dem, wie z. B. bei Roland, bis zu einem Viertel der Belegschaft beschäftigt war. Andere Firmen, so Yamaha, hatten ihre Angebotspalette nach und nach so weit diversifiziert, daß auch eine Branche auf Kosten anderer Sparten leben konnte, wenn diese zeitweise keine Profite abwarf. Noch vorteilhafter waren die Verhältnisse bei Firmen, die durch ihre Zugehörigkeit zu größeren Konzerngruppen über entsprechenden finanziellen Rückhalt verfügten, wie etwa AKAI als Teil des zweitgrößten japanischen Industriegiganten Mitsubishi. In den siebziger Jahren sprachen Branchenkenner bei Forschung und Entwicklung elektronischer Musikinstrumente von 10 bis 15 Jahren Vorlauf in Japan gegenüber ein bis zwei Jahren in den USA.

In den US-amerikanischen Synthesizer-Firmen der sechziger und siebziger Jahre wurde die Entwicklung von Nachfolgemodellen aus Kapitalmangel in der Regel vom Profit des gerade laufenden Modells bestritten. Dies ging so lange gut, wie der Absatz gesichert war. Geriet dieser ins Stocken, blieb nur der Weg in die weitere Verschuldung und damit irgendwann in den Konkurs. Auch die Zugehörigkeit zu einem größeren Konzern nutzte wenig, wenn dieser nicht gewillt war, die notwendigen Summen bereitzustellen. So geschehen im Fall der Firma von Robert Moog, die als Teil des prosperierenden Norlin-Konzerns in Konkurs ging, weil weder Geld noch ein geeignetes Marketing-Konzept für das damals relativ neue Produkt Synthesizer bereitgestellt wurden.

Amerikanische Ingenieure von Robert Moog bis Thomas Oberheim hatten bei ihren Entwicklungen stets und vor allem den US-Markt im Auge. Absatzchancen in Japan und in Europa, die sich von selbst ergaben, wurden zwar genutzt, nicht aber ausdrücklich beim Bau der Geräte berücksichtigt. Im Gegensatz dazu dachten japanische Firmen von Anfang an global, d. h., sie produzierten sowohl für den einheimischen Markt als auch für Europa und die USA; dabei waren sie durchaus in der Lage, sich auf nationale Sonderwünsche einzustellen. So beispielsweise bei der Entwicklung von Karaoke-Instrumenten, die außerhalb von Japan oft nur mitleidiges Kopfschütteln hervorrufen.

Gegenbeispiele liefern die jüngeren, international erfolgreichen US-Firmen E-mu, Alesis und Ensoniq, die selbst neue technische Standards für elektronische Musikinstrumente definieren. Allerdings zählen diese Firmen nicht zu den Pionieren der ersten Stunde, denn sie wurden erst später in den siebziger bzw. achtziger Jahren gegründet. Überraschend ist, daß sie indes mit den gleichen strategischen Methoden wie japanische Firmen arbeiten, indem sie sich einerseits auf den Massenmarkt spezialisiert haben, andererseits entsprechendes Augenmerk auf den Verlauf von Forschung und Entwicklung richten und in die Produktion von speziellen hochintegrierten Schaltkreisen und in Software investieren. Die Anstrengungen der Firmen bei der Schaffung technologischer Spitzenleistungen verstärken sich. Zunehmend versuchen auch koreanische, französische, deutsche und italienische Hersteller auf diesem Markt Fuß zu fassen. Kein Wunder, wuchs der weltweite jährliche Umsatz im Markt für elektronische Musikinstrumente zu Anfang der neunziger Jahre doch auf ein Volumen von über drei Milliarden Dollar.

Technik analoger Klangsynthese und Klangsteuerung

Spannungsgesteuerte Klänge

Wenn seit Ende der achtziger Jahre digitale Klangerzeugungstechniken ihre analogen Vorläufer auch nahezu vollständig abgelöst haben, so bilden analoge Synthese- und Bearbeitungstechniken nach wie vor die Basis zahlreicher digital aufgebauter Synthesizer. Neu ist dann lediglich die digitale Kontrolle analoger Parameter. Der große Vorteil dieser Konstruktionsweise resultiert daraus, daß die nunmehr in digitalisierter Form vorliegenden analogen Klangparameter speicherbar sind. So werden einmal gefundene Klänge jederzeit, quasi durch Knopfdruck, exakt reproduzierbar. Auch bei der Modifikation gesampleter Klänge, ohne die die Samplingtechnik lediglich eine perfektionierte Variante des Mellotrons wäre, kann man auf analoge Bearbeitungstechniken kaum verzichten. Entscheidend ist jedoch, daß trotz Konjunktur digitaler Klangerzeugungstechniken das analoge Prinzip Basis für das theoretische Verständnis der durchgeführten klanglichen Manipulationen geblieben ist und auf absehbare Zeit auch bleiben dürfte. Zum einen liefert es das schon fast standardisierte Vokabular für die allgemeine Beschreibung klanglicher Operationen. Andererseits erschließen sich viele Errungenschaften digitaler Techniken erst in bezug auf die analoge Arbeitsweise. Aus diesen Gründen sollen das Prinzip und die Technik analoger Klangerzeugung im folgenden genauer untersucht werden.

Im analogen Synthesizer spielt das Prinzip der Spannungssteuerung eine fundamentale Rolle. Was hat es damit auf sich? Oszillatoren zur Tonerzeugung, Filter zur Veränderung des Klanges und Verstärker zur Dynamikbeeinflussung gab es bereits, wenn man vom ursprünglichen Konstruktionszweck dieser Geräte für elektrotechnische Laboraufgaben absieht, Jahrzehnte zuvor in der elektronischen Musik der Kölner Schule (vgl. S. 228 ff.). Bei Robert Moog, Donald Buchla und anderen waren nun all diese Baugruppen erstmals durch eine von außen zugeführte Schwachstromspannung in ihrer Funktion regelbar. Das hatte den Vorteil, daß jede Einrichtung, die sich ändernde Spannungen hervorbringen konnte, als Steuerung verwendbar wurde. Es konnte eine Tastatur sein, wie sie ein Klavier hat oder ein Computer mit einer entsprechenden Wandlereinheit. Hier wird der große Vorteil deutlich: Spannungsänderungen sind programmierbar! Ein analoger Synthesizer arbeitet also mit den gleichen Baugruppen, wie sie im »klassischen« elektronischen Studio der fünfziger Jahre Verwendung fanden, wobei das Prinzip der Spannungssteuerung eine revolutionäre Neuerung darstellt.

Zusätzlich machte sich der Trend zu Miniaturisierung

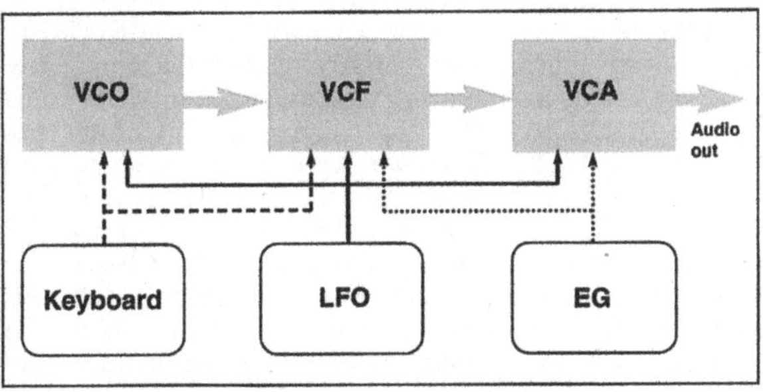

Abb. 15 Blockschaltbild eines spannungsgesteuerten Synthesizers. Der klangerzeugende Oszillator (VCO) und die klangformenden Baugruppen Filter (VCF) und Verstärker (VCA) werden durch Steuerspannungen von Keyboard, Low Frequency Oszillator (LFO) und Envelope Generator (EG) kontrolliert.

elektronischer Bauteile äußerst positiv bemerkbar. Füllten die einzelnen Geräte im elektronischen Studio der Pionierzeit noch ganze Wände, so hatten sie nun als Synthesizermodule in einem mittleren Reisekoffer Platz. Der Synthesizer erlaubte erstmals in der Geschichte der Musikinstrumente, die wichtigsten Parameter eines Klanges wie Tonhöhe, Obertonaufbau und Amplitude umfassend zu kontrollieren. Zeitliche Abläufe, besonders aber die Ein- und Ausschwingvorgänge, spielen hierbei eine zentrale Rolle.

Mit Abstand häufigster Lieferant für Steuerspannungen (CV, von engl. *control voltage*) ist eine klavierartige Tastatur, das Keyboard. Um von einem Keyboard aus auch Synthesizer unterschiedlicher Hersteller steuern oder Geräte verschiedener Firmen koppeln zu können, erwiesen sich Standardisierungen als sinnvoll. Leider einigte man sich jedoch nicht auf ein System, so daß zwei unterschiedliche Normen entstanden: die 1-Volt/Oktave- und die Hz/Volt-Charakteristik. Der Unterschied ist schnell beschrieben: Bei der nach und nach die Oberhand gewinnenden 1-Volt/Oktave-Norm steigt die erzeugte Steuerspannung innerhalb einer Oktave um ein Volt, d. h. Töne, die auf dem Keyboard eine Oktave voneinander entfernt sind, rufen eine Spannungsänderung von einem Volt hervor. Innerhalb einer Oktave ändert sich die Steuerspannung demzufolge pro Halbton um 1/12 Volt. Dieser Wert ist über den gesamten Keyboardbereich konstant. Anders dagegen bei der Hz/-Volt-Charakteristik. Da sich die Frequenz (in Hz) von Oktave zu Oktave verdoppelt, verdoppelt sich in diesem Bereich jeweils auch die Steuerspannung (also 1, 2, 4, 8 usw. Volt/Oktave). Die Spannungsänderung pro Halbton ist hier also nicht konstant. Praktisch arbeiteten nur analoge Synthesizer der Firmen Korg und Yamaha nach dieser letzten Norm, die dadurch zwar untereinander, jedoch nicht ohne weiteres mit Geräten anderer Firmen kombinierbar waren.

Außer den verschiedenen Steuerspannungscharakteristiken erschwerte auch die fehlende Standardisierung der Trigger- und Gate-Signale die Kopplung von Synthesizern. In

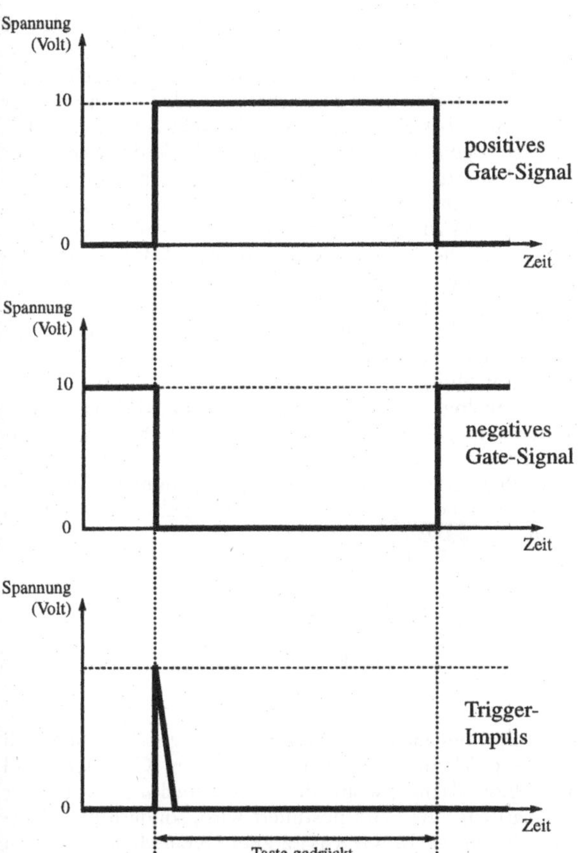

Abb. 16 Gate- und Trigger-Signale eines spannungsgesteuerten Synthesizers.

der Praxis werden die Bezeichnungen dieser Signale, die bei der zeitlichen Kontrolle von Synthesizerklängen eine wichtige Rolle spielen, oft verwechselt bzw. synonym gebraucht, obwohl in technischer Hinsicht ein nicht unwesentlicher Unterschied besteht. Trigger-Signale sind kurzzeitige nadelförmige Spannungsimpulse, durch Niederdrücken einer Keyboardtaste ausgelöst. Gate-Signale dagegen sind Spannungsänderungen, die während der gesamten Dauer des Tastendrucks auf dem Keyboard erhalten bleiben (Abb. 16). Man unterscheidet positive und negative Gate-Charakteristiken. Bei der positiven Variante löst der Tastendruck einen Spannungssprung von etwa + 10 Volt aus (bei Geräten der Firma Yamaha einen Sprung von - 10 Volt). Im negativen Fall springt eine ständig vorhandene Spannung bei Tastendruck auf Null.

Um analoge Synthesizer auch in neuzeitlichere MIDI-Systeme integrieren zu können, gibt es verschiedene Wandlereinheiten, auch MIDI-CV-Interfaces genannt, welche MIDI-Signale in verschiedene Steuerspannungen mit den dazugehörigen Gate- bzw. Trigger-Impulsen umwandeln können.

Die Klangerzeugung

Alle uns umgebenden akustischen Ereignisse lassen sich grundsätzlich in zwei Gruppen einteilen: Geräusche und Töne bzw. Klänge, wobei der Unterschied nicht von einer dogmatischen Ästhetik postuliert wird, sondern physikalischer Natur ist. Im Gegensatz zum Geräusch sind die von einem Ton hervorgerufenen Verdünnungen und Verdichtungen in der Luft, die das Ohr als Schallwellen erreichen, periodischer Art. Diese periodischen Schwingungen lassen sich durch Frequenz (Anzahl der Schwingungsperioden pro Sekunde) und Amplitude (Lautstärke) charakterisieren. In der Praxis beschränkt sich jedoch dieses theoretische Einteilungsprinzip zwischen Klängen und Geräuschen auf Spezialfälle, da beide Erscheinungen meist gemeinsam auftreten.

Jeder Klang setzt sich aus einem Grundton, der die Tonhöhe festlegt, und Obertönen – auch Harmonische oder Teiltöne genannt –, welche die Klangfarbe bestimmen, zu-

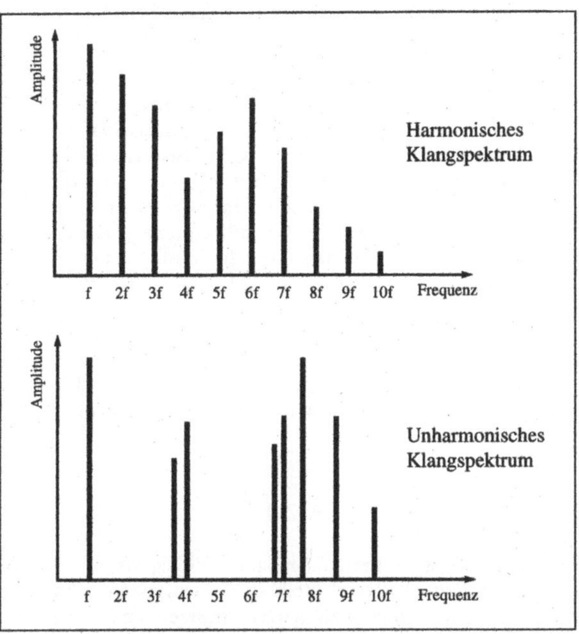

Abb. 17 Harmonisches und unharmonisches Klangspektrum.

sammen.[118] Grundton und Obertöne sind als Sinusschwingungen interpretierbar, wobei die Obertöne eines harmonischen Klanges in ganzzahligen Vielfachen der Frequenz des Grundtones schwingen. Wenn die Obertonfrequenzen auch außerhalb der durch ganzzahlige Vielfache der Grundfrequenz bestimmten Obertonreihe verteilt sind, beispielsweise bei Glockenklängen, entstehen unharmonische Klangspektren (Abb. 17). Verschiedenartige Klänge entstehen also durch verschiedenartigen Aufbau der Obertonreihen. Die einzelnen Obertöne differieren dabei vor allem in Frequenz, Amplitude und, wie noch zu zeigen sein wird, in ihrem zeitlichen Auf- und Abbau.

Bei der Klangerzeugung im analogen Synthesizer ging man in Anlehnung an die Klassen mechanischer Musikinstrumente und aus Gründen einfacher technischer Erzeugbarkeit zunächst von wenigen Grundwellenformen aus (Abb. 18). In einer Schwingung mit Sägezahncharakteristik (engl. *sawtooth wave*) sind alle Harmonischen, d. h. alle ganzzahligen Vielfachen, der Grundfrequenz enthalten. Sie klingt deshalb voll und hell (streicherähnlich). Die Rechteckschwingung (engl. *square wave*) besitzt nur Harmonische mit ungerader Ordnungszahl und klingt etwas hohl und nasal (holzbläserähnlich). Eine weitere Grundwellenform ist die Dreieckschwingung (engl. *triangle wave*), welche ebenfalls nur ungeradzahlige Harmonische enthält, die aber aufgrund ihrer schwachen Intensität kaum ins Gewicht fallen (flötenähnlich).

VCO

Der spannungsgesteuerte Oszillator (VCO, von engl. *voltage controlled oscillator*) stellt den wichtigsten tonerzeugenden Baustein eines analogen Synthesizers dar. Es handelt sich um einen elektronischen Schwingkreis, dessen Tonfrequenz von einer Steuerspannung abhängig ist, die meist auf

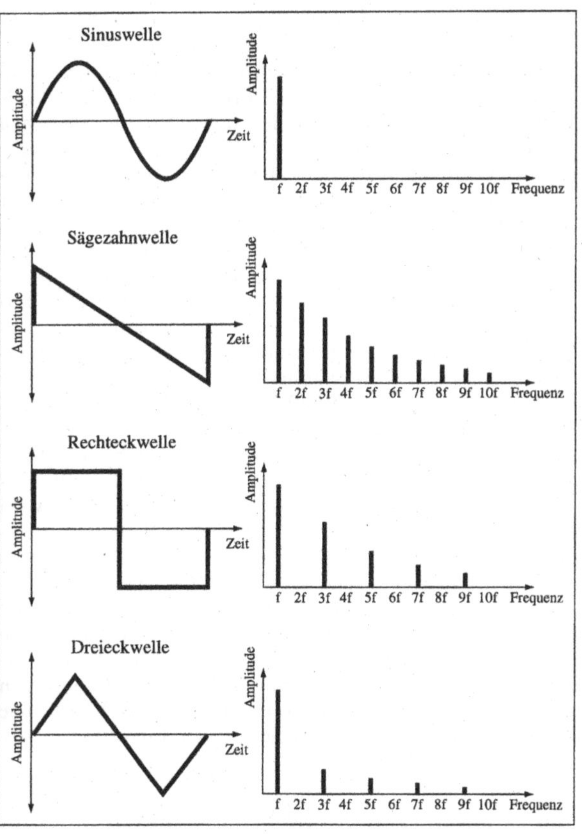

Abb. 18 Grundwellenformen eines analogen Synthesizers.

einer Tastatur erzeugt wird. Für den Zusammenhang zwischen Steuerspannung und erzeugter Tonfrequenz existieren zwei unterschiedliche Normen: die 1 Volt/Oktave- und die Hz/Volt-Charakteristik. Der Frequenzbereich eines solchen Oszillators umfaßt in der Regel den menschlichen Hörbereich. Da es jedoch aus ökonomischen und spieltechnischen Gründen nicht sinnvoll ist, alle zehn Oktaven unseres Hörbereichs auf einer Tastatur anzuordnen, bietet der VCO die Möglichkeit, durch einfache Addition oder Subtraktion einer konstanten Spannung zu der oder von der Steuerspannung der Tastatur deren Oktavbereich (normalerweise drei bis fünf Oktaven) zu transponieren. Die Tonfrequenz kann durch Wahl einer der erwähnten unterschiedlichen Schwingungsformen oder auch deren Kombination in ihrem Obertonaufbau grob vorbestimmt werden. Damit bilden die vom VCO erzeugten Wellenformen das musikalische Rohmaterial für die nachfolgende Klangformung. Bei der gleichzeitigen Verwendung mehrerer Oszillatoren erhöht sich die Zahl der klanglichen Gestaltungsmöglichkeiten beträchtlich. Am häufigsten verwendet wird dabei der Out-of-Tune-Effekt, das leichte Verstimmen von Oszillatoren gegeneinander, um dem Klang mehr Fülle und Kraft zu verleihen. Auch lassen sich Oszillatoren in verschiedene musikalische Intervalle zueinander stimmen und so begrenzt auch polyphone Strukturen auf monophonen Synthesizern erzeugen. Eine Fülle klanglicher Variationsmöglichkeiten bringt weiterhin die Synchronisation von Oszillatoren, eine Art der Kopplung mehrerer VCOs, wie sie sich in größeren Synthesizermodellen findet.

DCO

Eine technische Weiterentwicklung der VCOs sind die sogenannten DCOs. Das sind Oszillatoren, die nicht mehr von einer analogen Steuerspannung kontrolliert werden, sondern von einem Mikroprozessor (engl. *digital controlled oscillator*). Diese Oszillatorenart besitzt gegenüber dem VCO-Prinzip den großen Vorteil absoluter Stimmstabilität. Nachdem man zunächst DCOs nur zur Erzeugung der bereits von VCOs gelieferten Grundwellenformen wie Rechteck-, Sägezahn- und Dreieckschwingungen benutzte, stellte sich bald heraus, daß die DCOs damit unterfordert waren. So begann man auch kompliziertere Wellenformen durch DCOs zu erzeugen und erweiterte damit das Klangspektrum analoger Synthesizer beträchtlich. Obwohl hier digitale Steuerungstechniken angewandt werden, bleibt das Klangerzeugungsprinzip analog, auch wenn im Synthesizer-Inneren Digitaltechnik dominieren sollte.

Der Rauschgenerator

Dieses nicht spannungsgesteuerte Modul ist besonders für die Erzeugung geräuschhafter Klänge geeignet, leistet aber auch bei der Imitation mechanischer Musikinstrumente, etwa zur Simulation von Anblasgeräuschen bei Blasinstrumenten, gute Dienste. In Analogie zum sichtbaren Licht spricht man von weißem Rauschen (engl. *white noise*), wenn in diesem Gemisch aller möglichen Frequenzen und Amplituden hohe und tiefe Frequenzen gleichermaßen auftreten. Diese physikalische Charakterisierung setzt sich jedoch nicht in einen entsprechenden gleichmäßigen Höreindruck um, da unser Ohr im mittleren und hohen Tonhöhenbereich empfindlicher auf Veränderungen der Lautstärke reagiert als bei tiefen Tönen. Daher erscheint im weißen Rauschen der Anteil hoher Töne stärker als der Anteil tieferer Frequenzen, obwohl dies physikalisch nicht der Fall ist. Um sogenanntes farbiges Rauschen (engl. *coloured noise*) handelt es sich, wenn diese physikalische Gleichverteilung der Frequenzen gestört ist, d. h. ein oder mehrere Frequenzbereiche stärker vertreten sind. Die Erzeugung von weißem Rauschen ist für die meisten Synthesizer kein Problem. Es eignet sich besonders gut für Wind- und Sturmgeräuscheffekte. Eine Reihe von Synthesizern besitzen zusätzlich auch die Möglichkeit, sogenanntes rosa Rauschen (engl. *pink noise*) zu erzeugen. Bei dieser Rauschart sind die tiefen Frequenzen deutlich stärker vertreten (mit etwa 3 dB/Oktave). Für unser Ohr aber erscheint in diesem Fall die Intensität der Frequenzbereiche gleichmäßig verteilt. Dadurch eignet sich rosa Rauschen besonders zur Simulation von Effekten wie Donnergrollen oder den Geräuschen einer Meeresbrandung. Doch damit ist die Leistungsfähigkeit des Rauschgenerators noch keineswegs erschöpft. Neben der Kombination mit VCOs als Lieferant komplexer Audiosignale kann Rauschen auch als Modulationsquelle fungieren. Auf diese Weise entstehen oft interessante, ungewöhnliche Klänge.

Die Klangformung

VCF

Die eigentliche Klangformung eines analogen Synthesizers findet im spannungsgesteuerten Filter (VCF, von engl. *voltage controlled filter*) statt. Filter werden in der Elektrotechnik allgemein zum Unterdrücken bestimmter Frequenzbereiche verwendet. Im Synthesizer kann man mit ihrer Hilfe das Frequenzspektrum des vom Oszillator gelieferten Basisklangs in weiten Grenzen verändern.

Der gebräuchlichste Filtertyp ist das Tiefpass-Filter (engl. *low-pass*), welches tiefe Töne ungehindert passieren läßt, hohe Töne dagegen unterdrückt (Abb. 19 A). Der Punkt, an dem diese Unterdrückung beginnt, wird Beschneidungsfrequenz (engl. *cut-off-frequency*) genannt und läßt sich innerhalb des Frequenzspektrums frei wählen. Nun wäre diese Baugruppe eigentlich nur eine luxuriöse Variante der alten »Klangblende«, wie man sie aus der Pionierzeit des Radios kennt, käme nicht die Möglichkeit dazu, die Cut-off-Frequenz durch eine Steuerspannung zur gezielten Klangkontrolle zu regeln.

Ein weiterer Filtertyp ist das Hochpass-Filter (engl. *highpass*), welches im Vergleich zum Tiefpass-Filter genau umgekehrt arbeitet (Abb. 19 B). D. h., es unterdrückt die tiefen Töne und läßt die hohen Töne passieren. Auf diese Weise lassen sich beispielsweise einzelne Obertonbereiche isolieren. Oft werden auch Kombinationen beider Filtertypen

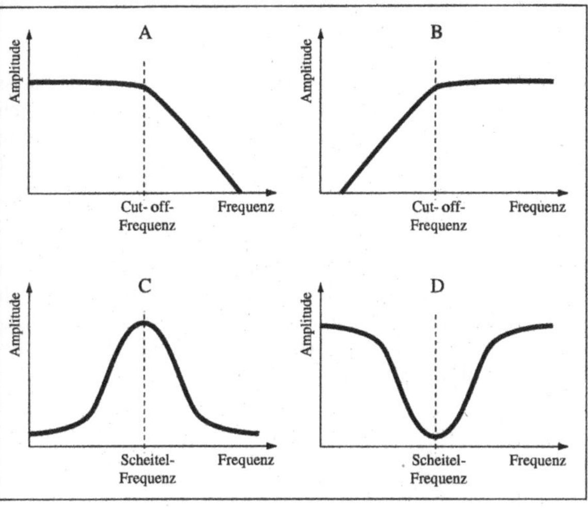

Abb. 19 Filtertypen eines analogen Synthesizers.

zur Klangformung verwendet. Durch eine Reihenschaltung von Hoch- und Tiefpass-Filtern entsteht ein Bandpass-Filter, das nur einen mehr oder weniger schmalen Frequenzbereich ungedämpft passieren läßt (Abb. 19 C). Eine Bandsperre entsteht, wenn Hoch- und Tiefpass-Filter parallel geschaltet werden (Abb. 19 D). Ihre Arbeitsweise ist genau umgekehrt: Ein spezielles Frequenzband wird gedämpft, während die übrigen Frequenzanteile ungehindert passieren können.

Mechanische Musikinstrumente besitzen die Eigenschaft, bestimmte Obertonbereiche durch Resonanz ihres Klangkörpers zu verstärken. Im spannungsgesteuerten Filter besteht die Möglichkeit, Obertöne im Bereich der Cut-off-Frequenz zu verstärken. Dieser Effekt, der dem bei mechanischen Instrumenten vergleichbar ist, kann, je nach Güte der verwendeten Filter, bis zur Selbstoszillation gesteigert werden. In diesem Fall wird das Filter selbst zum Oszillator einer reinen Sinusschwingung.

Für die klangliche Qualität ist die sogenannte Steilheit der Filter wichtig. Eine größere Steilheit, ausgedrückt durch einen höheren dB-Wert, bewirkt eine stärkere Dämpfung der Klanganteile, jenseits der Cut-off-Frequenz. Man findet hier in der Regel Filter mit 12 dB und 24 dB Flankensteilheit. Während der erste einen eher weichen Klang besitzt, klingen 24-dB-Filter vergleichsweise härter und kräftiger. Da je nach Anwendungsbereich beide Charakteristiken von Interesse sind, läßt sich allein aus der Flankensteilheit noch kein Qualitätskriterium ableiten. Gelegentlich hat man deshalb die Möglichkeit, zwischen 12-dB- und 24-dB-Filtercharakteristik zu wählen.

VCA

Der spannungsgesteuerte Verstärker (VCA, von engl. *voltage controlled amplifier*) kontrolliert den dritten grundlegenden Parameter des Klanges, die Dynamik. Dabei wird die Amplitude des VCA-Eingangssignals in Abhängigkeit von einer äußeren Steuerspannung verändert. Während bei den meisten Synthesizern die Beziehung zwischen Steuerspannung und VCA-Ausgangsspannung linear ist, gibt es bei einigen Geräten die Möglichkeit, auf exponentielle Abhängigkeit umzuschalten. Besonders bei kurzen perkussiven Klängen macht sich die so erzielbare größere Dynamik des VCA positiv bemerkbar. Am Ausgang des VCA liegt dann der fertige Klang vor, der über nachfolgende Verstärker und Lautsprecher hörbar gemacht werden kann.

Für eine Reihe von Anwendungsfällen, bei liegenden Einzeltönen beispielsweise, ist es sinnvoll, den VCA ständig geöffnet zu halten. Das ist meist durch manuelle Einstellung einer konstanten Gleichspannung (engl. *gain, initial*) möglich, die zu allen übrigen Spannungen, die den VCA steuern, addiert wird.

VCAs lassen sich ausgesprochen vielseitig verwenden: im Synthesizer vorzugsweise zur Dynamiksteuerung von Audiosignalen, darüber hinaus, bei entsprechender konstruktiver Auslegung, auch zur Kontrolle von Steuerspannungen bei besonders komplexen Klangmodulationen. Auch außerhalb von Synthesizern ist das VCA-Prinzip verbreitet, etwa im Tonstudio für die automatische Steuerung von Mischpulten. Als Synthesizermodul wird der VCA jedoch hauptsächlich von einem Hüllkurvengenerator gesteuert.

Der Hüllkurvengenerator

Um die Arbeitsweise dieses Moduls zu veranschaulichen, ist ein Vergleich hilfreich: Auf einer Orgel ist der Ton sofort im Moment des Anschlags hörbar, er bleibt während des Drückens der Taste relativ konstant und verklingt nach dem Loslassen der Taste schlagartig. Auf dem Klavier dagegen ändert sich der Ton zwischen Anschlagen und Ausklingen der Saite in Lautstärke und Klangfarbe beträchtlich. So wird deutlich, wie charakteristisch Ein- und Ausschwingvorgänge für den spezifischen Klang eines Instruments sind. Noch deutlicher wird diese Tatsache, wenn man den Instrumentalklang seiner Ein- und Ausschwingvorgänge beraubt, etwa durch schnittechnische Bearbeitung einer Tonbandaufnahme. Dann sind selbst erfahrene Musiker oft nicht in der Lage, den betreffenden Klang einem Instrument zuzuordnen.

Im Synthesizer werden zeitliche Abläufe dieser Art durch Hüllkurvengeneratoren (EG, von engl. *envelope generator*) realisiert. Üblich für diese Baugruppe sind auch die Bezeichnungen Kontur- oder, nach den Anfangsbuchstaben der zu beeinflussenden Parameter, ADSR-Generator. Eine der wichtigsten Aufgaben dieses Moduls ist die Lautstärkesteuerung mit Hilfe des VCA. In der Mehrzahl der Fälle lassen sich bei Hüllkurvengeneratoren vier unterschiedliche Parameter programmieren. Die Zeit, die nach dem Drücken einer Taste vergeht, bis der Ton sein volles Lautstärkeniveau erreicht hat, wird als Anschwellzeit (engl. *attack time*) bezeichnet. Daran schließt sich unmittelbar die Abklingzeit (engl. *decay time*) an, d. h., der Ton klingt bis zu einem zuvor programmierten Spannungswert, was bei Dynamikkontrolle einer bestimmten Lautstärke entspricht, ab (engl. *sustain level*). Dieser Zustand bleibt so lange erhalten, bis die Taste losgelassen wird. Danach klingt der Ton vollständig aus. Die Zeit dafür ist ebenfalls programmierbar (engl. *release time*).

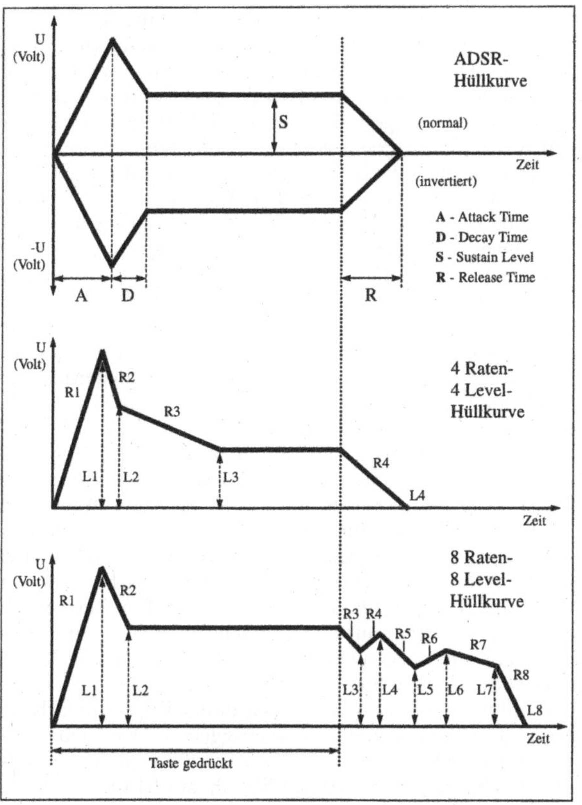

Abb. 20 Hüllkurvenarten eines Synthesizers.

Um eine möglichst lebendige Klanggestaltung zu erreichen, geht der Trend zur immer differenzierteren Beeinflussung der Hüllkurven. Während erste Synthesizermodelle lediglich mit veränderbaren Attack- und Decay-Zeiten auskommen mußten, gestatten neuere Hüllkurvengeneratoren neben der Zeitprogrammierung für die Parameterveränderung (*rates*) auch die individuelle Festlegung des Bereiches, in dem sich der entsprechende Parameter verändert (*levels*).

Hüllkurvengeneratoren produzieren also programmierbare Spannungsabläufe, die über den VCA zur Dynamikregelung im »mikroskopischen« Bereich eines Klangs verwendet werden können. Will man Änderungen der Obertonanteile innerhalb des Tonverlaufs, wie sie für mechanische Instrumente charakteristisch sind, im Synthesizer nachvollziehen, kann man das mit der Steuerung des VCF durch den Hüllkurvengenerator prinzipiell ermöglichen. Interessant ist auch die Arbeit mit negativen Hüllkurven, wie sie einige Synthesizer bieten (Abb. 20 oben). Besonders bei der VCF-Steuerung lassen sich so eine ganze Reihe ungewöhnlicher Klangfarben erzeugen. Wird eine negative Hüllkurve zur VCO-Steuerung verwendet, läßt sich ein sogenannter Auto-Bending-Effekt realisieren: Bei jedem Tastendruck setzt der Ton tiefer ein und schwingt dann zur Normaltonhöhe auf. Mit zwei VCAs lassen sich verblüffende Panoramaklänge erzeugen, wenn man einen VCA mit einer negativen Hüllkurve steuert und die VCA-Ausgänge je einem Stereokanal zuordnet.

Hüllkurvengeneratoren werden in der Regel durch Keyboard-Tastendruck gestartet (»getriggert«). Der zuvor programmierte Hüllkurvenablauf wird von einem Startimpuls des Keyboards, dem Trigger-Signal, ausgelöst. Setzt die Hüllkurve des zeitlich später gespielten Tones da ein, wo sich die Hüllkurve des zuvor gespielten Tones in ihrem Ablauf gerade befindet, spricht man von Single-Trigger-Betriebsart. Auf diese Weise lassen sich durch abwechselndes Legato- und Non-legato-Spiel zwei verschiedene Klangcharaktere wechselseitig erzeugen. Multi-Trigger-Betriebsart (auch Multiple Trigger) bedeutet, daß die Hüllkurven bei jedem Tastendruck neu ausgelöst werden. Ist die Hüllkurve des zuvor gespielten Tones noch nicht vollständig abgelaufen, wird sie in diesem Fall einfach abgeschnitten. Bei pseudopolyphonen Synthesizern wird sie durch erneuten Tastendruck wieder mit ausgelöst.

Die Modulation

LFO

Dieses Synthesizermodul besteht aus einem regelbaren Oszillator mit sehr niedriger Frequenz (LFO, von engl. *low frequency oscillator*). Die untere Grenzfrequenz dieses Oszillators liegt bereits außerhalb des menschlichen Hörbereiches. Ein typischer LFO-Frequenzbereich umfaßt Frequenzen von etwa 0,01 bis 100 Hz, wobei die Eckfrequenzen stark typenabhängig sind. Er dient normalerweise nicht der Erzeugung hörbarer Töne, sondern wird hauptsächlich zur Modulation der spannungsgesteuerten Synthesizermodule eingesetzt. Prinzipiell ist hier ein möglichst großer Frequenzbereich wünschenswert, da sich der LFO dann vielseitiger verwenden läßt. Die zur Verfügung stehenden Wellenformen entsprechen normalerweise denen des VCO, sind also Rechteck-, Sägezahn-, Dreieck- und Sinusschwingungen. Eine Welle bedeutet hier das Durchlaufen einer Spannungskurve, die als Steuerspannung zu verwenden ist. Die Sägezahnschwingung bildet eine Besonderheit. Sie findet in komfortableren Synthesizermodellen jeweils mit auf- und absteigender steiler Flanke als Modulationsquelle Verwendung; während im VCO beide Varianten dasselbe klangliche Ergebnis liefern, sind sie im LFO Ursache für verschiedene Modulationsresultate.

Für einen der meist gebrauchten Modulationseffekte, die Frequenzmodulation, die das Vibrato erzeugt, moduliert der LFO den VCO mit einer Sinus- oder Dreieckschwingung. Verwendet man eine Rechteckschwingung zur Modulation, springt die Tonhöhe des VCO abwechselnd zwischen zwei Werten hin und her. Die Größe des entstehenden Intervalls läßt sich mit dem »Betrag« (*amount*) der Modulation regeln.

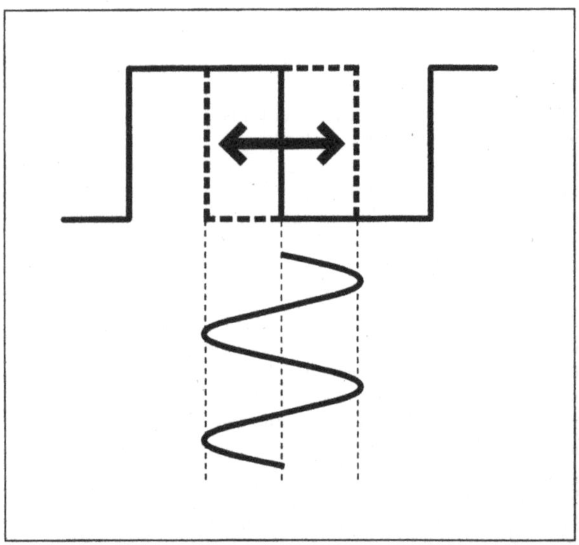

Abb. 21 Pulsweitenmodulation einer Rechteckwelle.

Eine ganze Reihe von Synthesizermodellen besitzen die komfortable Einrichtung, die VCO-Rechteckschwingung auch in ihrer Pulsweite zu modulieren (engl. *pulse-width-modulation*). Breite und Abstand der einzelnen Halbwellen können in Abhängigkeit von einer äußeren Steuerspannung variiert werden (Abb. 21). Geliefert wird diese Steuerspannung meist vom LFO. Da sich mit der Pulsweite auch der Obertonanteil der Rechteckschwingung ändert, bietet allein diese Modulationsvariante schon eine ganze Reihe von klanglichen Gestaltungsmöglichkeiten. In kleineren Synthesizern wird die Pulsweitenmodulation meist zur Simula-

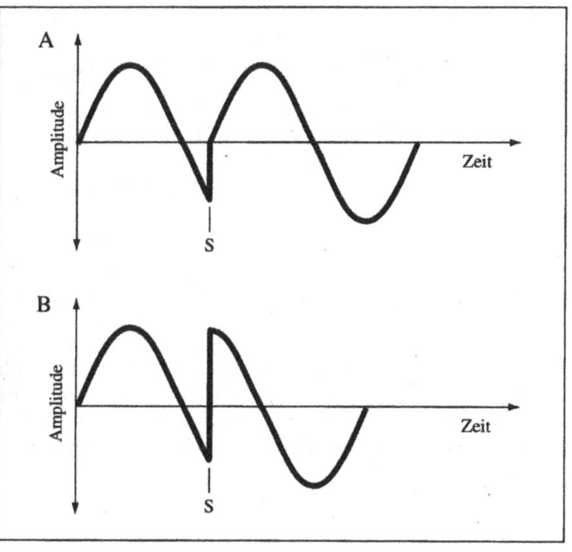

Abb. 22 Triggerungsarten einer LFO-Wellenform.

tion von Schwebungen benutzt, wie sie bei der Verwendung mehrerer VCOs auftreten.

Moduliert man den VCF mit den unterschiedlichen Wellenformen des LFO, lassen sich, neben zahlreichen Varianten des Wah-Wah-Effektes, auch interessante Phasing-Klänge erzeugen, die durch ständig wechselnde interne Phasenverschiebungen den Klangcharakter stark beleben können. Dafür ist jedoch die Kopplung zweier Filter zu Bandpass oder -sperre erforderlich. Gebräuchlicher ist dagegen die Modulation des VCA durch sinus- oder dreieckförmige LFO-Signale. Es entsteht eine beliebig intensive Amplitudenmodulation (Tremolo). Ein Rechtecksignal des LFOs sorgt für ein ständiges Repetieren des Tones (»Mandolineneffekt«).

Verschiedene Synthesizer bieten die Möglichkeit der Triggerung des LFO durch ein entsprechendes Signal von Keyboard oder Sequenzer. Die Wellenform des LFO beginnt mit jedem Trigger-Signal wieder von vorn (Abb. 22 A). Bei einigen Typen springt in dieser Betriebsart die Wellenform auch auf ihren maximalen Spannungswert (Abb. 22 B). Für verschiedene Anwendungsfälle hat es sich als wünschenswert herausgestellt, den Einsatz des LFOs gegenüber dem Tastendruck auf dem Keyboard zeitlich zu verzögern. Bei der Imitation von Streichern beispielsweise läßt sich ein Vibrato über diese sogenannte LFO Delay-Einrichtung für unterschiedliche Zeitpunkte programmieren. So richtig interessant wird das Kapitel Modulation jedoch erst bei der Verwendung mehrerer LFOs, so daß auch komplexe Modulationen möglich werden. Sie sind eine wichtige Voraussetzung für die Schaffung von interessanten und lebendigen elektronischen Klängen bei analogen Synthesizern.

Sample-and-Hold

Diese Baugruppe liefert normalerweise eine sich innerhalb eines festgelegten Bereiches zufällig ändernde Ausgangsspannung (engl. *random voltage*). Deshalb hat sich auch die Bezeichnung Zufallsgenerator eingebürgert. Aus einem Rauschsignal, in dem alle Frequenzen und Amplituden enthalten sind, wird in regelmäßigen Abständen eine »Probe« entnommen (engl. *sample*) und bis zur nächsten Probenentnahme festgehalten (engl. *hold*). (Abb. 23) Die Geschwindigkeit der entstehenden Folge zufälliger Spannungssprünge ist von einer Taktfrequenz (engl. *clock*) abhängig, d. h. von der Sample-Anzahl, die in einer bestimmten Zeit aus dem Rauschsignal entnommen wird.

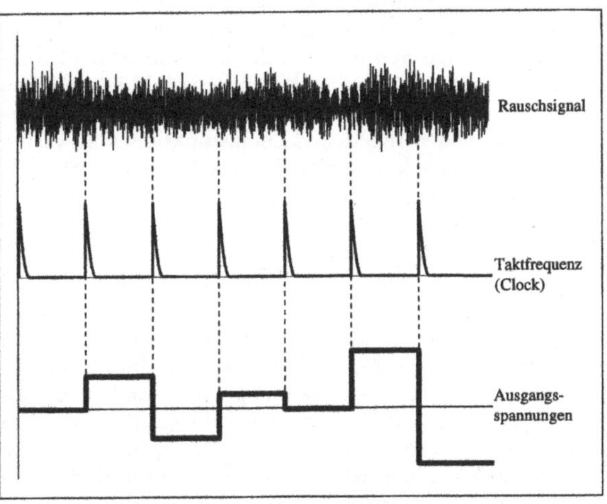

Abb. 23 Zufällige Spannungsfolgen werden im Sample-and-Hold-Modul aus einem Rauschsignal gewonnen.

Die erreichbaren klanglichen Resultate werden jeweils durch die Baugruppe bestimmt, die das Sample-and-Hold-Modul ansteuert. Bei Kontrolle des VCO ändert sich die Tonhöhe zufällig. Bei VCF-Steuerung, auch Spektralmodulation genannt, wird der Obertonanteil der gespielten Töne zufälligen Veränderungen unterworfen, d. h., die Töne werden abwechselnd heller oder dunkler. Gelegentlich wird auch der VCA durch ein Sample-and-Hold-Modul gesteuert. Ergebnis sind hier sich zufällig ändernde Lautstärken der gespielten Töne. Diese Effekte eignen sich besonders für Verbindungen mit analogen Sequenzern, da hier die kurzen rhythmischen und melodischen Patterns durch dynamische Akzente zusätzlich variiert werden. Die meisten kleineren Synthesizer besitzen keinen eigenen Taktgenerator. Hier übernimmt der LFO diese Funktion mit.

Zufällige Variierung klanglicher Parameter blieb nicht lange auf analoge Synthesizertechnik beschränkt. Mittlerweile existieren auch für digitale Synthesizer Möglichkeiten, die komplexen internen Klangdaten mit den in einigen Editor-Programmen vorhandenen Zufallsfunktionen zu variieren und sich so die kuriosesten Sounds von seinem Synthesizer zusammensetzen zu lassen.

Frequency Follower

In diesem Modul, das auch Pitch Follower oder Pitch-to-Voltage-Converter heißt, wird die Tonhöhe eines Signals in eine entsprechende Steuerspannung umgewandelt. Damit arbeitet es genau nach dem umgekehrten Prinzip eines VCOs, der Steuerspannungen in Tonhöhen umsetzt. Der Ton einer beliebigen Schallquelle wird damit für die Synthesizersteuerung verwendbar – so verhält es sich zumindest theoretisch. In der Praxis gibt es jedoch eine ganze Reihe technischer Probleme, präzise funktionieren derartige Anordnungen nur selten. Doch zu verlockend ist die Vision, daß ein einzelner Sänger beispielsweise allein durch die Tonhöhen seines Gesanges über unterschiedlichste Sounds elektronischer Instrumente gebietet, weshalb man mit moderner Digitaltechnik erneut versucht, diesem Problem auf den Leib zu rücken. Die Hauptschwierigkeit solcher Module ist die Minimierung der Zeit, die zum Erkennen der von außen kommenden Tonhöhe benötigt wird. Da mehrere Wellenlängen einer Frequenz zur Identifikation der Tonhöhen notwendig sind, ergibt sich bei tiefen Frequenzen eine längere Erkennungszeit als bei höheren Tönen.

Envelope Follower

Diese Baugruppe arbeitet auf ähnliche Weise wie der Frequency Follower, wandelt jedoch nicht Tonhöhen, sondern den Lautstärkeverlauf in einen entsprechenden Steuerspannungsverlauf um. So entsteht die Möglichkeit, den dynamischen Ablauf eines beliebigen Klanges in eine Steuerspannung umzuwandeln und damit andere Signale zu steuern.

Ringmodulator

Mit Hilfe dieses Moduls lassen sich aus zwei beliebigen Klängen neue, komplexere Klänge herstellen. Der Ringmodulator multipliziert die Spannungen zweier Eingangskanäle, wodurch am Ausgang die Summenfrequenzen, als »oberes Seitenband« bezeichnet, und die Differenzfrequenzen, als »unteres Seitenband« bezeichnet, entstehen. Diese Seitenbänder verlassen meist das Raster der temperierten Stimmung, wodurch metallische, oft auch glockenartige Klänge entstehen, in denen die ursprünglichen Töne nicht mehr auszumachen sind und die sich auch nicht mehr in die Ursprungstöne zurückverwandeln lassen.

Anwendung fand der Ringmodulator in vielen musikalischen Bereichen. Während in der Rock- und Popmusik vor allem die assoziativen Klangresultate in Form von Tiefsee- oder Weltraum-Klischees gefragt waren, versuchte man in der zeitgenössischen E-Musik, besonders in der Live-Elektronik der sechziger Jahre, mit dem Ringmodulator die klanglichen Variationsmöglichkeiten mechanischer Musikinstrumente zu erweitern. Die theoretisch recht einfache Verknüpfung der beiden Eingangsfrequenzen – Addition und Subtraktion – ermöglicht eine genaue Planung des Modulationsergebnisses. Dabei wird gelegentlich auch von der sogenannten Einseitenband-Modulation Gebrauch gemacht. In diesem Fall wird das andere Seitenband mit elektronischen Mitteln unterdrückt.

An Stelle einzelner Töne lassen sich auch Tongemische, Rauschen, Sprache und vieles andere als Ausgangsmaterial verwenden. Das Besondere hierbei ist, daß nicht nur Grundtöne, sondern auch die Obertöne nach diesem mathematischen Prinzip miteinander verknüpft werden. Grundsätzlich wächst mit steigendem Obertonanteil der Eingangsschwingungen auch die Komplexität der erzeugten Klanggebilde. Auf diese Weise entsteht die interessante Möglichkeit, durch Dynamikvariation nur eines Eingangssignals, beispielsweise einer Flöte, deren Obertonaufbau sich durch die Veränderung der Lautstärke ebenfalls wandelt, das Modulationsergebnis in weiten Grenzen zu verändern. Diese Flexibilität bei der unmittelbaren elektronischen Umformung beliebiger Schallereignisse hat die Ringmodulation zu einer bevorzugten Methode der Live-Elektronik werden lassen. Will man jedoch spezielle Obertonbereiche von Klängen gezielt beeinflussen, so ist die Ringmodulation damit meist überfordert. Ihre jeweiligen klanglichen Resultate sind, bei undifferenzierter Anwendung, einander recht ähnlich. So entstand durch häufige Verwendung ein spezielles Klangbild, welches nur allzuoft mit neuer Musik schlechthin assoziiert wurde.

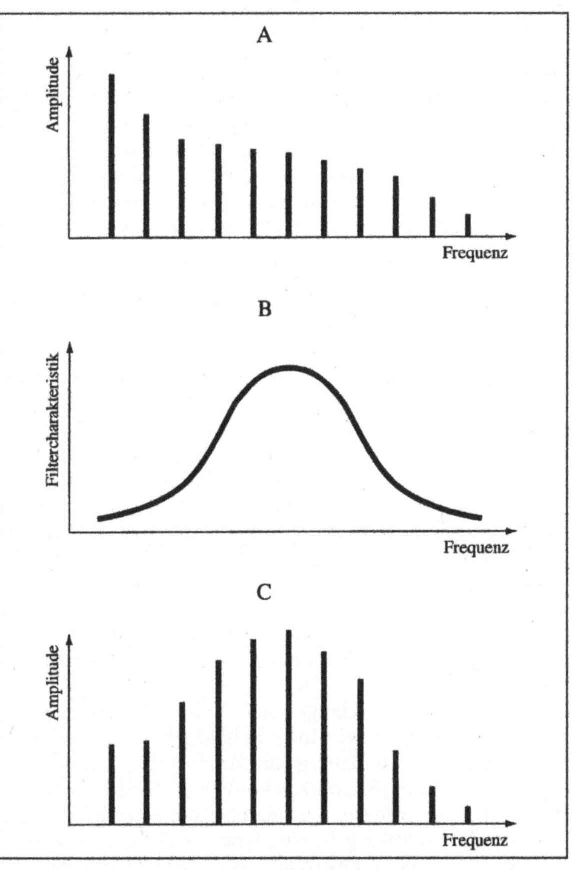

Abb. 24 Beeinflussung des Klangspektrums durch ein Resonanzfiltermodul.

Resonanzfilter

Dieses merkwürdigerweise nur selten verwendete Modul dient der elektronischen Nachbildung von Formantbereichen, wie sie von der menschlichen Stimme, aber auch von mechanischen Musikinstrumenten bekannt sind. Das sind besonders hervortretende Obertonbereiche, die stark an der Klangfarbenbildung beteiligt sind. Das Besondere an ihnen ist, daß sich der Frequenzbereich der Formanten bei Änderung der Grundtonhöhe nicht verschiebt.

Bei mechanischen Instrumenten werden die Formantbereiche in erster Linie von der Beschaffenheit und Form des Materials bestimmt, aus dem sie gebaut sind. Bei elektronischen Klängen fehlen derartige Charakteristika zunächst, sie lassen sich aber durch entsprechende Schaltungsanordnungen, wie etwa durch das Resonanzfiltermodul (RFM), problemlos einfügen (Abb. 24). Dieses Modul besteht aus mehreren Filtereinrichtungen, in der Regel Bandpässen mit veränderlichen Scheitelfrequenzen zwischen 100 Hz und 2 kHz und ebenfalls variierbarer Flankensteilheit. Solche Einrichtungen verhelfen der oft mit Akribie betriebenen Imitation des Klanges mechanischer Musikinstrumente zu verblüffenden Erfolgen. Sie zeigen jedoch gleichzeitig, daß die weitaus schwierigere Nachbildung der differenzierten Ein- und Ausschwingvorgänge mindestens ebenso wichtig für die gelungene Nachahmung der Klänge mechanischer Instrumente ist.

Nicht nur bei der Klangfarbenimitation, sondern gerade auch bei der Neuentwicklung individueller Klänge leisten diese Module ihren Beitrag zur Ausformung der klanglichen Feinstruktur. In Grenzen können auch Filterbänke mit Festfrequenzen, wie sie in größeren Studio-Modulsynthesizern zur Ausstattung gehören, derartige Aufgaben erfüllen, da in diesem Fall die Festfrequenzen über den bevorzugten Formantbereich verteilt worden sind.

Sequenzer

Sequenzer sind Steuereinheiten für Synthesizer, die für eine automatische Kontrolle unterschiedlicher Tonparameter verwendet werden können. Es gibt analoge und digitale Sequenzer, die sich nicht nur durch die Technologie ihrer Arbeitsweise voneinander unterscheiden, sondern auch in Aufbau und Anwendungsbereich erhebliche Differenzen aufweisen.

Analoge Sequenzer, die heute vor allem von historischem Interesse sind, produzieren automatische Steuerspannungsabläufe und Trigger-Signale, die zur Kontrolle jedes beliebigen spannungsgesteuerten Synthesizermoduls verwendet werden können. Digitale Sequenzer steuern ebenfalls zahlreiche Parameter angeschlossener Klangerzeuger. Für diese Kommunikation werden jedoch keine Steuerspannungen, sondern digitale Steuersignale verwendet.

Die erste sequenzerähnliche Anordnung gab es 1955, lochstreifengesteuert, beim RCA-Synthesizer (vgl. Seite 200 ff.). Aus dieser Zeit stammt auch die Konstruktion des »Coded Music Apparatus« des Kanadiers Hugh Le Caine, der zwischen 1952 und 1955 eine Spannungssteuerung für Tonhöhen- und Klangparameter seines Sackbut-Instruments (vgl. S. 89) durch grafische Kurven auf einer Papierrolle entwickelt hatte (vgl. S. 93 ff.). 1962/63 war das erste Synthesizermodell von Donald Buchla, Series 100, bereits mit zwei Sequenzern ausgestattet, die variable Steuerspannungen produzieren konnten. Auch Robert Moog versah schließlich seine Modularsysteme mit einem analogen Sequenzer.

Je nach konstruktiver Auslegung differiert die Anzahl der zur Verfügung stehenden Schritte etwa zwischen 8 und 24. Diese Schritte, deren Spannungswerte durch Potentiometereinstellung einzeln programmierbar sind, können auf verschiedene Arten miteinander verknüpft werden. Entweder erfolgt ein durch einen externen Triggerimpuls ausgelöster einmaliger Durchlauf aller Spannungsschritte, oder der Sequenzerablauf bildet eine Schleife. In diesem Fall beginnt er, nach Ablauf der programmierten Schrittfolge automatisch diese Folge erneut zu durchlaufen. Oft werden auch mehrere Schrittfolgen simultan verwendet, um verschiedene Tonparameter gleichzeitig zu kontrollieren. Die Ablaufgeschwindigkeit wird von einem Taktgenerator (engl. *clock*) gesteuert, der in komfortableren Modellen ebenfalls spannungsgesteuert ist. Die sonst jeweils gleich lange Abtastung der einzelnen Spannungswerte kann durch das Anlegen externer Steuerspannungen zeitlich variiert werden.

Während im Fall von Einzeldurchlauf und Schleifenbetrieb der Sequenzer neben Steuerspannungen auch jeweils ein dazugehöriges Trigger-Signal liefert, kann der Sequenzerablauf auch durch externe Trigger-Signale gesteuert werden. Diese »Step-by-Step« genannte Betriebsart, in welcher der analoge Sequenzer bei jedem externen Trigger-Impuls jeweils einen Schritt weiter schaltet, ist Bedingung dafür, daß analoge Sequenzer auch mit anderen Sequenzern, Drum-Computern, Taktspuren von Tonbandgeräten usw. synchronisiert werden können.

Hauptanwendungsgebiet für Sequenzer ist die VCO-Steuerung, die den automatischen Ablauf von Melodiefolgen ermöglicht. In diesem Fall schränkt die relativ begrenzte Schrittanzahl den Anwendungsbereich doch erheblich ein. Nur allzuoft hat das monotone Abspulen banaler Melodiefetzen elektronische Rockmusik in Mißkredit gebracht. Dabei sind Sequenzer bedeutend vielseitiger einsetzbar. Bereits durch die Steuerung der Pulsbreite einer Rechteckschwingung (vgl. S. 167) lassen sich äußerst diffizile Klangänderungen mit hoher Präzision programmieren. Gezielte Klangänderungen sind auch durch die Beeinflussung der Cut-off-Frequenz des VCF durch einen Sequenzer möglich: Entweder ändert man mit jedem Tastendruck automatisch die Klangfarbe (Sequenzer in Step-by-Step-Betrieb, Trigger-Signal vom Keyboard), oder man verwendet den Sequenzer als komfortablen Hüllkurvengenerator (vgl. S. 162), für den auch diffizile Hüllkurvenverläufe für Cutoff-Frequenz oder Lautstärke kein Problem sind, da hier mehr Steuerparameter als bei einem einfachen Hüllkurvengenerator zur Verfügung stehen.

Bemerkenswert ist auch ein Effekt, der durch allmähliches Erhöhen der Ablaufgeschwindigkeit des Sequenzers entsteht. Aus den Einzelereignissen entwickeln sich plötzlich neue, meist sehr komplexe Klanggebilde. Analoge Sequenzer sind besonders in modularen Synthesizer-Systemen vielseitig einsetzbar, da sie praktisch jeden Vorgang, der von einer Steuerspannung beeinflußt wird, präzise kontrollieren können. Nachteilig ist ihre geringe Schrittanzahl und die besonders bei VCO-Steuerung recht strapaziöse Programmierungsart, da die Feinstimmung der einzelnen Tonhöhen mit Potentiometern viel Fingerspitzengefühl erfordert und obendrein noch temperaturabhängig ist. Digitale Sequenzer schaffen in diesen Kritikpunkten Abhilfe.

Analoge Synthesizer lassen sich auch von digitalen Sequenzern steuern. Die ersten digitalen Steuergeräte wurden 1971 von David Cockerell und Peter Zinovieff für den Synthi 100 der britischen Firma EMS entwickelt. Es folgten 1972 Entwicklungen von Thomas Oberheim (DS-2) und, im kanadischen Vancouver, von Ralph Dyck, der durch seine Arbeiten die Anregung für den ersten mikroprozessorgesteuerten Sequenzer gab, der acht unabhängige Steuerspannungen gleichzeitig erzeugen konnte, den legendären Roland Micro Composer MC-8. Während die ersten digitalen Sequenzer bereits mit dreistelligen Schrittzahlen aufwarteten (etwa zwischen 250 und 1000) und als technischer Durchbruch galten, stellt heute die Schrittanzahl praktisch kein Problem mehr dar. Entsprechende Geräte fassen ohne weiteres fünf- und sechsstellige Schrittfolgen. Ursache dieser drastischen Entwicklung ist die Tatsache, daß digitale Sequenzer durch Mikroprozessoren gesteuert werden, selbst also kleine und oft auch größere Computer sind.

Während sich die ersten digitalen Sequenzer durch eine hybride Konstruktionsweise auszeichneten, womit gemeint ist, daß die digitale Steuerung der Produktion analoger Steuerspannungen diente, kommunizierten Sequenzer und Synthesizer schon bald auf ausschließlich digitale Weise miteinander. Zunächst gab es allerlei individuelle Lösungen einzelner Firmen, wie den Oberheim-Sequenzer DSX, der ausschließlich den Oberheim-Synthesizer OB-8 steuern konnte, das Roland Digital Communication Bus-System (DCB) für die Steuerung des Jupiter-8 Synthesizers sowie – ohne Zweifel das technische Highlight der Vor-MIDI-Ära – eine grafische Eingabemöglichkeit für Noten am Bildschirm für sechs interne Stimmen des Buchla Series 400-Synthesizers. Zu Beginn der achtziger Jahre brachte die Einführung der MIDI-Spezifikation den Durchbruch bei der digitalen Kombination von Sequenzern und Klangerzeugern verschiedener Hersteller miteinander.

Man unterscheidet hier zwischen Hardware- und Software-Sequenzern. Im ersten Fall ist ein Computer speziell für Sequenzeraufgaben programmiert und in ein diesem Verwendungszweck angemessenes Gehäuse eingebaut. Für andere Aufgaben kann der dort eingebaute Computer nicht mehr verwendet werden.

Der Software-Sequenzer existiert in Form von Sequenzerprogrammen für jeweils verschiedene Computertypen. Diese Programme verwandeln den sonst universell einsetzbaren Computer in einen höchst leistungsfähigen Sequenzer, wobei seine genaue Leistungsfähigkeit vom verwendeten Computertyp und der Qualität der Software bestimmt wird. Ein großer Vorteil ist, daß der Computer anschließend mit anderen Programmen wieder neue Aufgaben übernehmen kann. Auch die Möglichkeiten von Programm-Updates, der Weiterentwicklung von Programmen, sind hier einfacher als bei Hardware-Sequenzern zu nutzen. In

Live-Situationen allerdings, in denen einfaches und schnelles Abrufen von zuvor Gespeichertem im Mittelpunkt steht, sind wiederum die Hardware-Sequenzer im Vorteil. Sie kommen ohne Bildschirm aus und sind durch die feste Kombination von Bedienungsfunktionen und dazugehörigen Tasten und Schaltern in kritischen Situationen problemloser zu handhaben.

Vergleicht man diese digitalen Geräte mit ihren analogen Kollegen, so hat sich nicht nur die Speicherkapazität bedeutend erweitert, sondern auch die Handhabung umfassend gewandelt. Der digitale Sequenzer steuert über entsprechende Kabelverbindungen einen oder auch mehrere Syn-

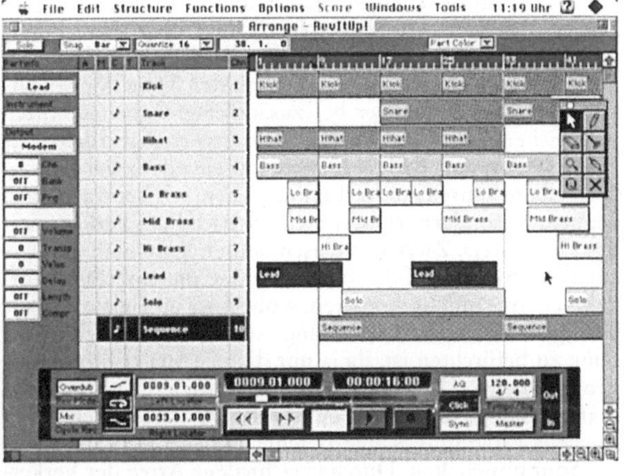

Abb. 25 Software-Sequenzer, wie »Cubase« der Firma Steinberg, steuern nicht mehr nur MIDI-Daten aller Art, sondern beinhalten auch Fähigkeiten zum Notendruck und zur Bearbeitung von Audio-Signalen im Computer.

thesizer. Die »Verständigung« zwischen Sequenzerprogramm im Computer und Synthesizer erfolgt dabei nicht mehr durch Trigger-Signale und Steuerspannungen, sondern über digitale Signalfolgen, für die sich die MIDI-Norm durchgesetzt hat.

Grundsätzlich sind bei Geräten dieser Art zwei Betriebsarten möglich: Entweder man programmiert den Sequenzer schrittweise, indem man die Parameter für Tonhöhe, Tondauer, Dynamik usw. einzeln über die Computertastatur eingibt (Step-by-Step-Modus), oder – und das ist ein qualitativer Sprung – man spielt auf dem Synthesizerkeyboard die betreffende Passage ein, die dann im Sequenzer ähnlich einem Tonbandgerät gespeichert wird (Real-time-Modus). Darüber hinaus kann man die eingespielten Töne als Noten auf dem Monitor sehen, verändern und ausdrucken, vorausgesetzt, der Software-Sequenzer verfügt über diese Funktionen, was mittlerweile bei nahezu allen Typen der Fall ist.

Die eingespielten oder programmierten Töne können anschließend im Sequenzer bei zusätzlichen Arbeitsschritten weitreichenden Modifikationen unterworfen werden. Das Praktische ist nun, daß meist nicht nur ein oder zwei derartig bespielbare Spuren zur Verfügung stehen, wie beim analogen Sequenzer, sondern 64 oder mehr, je nach Speicherkapazität des Computers. Zwischen diesen Spuren kann man nun wie auf einer Mehrkanal-Tonbandmaschine die einzelnen Aufnahmen hin- und herkopieren, wobei hier im Gegensatz zur analogen Tonbandaufzeichnung keinerlei klangliche Einbuße zu befürchten ist, da ja nur digitale Steuerinformationen und keine Klangsignale kopiert werden. Die Klangprogramme der angeschlossenen Synthesizer lassen sich durch spezielle Program-Change-Befehle an beliebigen Stellen einer Spur umschalten. Durch verschiedene Arten der Verkettung einzelner Musik-Sequenzen, die programmiert oder live eingespielt worden sind, lassen sich nun im Sequenzer ganze Songs zusammenstellen, das klangliche Ergebnis sofort überprüfen und gegebenenfalls korrigieren, alles in allem ein ideales Komponierwerkzeug also. Dazu erforderlich sind allerdings eine entsprechende Anzahl von MIDI-Klangerzeugern, um die digitalen Informationen der einzelnen Sequenzerspuren auch in Klang umzusetzen.

Vergleicht man die aufgezählten Varianten von digitalen und analogen Sequenzern, so wird der gewaltige qualitative Sprung deutlich. Tatsache ist aber auch, daß die unmittelbare Verbindung zur Klangerzeugung dadurch geringer geworden ist. An Stelle direkter Variation der einzelnen klanglichen Parameter durch analoge Manipulationsmethoden tritt mehr und mehr die Arbeit mit den programmier- und variierbaren Performance-Daten, d. h. Daten, welche die Anordnung der Klangsteuerungssignale auf dem Keyboard betreffen, sowie die registerartige Umschaltung zwischen den einzelnen Klangprogrammen selbst. Die Variation klanglicher Parameter wird damit nur noch indirekt über das Abrufen entsprechend variierter Klang-Programmanordnungen möglich.

Analoge Synthesizerarten

Die Artenvielfalt unter analogen Synthesizern ist enorm und von der Vielfalt ihrer Anwendungsgebiete geprägt, doch lassen sich bei genauerer Betrachtung eine Reihe von Grundtypen unterscheiden. Bis zum Beginn der achtziger Jahre etwa machten den zahlenmäßig größten Anteil Kompakt-Synthesizer aus. Die üblichen Baugruppen analoger Klangerzeugung dieser monophon spielbaren Instrumente waren alle in einem Gehäuse untergebracht und entsprechend ihrer hauptsächlichen Verwendung fest miteinander verkabelt. Die einzelnen Module konnten frei miteinander verbunden werden, in Abhängigkeit von diesen Vorverbindungen selbstverständlich. Die Modelle unterschieden sich vor allem im Grad der Ausstattung, wobei häufig – zur universelleren Verwendung – Baugruppen mehrfach vorhanden waren. Doch so reizvoll die Möglichkeit der freien Programmierung bei der Suche nach neuen Klängen auch sein mag, auf der Bühne erweist sie sich als zeitraubende und riskante Arbeit, da schon ein einziges übersehenes Potentiometer jeden anderen als den gewünschten Klang entstehen lassen kann.

In dieser Hinsicht Abhilfe zu schaffen, war lange sogenannten Preset-Synthesizern vorbehalten. Auf ihnen konnte man per Knopfdruck eine bestimmte, vom Gerätetyp abhängige Anzahl von fest programmierten Klangfarben, die Presets, abrufen, die zumeist mechanischen Musikinstrumenten nachempfunden waren. Der Vorteil dieser Bauart lag in einer kurzen Zugriffszeit der programmierten Klänge, die Beeinflussungsmöglichkeiten der verschiedenen Klangparameter dagegen beschränkten sich auf ein Mindestmaß. An Bedeutung haben Preset-Synthesizer durch die Entwicklung der Digitaltechnik verloren, mit deren Hilfe es nunmehr möglich ist, auch selbst Presets zu programmieren, oder anders ausgedrückt: frei programmierte Klänge im digitalen Speicher des Synthesizers abzulegen.

Zur gezielten Suche nach neuen Klängen und zur Erzeugung komplexer Klangereignisse reichten jedoch Preset- und Kompakt-Synthesizer meist nicht aus. Hier traten die Modularsysteme auf den Plan. Instrumente dieser Art arbeiteten nach dem Baukastenprinzip, d. h., der Benutzer hatte selbst die Möglichkeit, Art und Anzahl der Verbindungswege zwischen den Modulen zu bestimmen.

War mehrstimmiges Synthesizerspiel bis dahin meist nur durch das intervallische Stimmen mehrerer Oszillatoren möglich, so wurden seit Ende der siebziger Jahre immer mehr polyphon spielbare Instrumente hergestellt. Voraussetzung dafür waren in erster Linie technologische Neuerungen; die nunmehr massenhafte Produktion von elektronischen Schaltkreisen mit hoher Integrationsdichte, speziell aber von Mikroprozessoren, dürfte die entscheidende Rolle gespielt haben. Reichten die ersten polyphonen Modelle in den klanglichen Möglichkeiten kaum an ihre monophonen Kollegen heran, so wurden sie nach und nach in klanglicher und bedienungstechnischer Hinsicht vollständig auf Musikerbedürfnisse zugeschnitten.

Ein Übergangsstadium auf diesem Weg markierten sogenannte pseudopolyphone Synthesizer, bei denen von einem Masteroszillator durch Frequenzteilung alle weiteren Töne abgeleitet wurden, wie bei elektronischen Orgeln.

Echte polyphone Synthesizer müßten für jede ihrer Keyboardtasten im Prinzip einen eigenen kleinen Synthesizer mit VCO, VCF und VCA besitzen. Obwohl dieser enorme Konstruktionsaufwand von der Firma Korg sogar geleistet wurde (PS 3300), erwies es sich als ökonomisch sinnvoller, »begrenzt« polyphon spielbare Instrumente herzustellen, die, im Gegensatz zu vollpolyphonen Instrumenten, nur über vier, fünf, sechs oder mehr gleichzeitig spielbare Stimmen verfügen. Damit konnte man endlich auch Akkorde auf einem Synthesizer greifen und war nicht länger auf Sololinien und Chorusspiel beschränkt. Die begrenzte Stimmenanzahl stellte einen Kompromiß zwischen dem polyphonen Spielwunsch vieler Musiker und dem technischen Aufwand bei der Konstruktion, und damit auch dem Preis, dar. Es entstand ein Synthesizertyp, der im Aufbau weitgehend den Kompakt-Synthesizern entsprach, ergänzt durch polyphone Spielmöglichkeiten und zunehmend auch die Speicherfähigkeit für selbst erstellte Klangfarben.

Im Innenleben dieser analogen Synthesizer begann sich mehr und mehr die Digitaltechnik auszubreiten. War es zunächst die Abspeicherung der eigenen Klänge im Synthesizer, bei der sie ihre Leistungskraft bewies, so folgte bald die digitale Kontrolle der Oszillatoren (DCOs), um schließlich analoge Klangerzeugungstechniken nur noch per Computersoftware für den Benutzer zu simulieren.

Elektronische Klangerzeugung und musikalische Konzeptionen

Die amerikanische Music for Tape und der erste Synthesizer

Die Entwicklung der Musik Westeuropas in den fünfziger Jahren war wesentlich vom Bemühen um eine möglichst genaue Bestimmung jedes einzelnen Klangparameters beherrscht. Man arbeitete an der perfekten, mit Hilfe mathematischer Methoden total durchorganisierten und alle musikalischen Konstanten erfassenden Komposition, mußte jedoch bald einsehen, daß in konsequent seriell komponierten Stücken die Ordnungsprinzipien in der Regel nicht die in sie gesetzten Erwartungen erfüllten. Was man hörte, war eine mehr oder minder ausgeprägte »Unordnung«.

In diesem Fall der Verwandlung einer angestrebten totalen Ordnung in das offensichtliche Chaos ähnelte das Ergebnis des seriellen kompositorischen Verfahrens einem Klangbild mit völlig entgegengesetzten Prämissen: der amerikanischen experimentellen Musik. Von asiatischer Philosophie ausgehend, hatte die übermächtige Vaterfigur dieser Musik, John Cage, ein Konzept entwickelt, das Zufallsoperationen als Basis für kompositorische Entscheidungen heranzog. Diese unserem traditionellen europäischen Musikverständnis auf den ersten Blick absurd anmutende Handlungsweise resultierte aus einer prinzipiell anderen Sicht musikalischer Prozesse. Eine Komposition, sagte Cage, sollte frei sein vom individuellen Geschmack ihres Produzenten, frei von Tradition und Erinnerung. Es sei nicht Aufgabe des Menschen, den Klang unter seine Kontrolle zu bringen; vielmehr habe er ihn in seiner Freiheit zu belassen.

Wie im menschlichen Zusammenleben dürfe es in der Musik nicht um Unterwerfung gehen, sondern um eine Einordnung in bestehende Zusammenhänge. In Musik und Leben gleichermaßen sei es Aufgabe des wahrnehmenden Individuums, selbst herauszufinden, was schön und bedeutsam ist. Aus diesem Grund finden sich in Cages Musikkonzeption keine herkömmlich »komponierten« Strukturen. Er reduzierte die Klassifikation musikalischen Materials auf seine wesentlichen Eigenschaften, nämlich auf Klang und Stille. Komponieren heißt bei Cage vor allem die Gestaltung dieser beiden Parameter, deren Anordnung nach Zufallsprinzipien er oft akribisch, mit mathematischer Genauigkeit konzipierte. Da solcherart keine traditionelle Struktur existiert, entfällt auch das Problem des »Verstehens« von Musik. Wichtig ist, was der Zuhörer mit den Klangangeboten anfangen kann, inwieweit er in der Lage ist, sie überhaupt als solche wahrzunehmen. Es fällt auf, daß mit beiden Methoden, der seriellen und der durch Zufallsoperationen bestimmten, sogenannten aleatorischen, zu jener Zeit die gleichen Klangbilder produziert wurden.

In den USA begann Ende der vierziger Jahre diese Entwicklung, die in Dimension und Auswirkung mit den europäischen Entwicklungen in Paris und Köln, der Musique concrète und der elektronischen Musik, vergleichbar ist. Zentrum waren die Universitäten Columbia in New York und Princeton in New Jersey, genauer, ihr gemeinsames Electronic Music Center, an dem die Komponisten Vladimir Ussachevsky (1911–1990) und Otto Luening (1900–1996) Studenten in einer speziellen Art des Umgangs mit auf Tonband aufgezeichneten Klängen unterrichteten. Sie waren über einen großen Teil der in Europa entwickelten elektronischen Spielinstrumente informiert und von ihrer großen Beweglichkeit bei der Klangerzeugung begeistert, bemängelten jedoch, daß sie vornehmlich zur Imitation von Orchesterinstrumenten gebaut und genutzt wurden.[119] Die Auseinandersetzung mit elektronischen Klangerzeugern der vorangegangenen Jahrzehnte veränderte ihren Blick auf neuere Klangerzeuger und Klangspeichermedien: Die große Beweglichkeit elektronischer Spielinstrumente fand Ussachevsky beim Tonbandgerät wieder, das sowohl schöpferisches als auch ausführendes Instrument sein kann. In den Händen eines geschickten Komponisten ist es, wie ein beliebiges traditionelles Instrument, in der Lage, den Erfordernissen der schöpferischen Vorstellungskraft zu entsprechen. Ussachevsky reizte vor allem der große Unterschied zur traditionellen Notation und Ausführung: Es hält absolut alles, was erzeugt wurde, fest.[120]

Die technischen Bedingungen für diese Studien waren günstig. Seit Anfang der fünfziger Jahre standen in den USA Tonbandgeräte auch Ausbildungseinrichtungen und Privatleuten zur Verfügung. Tonbandgeräte mit magnetischer Aufzeichnung verkörperten zu dieser Zeit den Höhepunkt der Schallspeicherungstechnologie. Begonnen hatte diese folgenreiche Entwicklung lange zuvor, 1877, mit dem legendären »Phonographen« von Thomas Alva Edison. Der Erfinder sang ein Lied (»Mary had a little lamb«) in einen Trichter und konservierte dabei die Auslenkungen der an einer vibrierenden Membran befestigten Nadel auf der Stannioloberfläche eines mit der Hand gedrehten Metallzylinders. Das sogenannte Nadeltonverfahren zur Schallaufzeichnung, die Schallplatte, war gefunden. Es hat erst mit dem Siegeszug der digitalen Speicherung in Form von Compact Discs Ende der achtziger Jahre seine Bedeutung verloren, allerdings überraschend schnell.

Die Geschichte der magnetischen Schallaufzeichnung dagegen begann im Jahr 1900, als das »Telegraphon« des dänischen Ingenieurs Valdemar Poulsen (1869–1942) auf der Pariser Weltausstellung mit einer Goldmedaille ausgezeichnet wurde. Es war das erste funktionsfähige Magnettongerät der Welt. Zur Tonaufzeichnung wurde ein Draht an einem Tonkopf entlanggeführt. Dieser Tonkopf bestand aus einem Elektromagneten, der die Stärke seines magnetischen Feldes in Abhängigkeit von der anliegenden Tonfrequenz änderte. Der vorbeilaufende Draht wurde so entsprechend der Tonfrequenz magnetisiert. Die Wiedergabe erfolgte durch das Vorbeiführen des magnetisierten Drahts an einem Tonkopf, in dem nun – in umgekehrter Weise – eine Spannung induziert wurde, die von der Magnetisierung des Drahtes abhängig war. Bei Poulsen wurden die Schallsignale auf einen 100 Meter langen Stahldraht von einem Millimeter Durchmesser aufgezeichnet, was zu einer maximalen Aufzeichnungsdauer von 50 Sekunden führte. Es folgten rasch zahlreiche technische Verbesserungen. Zunächst wurde der Stahldraht durch ein Stahlband ersetzt, das 3 Millimeter breit, aber nur noch 0,05 Millimeter dick war und sich nicht mehr auf einem Zylinder, wie zuvor, sondern auf separaten Spulen befand. Mit dieser Technik erreichte das Magnetband-Laufwerk der Berliner Firma Mix & Genest bereits eine Spieldauer von 18 Minuten. Trotz dieser Erfolge bot sich zunächst keine Möglichkeit der kommerziellen Nutzung, weil damals für die favorisierte Verwendung zur Aufzeichnung von Telefongesprächen oder als Diktiergerät die technischen Zusatzgeräte in Form von Verstärkern und Lautsprechern fehlten. Neue Impulse gingen seit 1905 von den ersten Elektronenröhren und dann vor allem von der sich ab 1920 rasant entwickelnden Rundfunktechnik aus. Die ersten kommerziell produzierten Magnetton-Geräte wurden in den zwanziger Jahren in Berlin hergestellt. Sie waren zunächst für Diktierzwecke, später auch für die Synchronisation von Film und Ton gedacht. Die Klangqualität war vergleichsweise bescheiden. So verfügte beispielsweise das von der Berliner Ferdinand Schuchardt AG Ende der zwanziger Jahre hergestellte Diktiergerät »Dailygraph« über einen Dynamikumfang von 30 dB und einen Frequenzgang von 250 bis 3000 Hz.[121] Alle bis dahin produzierten Geräte waren aus Qualitätsgründen meist nur für die Sprachaufzeichnung geeignet. Das änderte sich erst 1935, als die C. Lorenz AG erstmals eine sogenannte

»Stahlton-Bandmaschine« auf den Markt brachte, die durch ihre großen Spulen neuzeitlichen Tonbandgeräten schon sehr ähnlich sah und ausdrücklich für die Musikwiedergabe entwickelt war. Die deutsche und die schweizerische Rundfunkgesellschaft erwarben einige Exemplare dieses Modells.

Bei den Forschungen zur Erhöhung der Aufzeichnungsqualität durch neuartige Informationsträger gelang dem in Dresden lebenden österreichischen Ingenieur Fritz Pfleumer der Durchbruch. 1928 erhielt er ein Deutsches Reichs-Patent für die Erfindung des »Lautschriftträgers«, wie er das erste funktionsfähige Magnetband nannte. Pfleumer konstruierte gleich das passende Laufwerk dazu und schaffte es schließlich 1932, die Firma AEG von den Vorteilen seiner Erfindung gegenüber der Stahldrahtaufzeichnung zu überzeugen. Zu den Stärken seines Magnetbandes, das zunächst aus einem mit Eisenpulver beschichteten Papierstreifen bestand, gehörte neben geringerem Gewicht und Preis vor allem die bis dahin unvorstellbare Möglichkeit der Bearbeitung des Bandes durch Schneiden und Kleben. Die Firma AEG begann daraufhin mit der Entwicklung von Magnetbandgeräten. Die Forschungen zur Herstellung des eigentlichen Bandmaterials, die man vor allem als chemisches Problem einstufte, übertrug AEG im Herbst 1932 der Badischen Anilin- und Sodafabrik (BASF) in Ludwigshafen, die damals Teil des IG Farben-Konzerns war. Das von Pfleumer verwendete Trägermaterial Papier wurde hier sehr bald durch Zelluloid ersetzt.

Ein besonderer Fall war die Präsentation des ersten AEG-Magnetbandgerätes; es sollte auf der Berliner Funkausstellung 1934 gezeigt werden. Doch einen Tag vor Beginn der Ausstellung mußte die Firma es zurückziehen, weil die mechanische Konstruktion des Laufwerkes mit nur einem Motor ständig Bandrisse verursachte, man also bei der Vorführung des bereits vollmundig angekündigten Gerätes eine öffentliche Blamage zu befürchten hatte. Ein Jahr später präsentierte AEG dafür auf der Großen Deutschen

Rundfunkausstellung 1935 in Berlin gleich zwei völlig neu konstruierte Geräte, eine »Magnetophon K 1« genannte mobile Kofferanlage sowie eine stationäre Truhe FT 1 mit Fernbedienungsmöglichkeit, die zu den umjubelten Sensationen der Ausstellung gehörten. Wiederum ein Jahr später begann bei AEG mit dem Typ K 2 die Serienfertigung von Magnetophonen. Die Ablösung von Stahldraht durch Magnetband als Informationsträger war damit vollzogen.

Tests der deutschen Reichsrundfunk-Gesellschaft führten zu dem Ergebnis, daß die AEG-Magnetophone bei der Sprachaufzeichnung zwar eine Alternative zu den bis dahin praktizierten mechanischen Speichertechniken auf Wachsplatten oder Schallfolien darstellten, für Musikaufnahmen jedoch nach wie vor nicht verwendbar waren. Dennoch wurden ab 1938 schrittweise sämtliche Studios der Reichsrundfunk-Gesellschaft mit AEG-Magnetophonen ausgerüstet. Sie verfügten mittlerweile über eine Dynamik von 40 dB, einen Klirrfaktor um die 10 % und konnten Frequenzen bis 5 kHz aufzeichnen.

Technische Verbesserungen der Folgezeit betrafen vor allem die Beschichtung des Bandmaterials sowie die Reduzierung von Volumen und Gewicht der Bandmaschinen, um den mobilen Einsatz zu erleichtern. Aus dem von AEG für den Rundfunk entwickelten transportablen Bandgerät R 23 wurde 1939 mit Kriegsbeginn der »Tonschreiber«, der nun vor allem für militärische Zwecke eingesetzt wurde. Um 1940 führten Walter Weber und Hans Joachim von Braunmühl die Hochfrequenz-Vormagnetisierung ein und verbesserten damit die Klangqualität erheblich. Die Dynamik stieg auf 60 dB, der Klirrfaktor lag nun bei nur noch 2 % und der aufnehmbare Frequenzbereich verdoppelte sich gar auf 10 kHz. Die Firma AEG erwarb die Patentrechte und erreichte damit bei der Klangqualität ihrer Magnetophone einen gewaltigen Fortschritt: Jetzt waren sie auch für Musikaufnahmen geeignet. Rundfunk, Tonfilm und Schallplattenstudios interessierten sich brennend für die neue Technik. Als im April 1941 die Fertigung aller nicht kriegswichtigen Gegenstände verboten wurde, fiel die Produktion von Magnetophonen nicht darunter, da ihre militärische Einsatzfähigkeit außer Frage stand. So gingen Forschung und Produktion in den AEG-Labors weiter. Vorläufiger Höhepunkt war die Konstruktion eines Stereo-Magnetophons im Jahr 1943 durch Walter Weber, mit dem damals Hunderte von Stereo-Aufnahmen gemacht wurden, die, soweit vorhanden, eine beeindruckende Klangqualität aufweisen.[122]

In den USA gab es erst ab 1930 verstärkte Anstrengungen im Bereich der magnetischen Schallaufzeichnung. Die Bell Telephone Laboratories nahmen sich der Sache mit dem Ziel an, damit sogenannte Telefon-Recorder zu entwickeln. Das waren Geräte zur selbständigen Aufzeichnung von Telefongesprächen, eine Vorform späterer Anrufbeantworter. Man experimentierte mit legiertem Stahlband als Informationsträger und erreichte damit eine Wiedergabequalität, die über der des Edisonschen Phonographen gelegen haben soll. Anfang 1934 hatten die Bell Laboratories einen voll funktionsfähigen magnetischen Anrufbeantworter konstruiert, der jedoch trotz seiner hervorragenden technischen Qualitäten nicht in Serie gebaut wurde, ja, die Bell Telephone Laboratories verzögerten alle praktischen Anwendungen ihrer zukunftsweisenden Forschungsergebnisse bis Anfang der fünfziger Jahre. Dafür waren, wie durch Aufzeichnungen von Mitarbeitern belegt ist[123], zwei Gründe ausschlaggebend: Man fürchtete, daß durch die Aufzeichnungsmöglichkeit das Telefongespräch den privaten Charakter einer flüchtigen Unterhaltung zwischen zwei Personen ohne Zeugen verlieren und damit die Attraktivität des Telefonierens insgesamt leiden würde. Der Anteil der illegalen oder ›amoralischen‹ Gespräche wurde damals auf ein Drittel aller Telefonate (!) geschätzt, und selbstverständlich hätte jede Minderung des Gesprächsaufkommens für die

Telefon-Gesellschaften beträchtliche Gewinneinbußen bedeutet. Nicht zuletzt wäre das grundsätzliche Vertrauen in die technische Einrichtung Telefon und seine Zukunft erschüttert worden. Andere Nutzungen, etwa in Rundfunkstudios, hätten den Verlust nicht auffangen können, denn dort spielte man vor allem Schallplatten ab.

So wurden für kleinere amerikanische Firmen die in Deutschland gemachten Erfindungen zum Orientierungspunkt der weiteren Entwicklung. Marvin Camras entwikkelte mit seiner Firma Armour Research Foundation Ende der dreißiger Jahre eine magnetische Aufzeichnungsmaschine, die zwar noch mit Stahldraht als Informationsträger arbeitete, aber schon mit Hochfrequenz-Vormagnetisierung ausgestattet war und damit befriedigende Klangqualität erreichte. Die amerikanischen Streitkräfte erwarben bei Kriegseintritt der USA Ende 1941 über 5000 magnetische Aufzeichnungsmaschinen dieser Bauart. Ihre Hauptaufgabe war die Dokumentation des Funkverkehrs zwischen Flugzeugpilot und Bodenstation. Für diesen neuen Markt begannen auch die Bell Telephone Laboratories ihre magnetischen Aufzeichnungsgeräte zu modifizieren. Und da die amerikanische Regierung Forschungsaufträge zur technologischen Weiterentwicklung der magnetischen Schallaufzeichnung vergab, beteiligten sich auch zahlreiche Firmen und Forschungsinstitute daran. Es kam zu einer Flut von technischen Neuerungen, die mit den fortgeschrittenen Entwicklungen aus Deutschland kombiniert wurden. Nach dem Zweiten Weltkrieg verschob sich der Absatzmarkt in Richtung Industrie und private Haushalte. Viele amerikanische Universitäten, selbst High Schools richteten sich eigene Tonstudios ein. Zu einer schöpferischen Verwendung dieser Geräte, die über Aufnahme und Wiedergabe von Live-Musik oder Radioprogrammen hinausgegangen wäre, kam es jedoch sehr selten.

Die Entstehung dessen, was später »Music for Tape« genannt wurde, die Verwendung des Tonbandes als schöpferisches Mittel des musikalischen Ausdrucks, erfolgte in anderen Etappen.

Erste bekanntgewordene Studien stammen von Louis Barron (1920–1989) und Bébé Barron (1927–2008), einem New Yorker Ehepaar, beide ausgebildete Ingenieure und Betreiber eines professionellen Aufnahmestudios in New York, das sie 1962 nach Los Angeles verlagerten; Louis Barron hatte Klavier und Komposition, u. a. bei Henry Cowell, studiert. Seit 1948 befaßten sie sich intensiv mit den Möglichkeiten des Tonbandes zur Musikproduktion, wobei sie auch Plattenspieler und Generatoren mit Sinus- und Rechteckschwingungen zur Klangerzeugung benutzten. Ihre eigentliche Leidenschaft galt der Konstruktion sogenannter kybernetischer Klangmaschinen. Darunter verstanden sie Geräte, die von selbst in der Lage waren, Tonfolgen hervorzubringen und zugleich auf Reize der Außenwelt, wie Licht und Temperatur, mit Modifikationen der Tonanordnungen zu reagieren. Sie sprachen von einem »elektronischen Nervensystem«, das selbst Emotionen auslösen und über die verschiedenen Klangbilder mit den Emotionen der Hörer in Kontakt treten könne.

Als bevorzugtes Nutzungsfeld bot sich die Produktion von Filmmusiken an, in die sich von jeher elektronische Klänge, z. B. für die Charakterisierung des »Andersartigen« und »Unwirklichen«, einfügen ließen. Louis und Bébé Barron haben in ihrem Studio u. a. die Musik zu *The Bells of Atlantis* und *Jazz of Lights* realisiert, 1956 die erste elektronische Musik für einen kommerziellen ›Weltraum‹-Spielfilm: in *Forbidden Planet* (*Alarm im Weltall*) kämpfte eine Raumschiffbesatzung gegen die Dämonen der menschlichen Psyche, die jeweils akustisch durch eigene kybernetische Systeme charakterisiert wurden. Im Klangbild dominieren gestenreiche Glissandi mit feinfühligen Modulationsklängen aus elektronischen Wellenformen. Diese widerstehen nicht nur lautmalerischen Umsetzungen szenischer Ereignisse, sondern sind auch, rein musikalisch betrachtet, höchst bemerkenswert als überzeugende dramatische Klangwirkungen, die, aus heutiger Sicht, mit relativ einfachen elektronischen Mitteln erreicht wurden. Eigenständige Stücke der Barrons, wie *Heavenly Menagerie* von 1951, blieben gegenüber ihren filmmusikalischen Projekten die Ausnahme.

Im Studio Barron hat John Cage, der 1951 in New York gemeinsam mit den Komponisten Earle Brown, Morton Feldman, David Tudor und Christian Wolff das »Project of Music for Magnetic Tape« gegründet hatte, eine Reihe von Stücken realisiert. Grundlage war sein Musikkonzept der Unbestimmtheit, das er mit Mitteln der Magnetbandtechnik besonders konsequent verwirklichen wollte. Obwohl Cage bereits in früheren Stücken elektronische Klänge verwendet hatte, ist die 1952 entstandene *Imaginary Landscape No. 5* seine erste Tonbandkomposition. Sie besteht aus Klängen von 42 verschiedenen Jazz-Schallplatten, die, in Stücke verschiedener Länge zerteilt, durch ein Schema spezieller Zufallsoperationen neu zusammengefügt wurden. Auch *Williams Mix* entstand 1952 vornehmlich nach dieser Methode: Über 600 Tonbandaufnahmen musikalischen und nichtmusikalischen Inhalts, gewonnen aus Bandabfällen eines Studios, wurden in einem Klangkatalog nach ihrer Herkunft klassifiziert (A: Stadt; B: Land; C: Elektronik; D: manuell oder aus der Musikliteratur; E: vokal oder Blechblasinstrumente; F: schwache Töne, die verstärkt werden müssen). Dieses Material wurde nach einem präzisen Plan auf acht verschiedenen Tonbandspuren angeordnet. Als Grundlage für die jeweilige Anordnung von Dichte, Dauer, Klang und Pausen diente das *I-Ging*, das chinesische Buch der Wandlungen. Die Arbeit an diesem Stück beschäftigte Cage und den Komponisten Earle Brown, der ihn bei der praktischen Durchführung des Kompositionsplanes unterstützte, mehrere Monate.

Auch die anderen Mitglieder der Gruppe um Cage komponierten zu dieser Zeit nach dem Prinzip der Unbestimmtheit, wenn auch die Realisationsbedingungen von Komponist zu Komponist differierten. Bei Christian Wolffs *Magnetic Tape* waren alle verwendeten Klänge elektronischen Ursprungs. In Earle Browns *Octet No. 1* (1953) erfolgt die Anordnung der Klangquellen durch Regeln mathematischer Wahrscheinlichkeit. Morton Feldman kombinierte in *Marginal Intersections* (1951) das Tonband mit konventionellen Instrumenten. Die Übertragung des Konzeptes der Unbestimmtheit auf das Medium Magnetband stand etwa bis 1953 bei John Cage und den anderen Komponisten der Projektgruppe im Mittelpunkt des Interesses. Danach wurde das Konzept erweitert durch Einbeziehung der bildenden Künste, des Tanzes und lyrischer Texte.

Schließlich gab es in den USA noch eine dritte Gruppe, die mit magnetischer Schallaufzeichnung experimentierte, und sie gilt als die eigentliche Begründerin der amerikanischen Music for Tape; ihr gehören die Komponisten Vladimir Ussachevsky und Otto Luening an.

Ussachevsky, 1911 in China als Sohn eines russischen Offiziers geboren, verbrachte seine Kindheit in der mandschurischen Steppe, war aber, als er im Alter von 19 Jahren nach Kalifornien kam, bereits ein ausgebildeter Pianist und Improvisator mit einer Vorliebe für die romantische Musik des 19. Jahrhunderts.

Nach weiterem Studium und Militärdienst lehrte er von 1947 bis 1980 Komposition an der New Yorker Columbia University. Neben seinen elektronischen Studien komponierte er vor allem Chormusik, in der er Elemente der russisch-orthodoxen Tradition mit zeitgenössischen Kompositionstechniken verband.

Otto Luenings über 100 Werke umfassendes Schaffen war vielseitiger. Seine stilistische Spannweite reichte von traditioneller Tonalität bis zu polytonalen und atonalen Kompositionstechniken. Er schrieb viel Kammermusik, aber auch Vokalwerke und Orchesterkompositionen. Im Jahr 1900 in Milwaukee (Wisconsin) geboren und als Flö-

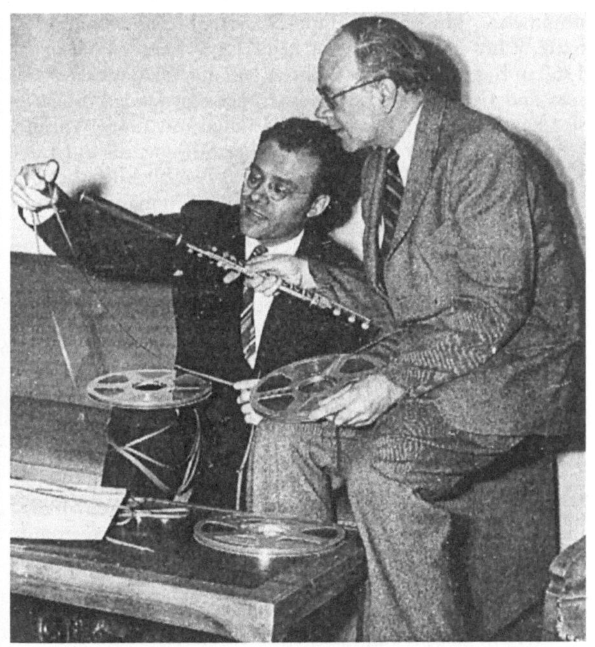

Abb. 26 Die Begründer der amerikanischen Music for Tape: Otto Luening (rechts) und Vladimir Ussachevsky.

tist, Operndirigent und Klavierbegleiter tätig,[124] hatte er erstmals im Alter von 18 Jahren als Student bei Ferruccio Busoni in Zürich von elektronischen Klängen gehört.

Nachdem Ussachevsky am 9. Mai 1952 im McMillin Theatre der Columbia University eine erste, von der Fachwelt mit ebenso viel Aufmerksamkeit wie Skepsis aufgenommene, Music for Tape-Demonstration veranstaltet hatte,[125] lud ihn Luening ein, seine Experimente im August 1952 in Bennington vorzuführen, wo die Vermont Composers and Chamber Music Conference stattfand. Ussachevsky zeigte dort eine Reihe von Studien mit Flöte, Violine, Klarinette, Klavier und menschlicher Stimme, die auf Luening eine starke Wirkung hatten. Augenblicklich begann auch er, lediglich mit einer Flöte, einem Tonbandgerät und einem Kopfhörer ausgestattet, seine erste Music for Tape-Komposition in Angriff zu nehmen.

Doch die praktischen und konzeptionellen Schwierigkeiten waren vielfältig. Beide Komponisten sahen schnell, daß die Möglichkeiten unendlich waren, und leiteten daraus die Notwendigkeit ab, sich zunächst über Material, Arbeitsmethoden und Zielvorstellungen Klarheit zu verschaffen. Man einigte sich darauf, nicht elektronische oder »konkrete«, sondern nur Töne von mechanischen Musikinstrumenten als Ausgangsmaterial zu verwenden. Als bevorzugte Arbeitsmethoden wurden Rückkopplung und Geschwindigkeitsvariation ins Auge gefaßt. Insbesondere Geschwindigkeitsvariationen im Verhältnis 2 : 1, d. h. in Oktaven auf- und abwärts, favorisierten Luening und Ussachevsky als musikalisches Gestaltungsmittel, da bei dieser Technik der Obertonaufbau des Ausgangsklanges bei zunehmender Tonhöhenveränderung exakt erhalten bleibt, wenn sich auch die Klangfarbe inklusive aller Ein- und Ausschwingvorgänge wandelt. Rückkopplungen ergeben sich, wenn Bandmaschinen mit getrenntem Aufnahme- und Wiedergabekopf kontrolliert akustisch »kurzgeschlossen« werden, d. h. ein Wiedergabesignal unmittelbar zur Aufnahme zurückgeführt, erneut wiedergegeben wird usw. Auf diese Weise lassen sich Tonverläufe gezielt verlängern und überlagern.

War schon die technische Ausstattung sehr bescheiden, so erwies sich auch die vor allem zur Verständigung der Komponisten untereinander notwendige schriftliche Fixierung der musikalischen Ideen und Abläufe als großes Problem.

Im Rückblick sagte Luening: »Die Mehrzahl dieser frühen Werke war improvisiert, doch bald schon entwickelten wir verschiedene Arten einer notationellen Kurzschrift.«[126]

Eine Einladung zur öffentlichen Präsentation ihrer neu entstandenen Stücke steigerte die Produktivität der Komponisten beträchtlich.

> Wir transportierten unsere Ausrüstung in Ussachevskys Auto zu Henry Cowells Haus in Woodstock (New York), wo wir zwei Wochen verbrachten. Mit einer geborgten transportablen Bandmaschine, einem überdimensionierten hölzernen Lautsprecher und einem durch einen alten Teppich abgedämpften Sound machten wir uns an die Arbeit. [...] Dieses primitive Studio brachten wir anschließend in Ussachevskys Wohnzimmer in New York City, wo wir an den Kompositionen weiterarbeiteten. Mit noch mehr geborgter Ausrüstung gaben wir unseren Stücken im Studio von Arturo Toscaninis Riverdale-Haus den letzten Schliff, unterstützt von dessen Tonmeister David Sarser.[127]

Unter der Schirmherrschaft der American Composers Alliance und der Broadcast Music, Inc., fand am 28. Oktober 1952 im New Yorker Museum of Modern Art unter der Leitung von Leopold Stokowski ein Konzert statt, in dem Music for Tape erstmals öffentlich präsentiert wurde. Das Konzert wurde durch einen New Yorker und einen Bostoner Rundfunksender übertragen.

Zu den präsentierten Werken gehörten Ussachevskys *Sonic Contours*, in dem aus Klaviertönen Klangmotive kombiniert und einander überlagert wurden, Luenings *Low Speed*, *Invention* und *Fantasy in Space*. Luening verwendete vor allem Flötentöne als Grundmaterial und knüpfte in den Gestaltungstechniken direkt an traditionelle Hörerfahrungen an. Bei den elektronischen Gestaltungsmitteln dominierten die Isolation von Ein- und Ausschwingvorgängen einzelner Klänge sowie extreme Geschwindigkeitsveränderungen aufgezeichneter Instrumentaltöne. Hinzu kam die Anwendung von Mehrkanal-Aufnahmetechnik durch mehrfaches Hin-und-her-Kopieren bearbeiteter Klänge (»Ping-Pong Recording«) und deren Verhallung.

Die Pressestimmen auf dieses Konzert waren durchweg enthusiastisch; Luciano Berio besprach es für die italienische Presse, und die Zeitschrift *Downbeat* prophezeite dieser Kompositionsweise einen Durchbruch im Bereich der Pop-Musik, womit sie sogar recht behalten sollte.[128]

Die Rundfunkübertragung machte Luening und Ussachevsky schlagartig einer größeren Öffentlichkeit bekannt. Es folgten Einladungen in US-Fernsehsendungen und ins Ausland, speziell nach Europa. 1953 veranstaltete Radiodiffusion Française in Paris ein Festival, bei dem ein eigener Programmschwerpunkt für »Tape Music« reserviert war. Sicher war es kein Zufall, daß diese erste europäische Einladung aus Paris kam. Sah sich die Musique concrète, die ab 1948 hier von Pierre Schaeffer entwickelt wurde, doch zu Beginn der fünfziger Jahre mit zunehmender Konkurrenz der »elektronischen Musik« aus Köln konfrontiert. Im direkten Vergleich stellten Luening und Ussachevsky jedoch fest, daß ihre Ziele und ihre Arbeitsweise sich erheblich von diesen europäischen Entwicklungen unterschieden. Ausgangspunkt war für sie der Wunsch nach erweiterten Ausdrucksmöglichkeiten bereits existierender Instrumente. Bei der systematischen Beschäftigung mit der Tonbandaufzeichnung von Instrumentalklängen waren es vor allem zwei Dinge, die sie faszinierten. Zum einen, daß auf Tonband aufgezeichnete Klänge in weiten Grenzen flexibel bearbeitet werden konnten, zum anderen, daß der Komponist selbst die Klänge unmittelbar formen konnte. Ihr Ziel aber war die Umwandlung der neuen Gestaltungsweisen in neue, mit speziellen Ausdruckswerten verknüpfte, musikalische Formen. Dabei sollte diese Musik, so formulierte es Luening, bisher unbekannte psychische Reaktionen hervorrufen und sich besonders an das Unbewußte wenden.[129] Charakteristisch für Ussachevskys und Luenings Gestaltungsweise war die genannte freiwillige Beschränkung des zur weiteren Bearbeitung mit dem Tonband fixierten Klangmaterials auf Töne traditioneller mechanischer Musikinstrumente sowie der menschlichen Stimme. Sie gingen davon aus, daß die große Bandbreite möglicher elektronischer Manipulationen die Herkunft des Klanges mehr und mehr in den Hintergrund treten ließe. Das Tonbandgerät würde so zu einer Art Soloinstrument. Die Methoden der Klangmanipulation unterschieden sich dabei nicht von denen normaler Tonstudios. Wichtigstes Gestaltungsmittel war die Veränderung der Bandgeschwindigkeit mit ihren Auswirkungen auf Tonhöhe, Zeitdauer und Klangfarbe der aufgezeichneten Töne; hinzu kam die anschließende Überlagerung mehrerer Klangspuren. Die Technik des Bandschnitts wurde dagegen nur äußerst selten verwendet. Beeinflußt wurde der Klang durch Filter und Equalizer, d. h. durch die Hervorhebung oder Unterdrückung ausgewählter Frequenzbereiche des Klanges. Ein wichtiges Gestaltungsmittel war von Anfang an die kontrollierte Hinzufügung von künstlichem Nachhall und Echoeffekten mit verschiedenen Intensitäten und Rückkopplungsanteilen. Eine systematische Anwendung dieser Techniken gestattete es beispielsweise, einzelne Klänge über den gesamten Hörbereich auszudehnen oder in Skalen mit beliebigen Intervallverhältnissen anzuordnen.

Es entstanden nicht nur Solostücke für Tonband, sondern auch für kombinierte Besetzungen, so die *Rhapsodic Variations for Tape Recorder and Orchestra* von Luening und Ussachevsky gemeinsam. Am 20. März 1954 vom Louisville Orchestra uraufgeführt, gelten sie als das erste Stück, in dem die Klänge von einem Tonband mit denen eines Sinfonieorchesters kombiniert wurden. Speziell für diesen Zweck entwickelten Luening und Ussachevsky ein Notationssystem, das dem Dirigenten die Verfolgung des Tonband-Parts ermöglicht und – mindestens ebenso bedeutsam

– vom US-Copyright Office, der amerikanischen Urheberrechtsorganisation, als Partitur anerkannt wurde.

Im Zentrum der Arbeit an den *Rhapsodic Variations* stand die Erweiterung des Klangspektrums konventioneller Orchesterinstrumente. Die elektronischen Klangbearbeitungen standen nie im Vordergrund. Sie wurden stets als zusätzliches musikalisches Gestaltungsmittel zur Erweiterung des expressiven Potentials der Musik eingesetzt. Dieses Anliegen stand vor allem bei Ussachevsky, dessen Auffassung stark von Einflüssen der russisch-orthodoxen Liturgie und der romantischen Musik geprägt wurde, im Mittelpunkt der kompositorischen Arbeit.

Alice Shields, eine Schülerin Ussachevskys, schildert dessen meist empirische Arbeitsweise als intensiv und leidenschaftlich um höchstmögliche musikalische Wirkungen bemüht. Ussachevsky habe regelrecht getanzt bei der Bedienung der Regler und Tonbandgeräte.[130] Man kann also von einem interaktiven Kompositionsprozeß sprechen, der die elektronische Klangbearbeitung einer sofortigen akustischen Kontrolle unterzog, um anschließend das Ergebnis erneut zu korrigieren bzw. zu modifizieren, bis es der angestrebten expressiven Wirkung möglichst nahekam.

Da es ihnen an praktischer Unterstützung fehlte, wandten sich die Komponisten 1955 an die Rockefeller Foundation. Sie verglichen den betrüblichen Stand der Forschung in den USA mit dem europäischen Standard und beklagten, daß es für tonbandorientierte Komponisten in diesem Land praktisch keine Stiftung, keine Institution, keine behördliche oder kommerzielle Unterstützung gab.[131] Natürlich enthielt dieser Bericht auch Empfehlungen, wie der Rückstand der USA auf diesem Gebiet aufzuholen sei. Sie konnten nicht nur auf ihre eigenen Arbeiten verweisen, sondern auch auf ein von den Ingenieuren Harry F. Olson und Herbert Belar im Versuchslabor der Radio Corporation of America (RCA) in Princeton (New Jersey) entwickeltes und im gleichen Jahr präsentiertes lochstreifengesteuertes

Gerät, den »Electronic Music Synthesizer«. Ihrem Gesuch wurde stattgegeben, sie erhielten 175 000 Dollar für fünf Jahre. Im Januar 1959 konnte das Columbia-Princeton Electronic Music Center als gemeinsame Einrichtung der Columbia University in New York City und der Princeton University in New Jersey aus der Taufe gehoben werden. Das Leitungsgremium war dementsprechend zweigeteilt: Neben Luening und Ussachevsky von der Columbia University gehörten ihm Milton Babbitt, der sich bereits seit Ende der dreißiger Jahre mit elektronischer Musik beschäftigte, und Roger Sessions von der Princeton University an.

Das Center mit seinen einmaligen technischen Möglichkeiten wurde schnell zum Zentrum für die Arbeit mit elektronischem Klangmaterial. Zu den Zielen bei der Konstruktion des RCA-Synthesizers gehörte in erster Linie die Überwindung der Begrenzungen traditioneller Musikinstrumente auf der Klangfarben-Ebene durch die Schaffung vollständig neuer Tonkomplexe und deren Kombinationen.[132] Während die Tonerzeugung im »klassischen Studio« mittels Generatoren nur statische Spektren erzeugte, deren Tonbandaufzeichnungen anschließend mühsam mit der Schere »dynamisiert« werden mußten, ermöglichte es der RCA-Synthesizer erstmals, dynamische Modifikationen von Tönen zu programmieren und damit ohne Umwege direkt zu komponieren.

Doch die Konstrukteure dachten auch an pragmatischere Dinge. So ging es ihnen ebenfalls um die Erweiterung von musikalischen Spielmöglichkeiten durch elektronische Hilfsmittel. Gemeint waren vor allem jene Spielmöglichkeiten, die normalerweise durch Mechanik und Physiologie des menschlichen Körpers – Fingerkraft, Atemdruck usw. – begrenzt sind. Ein weiteres Ziel bei der Entwicklung des RCA-Synthesizers war die Schaffung möglichst »reiner« Töne. Die Konstrukteure bemängelten bei vielen mechanischen Instrumenten unterschiedlich starke Geräuschanteile bei der Klangerzeugung, etwa durch Anblas-, Streich- oder sonstige Klangformungsvorgänge. Da ihr »Electronic Music Synthesizer« in allen diesen Punkten Abhilfe versprach, glaubten Olson und Belar nicht zuletzt auch an die musikgeschichtliche Aufgabe ihrer Konstruktion, mit der sie dem Komponisten ein neues universelles Handwerkszeug zur Verfügung stellten.

Um diese musikästhetischen Vorstellungen zu erfüllen, leiteten die Konstrukteure daraus konkrete technische Forderungen ab. So mußte der RCA-Synthesizer über folgende Funktionen verfügen: Möglichkeiten

- für die Produktion von Tönen jeglicher Grundfrequenz im menschlichen Hörbereich,
- für die Produktion von Tönen mit beliebiger Obertonstruktur,
- für die Produktion von Tönen mit beliebiger Einschwing-, Verlaufs- und Abklingcharakteristik,
- für die Anwendung von Vibrato,
- für die Steuerung der Intensität (Lautstärke) von Tönen,
- für die Erzeugung von gleitenden Tonhöhenübergängen (Portamento bzw. Glide),
- die Möglichkeit, Abweichungen dieser Parameter zu verwenden.[133]

Die Bedienung des aus über 750 Elektronenröhren aufgebauten RCA-Synthesizers war alles andere als »intuitiv«. Der Komponist saß vor einer Art Schreibmaschinentastatur, auf der er Steuerbefehle eingab, welche die Maschine in einen über 30 Zentimeter breiten Lochstreifen stanzte. Durch diese Steuerung war jeder Tonparameter zu jedem Zeitpunkt veränderbar und – das war das Besondere – diese Modifikationen waren exakt reproduzierbar.

Der Komponist hatte 96 Töne und 15 verschiedene Lautstärkestufen zur Auswahl. Die Klangfarbe wurde durch Filter und nachgeschaltete Resonatorketten beeinflußt. Auch Tremoloeffekte waren möglich. Die Töne wurden durch Stimmgabeloszillatoren erzeugt, d. h., die sinusförmigen

Schwingungen der Stimmgabeln wurden elektromagnetisch abgetastet und in alle Obertöne enthaltende Sägezahnschwingungen umgewandelt. Diese Schwingungen bildeten den Ausgangspunkt für die nachfolgende subtraktive Klangformung durch Filter und Resonatoren. Damit wurde das Prinzip der Klangerzeugung, das der in Köln entwickelten elektronischen Musik zugrunde liegt, – die Klangverläufe additiv aus einzelnen Sinuston-Komponenten zusammenzusetzen – genau umgekehrt.

Die Aufzeichnung der synthetisierten Klänge des RCA-Synthesizers erfolgte zunächst direkt auf Schallplatten. Scheint diese Aufnahmetechnik heute auch ungewöhnlich, so war sie zu jener Zeit der jungen Magnetbandtechnik in puncto Aufzeichnungsqualität überlegen. Auch in der Musique concrète, die sich zur selben Zeit in Europa entwickelte, verwendete man anfangs Schallplatten als Aufzeichnungsmaterial.[134]

Die Klangerzeugung und -formung des RCA-Synthesizers war zweikanalig aufgebaut, d. h., entweder konnte er maximal zweistimmig betrieben werden oder – dafür war diese Dopplung der Klangerzeugung ursprünglich gedacht – der jeweils andere Kanal wurde für die Modifikation von Klangparametern verwendet, die sonst den Klangfluß unterbrochen hätten.

Bei der ersten Bauform, dem RCA-Synthesizer »Mark I«, waren es vor allem zwei Erscheinungen, die die Arbeit erschwerten: die Klänge ließen sich erst nach dem Fixieren auf Schallplatte bzw. Magnetband abhören, was jegliches spontanes Arbeiten unmöglich machte. Und jede Stimme mußte einzeln programmiert werden, was besonders bei Stücken von größerem Besetzungsumfang sehr mühselig war. Beim 1959 vorgestellten Nachfolgemodell »Mark II« konnte dann der erste Kritikpunkt beseitigt werden. Auch die Stimmgabeloszillatoren wurden durch weniger störanfällige elektronische Schwingkreise ersetzt.

Neben Ussachevsky und Luening war es vor allem Milton Babbitt, welcher die Gelegenheit nutzte, sich mit dieser Apparatur genauer zu beschäftigen. Babbitt (geb. 1916), der in den USA eher als Komponist bekannt ist, der die Zwölftontechnik zu einem der europäischen Serialität vergleichbaren Konzept entwickelt hat, fungierte beim Mark II-Modell als musikalischer Berater. Dadurch hatte er Gelegenheit, seine Vorstellungen von einer späteren Nutzung in die Konstruktion einfließen zu lassen. Dennoch hatte RCA mit dieser Maschine ursprünglich etwas anderes im Sinn. Sie sollte, so berichtet Otto Luening in seiner Autobiographie, die effiziente Produktion von Pop-Musik und die Reproduktion berühmter historischer Stimmen, z. B. der von Caruso, ermöglichen.[135]

Sein erstes Konzert veranstaltete das Columbia-Princeton Electronic Music Center am 9. und 10. Mai 1961 im McMillin Theatre der Columbia University. Neben Werken von Ussachevsky (*Creation-Prologue*), Luening (*Gargoyles for Violin Solo and Synthesized Sound*) und Babbitt (*Composition for Synthesizer*) waren erste Stücke von Komponisten zu hören, die man zur Arbeit in das Center eingeladen hatte, u. a. Mario Davidovsky aus Argentinien, Halim El-Dabh aus Ägypten, Bülent Arel aus der Türkei und Charles Wuorinen von der Columbia University.

Nicht wenige weitere Komponisten zeigten Interesse an dem Studio. Edgar Varèse arbeitete hier an den elektronischen Teilen von *Déserts*, wobei ihm Bülent Arel und Max Mathews assistierten. Luigi Dallapiccola, Dimitri Schostakowitsch, Igor Strawinsky, Luciano Berio und viele andere machten sich in den folgenden Jahren mit den Arbeitsmethoden im Columbia-Princeton Electronic Music Center vertraut. Charles Wuorinen beschrieb die Arbeit am RCA-Synthesizer später als recht mühevoll und sehr einarbeitungsintensiv. Zudem berichtet er von diversen technischen Problemen, u. a. mit der Lochstreifenabtastung.[136]

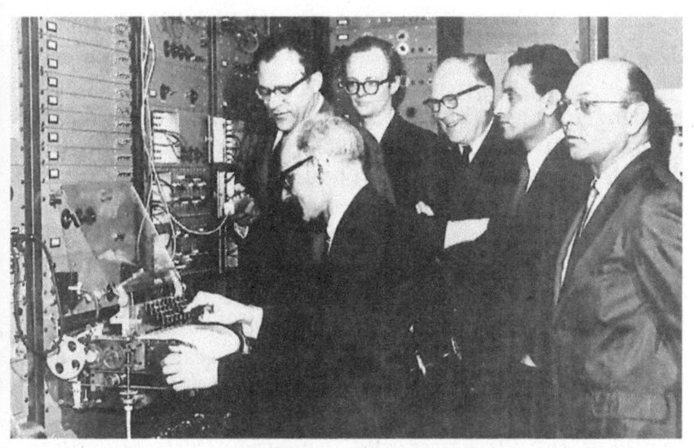

Abb. 27 Milton Babbitt (sitzend), Vladimir Ussachevsky, Charles Wuorinen, Otto Luening, Halim El-Dabh und Bülent Arel am RCA-Synthesizer (1961).

Die technischen Eigenschaften des RCA-Synthesizers hatten ihre Auswirkungen auch auf die Kompositionsweisen. Ussachevsky und Luening beispielsweise gaben ihre Vorbehalte gegenüber der Verwendung nicht-musikalischen Ausgangsmaterials auf. Außer den Tönen mechanischer Musikinstrumente und der menschlichen Stimme benutzten sie jetzt auch Klänge elektronischer Herkunft.

Von einer Simulation des Schlagzeugklangs auf dem RCA-Synthesizer angeregt, realisierte Ussachevsky 1956 unter dem Titel *Piece for Tape Recorder* eine Studie, in der er die Grenze zwischen Klang und Geräusch thematisierte. Ausgangspunkt waren kurze musikalische Motive, die durch einen zunehmenden Geräuschanteil ihre Gestalt mehr und mehr verändern. Aus festen Tonhöhen entwickeln sich ausgedehnte Frequenzbänder, um schließlich in weißem Rauschen zu enden.

Sein Werkverzeichnis enthält ferner das 1964/65 entstandene Tonband-Stück *Of Wood and Brass*, in dem er sich als Meister in der elektronischen Modifikation von Instrumentalklängen zeigt, *Studies in Sound* von 1959 und die *Wireless Fantasy* von 1960. Seit Ende der sechziger Jahre, dem Beginn der musikalischen Verwendung von Computern in den USA, gehörte Ussachevsky zu den ersten, die ihre kompositorische Arbeit in dieser Richtung weiterführten (*Piece for Computer*, 1968; *2 Sketches for Computer Piece No. 2*, 1971). Als gemeinsames Projekt entstand 1960 mit Luening das *Concerted Piece* für Orchester und Tonband.

Luening allein schuf bis 1970 noch insgesamt sechs elektronische Werke: *Gargoyles für Violine und Tonband*, 1960; *A Study in Synthesized Sounds*, 1961; *Sonority Canon*, 1962; *Synthesis für Orchester und Tonband*, 1962; *Moonflight*, 1968; *In the Beginning*, 1970.

Milton Babbitt ging es in seinen Kompositionen für den RCA-Synthesizer weniger um die Erfindung neuer Klänge als um eine möglichst präzise Kontrolle aller verwendeten Tonparameter, insbesondere auf den Ebenen des zeitlichen Ablaufs, der Intensität und der Klangfarbenänderungen. Neben drei reinen Synthesizerstücken, die alle für Vierkanal-Tonband entstanden (*Composition for Synthesizer*, 1961; *Ensembles for Synthesizer*, 1962–64; *Occasional Variations*, 1971), finden sich Stücke in der Kombination mit Singstimme (*Vision and Prayer*, 1961; *Philomel*, 1964; *Phonemena* – Version für Sopran und Synthesizer-Tonband, 1974) sowie anderen Instrumenten (*Correspondences*, 1967; *Concerti*, 1974-76; *Reflections*, 1974; *Images*, 1979).

Insgesamt entstanden zwischen 1960 und 1970 im Columbia-Princeton Electronic Music Center mehr als 225 Kompositionen von mehr als 60 Komponisten aus 11 Ländern. Mehr als 60 Kompositionen davon existieren auf Schallplatte oder CD. Eine Polarisierung zwischen elektronischem und nichtelektronischem Ausgangsmaterial, wie sie im Europa der fünfziger Jahre zwischen Musique concrète und elektronischer Musik entstand, gab es in den USA zu keiner Zeit. Man hielt die Unterscheidung der elektronischen Musik in »kontrollierbare«, d. h. musikalische Klänge, wie sie in der elektronischen Musik verwendet werden, und »unkontrollierbare«, d. h. akustische Klänge, wie sie in der Musique concrète zur Anwendung kommen, für nicht sinnvoll.[137] Durch die Analyse elektronischer Werke, besonders der von Karlheinz Stockhausen, erkannte man in den USA damals schon, daß es praktisch unmöglich ist, alle Klangparameter seriell zu kontrollieren. Die Schlußfolgerung lautete: nicht die Erfüllung eines festgelegten Systems von Materialanordnungen, sondern Vielseitigkeit bei Auswahl und Bearbeitung von Klangquellen ist der beste Weg zur Realisierung überzeugender Stücke.

Die Entwicklung der Musique concrète

In den dreißiger und vierziger Jahren des 20. Jahrhunderts begannen die elektrischen und elektronischen Spielinstrumente mit ihrer imitativ dem 19. Jahrhundert verhafteten Klangästhetik in den Hintergrund zu treten, als sich ein neues, weitaus radikaleres Musikverständnis Bahn brach. Die Neuerer beriefen sich dabei oft auf den zu Beginn des 20. Jahrhunderts entstandenen Futurismus, der auf musikalischem Gebiet durch die Emanzipation des Geräusches zum musikalisch gestaltungswürdigen Objekt den Boden für eine ganze Reihe weiterer Entwicklungen der jüngeren Musikgeschichte bereitete.

Einer von ihnen, Pierre Schaeffer, bekannte sich zu dieser geistigen Verwandtschaft in den Schriften, die er zur Popularisierung der von ihm begründeten Musique concrète verfaßte. Im Januar 1943 rief Schaeffer in Paris den »Club d'Essai« als Forschungsstelle für radiophone Kunst ins Leben. In den folgenden Jahren wurde die musikalische Avantgarde Europas davon wie von einem Magneten angezogen. Stockhausen, Anfang 1952 nach Paris gekommen, um bei Olivier Messiaen zu studieren, traf im Club d'Essai Pierre Boulez, der dort an zwei »konkreten« Etüden arbeitete. Im Dezember 1952 war Stockhausen so weit mit den Arbeitsmethoden vertraut, daß er eine eigene Etüde aus konkreten Klängen komponierte.[138] Auch Olivier Messiaen selbst und Darius Milhaud arbeiteten zeitweilig in diesem Kreis.

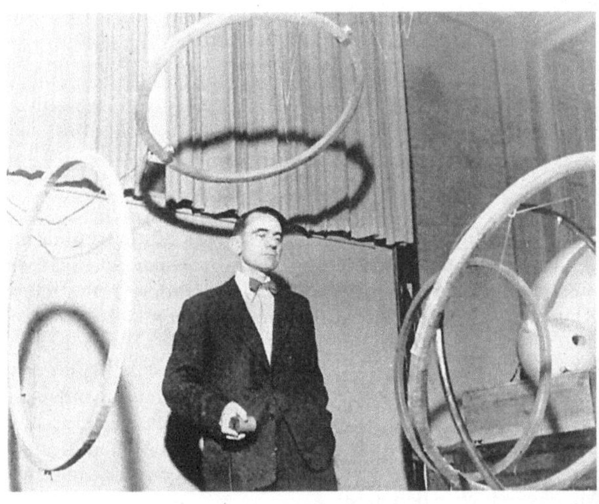

Abb. 28 Pierre Schaeffer, der Begründer der Musique concrète, steuert die Klangverteilung auf vier Lautsprecher im Raum durch induktive Kopplung.

Unter »radiophoner Kunst« verstand man hier eine akustische Form, die den Bedingungen der Rundfunkübertragung angepaßt war und sie bereits in die Konzeption einbezog. Damit machte sie aus der Not bei der Übertragung traditioneller Musik gewissermaßen eine Tugend.

Pierre Schaeffer (1910–1995) war kein professioneller Komponist. Als Ingenieur für Fernmeldetechnik beim französischen Rundfunk experimentierte er seit etwa 1943 mit Tönen und Geräuschen, vorzugsweise aus dem Schallarchiv seines Arbeitgebers. 1944 sendete der Pariser Rundfunk erstmals ein entsprechendes »Hörstück«, bei dem nicht nur Text, Musik und klanglicher Dekor von Schaeffer selbst stammten, sondern in dem diese Elemente erstmals auch gleichberechtigt nebeneinander standen.

Als Geburtsstunde der Musique concrète gilt aber die Ausstrahlung eines Programms unter dem Titel »Concert des Bruits« am 5. Oktober 1948 im Pariser Rundfunk. Es bestand aus fünf nur wenige Minuten langen »Studien« mit Titeln, wie *Étude aux chemins de fer*, *Étude aux tourniquets*, *Étude violette*, *Étude noire* und *Étude pathétique*, die über die nichtmusikalische Herkunft der Geräusche keinen Zweifel aufkommen ließen.

Ein weiteres historisches Datum für die gesamte neuere Musikgeschichte dürfte der 18. März 1950 sein. An diesem Tag fand in der Pariser École Normale de Musique ein Konzert statt, welches das erste öffentliche Konzert mit konkreter Musik war und das erste, bei dem weder Musiker noch Sänger die Bühne bevölkerten, sondern einzig Batterien von Lautsprechersäulen im Raum verteilt waren.

Was ist nun Musique concrète? Hinter dem Begriff verbirgt sich die zu Ende gedachte Idee einer radiophonen Kunst. Ausgangspunkt war das Wort, die Poesie, und Geräusche hatten eher illustrative Funktion. Mehr und mehr aber spürte Schaeffer eine faszinierende Veränderung dieser Balance:

> Als ich ins Studio gekommen war, um die Geräusche zum Sprechen zu bringen, um aus einem dramatischen Klangszenarium das Höchstmaß an Möglichkeiten herauszuholen, kam ich auf die [konkrete] Musik.[139]

Schaeffers Erfahrung steht in auffälliger Parallele zu der aus der Mitte des 19. Jahrhunderts stammenden Theorie von Herbert Spencer über die Entstehung von Musik aus emotional gesteigerter Sprache.

Seit 1949 verwendete Schaeffer den Begriff »Musique concrète«[140], in Abgrenzung zur traditionellen Musik, die geistig, also »abstrakt« konzipiert, dann in Noten abstrakt festgehalten wird und erst durch die klingende Aufführung konkret wird. Demgegenüber unterteilte Schaeffer den Entstehungsprozeß der Musique concrète so:

Musik im gewohnten Sinn (die sogenannte abstrakte)		**Neue Musik** (die sogenannte konkrete)
Phase I *Konzeption* (geistig)	(←)	Phase III *Komposition* (materiell)
Phase II *Niederschrift*		Phase II *Skizzen* (Experimentieren)
Phase III *Ausführung* (instrumental)	(→)	Phase I *Materialien* (Bereitstellung)
(Vom Abstrakten zum Konkreten)		(Vom Konkreten zum Abstrakten)

An dieser Gegenüberstellung ist nicht allein die Umkehrung des Schaffensprozesses bemerkenswert, sondern auch eine Art Kreisbewegung sichtbar, die davon ausgeht, daß im Idealfall »konkrete« Kompositionen ebenso zum Ausgangspunkt für geistige Konzeptionen werden können, wie im umgekehrten Fall traditionelle Kompositionen die Basis für Kreationen der Musique concrète[141] bilden können. Die Wechselbeziehung zwischen beiden Kompositionsformen führe, so glaubte Schaeffer, zu einer Erneuerung von Grundbegriffen der abstrakten Musik, indem auch hier die Vorstellung von musikalischen Objekten jene von Noten bzw. Tönen als musikalischen Elementarereignissen ablöst.

Schaeffer wurde sich rasch der Tragweite seines radikal neuen Musikverständnisses bewußt, das an scheinbar ehernen künstlerischen Schaffensprinzipien rührte. Schaeffer stellte die prinzipielle Frage:

> Wendet die technische Revolution, von der die Musik ergriffen wird, tatsächlich nur neue Mittel an, um *wie bisher* »Musik zu machen«, oder führt sie uns zur Entdeckung neuer Arten von Musik, die wir *noch nicht zu machen* und *noch weniger zu hören verstehen?* Anders ausgedrückt: Wie ordnen sich die Mittel den Zwecken unter? Geht der Geist der Musik, wie Hoffmann sagt, den Klängen voraus, und ist somit der Musiker der bevorzugte Vermittler einer ewigen Sphärenharmonie? Oder verhält es sich umgekehrt: entfaltet und erneuert sich das Musikalische aufgrund einer Klangpraxis, die sowohl auf der Ebene der Musiklehre wie auch der Sprache gelehrt wird?[142]

Als musikalisches Ausgangsmaterial der Musique concrète dienten alle mit einem Mikrophon auffangbaren Schallereignisse, ob Blätterrauschen oder Autolärm, D-Zug-Dröhnen oder Grillenzirpen. Der musikalische Wert eines Klanges wurde nicht von seiner Herkunft abgeleitet. Dieses Klangmaterial, gleichsam ein akustischer Querschnitt der Welt und oft auch entsprechend symbolträchtig verwendet, wurde in der Anfangsphase der Musique concrète keinen weiteren Bearbeitungen unterzogen. Im Gegensatz zur späteren, Anfang der fünfziger Jahre beginnenden Periode standen hier noch keine Tonbandgeräte zur Verfügung: Sämtliche Geräusche wurden auf Schallplatten festgehalten und meist in einem Arbeitsgang aus bis zu acht Schallplatten gleichzeitig abgemischt.

Aufgabe des Komponisten war also zunächst die Auswahl geeigneter klanglicher Objekte, sprich: Geräusche. Die zweite Phase, die Bearbeitung der Klänge, ihre mehr oder weniger starke Transformation, Transmutation und Kombination, veränderte den Charakter des Ausgangsmaterials im Sinne des angestrebten musikalischen Resultats. Dabei spielte der Akt der Schallaufzeichnung eine besondere Rolle. Er wahrt, hinlängliche Neutralität des Klanges vorausgesetzt, dessen Anonymität, indem er durch die Trennung von ursprünglicher Erzeugung und klanglicher Wahrnehmung die Herkunft des Klanges verschleiert. Vertreter der Musique concrète verglichen diesen Effekt mit einem »pythagoreischen Vorhang«, der den Redner und dessen Gesten verschleierte und nur die reine Rede freigab.[143]

Herausragendes Charakteristikum der Frühphase der Musique concrète war der Verzicht auf Kompositionsregeln. Eine reiche Klangphantasie ersetzte weitgehend kompositorische Verbindlichkeiten, das subjektive Hörurteil galt als oberstes Kriterium. Mit dieser Orientierung stand die Musique concrète im krassen Gegensatz zum sich Anfang der fünfziger Jahre entwickelnden Kölner Konzept der elektronischen Musik. Gewiß, die Kölner elektronische Musik hatte dank ihrer Fähigkeit, ein System auszubilden, etwas wie die Überlegenheit. Doch mutet es etwas verwunderlich an, die Musique concrète in entsprechenden Darstellungen oftmals auf nichts mehr als die Kontrahentenrolle reduziert zu sehen. Spätestens seit der Einsicht, daß auch das serielle Konzept der elektronischen Musik nicht konsequent realisierbar ist, gewinnen die in vielen Punkten komplementären Überlegungen der Musique concrète für die kompositorische Arbeit erneut an Bedeutung.

Die ursprüngliche Arbeitsweise der Musique concrète veränderte sich in unmittelbarer Abhängigkeit von der technischen Entwicklung: Die Geräuschaufzeichnung erfolgte nicht mehr auf Schallplatten, sondern vorzugsweise auf dem bedeutend einfacher bearbeitbaren Magnetband mittels der etwa seit 1951 zur Verfügung stehenden Tonbandtechnik. Neben vielfältigen Schnittmöglichkeiten erlaubte die neue Aufzeichnungstechnik weiträumigere Geschwindigkeitstransformationen und damit auch gezielte Tonhöhenveränderungen. Die enorm verfeinerten Möglichkeiten der Klangbeeinflussung blieben natürlich nicht ohne Auswirkungen auf das kompositorische Denken. Komplexere Bearbeitungsformen ersetzten schrittweise die kurzatmigen Wiederholungen, wie sie häufig von Vertretern der elektronischen Musik bemängelt worden waren.[144]

Die frühe Entwicklung der Musique concrète unterteilt Schaeffer in drei verschiedene Etappen, eine poetische, eine barocke und eine expressionistische. Was Schaeffer die poetische Periode der Musique concrète nennt, umfaßt etwa die Zeit bis 1950, eine Phase, in der seine Zusammenarbeit mit Pierre Henry begann. Henry (geb. 1927) hatte am Pariser Conservatoire u. a. bei Nadja Boulanger und Olivier Messiaen studiert, war ausgebildeter Schlagzeuger und Komponist. Er stieß 1949 zum »Club d'Essai« und gilt als der wichtigste Protagonist der frühen Musique concrète neben Schaeffer.

Zu dieser Zeit entstand die *Symphonie pour un homme seul*, an der beide gemeinsam arbeiteten. Dem musikalischen »Einzelkämpfer« gewidmet, der im Studio beharrlich um die Verwirklichung seiner Ideen ringt, gilt sie als ein Hauptwerk der frühen Musique concrète. In der *Symphonie* ist viel von der ursprünglichen Intention und den Arbeitstechniken aufgehoben. Als Klangmaterial verwendeten Schaeffer und Henry – hierauf bezieht sich die zweite Bedeutungsebene des symbolträchtigen Titels – ausschließlich »menschliche« Geräusche, d. h. klangliche Resultate der Organtätigkeiten wie Atmen und Herzschlag sowie bewußter Akte wie Summen, Pfeifen, Musizieren usw. Ihre inhaltliche Stringenz bezieht die *Symphonie* aus einer Programmatik, in der die Nähe zum Hörspiel offen zutage tritt. Dennoch handelt es sich nicht um Programmusik, sondern um eine

Dichtung aus Geräuschen und Klängen, aus Splittern von Texten und Musik.

Die bei dieser Komposition gemachten Erfahrungen ließen Schaeffer und Henry zu unterschiedlichen Schlußfolgerungen gelangen. Während Henry nach immer drastischeren Klangmitteln suchte, um damit direkt das musikalische Unbewußte zu aktivieren, zeigte sich Schaeffer als der mehr traditionell orientierte Komponist. Er versuchte das Konzept der Musique concrète mit der herkömmlichen Musik – der »Musik der Gehörbildungsklassen«, wie Schaeffer sie nannte – in einem produktiven Dialog zusammenzuführen.

Die barocke Periode der Musique concrète konzentrierte sich um das Monumentalwerk *Orphée 53* von 1953, in dem die verschiedenen Konzeptionen Schaeffer und Henry zu einem kompositorischen Kompromiß zwangen. Während Henry eine strenge stilistische Geschlossenheit anstrebte, wollte Schaeffer die Möglichkeiten des Einflusses der konkreten Musik auf einen traditionellen Vokalstil erproben. Diese Dichotomie machte sich auch bei der Instrumentation bemerkbar. Ein »konkretes« und ein klassisches Orchester agierten nebeneinander, ein Cembalo begleitete die Rezitative live. Von der Anlage her handelte es sich also um eine Art »Opéra concret«.

> Wie gesagt, es war Lärm. Die Lautsprecher taten ihre Mäuler auf und spien Kaskaden von Geräuschen, Klängen, verständlichen und sinnlosen Sprachfetzen in den Saal. Das tobte und heulte nahezu unaufhörlich, riß das Ohr von einer Ecke [...] in die andere, beschoß es mit einem Schauer von Schocks. [...] Es murmelte und stöhnte, lachte, heulte wie in unendlicher Verzweiflung oder Wut.[145]

So empfand ein Augenzeuge das, was im nachhinein als »Waterloo« der Musique concrète bezeichnet wurde; jenen 10. Oktober 1953, an dem Schaeffer und Henry auf den Donaueschinger Musiktagen ihr Werk *Orphée 53* präsentierten. Publikum und Kritik reagierten ablehnend, obwohl das im gleichen Jahr in Paris uraufgeführte Werk bereits beträchtlich gekürzt war.

Die Schlußszene bearbeitete Henry danach zu einem eigenständigen Ballett (*Le Voile d'Orphée*), in dem er der stilistischen Homogenität Vorrang einräumte. Den ursprünglichen Live-Gesang ersetzte er durch eine in griechischer Sprache deklamierte Hymne, die als Teil der konkreten Klangbearbeitung verwendet wurde. So trat das dramatische Textelement nach und nach zugunsten der musikalischen Entwicklung in den Hintergrund. Die Choreographie stammte von Maurice Béjart. Im Gegensatz zu *Orphée 53* gelangte *Le Voile d'Orphée* zu zahlreichen Aufführungen.

Leider scheinen die Auseinandersetzungen zwischen Musique concrète und Kölner elektronischer Musik ein wenig auch ideologischer Natur gewesen zu sein; das läßt sich an entsprechenden Äußerungen der Protagonisten ablesen. Bereits das seinerzeit benutzte Schlagwort vom »Waterloo der Musique concrète« 1953 in Donaueschingen weist in diese Richtung. Schaeffer hielt es im nachhinein sogar für möglich, daß ihm Heinrich Strobel, der Leiter der Donaueschinger Musiktage, mit der Einladung in das süddeutsche Festspielmekka eine Falle stellte (»er lockte uns aufs offene Feld«), um mit dem Mißerfolg der Franzosen letztlich die Überlegenheit der Kölner elektronischen Musik zu beweisen.[146] Ein weiteres Indiz für die mit Emotionen aufgeheizte Atmosphäre ist die militante Sprachform, mit der Schaeffer seine Enttäuschung über mangelnde Publikumsresonanz in Donaueschingen artikuliert:

> So also verloren wir die Schlacht von Donaueschingen und gerieten auf Jahre hinaus in internationalen Mißkredit, während am Kölner Himmel für den elektronischen Erbfeind eine segenbringende Morgenröte aufging.[147]

Mit *Orphée 53* und *Le Voile d'Orphée* vollzog sich der Übergang zur sogenannten expressionistischen Periode der frühen Musique concrète, die sich vor allem durch Henrys Suche nach unmittelbaren Klangwirkungen, wie sie von emotionalen menschlichen Lautäußerungen ausgehen, z. B. vom Schreien, Seufzen, Röcheln, kennzeichnen läßt.

Bei der praktischen Arbeit zeigte sich, daß die Assoziationen beim Hören der meist aus der Alltagswelt stammenden Geräusche und Klänge oftmals vom eigentlich intendierten konkreten Musikerlebnis ablenkten. Um diesem unerwünschten Effekt entgegenzuwirken, griffen Schaeffer und Henry zu besonderen Mitteln. Eines war die Verwendung von präparierten Musikinstrumenten, speziell dem präparierten Klavier[148], was den großen Vorzug hat, daß die elektronische Klanggestalt, selbst bei mehr oder weniger starker Modifikation des ursprünglichen Klanges, stets auf einen »musikalischen« Ursprung verweist. Aus diesem Verfahren gewann Schaeffer die Erkenntnis, daß die Assoziationen geringer werden, je mehr ein Klang verändert wird, und daß bei einer massiven Häufung von Klängen mit ausgeprägtem Assoziationscharakter – er nannte ihn Indiz-Wert – sich die Assoziationen nach und nach abbauen, um sich schließlich ganz aufzuheben. An diesem Punkt sind sie nicht länger Zeichen – Indiz – für etwas, sondern artikulieren sich durch sich selbst, indem sie untereinander hybride Klangketten bilden. »Anstelle von Musik ist ex abrupto eine Art Klangpoesie entstanden.«[149] Man fand heraus, daß der effektivste Bereich für die erfolgreiche Arbeit am Klang der zwischen den zwei Extremen ist: dem traditionellen Instrumentalklang auf der einen Seite und einer »prosaischen Klanganekdote« auf der anderen Seite.

Ein drittes Verfahren zur Reduzierung außermusikalischer Assoziationen bestand in der Verwendung von sogenannten geschlossenen Rillen. Wie später mit Bandschleifen ließen sich mit Hilfe dieser geschlossenen Rillen auf Schallplatten einzelne akustische Fragmente beliebig oft wiederholen und gegenseitig überlagern. Schaeffer war vor allem von den »enormen Wirkungen« dieser Methode begeistert, »die sich der Logik jeder bekannten musikalischen ›Klangrede‹ radikal entgegenstellten.«[150]

Auf einem Forschungskongreß 1953 in Paris über technische Methoden der neuen Musik, mit Vertretern aller Richtungen – Pariser, Kölner und Protagonisten der Music for Tape aus den USA[151] – formulierte Schaeffer ein Manifest aus drei Postulaten und fünf methodischen Komplementärregeln[152] zur Charakterisierung und Systematisierung der Arbeitsweise der Musique concrète. Es enthält eine klare Abgrenzungsstrategie gegenüber der Kölner elektronischen Musik:

> **Erstes Postulat:** Vorrang des Ohres. – Das Entwicklungspotential ebenso wie die Begrenzungen jeglicher neuen Musik liegen in den Möglichkeiten des Gehörs.
> **Zweites Postulat:** Unter Voraussetzungen des ersten Postulats, Bevorzugung der realen akustischen Quellen, für die unser Ohr weitgehend geschaffen ist (und insbesondere Ablehnung einer ausschließlichen Zuhilfenahme elektronischer Klangquellen).
> **Drittes Postulat:** Erforschung einer Sprache. – Neue musikalische Strukturen müssen darauf abzielen, eine Kommunikation herzustellen zwischen dem, der sie entwirft, und dem, der sie aufnimmt.
> Diese drei Forderungen gelten für jeden musikalischen Erneuerungsversuch und sind in nichts von irgendeinem technischen Kontext abhängig. Für die Musique concrète ergeben sich daraus als praktische Folgerungen fünf Regeln:
> **Erste Regel:** Eine neue *Gehörbildung* betreiben durch systematisches Hören von Klangobjekten jeder Art. Das einzig Wichtige ist hier *richtig hören lernen*, wobei Anfangsgründe der akustischen und elektronischen Technik naturgemäß diese Lehrzeit erleichtern können.

> **Zweite Regel:** *Klangobjekte schaffen*, d. h. sich in der tatsächlichen Realisierung von Klängen üben, die so verschieden und ursprünglich wie nur möglich sein sollen, und zwar in bewußtem Gegensatz zum traditionellen Vorgehen, bei dem auf Notenpapier Symbole eingetragen werden, die gleichsam Konfigurationen abstrakter Zeichen darstellen.
> **Dritte Regel:** *Musikalische Objekte bilden*, d. h., Apparate zur Klangmanipulation handhaben lernen (ohne sie mit Musikinstrumenten zu verwechseln): Magnetophone, Mikrophone, Filter usw.
> **Vierte Regel:** Vor der Konzeption von Werken *Studien anfertigen*, den »Schulübungen« der traditionellen Musik vergleichbar, die den Anfänger zwingen, unter der Verschiedenartigkeit der verfügbaren Hilfsmittel und der Verschiedenartigkeit der möglichen Ausführung seine Wahl zu treffen.
> **Fünfte Regel:** *Arbeit und Zeit* – unerläßlich für jeden echten Aneignungsprozeß.

Schaeffer verließ nach der Donaueschinger *Orphée 53*-Aufführung die von ihm 1951 aus dem »Club d'Essai« gegründete »Groupe de Recherches de Musique concrète«, deren Leitung nun Pierre Henry übernahm. Er kehrte aber 1957 zurück, als Henry das Studio der Gruppe verlassen hatte, um in Paris ein eigenes Institut (»Apsome«) zu gründen. Im Studio arbeiteten fortan jüngere Komponisten wie Luc Ferrari und François-Bernard Mâche, dazu »ältere« wie Ivo Malec, Iannis Xenakis, Michel Philippot, François Bayle und Bernard Parmegiani. Schaeffer stellt fest:

> Schon im zweiten Jahr dieser Neugruppierung fühlte ich mich von der Lebendigkeit dieser begabten jungen Leute und dem außerordentlichen Geschick eines jeden, sich die neuen Mittel anzueignen, überrundet und überflügelt.[153]

Schaeffer beschrieb die Arbeitsweise dieser Komponisten als einen »talentierten und überlegenen Empirismus«, welcher sich nicht selten über die im Manifest formulierten Richtlinien hinwegsetzte. Sein eigener, ursprünglich empirisch-experimenteller Ansatz begann sich, nicht zuletzt durch den Einfluß der elektronischen Musik, zu wandeln. Der Gedanke des Komponierens nach einem vermittelbaren System trat etwa ab 1956/57 in den Vordergrund. Schaeffer forderte nun die Ergänzung der emotional bestimmten Kompositionsweise durch systematische Forschung vor allem im Bereich der musikalischen Akustik. Diese Neuorientierung wurde 1958 auch durch die Namensänderung der Forschungsgruppe in »Groupe de Recherches Musicales« (GRM) nach außen ersichtlich.

13 Jahre nach der Formulierung seiner Postulate an die Musique concrète zog Schaeffer in seinem *Traité des objets musicaux*[154] eine Bilanz seiner Forschungen. Das Fazit läßt sich so zusammenfassen: Untersuchungen erstreckten sich in der musikalischen Akustik auf das fest umrissene Gebiet der Übertragungskette elektrisch-akustisch-physiologisch, und damit auf den Weg vom Klangkörper zum Gehör des Rezipienten. Hier zeigt sich ihm bereits eine grundsätzliche Schwierigkeit, da das Gehör nicht einfach nur ein Organ zur Wahrnehmung von Sinnesreizen ist, sondern gleichzeitig ein wichtiges Element ästhetischer Welterfahrung darstellt. In seinem späteren Buch, *Musique concrète*, sagt er dazu:

> Wenn das Gehör [...] der einzige Richter über das musikalische Phänomen ist, so liegt es bei ihm und nicht bei der mathematischen Analyse oder bei der elektroakustischen Technologie, die ihm zusagenden Klänge auszuwählen, und – wo nötig – zu erfinden.[155]

Durch die Erfahrungen bei der Studioarbeit gelangte er zu der Überzeugung, daß in der Musik zwei Phänomene getrennt nebeneinander liegen: die Welt des wissenschaftlichen Experiments, die von der physikalischen bis zur physiologischen Akustik reicht, und die Welt der ästhetischen Erfahrung, die sich von der Herstellung musikalischer Objekte bis zu ihrer Integration in den Bereich der musikalischen Sensibilität erstreckt.

Physikalische und ästhetische Sichtweisen bilden also verschieden orientierte, aber direkt miteinander verbundene Formen der Annäherung an das musikalische Phänomen. Schaeffer machte die Erfahrung, daß der enorme methodische Unterschied zwischen diesen beiden Gebieten jeden Versuch einer flüchtigen Annäherung unmöglich macht, obwohl gerade dieser Versuch bei vielen Komponisten musikalische Praxis ist.

In *Musique concrète* faßte Schaeffer seine Erkenntnisse zusammen. Zunächst versucht er den Begriff des »musikalischen Phänomens« zu analysieren. Er unterscheidet zwischen einem philosophischen und einem »wörtlichen« Begriff, wobei letzterer nicht auf eine »Musik an sich« beschränkt ist, sondern ein komplexes Gefüge darstellt, das Schaeffer polemisch eine »scheinbar wissenschaftliche Zergliederung in eine Abfolge von Schubladen« nennt. »Schubladen« sind für ihn zuerst die Akustik, dann die Physiologie, die Psychologie usw., bis man bei der Ästhetik ankomme, die mit Sicherheit irgendeiner Informationstheorie zugeschlagen werde.[156] Eine solche Vorgehensweise setze voraus, daß Musik eine exakte Wissenschaft ist oder zumindest von ihr abgeleitet. Die Lösung musikalischer, zumal schöpferischer Probleme wird durch ihre Ausdehnung auf diese weiteren Ebenen – diese Erfahrung hatte Schaeffer als Komponist im Studio gemacht – endlos hinausgezögert, da sie von einer möglichst umfassenden Kenntnis der Bindeglieder abhängt, die die Physik mit der Physiologie und dem Geistigen usw. verknüpft.

> Wer kann sich vermessen, selbst mit Hilfe von Computern die Geheimnisse unserer intimsten Wechselbe-

> ziehungen zwischen Sinn und Wahrnehmung, zwischen Gefühl und Intelligenz aufzudecken?[157]

Einen Ausweg aus diesem Dilemma sah Schaeffer zunächst in einer allgemeineren und abstrakteren, letztlich philosophischen Annäherung an den Begriff »Phänomen«. Er berief sich namentlich auf Edmund Husserl, dessen phänomenologische Betrachtungsweise sich um eine vorurteilsfreie Analyse dessen bemüht, was dem Bewußtsein erscheint, um zu dessen Wesen vorzudringen. So betrachtet, kann im musikalischen Phänomen zwischen Empfindung und Wahrnehmung nicht getrennt werden, es bildet ein komplexes Ganzes, das ohne Sinnbeschädigung nicht mechanistisch zergliederbar ist. Daraus leitet Schaeffer ab, daß Musik in erster Linie eine Sache der Wahrnehmung ist und nicht etwa der Empfindung, die quasi mechanisch an einen physischen Reiz, ein auditives Stimulans gebunden wäre.

Zur Beschreibung der musikalischen Phänomene schlägt Schaeffer folgende Unterteilung vor:

> Man muß unterscheiden zwischen dem Klangobjekt und dem Klangkörper oder der Apparatur, die es hervorbringt, genauso wie man zwischen dem musikalischen Objekt und dem Schriftsymbol unterscheiden muß, mit dessen Hilfe es aufgezeichnet wird; beide sind Objekte der Wahrnehmung, genauer: Objekte des Hörens, und zwar eines »reduzierten«, das heißt: eines von Hinweisen auf den Ursprung des Klanges (Klang als Indiz) oder auf seinen Sinn (Klang als Schriftzeichen) losgelösten Hörens.[158]

Diese Charakterisierung impliziert die Frage nach dem Objekt selbst. Die Musique concrète verwendet dazu ein gestaltpsychologisches Erklärungsmodell. Dieses beruht darauf, daß ein Objekt keine gegebene Tatsache ist, sondern sich von einem Hintergrund abheben bzw. aus einer Kette herausragen muß. Damit definiert sich das Objekt in Wechselwirkung mit seiner, aus anderen Objekten bestehenden,

Umgebung, von der es sich abhebt. Die Gesamtheit solcher Objektverknüpfungen läßt sich als Struktur bezeichnen. Unterzieht man ein wahrgenommenes Objekt weiterer Betrachtung, so offenbart es seinerseits verschiedene Elemente, welche die Struktur des Objekts ausmachen.

Aus diesem Verhältnis zwischen Struktur und Objekt lassen sich zwei polarisierende Formen der Verknüpfung ableiten, die entweder zu zunehmender oder zu abnehmender Komplexität eines solchen Systems führen: Die Komplexität nimmt zu, wenn jedes Objekt erneut eine Struktur aus Objektbestandteilen bildet, die wiederum zusammengesetzt sind usw. Dagegen nimmt die Komplexität einer Struktur ab, wenn sich die Objekte in eine zusammengesetzte Struktur eingliedern. Damit wären die Objekte dann als Bestandteile einer übergeordneten Komplexitätsebene aufzufassen.

Im Rahmen der Musique concrète werden diese Gedankengänge von Pierre Schaeffer auf musikalische Zusammenhänge angewandt, indem er damit den Unterschied zwischen einem Klangobjekt und einem musikalischen Objekt erklärt: Im Gegensatz zum Klangobjekt zeichne sich ein musikalisches Objekt dadurch aus, daß es im Hinblick auf seine mögliche Integration in eine Struktur von »musikalischem« Charakter nach »musikalischen« Kriterien ausgewählt wird. Was Schaeffer aber explizit unter diesen »musikalischen« Kriterien versteht, erläutert er nicht.

Als Konsequenz für Gegenstand und Methoden musikalischer Forschung ergeben sich daraus zwei bevorzugte Arbeitsfelder, die jeweils Extrempunkte des Zugangs verkörpern: Zum einen die Untersuchung der elementarsten Objekte, welche am Aufbau von Strukturen beteiligt sind, zum anderen die Untersuchung der Strukturen selbst, welche zum Hervortreten dieser Objekte und deren Sinnstiftung führen. Das Ziel dieser methodischen Untersuchungen war die Schaffung einer Elementarlehre musikalischer Objekte und deren Verknüpfungen.

Diese Spezifizierung der musikalischen Arbeits- bzw. Forschungsfelder mittels Deduktion der gestaltpsychologischen Zusammenhänge erfolgte erst 1966,[159] also über 15 Jahre nach der Veröffentlichung der ersten Musique concrète-Studien. Damit sollte ein wesentliches Defizit der Musique concrète-Frühzeit, die Dominanz des Empirischen in der Kompositionstechnik, beseitigt werden.

Grundlage dieser Arbeitsmethode war die Schaffung einer Klang-Morphologie. Die wahrgenommenen Klangobjekte wurden zunächst in ihrem zeitlichen Ablauf untersucht, d. h. in Einschwingphase, Verlaufsphase und Abklingphase unterteilt. Ein weiterer Arbeitsschritt bestand in der Untersuchung dessen, was sich innerhalb dieser Klangphasen an dynamischen Veränderungen ereignet. Schaeffer sprach von Untersuchungen der »Materie des Klanges«, die in jedem Klangobjekt individuell geformt ist.

Die Auswahl der auf diese Weise zu analysierenden Klangobjekte erfolgte durch ein »Typologie des Musikalischen« genanntes Verfahren. Möglichst typische Objekte sollten auf der Basis musikalischer Kriterien ausgewählt werden, d. h., unter den Merkmalen des Klanglichen wurden diejenigen aussortiert, die für das Musikalische wesentlich sind.

Als Drittes fixiert Schaeffer den Wert, den derartige Objekte im Rahmen einer musikalischen Komposition repräsentieren, bzw. umgekehrt ausgedrückt, das, was mit diesen Objekten musikalisch anzufangen sei.[160]

Leider spezifiziert Schaeffer auch hier nicht seine Vorstellungen von dem, was er »Musikalisches« nennt. Der irreführende Begriff soll wohl das als »Musikalisches« hier bezeichnen, was der Klang-Separierung zur Grundlage dient. Damit wäre eben jenes allgemeine Musikverständnis als Basis für Entscheidungsprozesse benannt, das er als »Verallgemeinerung des Musikalischen« für die Vorgehensweise der Musique concrète eigentlich ablehnt. Wenn Schaeffer jedoch »Musikalisches« als Synonym für auditiv wahrnehmbare künstlerische Gestaltungsprozesse versteht, dann wäre die Bezeichnung »Ästhetisches« eindeutiger, da sie die notwendige begriffliche Abstraktion und Neutralität aufweist.

In der Tat sind die Kriterien, die zur Charakterisierung von Klangobjekten im Rahmen der Musique concrète herangezogen werden, weniger »musikalisch«, im engen historischen Sinn, als »ästhetisch« im Sinne einer Gestaltbeschreibung.

Als das grundlegende Merkmal eines Klangobjektes fungierte die – vorhandene oder nicht vorhandene – Fixiertheit der Tonhöhe. Als Ergebnis dieser Einteilung erhielt der Komponist der Musique concrète zwei große Gruppen: fixierte und veränderliche Klänge. Diesem Kriterium der Klangmaterie stand das elementare Kriterium der Klangform gegenüber: Was dort fixierte Klänge waren, nannte man hier geformte Klänge, bzw. bei veränderlichen Klängen dort sprach man hier von formlosen Klängen.

Aus dieser elementaren Teilung in fixierte und veränderliche Tonhöhen leitete sich das Grundverständnis der Musique concrète her. Während die traditionelle Musiklehre für die Arbeit mit festen harmonischen, d. h. grundtonbezogenen Tonhöhen zuständig war und dafür – im Verständnis der Musique concrète – auch weiterhin volle Gültigkeit beanspruchen konnte, lag das Forschungs- und Arbeitsfeld der Musique concrète jenseits dieser Grenzen. Die Ziele der Musique concrète waren demnach von universellem Anspruch: Es ging um nichts weniger als die Entdeckung der Eigentümlichkeiten ästhetischer Wahrnehmung im auditiven Bereich und damit um die Erfindung genuiner Objekte und Strukturen.

Um diesem universellen Anspruch gerecht zu werden, knüpfte die Musique concrète-Forschung anfangs bewußt nicht bei der abendländischen Musikentwicklung an, sondern fragte zunächst nach allgemeinen kulturellen Schaffensprinzipien, die sich aus historischen und regionalen, vor allem auch außereuropäischen Entwicklungen ableiten ließen. Dabei zeigte sich, daß die jeweils verfügbare instrumentale Technik zur Basis »möglicher Musik« wird, nicht aber zwangsläufig eine bestimmte Art und Weise des Umgangs provoziert. Vielmehr haben unterschiedliche Kulturen jeweils für sich Bedingungen und Verfahrensregeln geschaffen, die dem Klanglichen nach und nach Bedeutungsinhalte zugeordnet haben, um es als Musikalisches zu rechtfertigen und zu bestätigen. Dennoch finden sich in allen Musikkulturen gemeinsame Züge, die sich jeder nur auf Konventionsbildung beruhenden Zuordnung entziehen. Dazu gehört das Vorhandensein einer Rhythmik, einer Melodik sowie, im Fall der abendländischen Musik, auch einer Harmonik. Diese Elemente zeigen, verbunden mit der technischen Weiterentwicklung ihrer Gestaltungsmittel, zunehmende Differenzierungserscheinungen. So waren beispielsweise Instrumente, welche verschiedene Tonhöhen hinlänglich konstant erzeugen konnten, unabdingbare Voraussetzung für eine Entwicklung von Tonhöhenfortschreitungen in Form von Stufen bzw. Skalen.

Innerhalb dieser Wechselwirkung von technischer und kultureller Entwicklung sah sich die Musique concrète als neuen Abschnitt, in dem – aufgrund der vorhandenen technischen Möglichkeiten zur Speicherung, Analyse und Modifikation von Schallobjekten – die Brücke vom Klangobjekt zur musikalischen Struktur geschlagen werden kann. Die theoretisch unbegrenzte Verfügbarkeit an Ausgangsklängen im Rahmen der Musique concrète zog konsequenterweise die Formulierung von Auswahlkriterien bzw. -verfahren nach sich. Schaeffer sprach in diesem Zusammenhang von einer Eigenart, einer Tendenz, die jeder Klang im Rohzustand besitzt, wobei es die Aufgabe des Musikers ist, diese aufs beste auszuwerten.[161] Voraussetzung für die Ergründung dieser Eigenarten war dessen Tonaufnahme, die erstmals eine genauere Untersuchung des bisher stets flüchtigen Tonmaterials ermöglichte. Das Klangobjekt wurde durch die Speicherung gewissermaßen »materialisiert« und so erstmals selbst und direkt zum Gegenstand technischer und ästhetischer Untersuchungen. Damit eröffnete die Aufnahmetechnik der Musik neue Forschungsfelder und Ausdrucksbereiche.

Die Analyse der gespeicherten und nach musikalisch typologischen Gesichtspunkten ausgewählten Klangobjekte warf ihrerseits zahlreiche neue Probleme auf. So trat zunächst die Frage einer angemessenen grafischen Repräsentation in den Vordergrund. Jacques Poullin, Mitte der fünfziger Jahre Chef der Gruppe Forschung für Musique concrète, untersuchte zahlreiche Aufzeichnungsformen auf ihre Verwendbarkeit. Er kam zu dem Schluß, daß jede Form der grafischen Aufzeichnung stets nur einige wesentliche Klangparameter anschaulich darstellen kann, eine universelle umfassende »Schrift« für Musique concrète nicht möglich ist.[162]

Die Klangbearbeitung selbst unterteilte Schaeffer in sechs verschiedene Stufen: (1) die Montage, d. h. die Auswahl, Ordnung, Systematisierung und handwerkliche Aufbereitung der zu bearbeitenden Klangobjekte, (2) die Regulierung der Lautstärke, d. h. die dynamische Formung der Klangmaterie, (3) die Frequenzbeeinflussung, d. h. eine Klangveränderung, z. B. mittels Filtern oder Entzerrern, (4) die Mischung, d. h. die Überlagerung und/oder Verkettung von separaten Klangobjekten zu größeren Einheiten, (5) die Transposition, d. h. die Änderung des Frequenzspektrums durch Modifikation der Abspielgeschwindigkeit von Klangobjekten, sowie (6) die planvolle Mischung der Verläufe einzelner Klangobjekte zum Werk und die – in der Regel mehrkanalige – Saalübertragung. (Vgl. Pierre Schaeffer, *Musique concrète*, Stuttgart 1974, S. 45 ff.)

Gemäß der Systematisierung von Klangobjekten nach Klangstoff und Klangverlauf unterschied Schaeffer einerseits zwischen der »Transmutation«, welche sich hauptsächlich auf die innere Beschaffenheit einer Klangstruktur auswirkt, ohne die Form wesentlich zu verändern, sowie andererseits der »Transformation«, die mehr die äußere Form der Klangstruktur modifiziert.[163]

Zu den wichtigsten Transmutationstechniken gehörten die Filterung und die Transponierung von Klangobjekten. Dafür entwickelte Schaeffer eigens das »Phonogen«, ein Gerät mit chromatischer Transponiermöglichkeit eines auf einer Bandschleife aufgezeichneten Klanges durch Veränderung der Wiedergabegeschwindigkeit.

Dynamische Modifikationen eines Klangobjektes, Transformationen, erfolgten vorzugsweise durch Pegelvariation mittels Potentiometern, Bandschnitt- und Montagetechnik sowie mit einem ebenfalls speziell für die Verwendung im Musique concrète-Studio entwickelten Gerät, dem »Morphophon«. Das war ein Magnettongerät, das mit einer geschlossenen Bandschleife arbeitete und zehn Wiedergabeköpfe besaß. Jedem Kopf war ein Vorverstärker zugeordnet, dessen Verstärkung und Frequenz durch Filter beeinflußbar war. Auf diese Weise ließ sich eine Art Nachhall in veränderlicher Form und Farbe erzeugen.

Spezielle Konstruktionen zur Steuerung der Klangverteilung im Raum der auf Magnetband fixierten fertigen Musique concrète-Werke beschreibt Poullin ausführlich.[164] Bemerkenswert ist, daß Schaeffer Mitte der sechziger Jahre auch elektronische Klangquellen für verwendungsfähiges Ausgangsmaterial hält.[165] Er beruft sich dabei jedoch nicht etwa auf die Kölner elektronische Musik, in der zu dieser Zeit bereits die Live-Elektronik ihren Einzug hielt, sondern auf die Entwicklung und Konstruktion des spannungsgesteuerten Synthesizers durch Robert Moog in den USA.

Nach Schaeffers Tod am 20. August 1995 (in Les Milles bei Aix-en-Provence) setzte die Groupe de Recherches Musicales (GRM) ihre Arbeit fort; als Teil des Institut National de L'Audiovisuel (INA) hat sie ihren Sitz im Pariser Maison de Radio France und zählt zu den international führenden Studios für elektronische Musik. Längst haben jedoch die

Plattenspieler der Anfangszeit computergesteuerten Klangbearbeitungsgeräten Platz gemacht. Bemerkenswert ist allerdings das Festhalten an der ursprünglichen Konzeption der Bearbeitung konkreter Klänge. Als entscheidendes Verdienst der Musique concrète stellt sich aus heutiger Perspektive vor allem die Bewußtmachung des objektiven Wertes von normalerweise flüchtigem musikalischen Material heraus. Die Tonaufzeichnung ermöglichte erstmals eine »unmittelbare Berührung mit dem Klangstoff«, so Schaeffer,[166] den Zugang in die Mikrostruktur der Klänge, der Lautphänomene, und schuf damit die Voraussetzungen für eine kompositorische Gestaltung dieser Elemente.

Elektronische Musik aus Köln

Was ist elektronische Musik? Man könnte es sich einfach machen und antworten: Elektronische Musik ist Musik elektronischer Musikinstrumente. Dieser Satz, auf den ersten Blick nichts als eine Tautologie, entspricht recht genau der umgangssprachlichen Verwendung des Begriffs »elektronische Musik«. Das gilt sogar, wenn es sich nur um einen Melodiegong mit 21 Volksliedanfängen für die Wohnungstür handelt, der »perfekte elektronische Musik« liefern könne.[167] Lassen wir es fürs erste dabei, daß »elektronische Musik« ebenso wie andere musikalische Genrezuordnungen als rein technischer Terminus verwendet wird. Schließlich war es bis zum Ende der vierziger Jahre im deutschen Sprachgebrauch ja auch üblich, alle Instrumente, an deren Klangentstehung bzw. -übertragung in irgendeiner Weise elektrischer Strom beteiligt war, als »elektrische Instrumente« zu bezeichnen. Man sprach daher auch von »elektrischer Musik«.[168]

Der mit dem Aufkommen der elektronischen Musik entstehenden terminologischen Verwirrung hat der Bonner Phonetiker Werner Meyer-Eppler durch ein spezielles System von Bezeichnungen zu begegnen versucht. Dabei ging er grundsätzlich von einer Unterscheidung zwischen den Instrumenten und der Art ihrer Verwendung aus.[169] Bei den Instrumenten unterschied er zunächst die beiden Gruppen der akustischen und der elektrischen Instrumente. Die Bezeichnung »akustisch« als Gegensatz zu »elektrisch« ist zwar sinnfällig und wird auch heute oft so verwendet, ist vom sachlichen Standpunkt gesehen jedoch problematisch. Prinzipiell sind alle Musikinstrumente »akustisch«, da sie, auf welche Weise auch immer, letztendlich Schallschwingungen produzieren, die das menschliche Ohr in Form von Tönen wahrnehmen kann. »Akustisch« wäre eher ein Oberbegriff für beide Gruppen, da mit dieser Bezeichnung musikalisch und physikalisch Schallvorgänge unabhängig von ihrer Herkunft allgemein beschrieben werden. »Nichtelektrisch« oder besser »mechanisch« sind der Benennung »akustisch« vorzuziehen. Das Wort »mechanisch« ist in diesem Zusammenhang besonders sinnvoll, weil es direkt auf den wesentlichen Unterschied bei der Klangerzeugung hinweist.

Zurück zu »elektrisch« und »elektronisch«: Die physikalische Beschreibung elektronischer Leitungsvorgänge geht von der steuerbaren Bewegung einzelner Ladungsträger wie Elektronen oder Ionen aus, wobei in den als elektrisch bezeichneten Vorgängen die Ladungsträger nicht einzeln, sondern nur in ihrer Gesamtheit beeinflußbar sind. Daraus folgt, daß man seit der Erfindung der Elektronenröhre (von Lieben / de Forest, 1906) ausnahmslos von elektronischen Instrumenten, und, wenn sie der Musikerzeugung dienten, auch von elektronischer Musik sprechen müßte, niemals von »elektrischer Musik«.

Im anglo-amerikanischen Sprachgebrauch handhabt man die begriffliche Seite weitaus unkomplizierter: Man verwendete von Anfang an das Adjektiv »electronic«, sprach also von »electronic music«. Daß aber der umfassende Gebrauch auch dieses Begriffes nicht komplikationslos war, zeigte sich, als sich Abgrenzungsschwierigkeiten gegenüber der Musique concrète ergaben; beide existierten im übrigen einträchtig nebeneinander in der amerikanischen Music for Tape der fünfziger Jahre, anders als in Europa, wo sich zeitweise eine Richtung auf Kosten der anderen zu profilieren versuchte.

Den Ausdruck »elektronische Musik« hat Werner Meyer-Eppler für eine bestimmte Art des Komponierens mit technischen Hilfsmitteln vorgeschlagen, um eine Abgrenzung zu den bisherigen Entwicklungen der elektrischen Klangerzeugung zu erreichen, also zur »elektrischen« Musik, zu der er die Musique concrète und die Music for Tape zählte.

Der Hauptvorwurf den elektrischen Instrumenten gegenüber galt ihrer bevorzugten Verwendung zur möglichst genauen Imitation konventioneller Musikinstrumente sowie einer Spielweise, die sich vorwiegend am romantischen Virtuosenideal des 19. Jahrhunderts orientierte. Damit wurden sie in den Augen mancher Verfechter der neuen elektronischen Musik zu »elektrischen Spielinstrumenten«. Die neue, nun als »elektronische Musik« bezeichnete Arbeitsweise sah dagegen ihre historischen Wurzeln in einer kompositionstechnischen Entwicklung des 20. Jahrhunderts, genauer: als Fortsetzung und Erweiterung der seriellen Kompositionsweise. Ihr Ziel waren, so formulierte es Herbert Eimert 1954, neue künstlerische Gestaltungsideen, die aus dem Klang selbst, dem eigentlichen musikalischen Material entstehen sollten.[170] Der im deutschen Sprachgebrauch seit Beginn der fünfziger Jahre angewandte Begriff »elektronische Musik« meinte demnach ausschließlich eine bestimmte, mit elektronischen Geräten realisierte Kompositionstechnik. So also wurde der technische Begriff »elektronisch« erstmals auch zur Kennzeichnung eines bestimmten musikalischen Stils eingesetzt.

Im heutigen Sprachgebrauch hat durch die massenhafte Verwendung elektronischer Musikinstrumente die Bezeichnung »elektronische Musik« die eingangs geschilderte Bedeutungserweiterung erfahren. Allgemein läßt sich feststellen, daß »elektronische Musik« seit der massiven Verwendung elektronischer Instrumente speziell in der populären Musik immer öfter mit diesem musikalischen Bereich assoziiert wird. Demgegenüber wird in der zeitgenössischen E-Musik zunehmend der Begriff »elektroakustische Musik« verwendet, einerseits zur Abgrenzung von den Entwicklungen der populären »elektronischen« Musik, andererseits als Hinweis auf die gleichberechtigte Verwendung »elektronischen« und »akustischen« Materials als Kompositionsgrundlage. Die Überwindung des Gegensatzes von elektronischer Musik und Musique concrète, und damit die Erweiterung und Verschmelzung der beiden ursprünglich unvereinbar scheinenden Konzepte, wird damit auch begrifflich deutlich. Zu fragen wäre allerdings, ob dazu eine eigene Begriffsbildung notwendig war. Die Überlagerung und Verschmelzung der Konzepte war bereits Anfang der sechziger Jahre im Prinzip abgeschlossen, als sich der Begriff »elektroakustische Musik« Anfang der achtziger Jahre durchzusetzen begann. Es verbindet sich damit weder eine genauere Bezeichnung des verwendeten Instrumentariums noch des musikalischen Materials. Lediglich die Art des kompositorischen Umgangs wird von populärer Musik ab- und auf den Bereich zeitgenössischer E-Musik eingegrenzt, innerhalb dessen jedoch der stilistische Rahmen offen bleibt.

Einen solchen Rahmen besaß indessen das in den fünfziger Jahren in Köln entwickelte Konzept. Hier wurde der instrumentaltechnische Begriff »elektronisch« außerdem erstmals auch mit inhaltlicher Funktion im Sinne einer eigenen Kompositionsästhetik versehen. Man grenzte sich von der bisherigen Verwendung elektrischer und elektronischer Klangerzeuger ab und knüpfte die Theoriebildung direkt an die Entwicklung der zeitgenössischen Kompositionstechnik.

Zum Verständnis dieses folgenreichen Vorgangs muß man sich die historische Situation vergegenwärtigen: In den fünfziger Jahren dominierte in Westeuropa die serielle Kompositionsweise. Das Prinzip der Bildung von Zwölftonreihen, welches ursprünglich auf die Dimension der Tonhöhe beschränkt war, wurde auf weitere musikalische Parameter des Tones ausgedehnt, auf Dauer, Lautstärke und Klangfarbe. Dabei ergab sich ein besonderes Problem. Waren Höhe, Dauer und Dynamik eines Tones auch auf traditionelle Weise bisher ausreichend beherrschbar, so entzog sich die Dimension der Klangfarbe hartnäckig einer genaueren seriellen Kontrolle, weil sich die Klangspektren konventioneller Instrumente nur in relativ engen Grenzen verändern lassen; ihre Klangstruktur ist direkt durch die mechanisch-akustischen Komponenten ihrer Bauform determiniert.

An diesem Punkt setzte das Kölner Konzept der elektronischen Musik an, das im wesentlichen mit den Namen Herbert Eimert und Karlheinz Stockhausen verbunden ist. Die Absicht der beiden Komponisten war es, der mangelnden Integrationsfähigkeit von Klangfarben mechanischer Klangerzeuger in das serielle System mit Hilfe der elektronischen Klangerzeugung aufzuhelfen. Wenn man an Stelle traditioneller Musikinstrumente, so ihre Überlegung, aus einzelnen Sinustönen zusammengesetzte und damit fest definierbare Klänge verwendet, müßte es prinzipiell möglich sein, Klangfarben in musikalische Reihenbildungen zu integrieren.

Der theoretische Ausgangspunkt war also ebenso radikal wie einfach: Mathematisch ließ sich zeigen, daß alle existierenden Klänge in ein Gemisch aus einfachen Sinusschwingungen zerlegbar sind, das ist der Kern des Fourier-Theorems (vgl. S. 305). Wenn dieses Fourier-Theorem für die Analyse beliebiger Klänge geeignet war, so mußte es auch bei der Klangsynthese seine Gültigkeit beweisen können. Es sollte also möglich sein, einen komplexen Klang aus lauter einzelnen Sinustönen aufzubauen und – das war entscheidend – diesen Klangaufbau exakt kontrollieren zu können.

Eigentliches Ziel der Kölner war daher weniger die quantitative Erweiterung des bis dato vorhandenen Klangbereiches um »unerhörte« Klänge, deren Wirkungen sich rasch verbrauchen, sondern ein Gefügigmachen der Klangfarbe zu einem seriell gestaltbaren Kontinuum aller bekannten und unbekannten, aller denkbaren und möglichen Klänge, angefangen vom einfachen Ton über Klänge und Tongemische bis zu komplexen Geräuschstrukturen. Durch die Komposition beliebig zusammensetzbarer, aber eindeutig definierter Schallereignisse sollte jede elektronische Komposition ihre eigene einmalige Klangwelt erhalten. Die Elektronik sollte es nun ermöglichen, die Klangfarbe selbst zusammenzusetzen, sie im wörtlichen Sinne zu »komponieren«, um sie unwiederholbar einzusetzen:

> Und so war zum erstenmal die Möglichkeit gegeben, in einer Musik die *Klangfarben* im wirklichen Sinne zu *komponieren*, das heißt aus Elementen zusammenzusetzen, und so das universelle Strukturprinzip einer Musik auch in den Klangproportionen wirksam werden zu lassen.[171]

Was die Klangfarben voneinander unterschied, sollte ausschließlich Resultat eines kompositorischen Vorgangs sein, der sich im Vergleich zum traditionellen Komponieren um diese Dimension der Klangauswahl bzw. -genese erweiterte. Der letzte Parameter des Tons war damit gestaltbares Material geworden.

Das kompositorische System der elektronischen Musik wurde von Herbert Eimert auf fünf musiktheoretischen Grundbegriffen aufgebaut: Ton, Klang, Tongemisch, Geräusch und Zusammenklang. Während sich ein Ton lediglich aus einer obertonlosen Sinuskomponente zusammensetzt, besteht ein Klang aus einem Sinus-Grundton mit harmonischem Obertonspektrum. Ein Tongemisch setzt sich aus einem Sinus-Grundton mit nicht-harmonischen Obertönen zusammen. Ein Geräusch zeichnet sich durch unharmonische Teiltöne aus, welche feldartig dicht beieinanderliegen. Der Zusammenklang schließlich setzt die Kombination von mindestens zwei der genannten Ton- bzw. Klangobjekte voraus.

In den Katalog der Bearbeitungstechniken bezog dann Meyer-Eppler auch auf elektrische Schwingungen aller Art anwendbare Umformungsmöglichkeiten ein, wie lineare und nichtlineare Verzerrung, Modulation, Kompression, Expansion, Inversion und Korrelation.[172] Um die Gefahr des Sichverlierens in dieser noch unabsehbaren Klangwelt für den Komponisten zu begrenzen, schlug er »ein Netz von mathematischen Wegweisern« vor, welches »durch die verbindlichen Beschreibungsverfahren der *Informationstheorie* bereitgestellt (wird); mit ihr kann man zu einer Notation akustischer Phänomene gelangen, die sich der Struktur jedes kompositorischen Vorwurfs beliebig eng anschmiegen läßt«.[173]

Von der Notwendigkeit neuer musikalischer Ordnungsprinzipien war Herbert Eimert nicht weniger überzeugt:

> Nur eine neue, musikalische Ordnungskunde kann der Welt der gemessenen Tonhöhen, Dauern und Lautstärken beikommen. Damit hängt es zusammen, daß es so viele empirische Kompositionsmethoden gibt wie es elektronische Stücke gibt. Was darüber hinaus generell und normativ auszumachen ist, geschieht im Gravitationsfeld der musikalischen Elemente und nicht im unfaßbar bleibenden Raum der frei gewordenen Klangmaterie, deren Traum in dem Augenblick ausgeträumt ist, in dem der Komponist sich ihr stellt.[174]

Zur praktischen Realisierung elektronischer Musik benötigte man in der Anfangszeit keinerlei spezialisierte Geräte, da die Grundausstattung eines normalen Rundfunkstudios zunächst ausreichte. Besonders Tongeneratoren, die sinusförmige Ausgangsspannungen lieferten, erwiesen sich als universelle Arbeitsmittel. Kombiniert mit Rechteck-, Impuls- und Rauschgeneratoren, Filtereinrichtungen sowie den damals üblichen Rundfunk-Magnetbandgeräten bildeten sie die Grundausstattung der ersten Generation von Studios für elektronische Musik.

War die Herstellung komplexer Klangereignisse durch Kombination von Tongenerator-Frequenzen schon sehr aufwendig, so begann der eigentliche Teil der Arbeit erst nach der Aufzeichnung der Klänge auf dem Magnetband, die zweite Phase elektronischer Musikproduktion. Hier wurden die Klänge weiteren Bearbeitungsprozeduren unterworfen. Dabei dominieren vor allem Bandschnittverfahren: Herbert Eimert unterschied allein zwölf verschiedene Manipulierungsarten.[175] Schließlich folgte als dritte Stufe elektronischer Kompositionstechnik die Synchronisation, d. h. die zeitlich exakte Zusammenfügung verschiedener kompositorischer Schichten. Dies erfolgte in der Regel durch sogenanntes Umkopieren zweier (oder mehrerer) Bandspuren auf eine gemeinsame neue Spur. Die Beschreibung dieser Prozeduren offenbart den hohen Anteil an handwerklicher Arbeit, die gerade bei dieser Art von Musik zu leisten war.

Ebenso radikal wie die Umwälzung des musikalischen Materials war die Veränderung der ästhetischen Orientierung. An Stelle der musikalischen Gattungstradition und deren Brechung im jeweils zeitgenössischen Musikdenken setzten Meyer-Eppler und die Komponisten in dieser frühen Phase elektronischer Musik auf naturwissenschaftliche Erklärungsmodelle für die menschliche Wahrnehmung und deren Rolle bei der Übermittlung von Informationen. Diesen Anspruch im Sinne eines musikhistorischen Paradigmenwechsels unterstrich der Satz von Herbert Eimert, daß die elektronische Musik nicht im Sinne von Tonsystemen, sondern von Ordnungssystemen funktioniere.[176]

Die Vision einer unabsehbaren Klangwelt tat sich auf, wenn auch Stockhausen bereits 1958 davon sprach, daß die Vielfalt der elektronisch erzeugbaren Klänge nicht unbegrenzt sei:

> Die Elektronische Musik als Gattung hat – all unseren anfänglichen Vorstellungen zum Trotz – »Gattungen« im Bereich der Musik aufzuheben und alle möglichen Klangvorgänge einzuschließen – ihre eigene Klangphänomenologie, die nicht zuletzt durch die Lautsprecherwiedergabe bedingt ist.[177]

Als offizielles Geburtsdatum der elektronischen Musik gilt der 26. Mai 1953. Auf dem vom Nordwestdeutschen Rundfunk (NWDR) organisierten Kölner »Neuen Musikfest 1953« wurden vier erste Stücke von Robert Beyer und Herbert Eimert vorgestellt.[178] Diese Präsentation beendete eine etwas prekäre Situation, in der sich die elektronische Musik seit ihrer gedanklichen Zeugung 1949/50 befand: Eine neue Musikrichtung versuchte auf sich aufmerksam zu machen, ohne auch nur eine einzige fertige Komposition vorweisen zu können. Hier sei kurz ihre Geschichte skizziert:

Der Komponist und Tonmeister Robert Beyer (1901–1989), der sich seit Jahrzehnten mit dem Gedanken einer technologischen »Zukunftsmusik«[179] beschäftigt hatte, war auf der Detmolder Tonmeistertagung 1949 dem Bonner Phonetiker und Kommunikationswissenschaftler Werner Meyer-Eppler, Verfasser des im gleichen Jahr erschienenen Buches *Elektrische Klangerzeugung*, begegnet und hatte bereits ein Jahr später bei den Darmstädter Ferienkursen für Neue Musik unter dem Titel »Die Klangwelt der elektronischen Musik« drei Vorträge mit ihm gehalten. 1951 fand in Darmstadt eine Arbeitstagung zum Thema »Musik und Technik« statt, auf der Meyer-Eppler erste elektronische

»Klangmodelle« präsentierte. Neben Friedrich Trautwein, dem Erfinder des Trautoniums, und Theodor W. Adorno tauchte hier auch erstmals der Name Eimert im Kreis der Referenten auf.

Herbert Eimert (1897–1972), Komponist und Musikwissenschaftler, war Leiter des Nachtprogramms des Nordwestdeutschen Rundfunks, für den er jene Arbeitstagung in den Mittelpunkt einer eigenen Sendung rückte. Das Datum des 18. Oktober 1951, als sie unter dem Titel »Die Klangwelt der elektronischen Musik« ausgestrahlt wurde, ist jedoch durch eine folgenreiche andere Entscheidung bedeutsam geworden: An diesem Tag erhielt Eimert von der Intendanz des NWDR grünes Licht für die Gründung eines elektronischen Studios in Köln. Es nahm im Frühjahr 1952 die Arbeit auf. Zur ersten Studiobesatzung gehörten Robert Beyer, Werner Meyer-Eppler, Herbert Eimert und der Tonmeister Fritz Enkel.

In dem Maße nun, wie Eimert sein serielles Konzept der elektronischen Musik ausbaute, kollidierte er mit den Ansichten Beyers, der derartige Festlegungen für unnötig hielt:

> Die serielle Technik fixiert das Komponieren in der Situation des Übergangs. Die auf totale Naturbeherrschung ausgehende Ratio ist einerseits stark genug, um das traditionelle Formwesen aufzulösen und den organischen Klang der handwerklichen Tonerzeugung zu sprengen. Sie ist andererseits zu schwach, um die hinter der Destruktion stehenden Musikvorstellungen höherer Art zu gestalten [...]. Die Übertragung dieser Situation auf das mit neuen Gestaltungsmöglichkeiten ausgerüstete elektronische Material, in dem sich sozusagen mühelos jener Stand der Abstraktion behauptet, den die Musik mühevoll erreicht, führt zur Verengung und nicht zur Entfesselung des offenen, noch nicht angetasteten Potentials der synthetischen Klangerzeugung.[180]

Diese Divergenz der Auffassungen führte im Mai 1953 zu Beyers Ausscheiden aus dem Kölner Studio. Eimert sorgte weiter für die Verbreitung seiner Ideen und lud jüngere Komponisten zur Arbeit im Studio ein. Es kamen u. a. Paul Gredinger, Henri Pousseur, Karel Goeyvaerts und Karlheinz Stockhausen. Unter ihnen brachte gerade Stockhausen (1928–2007) beste Voraussetzungen mit. Er hatte 1952/53 in Paris als Kompositionsstudent von Olivier Messiaen bei Pierre Schaeffer das neue musikalische Material kennengelernt und dort 1952 eine Musique concrète-Studie realisiert. Im August 1953 stellte er in Köln seine *Studie I* fertig, die nur aus Sinustönen zusammengesetzt war und als das erste realisierte Stück auch den theoretischen Intentionen der elektronischen Musik entsprach. Aus einer dem Stück zugrunde liegenden Strukturidee hatte er auch die Struktur der Materialerzeugung abgeleitet. Beim Hören von Stockhausens *Studie I* wird deutlich, daß anstatt einer Verschmelzung der Sinustöne zu neuen komplexeren Klängen die einzelnen Sinuston-Komponenten separat hörbar und damit leicht identifizierbar erscheinen. So entstand statt einer neuen Klangqualität eher der Eindruck von aus Sinustönen gebildeten Akkorden. Ferner erhalten die einzelnen Sinustöne dank ihrer leichten Identifizierbarkeit eine eigene Klangqualität, etwa vergleichbar dem spezifischen Klang eines einfachen Musikinstruments irgendwo zwischen Flöte und speziellen Pfeifenorgel-Registern. Das war es wohl, was Theodor W. Adorno 1954 zu der sarkastischen Bemerkung veranlaßte, elektronische Musik höre sich an, als trüge man Kompositionen von Anton Webern auf einer Wurlitzer-Orgel vor.[181] In der Tat waren die ersten Ergebnisse meist weit entfernt vom ursprünglichen Ziel der Komponisten, und, alles in allem, enttäuschend, wie Pousseur empfand.[182]

Um den dominierenden statischen Höreindruck abzuschwächen, begann man die Technik der Klangsynthese zu verfeinern. Stockhausen versuchte den Problemen in seiner

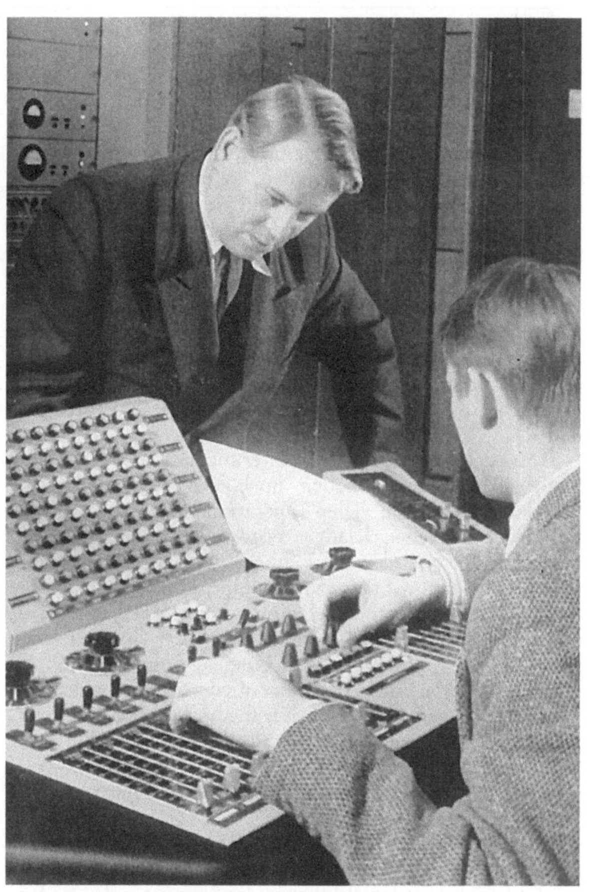

Abb. 29 Herbert Eimert (links) und Karlheinz Stockhausen am Regietisch des Kölner Studios für elektronische Musik.

Studie II von 1954 u. a. dadurch zu begegnen, daß er die Sinuston-Spektren nach ihrer Synthese zusätzlich durch einen Hallraum schickte. Auf diese Weise wurden die einzelnen Sinusschwingungen so verzerrt, daß als Ergebnis rauschähnliche Schallvorgänge mit mehr oder weniger dichter Zusammensetzung entstanden, die im Vergleich zur *Studie I* mehr Kraft und Intensität aufwiesen.

Um einen höheren Verschmelzungsgrad der einzelnen Sinuston-Komponenten zu erreichen, gab es aber weitere Möglichkeiten. Ähnliche Wirkungen ließen sich erzielen, wenn die Anzahl der Einzelkomponenten für jeden zu erzeugenden Klang gesteigert wurde. Durch spezielle Frequenzverhältnisse dieser Sinus-Komponenten ließ sich auch erreichen, daß eine gegenseitige Überlagerung stattfand, was sich günstig auf die innere Dynamik des zu erzeugenden Klanges auswirkte.

Trotz der behutsamen Erweiterung des ursprünglichen Sinuston-Konzeptes blieben noch zahlreiche technische Schwierigkeiten. Die vielen Operationen, die zur Produktion eines einfachen Klanges notwendig waren, erhöhten notwendigerweise den Rauschpegel und verschlechterten damit die Klangqualität der Aufnahme. Hinzu kam, daß die durch immer zahlreichere Manipulationen erzeugten Resultate vom Komponisten immer weniger vorauszusehen waren. Die Erfahrungen beim Umgang mit dem elektronischen Material führten zu der niederschmetternden Erkenntnis, daß es kaum möglich war, alle Aspekte der einzelnen Klangkomponenten zu kontrollieren. Ursache dafür war die Begrenztheit der Fourier-Analyse, die nicht vollständig die innere Struktur komplexer Wellenformen beschreiben konnte.

Werner Meyer-Eppler verglich die elektrischen Schwingungen in der klanglichen Sphäre mit dem, was für den Maler die Farbe und den Bildhauer der Stein ist – das zu formende Material. Bedingung für die musikalische Formung elektronischen Klangmaterials ist jedoch dessen Kontrollierbarkeit. Dabei steht die Komplexität des Materials in Beziehung zu allgemein-künstlerischen Gesetzmäßigkeiten.

> Je weniger komplex sich dieses Material präsentiert, je geringer die Zahl seiner von vornherein festgelegten Eigenschaften ist, desto vielseitigeren Zugang bietet es dem Gestalter, desto schwieriger ist es aber auch eigengesetzlich zu verwenden und zu beherrschen.[183]

Genau in dieser Tatsache artikuliert sich eine wesentliche Schwierigkeit der elektronischen Musik. Das herausragende Charakteristikum elektronischer Musik, die Gestaltung des Klanges selbst, erwies sich in der praktischen Arbeit zugleich als das entscheidende Handikap. Das Problem kannte und beschrieb bereits Herbert Eimert:

> Zwar gelten die Gesetze des musikalischen Hörens überall, aber beim Klavierspieler oder Geiger regulieren sie sich vielfach automatisch und unbewußt in der Funktion des Spielens.[184]

In diesem Phänomen zeigt sich das vollständige Fehlen von Makrostrukturen in elektronischer Musik. Eine Vielzahl von Funktionen auf der handwerklich-technischen Ebene musikalischer Gestaltung werden mit dem Erlernen des Instrumentalspiels von dem Interpreten bereits vorgeformt. Diese Ebene entfällt bei elektronischer Musik, zumindest war es so in den fünfziger Jahren, und ist daher vom Komponisten bei seiner ohnehin recht komplexen Arbeit zusätzlich zu berücksichtigen.

Es gab nur einen Ausweg: die Anerkennung elementarer, nicht weiter teilbarer Einheiten oberhalb der Sinuston-Ebene, wie z. B. ein Trompetenton, als eigene Qualitäten. Das hieß Verzicht auf das ursprüngliche Postulat der Reduzierung aller Klänge auf ein homogenes Grundmaterial. Es erfolgte in der Tat die Anerkennung verschiedenartiger Wellenformen als gleichberechtigte Quellen kompositorischen Materials.

Das erste Werk, das dieser Entwicklung Rechnung trug, war Karlheinz Stockhausens *Gesang der Jünglinge* von 1955/56. Sein Grundgedanke lag in der Komposition eines Kontinuums zwischen Sprache und Musik, um Sprache als organischen Bestandteil übergeordneter Kompositionsprinzipien in das Stück einzufügen. Dabei ging es nicht um »Vertonung« eines Textes im konventionellen Sinn, sondern um die Anwendung einheitlicher kompositorischer Techniken sowohl auf Sprache als auch auf die elektronischen Klänge. Stockhausen arbeitete mit der paarweisen Zuordnung von sprachlichen und elektronisch-instrumentalen Elementen, wie Vokal – Sinuston, Konsonant – Rauschen und Plosivlaut – Impuls. Neben der Sprachorganisation nach elektronisch-instrumentalen Kompositionsprinzipien war noch eine zweite Ebene an diesem Stück bemerkenswert: der Versuch, das Kontinuum zwischen den Sprachlauten einerseits und zwischen elektronischen Klängen und Sprachlauten andererseits möglichst bruchlos zu gestalten. Im Verlauf des Stückes werden zunehmend die Verschiedenheiten dieser einzelnen Elemente herausgearbeitet.

Bei der Präsentation des Stückes gab es ein Novum. Standen bisher bei Konzerten mit elektronischer Musik stets Batterien von Lautsprechern auf der Bühne, über die eine einkanalige Tonbandaufnahme wiedergegeben wurde, befand sich das Publikum beim *Gesang der Jünglinge* erstmals inmitten von fünf kreisförmig angeordneten Lautsprechergruppen. Die Klangverteilung im Raum wurde erstmals zu einem eigenen kompositorischen Parameter.

Was die musikalische Formentwicklung betrifft, ging Stockhausen bereits in seinen *Studien I* und *II* über das punktuell-serielle Kompositionsverfahren hinaus. Er versuchte nicht nur die Parameter von einzelnen Tongemischen in Reihen zu organisieren, sondern auch übergeordnete Gestalten in Form charakteristischer Kombinationen von Tongemischen. Diese Kombinationen unterlagen in sich nicht weiter dem Zwang serieller Strukturierung, sondern in erster Linie dem Bedürfnis, möglichst ausgeprägte Gestaltcharaktere zu schaffen, die die Rezeption erleichtern sollten. Dafür waren in der Regel statistische Ordnungsprinzipien ausschlaggebend, die im *Gesang der Jünglinge* erstmals bei einem elektronischen Stück auch bei der Erstellung der Großform Verwendung fanden. Es wurde bereits festgestellt, daß auf der Ebene der Klangerzeugung die Anerkennung von vorgeformtem, nicht aus Sinustönen aufgebautem Material den Einzug nicht mehr genau kontrollierbarer, d. h. also auch zufälliger Elemente bedeutete. Nun kam die Strukturebene, die Ebene der musikalischen Großform, in der Elemente des Zufalls in statistischer Form von Wahrscheinlichkeiten eine Rolle zu spielen begannen, hinzu.

Das Verdienst, auf beiderlei Ebenen Zufallsoperationen als erster konsequent angewandt zu haben, kommt Henri Pousseur zu. In seiner Studie *Scambi*, zu deutsch etwa »Austausch«, komponierte Pousseur 1957 im Mailänder Studio für elektronische Musik eine Reihe von 16 Sequenzen. Als Ausgangsmaterial verwendete er Klänge mit hohem Geräuschanteil, die anschließend (mit verschiedenen Bandpässen) gefiltert wurden. Ein Amplituden-Analysator selektierte den Frequenzbereich mit der stärksten Amplitude und machte lediglich diesen Bereich des Klanges hörbar. So wurde ein kontinuierlicher Klang von schwankender Intensität in unterbrochene Signale umgeformt, die jeweils die Intensitätsspitzen der Ausgangsklänge markierten. Näherte sich der Ausgangsklang weißem Rauschen, so wurden die statistischen Schwankungen in eine zunehmend aleatorische Folge von Klängen umgewandelt.

Dieses Stück markierte gewissermaßen einen Extrempunkt in der Geschichte der elektronischen Musik, wurde doch auf klanglicher wie auf struktureller Ebene mit einem Maximum an Aleatorik gearbeitet. Die mit der Aleatorik gemachten Erfahrungen ließen danach nicht nur Pousseur zu der Erkenntnis gelangen, daß die Komponisten elektronischer Musik sich den traditionellen kompositorischen

Techniken gegenüber nicht völlig ablehnend verhalten, sondern eher nach Möglichkeiten der Integration suchen sollten.[185]

Einer, der nach diesen Möglichkeiten intensiv suchte, war György Ligeti. 1958 komponierte er im Kölner Studio das Stück *Artikulation* und erklärte dazu:

> Zuerst wurden Typen mit verschiedenen Gruppenmerkmalen und verschiedener innerer Organisation gewählt: quasi körnige, brüchige, fasrige, schleimige, klebrige und kompakte Materialien. Eine Untersuchung der gegenseitigen Permeabilität ergab, welche Typen einer Verschmelzung fähig waren und welche sich abstießen. Die serielle Anordnung dieser Verhaltensweisen diente als Grundlage für den Aufbau der Form, wobei im Detail Kontrast der Typen und der Art der Verquickung erstrebt wurde, in der Gesamtheit jedoch ein graduelles, irreversibles Fortschreiten von anfangs heterogenen Dispositionen zu einem Vermischen und Ineinanderaufgehen der gegensätzlichen Charaktere.[186]

Beim Hören fällt besonders Ligetis Bestreben auf, einen möglichst großen Klangbereich – vom extrem Geräuschhaften bis zum reinen Sinuston – als einheitliches Kontinuum kompositorisch zu gestalten.

Versucht man dieses bereits beim *Gesang der Jünglinge* angewandte Prinzip des Kontinuums heterogener Ausgangsmaterialien zu erweitern, so weisen die Wege vor allem in zwei Richtungen: auf die Einbeziehung von live zu einem Tonband spielenden Instrumentalisten bzw. Vokalisten oder auf die elektronische Transformation von realen Klängen beliebiger Herkunft. Ein charakteristisches Beispiel für den zweiten Weg ist das Stück *Tema-Omaggio à Joyce* von Luciano Berio aus dem Jahre 1959. Sprechende und singende Stimmen werden in unterschiedlichen Stufen elektronisch bearbeitet und erhalten dadurch oft Instrumentalcharakter. Bei der musikalischen Formbildung treten serielle und aleatorische Prinzipien mehr und mehr in den Hintergrund. Oftmals wird die Intuition des Komponisten, in diesem Fall bei Berio, zur dominierenden Instanz.

Parallel dazu verfeinern sich die Techniken elektronischer Bandmanipulation und Transformation. Besonders eine Beobachtung erwies sich dabei als äußerst folgenreich: Erhöhte man bei der Wiedergabe von den auf Magnetband fixierten Klängen langsam und kontinuierlich die Geschwindigkeit, so erhöhte sich zunächst die Brillanz, die einzelnen Töne wurden »schärfer«, die Ein- und Ausschwingphasen verkürzten sich. Steigerte man die Wiedergabegeschwindigkeit noch weiter, so begannen sich aus den verschiedenen, auf dem Tonband nacheinander eingespielten Klängen neue, komplexe Schallereignisse zu bilden: Aus den diskontinuierlichen Tonbandaufzeichnungen wurde mit einem Mal ein neuer kontinuierlicher Klang. Bei näherer Untersuchung stellte sich heraus, daß ab einer bestimmten Geschwindigkeit die so entstandenen Transformationsprodukte außerhalb des menschlichen Hörbereiches lagen bzw. bei zunehmender Verlangsamung der Geschwindigkeit in einzelne Spannungsimpulse übergingen. Diese Phänomene erschwerten die Klangtransformation oft erheblich.

Wieder war es Stockhausen, der dieses Phänomen konsequent zu untersuchen begann. Er zeichnete möglichst kurze Impulse auf Magnetbändern auf und verflocht sie in verschiedenen Rhythmen. Immer wiederkehrende Muster ließen sich dabei leicht durch Bandschleifen erzeugen. Beschleunigte man die Abspielgeschwindigkeit von Bandschleifen mit derartigen Impuls-Patterns, so begannen bei einer bestimmten Geschwindigkeit die einzelnen Impulse zu einem einheitlichen Klang zu verschmelzen. Die so erzeugten Klänge sind in ihrer Struktur äußerst komplex und enthalten nicht selten starke Geräuschanteile. Damit waren diese Klänge den aus einfachen Sinustönen zusammengesetzten in puncto Lebendigkeit und Interessantheit weit überlegen. Durch gezielte Auswahl der Impulsanordnungen sowie der Wiedergabegeschwindigkeit wurde wiederum eine reale Kontrolle der internen Klangstruktur einer Welle möglich. Der entscheidende Unterschied zum ursprünglichen Konzept der Kölner war aber, daß anstatt der Aufspaltung eines Klanges nach den theoretischen Prinzipien der Fourier-Analyse nun die Untersuchung der realen Elemente auf dem Tonband und die verschiedenen Stufen ihrer Transformation im Mittelpunkt standen. Obwohl Stockhausen bereits im *Gesang der Jünglinge* mit Impulsklängen gearbeitet hatte, erfolgte ihre umfangreiche Anwendung erstmals in den 1959/60 komponierten *Kontakten*. Der insgesamt 40minütige realisierte Teil der Komposition existiert in zwei von Stockhausen parallel konzipierten Versionen: einer rein elektronischen Fassung für vier Lautsprechergruppen und einer Fassung für elektronische Klänge, Klavier und Schlagzeug. Die Version mit Klavier und Schlagzeug ist durch vierkanaliges Tonbandeinspiel auch live realisierbar. Mehrere Dinge sind nun an diesem Stück bemerkenswert. Ausgangspunkt war, ähnlich wie bereits beim *Gesang der Jünglinge*, die Idee eines großen kontinuierlichen Klangwandlungsprozesses, hier allgemein von dumpfen zu helleren Klängen. Als Zwischenstationen in diesem Prozeß sollten verschiedene Gruppen von Instrumentalfarben eine Rolle spielen, die durch einen fortschreitenden Transformationsprozeß ineinander übergehen. Diese charakteristischen Stationen waren Metallgeräusch – Metallklang, Holzgeräusch – Holzklang und Fellgeräusch – Fellklang. In der Tonbandfassung ohne Instrumente versuchte Stockhausen diesen Instrumentalfarben auf rein elektronischem Wege möglichst nahe zu kommen, um dann, ebenfalls auf elektronischem Wege, die unterschiedlichen Stufen der Transformation zu realisieren. Bei der Fassung mit Klavier und Schlagzeug wurden nun alle diejenigen Passagen von den Instrumenten bestritten, in denen der elektronische

Klang den auch mit diesen Instrumenten erzeugbaren Klängen entsprach. Somit sind die elektronischen Klänge hier auch als Vermittler zwischen speziellen Instrumentalklangfarben interpretierbar.

Mit Stockhausens *Kontakten* fand 1960 die erste große Entwicklungsetappe der Kölner elektronischen Musik ihren Abschluß. Der Widerspruch zwischen einer Formentwicklung mit mehr oder weniger starken Freiheitsgraden und der ein für allemal festgelegten Aufzeichnung elektronischer Klänge auf einem Magnetband verstärkte sich.[187] Der Versuch, zwischen diesen Polen zu vermitteln, forderte Komponisten zu neuen Ideen und Konzepten heraus. Nach der Pensionierung Eimerts im Jahr 1962 wurde Karlheinz Stockhausen künstlerischer Leiter des Kölner Studios, das von nun an der Hauptabteilung Musik des WDR unterstellt wurde. Zu seinen ersten Amtshandlungen gehörten Bemühungen um dessen räumliche und apparative Neuausstattung. Nach mühevollen Verhandlungen gelang es, geeignete Räume ausfindig zu machen, deren Umbau für die Belange elektronischer Musikproduktion allerdings die Zeit bis 1966/67 in Anspruch nahm.[188]

Die damit verbundene erhebliche Einschränkung künstlerischer Produktionsmöglichkeiten wurde durch andere Tätigkeiten kompensiert. So widmeten sich die Mitarbeiter verstärkt der wissenschaftlichen Bearbeitung bisheriger Arbeitsergebnisse, Realisationspartituren entstanden, welche die Arbeitsgänge während der Stück-Herstellung genau dokumentierten, und nicht zuletzt wurde der Erfahrungsaustausch mit anderen Studios für elektronische Musik intensiviert.

Dennoch gelangte in dieser Zeit die künstlerische Produktion nicht ins Hintertreffen. Dabei kam die damalige Entwicklung im Bereich der Audiotechnik zu Hilfe, welche auch musikalisch neue Horizonte eröffnete. Zunächst vereinzelt begann man, elektronische Geräte zur Klangtransformation auch außerhalb der spezialisierten elektronischen

Studios zu verwenden. »Die elektronische Musik verläßt das Studio«, so könnte man diesen Wandel überschreiben: Ein Teil der live gespielten Instrumentalklänge wurde durch ein Mikrophon aufgenommen und durch die elektronischen Apparaturen unmittelbar, in Real-time, bearbeitet, verformt, modifiziert. So ließen sich die Klangspektren der originalen Instrumentalklänge erheblich erweitern. Diese schließlich als Live-Elektronik bezeichnete Technik machte Komponisten weitgehend unabhängig von der mühevollen Bandschnitt-Arbeit im Studio und gestattete ihnen einen direkten Eingriff in den Kompositions- und Interpretationsprozeß. Hinzu kam, daß damit auch traditionellen Instrumenten neue Ausdrucksbereiche erschlossen wurden.

Eines der ersten Stücke, das sich dieser neuen Techniken bediente, war 1964 *Mixtur* für Orchester, Sinusgeneratoren und Ringmodulator von Karlheinz Stockhausen. Der Orchesterklang gelangte über verschiedene Mikrophone zu einem zentralen Mischpult, von wo aus die einzelnen Klangmanipulationen vorgenommen wurden, die sofort im Saal über Lautsprecher zu hören waren. Auch die Stockhausen-Stücke *Mikrophonie I* von 1964 für Tamtam, zwei Mikrophone, zwei Filter und Klangprojektion sowie *Mikrophonie II* von 1965 für zwölf Sänger, Hammond-Orgel und vier Ringmodulatoren basieren auf diesem Prinzip. Als ein Problem der Live-Elektronik erwies sich die Abhängigkeit des Interpreten von Personen, die für die elektronischen Manipulationen zuständig waren.

Mit der Entwicklung des spannungsgesteuerten Synthesizers und dessen Verbreitung begann sich ab 1964 für die Live-Elektronik eine neue Qualität abzuzeichnen. Über einfache elektronische Klangveränderungen hinaus waren jetzt auch live-elektronische Techniken möglich, wie sie bisher nur im elektronischen Studio realisiert werden konnten. Vor allem die zahlreichen Möglichkeiten der Klangmodulation gewannen an Bedeutung. Die neue Technik erlaubte zunehmend halbautomatisierte Prozesse bei der Klangbearbeitung. Der historisch gewordene Auftritt von John Cage 1958 auf den Darmstädter Ferienkursen gab den aleatorischen Kompositionsprinzipien gerade in der elektronischen Musik – nicht nur in den herkömmlichen Kompositionstechniken – erhöhte Bedeutung.

Mit Stockhausens *Hymnen* (1966/67) gilt auf der Materialebene die Vereinigung von elektronischen und konkreten Klängen als endgültig vollzogen. Die Frage der zur Klangerzeugung verwendeten Mittel trat schließlich zugunsten einer zunehmend differenzierten Klangbearbeitung mehr und mehr in den Hintergrund.

Herbert Eimert und Hans Ulrich Humpert definierten zu Beginn der siebziger Jahre den Begriff der elektronischen Musik neu. Sie sprachen nicht mehr von der Übertragung und Erweiterung serieller Techniken in das elektronische Medium, wie in den fünfziger Jahren, sondern davon, daß Werke elektronischer Musik mit ihren »auf Tonband festgehaltenen Kompositionen keiner interpretatorischen Vermittlung bedürfen«.[189] Die Autoren zielen darauf, elektronische Musik als eigenständige musikalische Gattung zu definieren, in der das Instrument die Spezies kennzeichnet, wie Orchester- oder Klaviermusik. Erst in zweiter Linie sprechen Eimert und Humpert vom »grundlegenden Kompositionsverfahren«, das sowohl in der seriellen Musiktechnik als auch in der elektronischen darin besteht, »daß der Komponist den Ton nach seiner Höhe, Dauer und Lautstärke bestimmt«.[190] Diese Einordnung in das bestehende musikalische Klassifizierungssystem kann als Indiz dafür betrachtet werden, daß sich die ursprünglich mit dem Kölner Konzept verknüpfte Vorstellung einer prinzipiell neuen Ordnungsweise musikalischer Zusammenhänge nicht hat verwirklichen lassen.

Trotz der Perfektionierung live-elektronischer Techniken durch spannungsgesteuerte Synthesizer wurden in den sechziger und siebziger Jahren auch weiterhin reine Tonbandstücke in den Studios für elektronische Musik realisiert. Dabei ist bemerkenswert, daß Synthesizer auf die Produktionstechniken der Studios nicht den revolutionierenden Einfluß ausübten wie im Bereich der Live-Elektronik.

Viele Komponisten bedienten sich zwar häufig einzelner Synthesizer-Baugruppen zur Klangmodifizierung und -erzeugung, auf Magnetband-Schnittechnik und Manipulationen durch Studiobandmaschinen aber wurde trotzdem nur ungern verzichtet. Selbst noch in den siebziger Jahren entstanden komplexe Tonbandkompositionen, wie beispielsweise *Horizont* von York Höller 1971/72, zu deren Produktion keinerlei Synthesizer verwendet wurden, sondern lediglich Methoden »aktivierter« Magnetbandtechnik.[191] Neben reinen Tonbandstücken auf der einen und Live-Elektronik auf der anderen Seite entstanden immer mehr Stücke für Live-Interpretation mit einem zuvor im elektronischen Studio produzierten Tonband. Das Material auf diesen Tonbändern war äußerst vielfältig, es reichte von ausschließlich elektronisch produzierten bis zu reinen Instrumentalklängen ohne jegliche elektronische Bearbeitung. Elektronisch modifizierte Instrumentalklänge, die bei der Aufführung mit den live gespielten Instrumenten in Wechselwirkung traten, dominierten.

Während Stockhausen in den fünfziger und sechziger Jahren mit profunden Texten zu Technik und ästhetischer Zielsetzung elektronischer Musik wichtige Dokumente über die Entwicklung dieser Musikrichtung schuf und damit ganze Generationen von Kompositionsstudenten beeinflußte,[192] nimmt seit den siebziger Jahren diese Methode in Stockhausens Schaffen einen weitaus geringeren Platz ein. Wenn sich Stockhausen seit den achtziger Jahren zu Fragen elektronischer Klangerzeugung äußert, dann meist nur zur Festlegung aufführungspraktischer Bedingungen[193] oder zu technischen Prozeduren[194]. Ästhetische Überlegungen spielen lediglich am Rande eine Rolle, etwa dort, wo sich Stockhausen über die Schönheit der mit Phasenverschiebungen erreichbaren Klangeffekte äußert.[195] Ausführlicher hat er sich über ästhetische Forderungen an elektronische Musik zuletzt 1973 geäußert in »Vier Kriterien der Elektronischen Musik«. Als diese Kriterien nennt Stockhausen die »Komposition des musikalischen Zeitkontinuums«, die »Dekomposition des Klanges«, die »Komposition mehrschichtiger Räumlichkeit« sowie die »Gleichberechtigung von Ton und Geräusch«. Ein Vergleich mit früheren Texten Stockhausens zu diesem Thema ist insofern besonders interessant, da er sich in den siebziger Jahren zunehmend auf intuitive Musikpraktiken hin orientierte.

Seine Darstellung der ersten Kategorie, des musikalischen Zeitkontinuums – am Beispiel von *Kontakte* – geht im wesentlichen auf seinen Aufsatz ». . . wie die Zeit vergeht . . .« von 1957 zurück[196], in dem er Transformationsmöglichkeiten von rhythmischen Strukturen in Klangstrukturen beschrieb und interessante Überlegungen zur Vieldimensionalität musikalischer Abläufe anstellte, die er der Eindimensionalität alter Musik gegenüberstellte:

> Die *eine* Perspektive ist durch Relativität zu einer Vieldimensionalität geworden. Was Rhythmus ist, ist unter Umständen gar kein Rhythmus, oder ist so gestaucht, daß er plötzlich eine Melodie, ein melodisches Phänomen wird, oder ein Klangfarbenphänomen. Und dieses kontinuierliche Übergehen von einer Perspektive in eine andere *während ein und desselben Stückes*: das ist eigentlich das Thema des Komponierens geworden. Nicht mehr irgend etwas anderes zu komponieren oder darzustellen oder zu exemplifizieren oder zu konstruieren, sondern die *Transformationsmöglichkeiten der Klangmaterie sind das Thema selbst.*[197]

In diesem Sinne versteht Stockhausen auch sein zweites Kriterium, die »Dekomposition des Klanges«. Klänge nicht als unterscheidbare Träger melodischer Verläufe, sondern als eigentliches kompositorisches Objekt, dessen Entfaltung und Zusammensetzung Gegenstand der Arbeit des Komponisten ist. Diese Sichtweise entspricht der von Stockhausen zur Zeit der *Kontakte* um 1960 geübten Kompositionspraxis: entgegen der ursprünglichen Orientierung – der Synthese von Klangereignissen aus Sinustönen – beliebige, auch nichtelektronische Klänge als kompositorisches Objekt zu akzeptieren. Auf diesem gewandelten Verständnis beruht letztlich auch der Kompositionsplan der *Kontakte*, wo bekanntlich Übergänge zwischen verschiedenen Instrumentalklangfarben mit elektronischen Mitteln realisiert wurden. In diesem Fall wurden also die Instrumentalklangfarben zum Objekt der Dekomposition.

Das dritte Kriterium, die »Verwirklichung einer musikalisch mehrschichtigen Räumlichkeit«, d. h. der Bewegung des Klanges im Raum, beschreibt Stockhausen so:

> Es gibt *räumliche Konstellationen*, die genau so klar sind wie Intervallkonstellationen in der Harmonik; [. . .] Raumkonstellationen sind so komponiert wie die Intervallkonstellationen in Melodien und Akkorden. Ich spreche dann von *Raummelodik* und *Raumharmonik*.[198]

Das Mittel zur Verwirklichung ist die Verteilung der Musiker und anderer Klangquellen im Raum, wie von Stockhausen z. B. in den *Gruppen* für drei Orchester oder in *Carré* für vier Orchester angeordnet, wo sich die Klangkörper um die Zuschauerplätze herum gruppieren, wobei die Wiedergabekanäle für die vier-(oder mehr-)kanaligen Tonbänder jeweils einer Raumecke zugewiesen sind. Durch das gezielte Überblenden von Klangereignissen von einem Kanal zu einem oder mehreren anderen Kanälen lassen sich präzise räumliche Bewegungsmuster erzeugen. Stockhausen leitet die Notwendigkeit zur Gestaltung der Klangräumlichkeit aus der Forderung nach neuen, unverbrauchten musikalischen Parametern ab, da »die Tonhöhen vorläufig noch völlig lahmgelegt (sind). Harmonik und Melodik funktionieren nur noch relativ, sind neutral durch das Zerbrechen bzw. das völlige Auslaufen des tonalen Systems.«[199]

Folgerichtig entwirft Stockhausen eine neue Raummusik, in der Richtung, Geschwindigkeit und räumliche Tiefe von Klangereignissen gezielt komponierbar sein sollen.

Diese Gedanken lassen sich als konsequente Weiterführung der räumlichen Auffächerung von Klängen verstehen, wie sie Stockhausen 1955/56 in seinem *Gesang der Jünglinge* erstmals verwendet hatte. Dort wurde die Klangverteilung im Raum als serieller Parameter definiert, diente jedoch gleichzeitig zur Auffächerung der musikalischen Struktur, um die kompositorischen Abläufe plastischer hervortreten zu lassen.

Stockhausen räumt dabei ein, daß diese neue Dimension in der neueren Geschichte der westlichen Musik nicht als Bedeutungsträger fungiere: »[. . .] es macht die Musik nicht klarer oder unklarer, wenn die Sitzordnung von Musikern geändert wird, [. . .].«[200]

Dennoch will Stockhausen diesen eher durch äußere Umstände (Anzahl der Musiker, Größe und Form des Aufführungsraumes usw.) bedingten Charakter der Räumlichkeit zu einem substantiellen musikalischen Element und einem integralen Bestandteil der Komposition machen, so den Weg weitergehend, der mit der Gestaltung der Klangfarbe als eines selbständigen kompositorischen Parameters in den fünfziger Jahren beschritten worden war – ein Vorgang, wie er ähnlich im Verständnis der Klangfarbe sich vollzog, das ursprünglich von ihrer Aufgabe zur Darstellung separater Stimmvorläufe geprägt war.[201] In beiden Bereichen handelt es sich um den Wandel einer bisher untergeordneten klanglichen Dimension zum gestaltungsfähigen musikalischen Parameter.

Das vierte Kriterium elektronischer Musik sieht Stockhausen in der »Gleichberechtigung von Ton und Geräusch«. Er beruft sich auf zwei musikalische Materialkategorien, die Herbert Eimert in seiner Systematik als wesentliche Elemente der elektronischen Musik definiert hat. Damit wird letztlich jeder beliebige Klang zum potentiellen musikalischen Material:

> Nicht die Klänge sind gute oder schlechte Musik, sondern es kommt darauf an, was damit gemacht wird. Ob sie vermittelt, ob sie *wirklich komponiert* sind. Oder ob sie nur wie in einer Ausstellung exponiert sind [. . .].[202]

Diese Auffassung spiegelt den Paradigmenwechsel der elektronischen Musik – weg von dem aus Sinustönen generierten Klangobjekt und hin zur diffizilen Bearbeitung von Klängen –, der seinerzeit (z. B. 1955/56 beim *Gesang der Jünglinge*) schon von Stockhausen und anderen intendiert war. Fragen der Klangerzeugung bzw. -genese traten zugunsten systematischer Klangmodifikationen in den Hintergrund. Zur Erläuterung seines vierten Kriteriums zog Stockhausen ebenfalls seine damals bereits mehr als zehn Jahre alten *Kontakte* heran, in deren Kompositionsplan u. a. die Wechselbeziehung von Klang und Geräusch eine Rolle spielt. Seine Vorstellungen von der jeglichen hierarchischen und musikalischen Zusammenhang zerstörenden Rolle des Geräusches steht in bezeichnendem Gegensatz zur Auffassung von z. B. Pierre Boulez. Zwar spricht Stockhausen wie Boulez von den Geräuschen als dem »unpräziseren Material« und bescheinigt ihnen innerhalb eines tonhöhenbestimmten Zusammenhangs eine »ausgesprochene Ablenkungsfunktion«, dennoch ist er, im Gegensatz zu Boulez, von der Notwendigkeit überzeugt, Geräusche in elektronischer Musik als Gestaltungsobjekt anzuerkennen. Das hängt mit Stockhausens zunehmender Kritik an einer strukturalistisch orientierten, »abstrakten« Musiklehre zusammen, in welcher er die rezeptive Komponente völlig vermißt:

> Und es wäre doch die elementarste notwendige Ausbildung, daß man jetzt mehr und mehr, und zwar in Gruppenteams, genau erforscht: was geschieht bei bestimmten Geräuschen, bei bestimmten Tönen, Tonkonstellationen, damit wir eine *neue Lehre des musikalischen Erlebens* bekommen als Ergänzung zur abstrakten Lehre.[203]

In diesem Sinne bezieht sich die Gleichberechtigung von Ton und Geräusch mehr auf die phänomenologisch-rezeptive Seite als auf die Integration in ein Kompositionssystem, in dem das strukturelle Denken dominiert.

Die weitere Entwicklung elektronischer Musik war vor allem durch zwei Gegebenheiten gekennzeichnet: Erstens hatte sich nach und nach durch Integration von Techniken der Musique concrète und der Music för Tape die Materialbasis so erweitert, daß es keinerlei Beschränkungen mehr gab. Begünstigt durch die technische Entwicklung, konnten von nun an die Komponisten vorzugsweise mit Originalaufnahmen arbeiten, die im Studio mit analogen und digitalen Mitteln vielfältigen Manipulationen unterworfen wurden. Zweitens hatte sich – im Vergleich mit der Zeit bis zu den siebziger Jahren – eine enorme Auffächerung und Differenzierung der künstlerischen Konzepte ergeben, die sich nicht länger nur einer dominierenden ästhetischen Strömung zurechnen ließen – eine Entwicklung, die selbstverständlich nicht allein für elektronische Musik charakteristisch war, sondern für das gesamte zeitgenössische Schaffen galt.

»Der wohlprogrammierte Computer« – Digitale Klangerzeugung und Klangsteuerung

Der Computer und seine musikalischen Anwendungen

Musikcomputer sind mittlerweile auf einer Bühne etwas Selbstverständliches. Und doch scheint es für viele noch überraschend, daß elektronische Datenverarbeitung und Musik etwas miteinander zu tun haben sollen. Warum man versucht, so »unmusikalische« Geräte wie Computer in musikalische Prozesse einzubeziehen, und welcher Art die dabei erreichbaren Ergebnisse sind, das soll Gegenstand der folgenden Kapitel sein.

Neben der Verwendung in studiotechnischen Geräten gibt es vier große musikalische Anwendungsbereiche für Computer, die sich mit den Stichworten Komposition, Klangerzeugung, Klangsteuerung und Klangspeicherung umreißen lassen.

Die historisch älteste Möglichkeit ist die Komposition mit Computerunterstützung. Sie wird auch als »Partitursynthese« bezeichnet, da sich in diesem Fall die Mithilfe des Computers auf einen mehr oder weniger großen Anteil bei der Errechnung von musikalischen Strukturen beschränkt. Diese Strukturen müssen anschließend in eine musikalische Partitur umgewandelt werden, die dann von traditionellen Instrumenten in traditioneller Weise interpretiert wird. Weiß der Hörer nicht, daß diese Musik mit Hilfe eines Computers zustande gekommen ist, wird es ihm schier unmöglich sein, die Produktionstechnik herauszuhören. Ausgangspunkt ist die Annahme, daß jede Kompositionsregel, die sprachlich formuliert werden kann, auch für einen Computer programmierbar ist.

Die technisch aufwendigste Art der Computeranwendung ist die »Klangsynthese«, obwohl sich ihr Prinzip relativ einfach anhört: Klänge werden nicht einfach elektronisch erzeugt, sondern zuerst berechnet, digital gespeichert und dann in einem Digital/Analog-Wandler in Signale umgeformt, die durch Verstärker und Lautsprecher hörbar gemacht werden können. Klangerzeuger, wie Oszillatoren oder Generatoren, sind in diesem Fall nicht physisch vorhanden. Ihre klanglichen Eigenschaften werden durch verschiedenartige Computerprogramme simuliert.

Für die »Steuerung klangerzeugender Geräte«, den dritten großen Anwendungsbereich, reichen relativ kleine Computeranlagen aus. Die Handhabbarkeit der so steuerbaren Klangerzeuger erlaubt die Ausführung einer Vielzahl von Regelungsvorgängen simultan und mit größter Präzision.

Der vierte Bereich musikalischer Computeranwendung ist die »Klangspeicherung«. Damit ist die Aufzeichnung digitalisierter Klangdaten auf der Festplatte eines Computers gemeint, wofür sich auch im deutschen Sprachraum die Bezeichnung »Harddisk-Recording« durchgesetzt hat. Die Klangspeicherung im Computer stellt gegenüber bisherigen Speichermedien, wie Tonband oder Schallplatte, zwar keine prinzipielle Neuerung dar, bietet aber im Vergleich zu diesen Medien eine Reihe von verbesserten Eigenschaften der Handhabung. Dazu gehört in erster Linie die durch Digitalspeicherung erreichbare höhere Audioqualität, die Möglichkeit des Kopierens ohne Qualitätsverlust sowie, und das fällt schon fast in den Bereich Komposition, die im Vergleich zum Tonband nochmals erheblich verbesserten, d. h. einfacher handhabbaren Möglichkeiten der Bearbeitung durch digitale »Schnitt-« und Filterungs-Techniken.

Die Anfänge

Der Traum von der automatischen Erzeugung und Steuerung musikalischer Abläufe ist schon sehr alt. Nicht erst seit der Entdeckung der Elektrizität wurde über diese Möglichkeiten nachgedacht. Bereits an der Wende zum 17. Jahrhundert hat man mit Hilfe mechanischer Musikinstrumente denselben Zweck verfolgt.

Zwar existierten die frühesten Formen mechanischer Musikinstrumente, die Glockenspiele, bereits im Mittelalter; erst zu Beginn des 17. Jahrhunderts aber waren durch die Entwicklung der Mechanik als Teildisziplin der Physik Grundlagen für eine breitere Anwendung gegeben. Mindestens ebenso wichtig für die Konstruktion von Musikautomaten war die wachsende Überzeugung, daß Musik weniger ein Abbild Gottes als die Kunst geschickter Zahlenanordnungen ist, also der Wandel von mittelalterlichem zu neuzeitlichem (aufgeklärtem) Denken.

Als eine der frühesten Überlieferungen in diesem Bereich gilt die »Arca musarithmica«, eine mechanische Komponiermaschine, von welcher der Jesuitenpater und Musikgelehrte Athanasius Kircher (1601–1680) in seiner 1650 gedruckten *Musurgia universalis* berichtete. Die Bedienung der Maschine erfolgte durch freie Kombination von hölzernen Schiebern, auf denen sich Symbole für Tonhöhe, Takt und Rhythmus befanden. Diese Art mechanischen Komponierens bezeichnet Kircher in Buch VIII seiner *Musurgia universalis* als »Ars combinatoria«, die nach speziellen Regeln der Zahlenvariation (Permutation) zu erfolgen hat. Die Anzahl der kombinatorischen Möglichkeiten war so groß, daß Kircher zu dem Schluß kam: Wenn ein Engel seit Anbeginn der Welt angefangen hätte, die Zahlen zu kombinieren, wäre er heute – also 1650 – noch immer nicht damit fertig.[204]

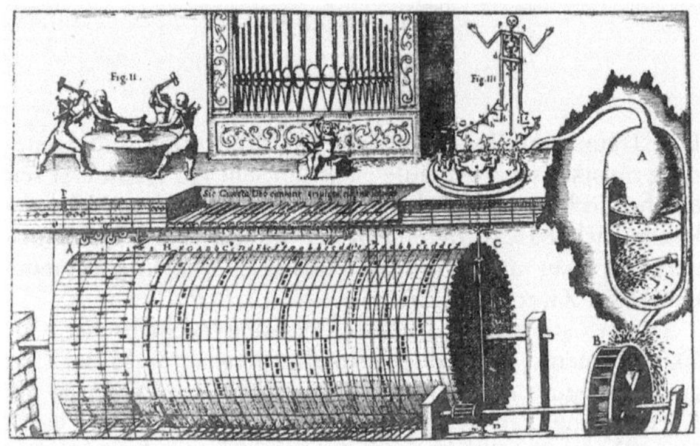

Abb. 30 Mechanisches Musikwerk aus der *Musurgia universalis* von Athanasius Kircher (1650).

Außer der *Musurgia universalis* widmete Kircher übrigens auch den Traktat *Phonurgia nova* (1673) der Musikerzeugung mittels mechanischer Techniken. Bei Kircher finden sich ferner zahlreiche, zum Teil utopische Entwürfe für mechanische Musikautomaten, deren programmgesteuerte Bewegungsabläufe, meist auf einer Walze, durch Wasserkraft bewirkt werden sollten.

Neben Kircher war es sein Schüler Caspar Schott (1608–1666), auch er ein Jesuitenpater, der über mechanische Musikinstrumente geschrieben hat. Musikautomaten wurden im Barock wichtige Gegenstände der Kunst- und Wunderkammern der Aristokratie, die das Wunderbare im Sinne des Erstaunlichen, Ungewöhnlichen und Kuriosen schätzte. Und das begüterte Bürgertum begann es ihr gleichzutun.

Während etwa bis 1770 der deutsche Raum als das Zentrum der Musikautomatenherstellung galt, verlagerte sich in der folgenden Zeit der Schwerpunkt nach Frankreich, England und in die Schweiz. Berühmt wurde der Franzose Jacques Vaucanson (1709–1782) mit der naturalistischen Konstruktion eines Satyrs, der zwölf verschiedene Melodien mit den dazugehörigen Finger- und Lippenbewegungen auf seiner Querflöte spielen konnte, eines Hirten, der auf einer Einhandflöte 20 verschiedene Melodien spielte und sich dazu auf einer Trommel begleitete, sowie einer

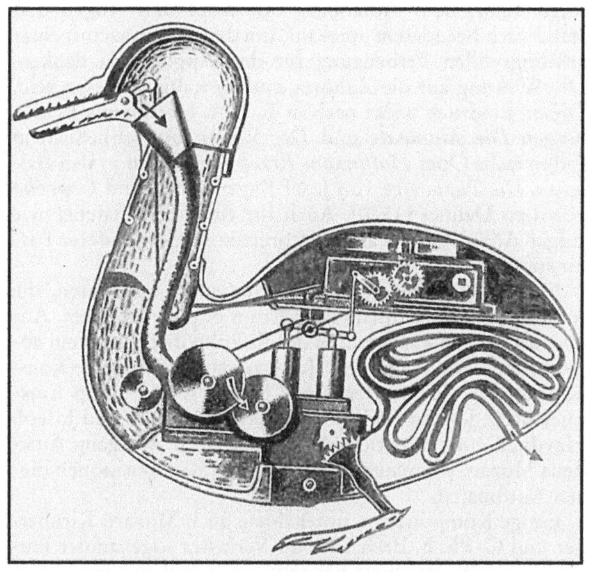

Abb. 31 Vaucansons Ente. Jacques Vaucanson gehörte im 18. Jahrhundert zu den Schöpfern berühmter mechanischer Automaten.

Ente aus vergoldetem Kupfer, die trank, fraß, schnatterte, im Wasser nach Futter schnäbelte und sogar verdaute wie eine lebendige Ente.

Einen Prozeß wegen Zauberei handelten sich die Schweizer Automatenerfinder Pierre Jaquet-Droz (1721–1790) und sein Sohn Henry-Louis (1752–1791) ein. Von ihren Konstruktionen sorgte besonders »La Musicienne« in weiten Teilen Europas für Aufsehen: eine Klavierspielerin aus Wachs mit, wie es hieß, »den anmutigen Zügen eines jungen Mädchens«. Sie spielte verschiedene Stücke auf dem Klavier, folgte dabei dem Notenblatt mit Kopf und Augen und stand nach beendetem Spiel auf, um den Zuhörern mit einer achtungsvollen Verbeugung für den Applaus zu danken. Die Wirkung auf die Zuhörer muß gewaltig gewesen sein. Dieser Eindruck wirkt nach in E. T. A. Hoffmanns Erzählungen *Die Automate* und *Der Sandmann*, schließlich in Offenbachs Oper *Hoffmanns Erzählungen* und in den Balletten *Die Puppenfee* von Josef Bayer (1888) und *Coppélia* von Léo Delibes (1870). Auch für einen Schriftsteller wie Edgar Allan Poe[205] waren Automaten von besonderer Faszination.

Im 19. Jahrhundert waren es vor allem Spieluhren, die mechanische Musik beim Bürgertum populär machten. Anders als bei den Flötenuhren des Rokoko diente hier ein abgestimmter Stahlkamm zur Tonerzeugung. Berühmte Komponisten wie Johann Joachim Quantz, Carl Philipp Emanuel Bach, Johann Philipp Kirnberger, Michael und Joseph Haydn, Georg Friedrich Händel und auch Wolfgang Amadeus Mozart widmeten eine Reihe von Kompositionen diesen Automaten.

Einige Komponisten, unter ihnen auch Mozart, Kirnberger und C. Ph. E. Bach, sind als Verfasser sogenannter musikalischer Würfelspiele bekannt, einer frühen Form automatischen Komponierens. Das Prinzip war denkbar einfach: Jeder ausgewürfelten Zahl wurden zuvor komponierte Takte zugeordnet, die aufeinander abgestimmt und folglich beliebig kombinierbar waren. Zu Beginn des 19. Jahrhunderts nahm die Verbreitung dieser Methode zu und fand, vor allem durch den sprunghaft anwachsenden Bedarf an Tanz- und Unterhaltungsmusik, beim Komponieren von Walzern, Schleifern, Menuetten und Polonaisen Verwendung.

Bei der automatischen Wiedergabe von Musik, die teilweise speziell für diese Automatenaufführung komponiert worden war, dominierten im 19. Jahrhundert Musikautomaten der verschiedensten Ausführungen. In ihren Antriebsaggregaten fanden zunehmend Elektromotoren Verwendung, die das nach wie vor mechanische Musikwerk in Bewegung setzten. Erst mit der Weiterentwicklung der Technik im 20. Jahrhundert entfielen zahlreiche technische Hindernisse, gegen die Konstrukteure mit ihrem Traum von der automatischen Erzeugung und Steuerung musikalischer Abläufe bisher vergeblich angekämpft hatten.

Komposition mit dem Computer

Erste Experimente mit Lejaren Hiller und Iannis Xenakis

In den vierziger Jahren des 20. Jahrhunderts ermöglichte der Übergang von der elektromechanischen zur elektronischen Bauweise erstmals die Konstruktion großer, wirklich funktionierender Rechenautomaten. Der erste echte programmierbare Computer, der ohne elektromechanische Elemente, ausschließlich mit Elektronenröhren – insgesamt nicht weniger als 18 000 Stück –, arbeitete, wurde von den Ingenieuren J. Presper Eckert und John W. Mauchly 1946 an der Universität von Pennsylvania fertiggestellt und »Electronic Numerical Integrator and Computer«, kurz ENIAC genannt. Diese Rechenmaschine, die 5000 Rechenoperationen pro Sekunde ausführen konnte, war in erster Linie Ergebnis eines speziellen militärischen Interesses der USA, die sich damals noch im Krieg befanden. Zu spüren bekamen die Forscher dieses Interesse an Entwicklung und Konstruktion von Großrechenanlagen vor allem durch die großzügige Finanzierung ihres Projekts.

Das Ende des Zweiten Weltkrieges sowie zahlreiche Neuentwicklungen auf dem rasch expandierenden Gebiet der elektronischen Rechentechnik begünstigten die Verfügbarkeit von Großrechnern für zivile Anwendungen. Im September 1955 begannen Lejaren A. Hiller und Leonard M. Isaacson, den Computer der Universität von Illinois in Urbana zur Lösung musikalischer Aufgaben zu verwenden. Außer der musikalischen Analyse unter informationstheoretischem Aspekt stand dabei besonders die Verwendung von Computern im kompositorischen Prozeß erstmals im

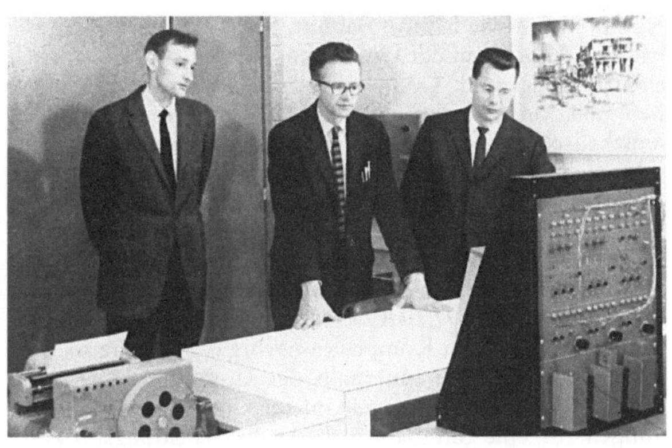

Abb. 32 Lejaren A. Hiller (Mitte) und Mitarbeiter im Rechenzentrum der Universität Illinois bei der Erarbeitung der ILLIAC-Suite (um 1955).

Zentrum der wissenschaftlichen Forschung. Bereits im August des folgenden Jahres lag das erste klingende Resultat vor, die *ILLIAC-Suite* für Streichquartett von Hiller und Isaacson, eine Komposition von 21 Minuten Dauer, deren größter Teil vom Namensgeber stammte, dem Rechenautomaten ILLInois Automatic Computer. Neben dem später in die Industrie übergewechselten Mathematiker Leonard M. Isaacson hat vor allem Lejaren A. Hiller (1924–1994) als Pionier der Computermusik zu gelten. Ein Blick auf seinen Lebenslauf zeigt Erstaunliches: Der Doktor der Chemie arbeitete lange Zeit im erlernten Fach, erst wissenschaftlich, dann in der Industrie, veröffentlichte ein Chemielehrbuch und erhielt ein Patent im Bereich Acrylfasern. Er bildete sich aber auch in Elektrotechnik und Elektronik weiter und studierte »nebenbei« Musik, u. a. bei einem so arrivierten

Komponisten wie Milton Babbitt. Seit 1958 lehrte er musikalische Akustik an der Universität Illinois, wozu bald auch elektronische und Computermusik gehörten. In seinen Kompositionen beschränkt er sich jedoch so wenig auf dieses musikalische Material wie er eine einzige Kompositionstechnik anwandte. Eine solche Vielseitigkeit und unorthodoxe Wendigkeit – die in Europa oft Skepsis an der Ernsthaftigkeit kompositorischer Arbeit hervorruft – ist charakteristisch für eine ganze Reihe amerikanischer Komponisten.

In ihrem Buch *Experimental Music* haben Hiller und Isaacson 1959 ihre *ILLIAC-Suite* ausführlich kommentiert. Sie betrachteten den Kompositionsvorgang als eine so vollständig wie möglich innerhalb des Computers simulierte Folge von Entscheidungen. Um im Computer die Bedingungen für eine Simulation dieser Entscheidungsprozesse zu schaffen, gingen sie in zwei Arbeitsschritten voran. Zunächst wurde ein Zustand geschaffen, in dem Willkür herrscht. Danach wird dem chaotischen Zustand Zug um Zug ein von zuvor programmierten Arbeitsanweisungen abhängiges Maß von Ordnung auferlegt.[206] Im einzelnen: Der erste Schritt, die Transformation willkürlicher ganzer Zahlen, der sogenannten Zufallszahlen, die im Computer in der Regel durch einfache mathematische Vorgänge erzeugt werden,[207] ins Musikalische, erfolgt durch einen verblüffend einfachen Kunstgriff. Man setzt die ganzen Zahlen zu musikalischen Parametern – Tonhöhe, Tondauer, Lautstärke usw. – in Beziehung, indem man den einzelnen Tonparametern Folgen von Zufallszahlen zuordnet. Diese Zufallszahlen variieren die musikalischen Parameter in zuvor festgelegten Grenzen. So entsteht innerhalb der vorab bestimmten Parameterbereiche eine musikalische Zufallsfolge – »willkürliche Musik«, wie Hiller sie nannte.[208]

Im zweiten Arbeitsabschnitt werden aus den zufälligen Ereignissen der ersten Stufe Tonfolgen ausgewählt, deren Struktur einem zuvor festgelegten musikalischen Konzept entspricht. Dieses Vorgehen erscheint traditionellen musikalischen Verfahren gegenüber weniger frevelhaft, als es auf den ersten Blick aussehen mag, wenn man Komponieren generell als eine Methode bezeichnet, aus der Fülle aller Töne auf eine spezielle Art bestimmte Töne auszuwählen und in Verbindung zu bringen. Der Computer fungiert in diesem Fall nicht als »Kompositionshilfe«, um Entscheidungen des Autors zu verifizieren, sondern als eigenständiges Kreationssystem, das auf der Grundlage programmierter Regeln, sprich Algorithmen, selbst eine Auswahl vornimmt, Entscheidungen trifft und entsprechende Resultate hervorbringt.

Die programmierten Regeln sind natürlich von Komponist zu Komponist anders. Sie unterliegen den Bedingungen des Personalstils und eines Zeitstils, auch des Zwecks der Komposition. In ihrer Gesamtheit machen sie die »Kompositionsregeln« aus, die jedoch weit mehr sind, als sich in speziellen Lehrsätzen formulieren läßt. Um nun trotzdem zu Auswahlprinzipien zu gelangen, die auch ein Computer versteht, gibt es zunächst die Möglichkeit, bestimmte Regeln der Harmonielehre als Grundlage für das Auswahlprogramm im Computer zu benutzen. Der Computer »komponiert« also nach von außen vorgegebenen, explizit formulierten Regeln. Entsprechen diese Regeln einem bestimmten historischen Stil, so wird das vom Computer Hervorgebrachte im Idealfall genauso wie Musik jener historischen Epoche klingen.

Eine weitere Möglichkeit bietet die »Lernfähigkeit« des Computers. Statt expliziter Regeln wird eine Anzahl fertiger Kompositionen in den Computer eingegeben, die die Regeln implizit enthalten.[209] Der Computer muß aus den eingegebenen Mustern diejenigen Regeln herleiten, die für die kompositorische Auswahl von Wichtigkeit sind. In diesem Fall hat der Computer zwei Arbeitsschritte zu bewältigen, zuerst die Analyse des eingegebenen Materials und anschließend die Synthese von musikalischen Abläufen nach den Regeln. Diese Regeln umfassen jedoch nicht nur Lehrsätze der Harmonik oder des Kontrapunkts, sondern auch statistische Angaben beispielsweise über Häufigkeit und Dichte bestimmter Töne oder Tongruppen.

Explizite Kompositionsregeln bildeten bei Hiller und Isaacson die Grundlage für ihre *ILLIAC-Suite*. Diese Regeln waren für die vier Sätze des Stückes jeweils verschieden. Im ersten und zweiten Satz dominierten die Palestrina-Kontrapunktregeln, die Johann Josef Fux 1725 in seinem berühmten Werk *Gradus ad Parnassum* formuliert hatte. Von einfachen, aus drei bis zwölf Tönen bestehenden Cantus firmi steigerte sich die Komplexität bis zum vierstimmigen Satz. Dabei erhöhte sich neben der Stimmenanzahl auch die Art des Kontrapunktes, was gleichfalls zu einer Ausweitung des Tonvorrats führte. Im dritten und vierten Satz dominierten Kompositionsregeln der Gegenwartsmusik, von Elementen der Zwölftontechnik bis zu Grundtypen sogenannter stochastischer Musik, in der die musikalische Struktur von Wahrscheinlichkeitsüberlegungen für das Auftreten einzelner Töne oder Tongruppen bestimmt wird.

Hiller und Isaacson entwickelten auf dem ILLIAC-Computer ein spezielles Kompositionsprogramm mit dem Namen MUSICOMP (MUsic-Simulator-Interpreter for COMpositional Procedures). Sie versuchten damit ein allgemeingültiges Modell zu schaffen, das die normalerweise im Kopf des Komponisten ablaufenden logischen Selektionsvorgänge des musikalischen Materials maschinell nachvollziehbar macht, ausgehend von der Auffassung, das Komponieren sei eine fortlaufende Reihe definitiver Entscheidungen. Das Spektrum der Entscheidungsebenen reicht von grundsätzlichen Auswahlkriterien (was komponiere ich wofür?) bis zu den satztechnischen Details einer einzelnen Stimme. Gegenstand dieser Entscheidungen ist zum einen der Ablauf des Kompositionsvorganges, also die musikalische Großform, zum anderen sind es die Elemente, welche in diesem Ablauf angeordnet werden sollen. Diese Prozesse wurden bei MUSICOMP durch unterschiedliche

Programmebenen repräsentiert. Damit sollte erreicht werden, daß kein bestimmter musikalischer Stil reproduziert wird, sondern der Komponist selbst mit den von ihm ausgewählten Techniken, Elementen und Formen diesen bestimmt.

Dieses Programm kam bei der *Computer-Cantata* erstmals zur Anwendung, Hillers zweitem Kompositionsprojekt, das ursprünglich als Fortsetzung der *ILLIAC-Suite* geplant war. Doch als er sie gemeinsam mit Robert A. Baker im Frühjahr 1963 realisieren wollte, war der ILLIAC-Computer wegen Wartungsarbeiten nicht mehr zugänglich, so daß alle verwendeten Teile des MUSICOMP-Programmes für ein neues Computersystem umgeschrieben werden mußten. Da es sich bei dem neuen IBM 7090-Computer um ein serienmäßig hergestelltes und damit vielfach vorhandenes System handelte, hatte dieser Umstand auch einen Vorteil: Die Zahl derjenigen, die das Programm MUSICOMP nutzen konnten, erhöhte sich schlagartig.

Die Kompositionsmethode der *Computer-Cantata* für Sopran, Tonband und Kammerensemble war nicht mehr die der *ILLIAC-Suite*. Die fünf Strophen, die jeweils von einem Pro- und einem Epilog eingerahmt werden, sind stochastische Annäherungen an die Struktur von gesprochenem Englisch.[210] Diese Struktur wurde durch Phonemreihen repräsentiert, Folgen kleinster Lauteinheiten, wie sie Grundlage für jede Sprache sind. Die Struktur dieser englischen Phonemreihen wurde durch statistische Analyse einer zufällig ausgewählten Textstelle in einer Zeitschrift ermittelt. Die Anordnung der Phoneme und ihre Verkettung in charakteristischen Kombinationen bildete die Basis für die musikalische Struktur. Es wurden die Wahrscheinlichkeiten für das Auftreten einzelner Phoneme sowie die Übergangswahrscheinlichkeiten für Phoneme in Gruppen wachsender Größe ermittelt, und davon – ebenfalls auf statistische Weise – vier Stufen der Annäherung an die phonetische Ausgangsstruktur errechnet. Die nach dieser Struktur angeordneten musikalischen Elemente waren ebenfalls konkreter Herkunft. Sie stammen aus der Partitur des Orchesterstücks *Three Places in New England* von Charles Ives (1914).

Die phonetischen Strukturen der Texte mit ihren zunehmenden Annäherungen an die Struktur des Ausgangstextes bestimmten den Aufbau der einzelnen Strophen der *Computer-Cantata*. Damit näherte sich das musikalische Gefüge in steigender Weise einer Ordnung an, die durch den Ausgangstext vorgegeben war. Zu den Besonderheiten dieses Stückes zählt, daß die wechselnde statistische Verteilung der Phoneme als Ordnungsprinzip für die Gruppierung von Tonhöhen und Tondauern herangezogen wurde. Als Basis diente die Ermittlung von Übergangswahrscheinlichkeiten, der bei der Synthese von Tönen eine wachsende Tendenz zur Wiederholung identischer oder benachbarter Parameter in Tonhöhe und Tondauer innewohnt. Mit steigenden Übergangswahrscheinlichkeiten – durch Annäherung an die ursprüngliche Phonemstruktur – wurde so der Eindruck einer zunehmenden Stetigkeit und Festigkeit musikalischer Abläufe erreicht.

In den ebenfalls 1963 entstandenen *Sieben Studien für Zweikanaltonband* knüpfte Lejaren Hiller an die Erfahrungen beim Umgang mit Sprachstrukturen an. Der Schwerpunkt lag hier jedoch weniger auf einer statistischen Aufbereitung dieser Strukturen als auf unmittelbar daraus ableitbaren musikalischen Parametern. So nutzte Hiller in der ersten Studie beispielsweise Vokalklänge und ihre charakteristischen Resonanzfrequenzen als Ausgangspunkt für elektronische Klangbildungsprozesse. Der Sprachrhythmus diente hier direkt als Strukturierungsgrundlage.

Auch bei der Komposition von *HPSCHD* (für ein bis sieben Cembali und cembaloähnliche Klänge), einem gemeinschaftlichen Projekt von Hiller und John Cage, wurde auf das MUSICOMP-Programm zurückgegriffen. Hiller beschrieb den Entstehungsprozeß im Jahr 1967 als Erweiterung der bestehenden MUSICOMP-Programmroutinen, um die von Cage zu dieser Zeit bevorzugten I Ching-Operationen auch mit dem Computer durchzuführen.[211] Diese Operationen wurden zur Auswahl der Tonhöhen in gleichstufigen Skalen von 5 bis 56 Tönen pro Oktave verwendet, zur Bestimmung von Abweichungen davon sowie für die Ermittlung der Dauer jeder Tonhöhe. Zwar hätte Cage dieses Stück auch durch manuelles Münzenwerfen komponieren können, doch sprachen schon rein praktische Gründe für den Computereinsatz: Es wären 18 000 Würfe mit jeweils drei Münzen erforderlich gewesen.

Bemerkenswert ist, daß Hiller weiterhin auch unmittelbarere und damit leichter handhabbare kompositorische Verfahren anwandte. Dies mag ein Indiz dafür sein, daß quantitative Kompositionsverfahren mittels statistischer Methoden nur einen Teil des schöpferischen Vorganges widerspiegeln und kompositorische Phantasie eben auch die Reibung am konkreten musikalischen Material sucht.

Die für den Lebenslauf von Lejaren A. Hiller charakteristische Verbindung von Kunst und Naturwissenschaft ist noch ausgeprägter bei Iannis Xenakis. Sein Name ist wie kaum ein zweiter mit der Anwendung mathematischer Prinzipien bei der Planung musikalischer Prozesse verbunden.

Der Grieche Xenakis, ein 1922 in Rumänien geborener und seit 1947 in Frankreich lebender Architekt (bis 1959 Assistent von Le Corbusier), studierte Musik bei Arthur Honegger und Darius Milhaud. Besonders prägte ihn jedoch Olivier Messiaen, bei dem er von 1950 bis 1952 Vorlesungen in musikalischer Analyse und Musikästhetik hörte. Anregung erhielt er auch von Pierre Schaeffer. Zu den bekanntesten Dokumenten der Arbeit mit Le Corbusier gehört der Philips-Pavillon auf der Weltausstellung 1958 in Brüssel, in dem Edgar Varèses *Poème électronique* präsentiert wurde.

Mitte der fünfziger Jahre begann Xenakis mit eigenen musikalischen Vorstellungen hervorzutreten. Sie entspran-

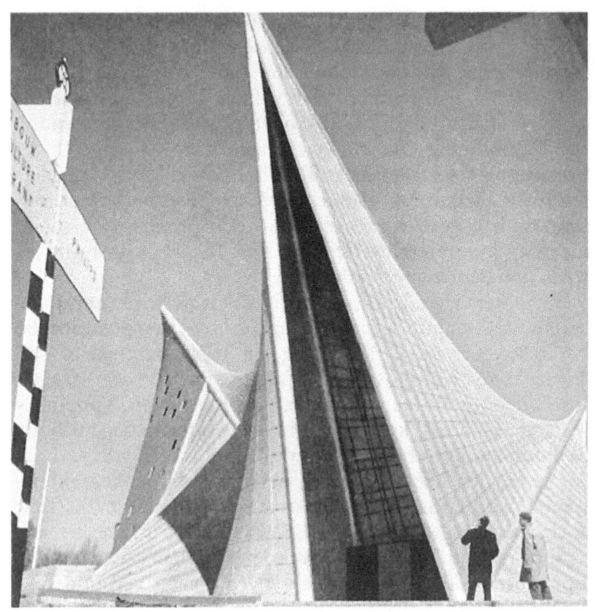

Abb. 33 Der Philips-Pavillon von Le Corbusier auf der Weltausstellung in Brüssel 1958.

gen, ähnlich wie bei Hiller und Cage, in erster Linie der Kritik an der seriellen Kompositionstechnik, die damals in Europa ihre größte Wirkung erreichte. Er bemängelte, daß als Ergebnis komplexer Reihenbildungen die lineare Polyphonie zerstört werde. Das akustische Resultat entziehe sich zunehmend einer differenzierten menschlichen Wahrnehmung:

> Was man hört, ist in Wahrheit nichts als Massen von Tönen in verschiedenen Registern. Die enorme Komplexität verhindert ein Verfolgen der Verflechtungen einzelner Linien durch den Hörer und übt damit einen makroskopischen Effekt aus, der sich in einer irrationalen und zufälligen Streuung von Tönen über das gesamte hörbare Spektrum äußert. Da ist ein prinzipieller Widerspruch zwischen einem polyphonen linearen System und dem gehörten Resultat, das aus Oberfläche bzw. Masse besteht.[212]

Weiterhin kritisierte Xenakis am seriellen System, daß es weder eine Vielfalt von Glissandi noch andauernde Evolutionen, noch mehr oder minder dichte Komplexe schaffen könne.[213] In der Art der Formulierung seiner Bedenken ist bereits ein neuer Ansatz enthalten. Er besteht darin, musikalische Phänomene auch theoretisch als das zu behandeln, was sie von ihrer Wahrnehmung her bereits sind.

> Der dem seriellen System inhärente Widerspruch läßt sich durch die Anwendung statistischer Mittel zur Beschreibung einzelner Tonzustände und zur Transformation von Klangkomponenten im zeitlichen Ablauf beseitigen. Der makroskopische Effekt läßt sich durch die Selektion von Elementen und deren gezielte Bewegungen beherrschen. Das Ergebnis ist die Einführung von Wahrscheinlichkeit [...].[214]

Dennoch geht Xenakis bei der Schaffung seiner Kompositionen nicht originär von mathematischen bzw. statistischen Überlegungen aus.

> Ich beginne mit einer Gehörvorstellung oder sogar mit einer optischen Vorstellung; die Ideen kommen, sie nehmen Gestalt an oder aber sie verblassen.[215]

Dieses Herangehen verweist auf Xenakis' Erfahrungen als Architekt und damit auf eine unmittelbare Verbindung von Ästhetik und mathematischer Logik. So bilden grafische

Strukturen den Ausgangspunkt für musikalische und architektonische Erfindung gleichermaßen. Am deutlichsten kommt diese Verwandtschaft in seinem ersten großen Orchesterstück, *Metastaseis* für 61 Instrumente, komponiert 1953/54, zum Ausdruck. Wichtige Konstruktionsideen dieser Komposition, wie die zahlreichen Glissandi der Streicher, die durch ihre unterschiedlichen Geschwindigkeiten ständig wechselnde Klangräume schaffen, übertrug Xenakis kurz darauf beim Entwurf des genannten Philips-Pavillons in das räumliche Medium Architektur.

Zur zentralen Kategorie musikalischer Abläufe wurde für Xenakis die Dichte von Klangereignissen und ihre Anordnung nach den Gesetzen mathematischer Wahrscheinlichkeit. Zur Beschreibung dieser Klangergebnisse verwendete er den Begriff »stochastische Musik«, der, ebenso wie der Begriff »aleatorische Musik«, zunächst lediglich darauf hinweist, daß am Zustandekommen der Klangprodukte auf irgendeine Art der Zufall in Form von Wahrscheinlichkeiten beteiligt war. Die Erforschung der Wahrscheinlichkeitsgesetze im musikalischen Bezug beherrschte seine Stücke bis zum Ende der fünfziger Jahre (*Pithoprakta* für 50 Instrumente, 1955/56; *Achorripsis* für 21 Instrumente, 1956/57; *Diamorphos*, elektronisch realisiert 1957).

Eine ganze Gruppe von Werken entstand 1962 durch die Anwendung eines Computers, an dessen Programmierung Xenakis seit 1956 arbeitete. Hierbei handelte es sich um einen IBM 7090-Computer, das gleiche Modell also, mit dem schon Hiller und Baker ihre *Computer-Cantata* errechnet hatten.

Xenakis formulierte seinen Ausgangspunkt in einer Frage: »Kann man, anhand eines allgemeinen Planes, der sich auf ein Minimum von Kompositionsregeln stützt, ein Werk schaffen, und hat dies überhaupt einen Sinn?«[216] Die Antwort suchte und fand Xenakis in der Wahrscheinlichkeitsrechnung. Er stellte fest, daß sich ihre Regeln in einer Rechenmaschine formalisieren ließen. Besonders interessant war für ihn, dabei eine Kompositionsform zu schaffen, die nicht mehr Gegenstand, sondern Idee an sich ist, d. h. eine Familie möglicher Musikwerke hervorbringen kann.

Xenakis verwendete den Computer zur Programmierung genau der Wahrscheinlichkeitsgesetze, die er bereits zur Komposition von Orchesterstücken (bes. 1956/57 *Achorripsis*) verwendet hatte. Sein Ziel formulierte er so:

> Man muß [...] ein Gebäude errichten können, ein abstraktes Gerippe aus Formeln und Schlußfolgerungen aufbauen, das, in Musik umgesetzt, vom Anfang bis zum Ende interessant ist.[217]

Auch über seine Arbeitsweise äußert sich Iannis Xenakis ausführlich:

> Ich füttere die Maschine mit einem scharf umrissenen, dichten Netz aus Formeln, mit einer ganzen Kette, was effektiv das Programm ausmacht. Dann fixiert man die Anfangsdaten, die man in eine Art »schwarzen Behälter« gibt. Die Maschine arbeitet und wirft gewisse Ergebnisse aus. Die Breite dieser Anfangsdaten kann sehr groß oder sehr klein sein, das hängt von einem selbst ab. Zu Beginn trifft man eine beliebige Auswahl, aber die Struktur, das abstrakte Gebilde ändert sich nicht. Von da aus gesehen hat man eine Vielfalt von feststehenden Gegebenheiten und beliebige Wahlmöglichkeiten: Die feststehenden Gegebenheiten entsprechen dem Programm, die beliebige Wahlmöglichkeit der besonderen Auswahl von Anfangsdaten.[218]

Als erstes Werk dieser Gruppe entstand das Stück *ST/10-1, 080262*. ST steht dabei für das Kompositionsprinzip »stochastisch«, 10-1 für das erste Werk mit zehn Instrumenten und die restlichen Ziffern für das Datum, an dem der Rechenvorgang durchgeführt wurde. Die anderen Werke dieser ST-Gruppe unterscheiden sich lediglich durch den Umfang ihrer Besetzungen, für die jeweils eine kompositorische Struktur nach diesem Programm errechnet wurde.

Xenakis favorisiert zwei Komponenten zur Steuerung des Resultats: die Struktur des Programms und die Variation der zu verarbeitenden Ausgangsparameter dieses Programms. Damit bleibt der Einfluß des Komponisten auf hoher Stufe gewährleistet. Dennoch bleibt das Computerprogramm primär, der Komponist kann lediglich durch die Variation der Rahmenbedingungen eingreifen.

Xenakis begründet die Notwendigkeit der Einflußnahme weniger theoretisch als unmittelbar aus Unzulänglichkeiten der Praxis; es geht ihm da um notationstechnische Fragen und um die Korrektur der für Instrumentalisten unspielbaren Computervorschläge. Wäre der Computer in der Lage, all dies bereits von sich aus zu berücksichtigen und dazu noch ein »musikalisch interessantes Endresultat« hervorzubringen, würde Xenakis das Ergebnis auch ohne individuelle Nacharbeit akzeptieren.[219]

Doch nicht nur Wahrscheinlichkeitsverteilungen und deren Simulation im Computer bildeten den Ausgangspunkt für seine kompositorische Technik. Schrittweise erweiterte er sein musikalisches Konzept durch andere mathematische Methoden. Die Spieltheorie bildete die Grundlage für die Stücke *Duel* (1959) und *Strategie* (1959–62), in denen jeweils zwei Orchester mit ihrem Dirigenten nach vorgegebenen Regeln »gegeneinander« agieren, woraus sich bei jeder Aufführung wechselnde Kombinationen der stochastischen Klangkonstruktionen ergeben.

Die mathematische Gruppentheorie war Grundlage des Stückes *Nomos Alpha* (1965/66) für Violoncello solo. Anwendungen der Reihentheorie und einfache algebraische Verknüpfungen finden sich im Klavierstück *Herma* (1960/1961) sowie in *Eonta* (1963/64) für Klavier und fünf Blechblasinstrumente.

Xenakis gehörte zu den ersten, die die Anwendung von Computern mit neuartigen kompositorischen Ideen verknüpften und damit die zeitgenössische Musik seit den fünfziger Jahren nachhaltig beeinflußten. Ein Ergebnis dieser Ideen war in der zweiten Hälfte der siebziger Jahre die Entwicklung des Computersystems UPIC. Es gestattete eine direkte Klangsynthese im Computer, die – und das war das Besondere – durch eine grafische Eingabe gesteuert werden konnte. Dem Komponisten wurde damit die Beschäftigung mit komplizierten Programmiersprachen weitgehend abgenommen. Statt dessen konnte er alle musikalischen Prozesse durch grafische Elemente steuern, die hier für den Computer »verständliche« Arbeitsanweisungen darstellen. Die Details der zeichenbaren musikalischen Abläufe wurden wiederum von stochastischen Gesichtspunkten bestimmt.

Auf diese Weise umging Xenakis ein Problem der deterministischen Computerkomposition, das sich vergleichsweise deutlich noch in den Arbeiten Hillers, aber auch in seinen eigenen Frühwerken gezeigt hatte. Während Hiller Reihenstrukturen aus Zufallssequenzen durch programmierte Regeln erzeugte, arbeitete Xenakis mit den Mitteln unterschiedlicher Wahrscheinlichkeitsverteilungen bei der Formung von Werken. Schon in den frühen Stücken Hillers (*ILLIAC-Suite; Computer-Cantata*) ließen sich gute musikalische Detaillösungen finden; bei der Konzipierung größerer Zusammenhänge jedoch, etwa der Entwicklung stückspezifischer Formprinzipien oder stilistischer Charakteristiken, zeigten sich deterministische Kompositionsprogramme in der Regel überfordert. Und die konkrete Formung von individuellen kompositorischen Einzelheiten erwies sich mit derartigen Programmen als nicht realisierbar.

Auch mit neueren und perfekteren Computersystemen blieb bisher stets ein prinzipieller Unterschied zwischen der »Denkweise« eines Computers, seiner formalen, an mathematischer Logik mit dem Ziel größtmöglicher Eindeutigkeit orientierten Sprache, und der Denkweise eines Komponisten, der selbst bei aller vermeintlichen Zufälligkeit seines

Tuns nicht von individuellen und gesellschaftlichen Implikationen unabhängig ist.

Anders dagegen das Auswahlprinzip des Computers, der – bei entsprechender Programmierung – mathematisch exakte Zufallsentscheidungen trifft. Daher ist die Frage berechtigt, ob Zufallsoperationen nicht einem fundamentalen ästhetischen Prinzip entgegenstehen: dem, daß Kunst aus der Planung und organisierten Präsentation verwandter Reize entsteht.[220]

Es gibt jedoch auch eine fundamental entgegengesetzte Sichtweise, wie sie etwa der Komponist Herbert Brün vertritt. Er geht von der Beobachtung aus, daß wir als denkende Wesen einem Computer zwar insgesamt überlegen, dennoch aber nicht in der Lage sind, das Gesamtpotential unserer Gehirne voll auszunutzen, frei zu verwalten und zeitlich die »eingebläuten gesellschaftlichen Bedingungen eines atavistischen Wettbewerbes um Leben und Tod zu koordinieren«.[221] Er bemängelt, daß »unsere Denkbilder, sowohl die der Wirklichkeit, als auch die der sogenannten naturgegebenen Bedingungen für jegliche Wirklichkeit, überaltert und längst nicht mehr adäquat« sind. Daraus leitet Brün die Notwendigkeit ab, sich vom Computer »helfen zu lassen«, d. h. »von der Maschine zu lernen, was im menschlichen Hirn noch mobilisierbar wäre«.[222]

Bei genauerer Betrachtung haben diese beiden entgegengesetzten Sichtweisen jedoch mehr Gemeinsamkeiten, als es zunächst scheinen mag. Wie auf der einen Seite die »Intuition« des Komponisten als Fenster des Unbewußten, ein konstitutives Element für ein Kunstwerk, tätig wird, ist es auf der anderen Seite die gleiche schöpferische Phantasie, die den Computer-Output interpretiert und damit zum Teil des Interpretierenden selbst macht.

Einen weiteren Punkt nannte der Komponist Gottfried Michael Koenig:

> Der Computer kann aufgrund der bis jetzt geschriebenen Programme seine Arbeit nicht fortwährend kontrollieren, wie der Komponist das tut. Der Computer kann sich nur, wenn er gerade ein Element wählt, nach den Regeln richten; er kann nicht aufgrund der getroffenen Wahl einen früher komponierten Takt verändern.[223]

Die Struktur der meisten Computersprachen, die den schrittweisen Ausschluß von Möglichkeiten nur durch hierarchische Beziehungen der einzelnen Entscheidungsebenen ermöglicht – quasi »von oben nach unten« –, steht der auf Parallelität von Entscheidungsprozessen hin orientierten menschlichen Denkweise nach wie vor gegenüber.

Der Computerkomponist sieht sich so gewissermaßen am Scheideweg. Zwei verschiedene Methoden bieten sich an: Weitere Entwicklung musikalischer Algorithmen mit dem Ziel einer immer genaueren Simulation menschlicher Denkvorgänge bei der musikalischen Komposition, um entsprechende Musikstücke schließlich »automatisch« zu generieren, sowie auf der anderen Seite die Integration menschlicher Entscheidungsprozesse in die computergestützte Komposition, was letztlich auf eine Interaktion zwischen Mensch und Computer innerhalb des schöpferischen Kompositionsprozesses hinausläuft.

Dieses Problem stellte sich bereits Mitte der sechziger Jahre. Der Komponist James Tenney reagierte darauf in seinem 1963 entstandenen Stück *Stochastic String Quartet*, indem er die individuelle Kontrolle über Tempo, Klangstruktur und Dynamik mit Chance-Operationen für die Gewinnung von Tonhöhen verband.[224]

Seit den sechziger Jahren gehört Gottfried Michael Koenig (geb. 1926) zu den wichtigsten und produktivsten Komponisten, welche bei ihrer schöpferischen Tätigkeit auf einen interaktiven Dialog von Mensch und Maschine setzen, indem der Kompositionsprozeß zwischen diesen beiden Ebenen aufgeteilt wird. Bei ihm kommt noch ein praktischer Beweggrund hinzu:

> Nicht alles, was der Computer komponiert, findet meinen Beifall. Deshalb habe ich ein Programm geschrieben, das von jedem Abschnitt beliebig viele Varianten berechnet. Am Schreibtisch müßte ich viele Tage, vielleicht Wochen arbeiten, um alle Konsequenzen, die sich aus einem Regelsatz ergeben, zu erfahren. Der Computer wirft die Ergebnisse in wenigen Minuten aus. Das ist eine große Arbeitserleichterung, und es erweitert meine Kenntnisse, mein Vorstellungsvermögen.[225]

Seine Programmiersprachen Project 1[226] und Project 2[227] basieren auf einer Kombination aus seriellen und stochastischen Auswahlprinzipien, die letztlich der Verifikation durch das Gehör des Komponisten bedürfen.

Einen neueren, wenn auch ähnlich gearteten Ansatz verfolgte in den achtziger Jahren eine Komponistengruppe am Pariser IRCAM. Magnus Lindberg, Yves Potard und Kaija Saariaho stellten auf der Internationalen Computermusik-Konferenz 1988 in Köln das Programm »Esquisse« vor, das aus genau definierbaren musikalischen Ausgangs- und Endbedingungen durch Interpolation neue musikalische Ereignisse hervorbrachte.[228]

Entscheidender Vorteil dieser hybriden Partnerschaft ist für den Komponisten die Entwicklung und Prüfung kompositorischer Ideen, vorausgesetzt, diese Einfälle lassen sich als Kompositionsregeln formulieren. Zahlreiche Komponisten haben dieses Prinzip für ihre Arbeit adaptiert und produktiv gemacht.[229] Ihr kleinster gemeinsamer Nenner besteht darin, daß Ebenen von musikalischen Parametern gebildet werden, die dann im Sinne von übergreifenden Strukturbildungsprozessen manipuliert werden.

Bei der praktischen Arbeit mit derartigen Programmen zeigen sich nicht wenige Vorteile gegenüber rein deterministischen Systemen. Überläßt man dem Computer nicht die vollständige Entscheidungsgewalt, sondern nutzt ihn im Rahmen eines vom Komponisten festgelegten Systems, so kann er seine unbestreitbar vorhandenen Vorzüge am besten zur Geltung bringen. Schon oft haben Computer im Bereich sogenannten konventionellen Komponierens für die Lösung spezieller Teilprobleme ihre Eignung bewiesen. Der Komponist benutzt den Computer hier in erster Linie zur Ausführung von Routinearbeiten, wie etwa dem Herausfinden einer günstigen Instrumentationsvariante oder die Untersuchung musikalischer Reihen auf ihre Transformationsfähigkeit hin. Aus diesem vom Computer vorgeschlagenen Material setzt der Komponist dann sein Stück mehr oder weniger vollständig zusammen. Der Komponist gewinnt so die Kontrolle über individuelle stilistische Details zurück, die ihm bei der Arbeit mit vollständig Algorithmus-gesteuerten Programmen abhanden gekommen war.

Damit läßt sich bei der Computerkomposition ein ähnlicher Prozeß beobachten, wie er sich bei der elektronischen Klangsynthese vollzogen hat. Waren in diesem Bereich elektronische Klangmodifikationstechniken durch Live-Elektronik relativ problemlos in bereits existierende musikalische Denk- und Ausführungsmuster integrierbar, so sind Methoden der Computerkomposition als Teillösungen in bereits entwickelten individuellen Schaffenskonzepten ebenfalls weitaus einfacher zu integrieren, als etwa der Individualstil eines Komponisten in entsprechende Kompositionsalgorithmen zu fassen wäre.

Fast noch erstaunlicher ist der Beitrag von Arbeiten zur Computerkomposition, den sie zur Aufklärung dessen, was Komponieren in seiner ganzen Komplexität ausmacht, geleistet haben. Neben Erkenntnissen zum Zusammenhang zwischen musikalischer Stilistik und übergeordneten Formprinzipien zeigte sich deutlicher als jemals zuvor, wo kompositorische Routinearbeit aufhört und die eigentliche schöpferische Leistung beginnt. Dennoch läßt sich beobachten, daß sich – nicht zuletzt durch das rasch wachsende Leistungspotential der Computerhardware – ein langsamer Wandel bei der Anpassung formaler Computersprachen an menschliche Denkweisen abzeichnet. In jedem Fall werden die Anforderungen an Komponisten wachsen, die in diesem Bereich zu überzeugenden Resultaten gelangen wollen. Dieser Erfolg wird sich daran messen lassen müssen, inwieweit es gelingt, die Reduktion der kompositorischen Intention zugunsten ihrer technischen Formulierbarkeit zu verhindern.

Algorithmische Komposition

Anstelle des Begriffes Computerkomposition wird im deutschen Sprachraum immer häufiger der Begriff algorithmische Komposition verwendet. Hierbei handelt es sich im wesentlichen um eine Übernahme des englischen Begriffs Algorithmic Composition, der ganz allgemein Kompositionsverfahren beschreibt, bei denen musikalische Strukturen, d. h. in der Regel Partituren, durch Algorithmen erzeugt werden. Ein Algorithmus generell wird definiert als eine Handlungsvorschrift zur Problemlösung in endlich vielen Schritten. Das kann etwa ein Kochrezept sein oder auch das Betriebsprogramm einer Waschmaschine. Die Erforschung und Analyse von Algorithmen ist eines der zentralen Arbeitsfelder in Mathematik und Informatik.

Insofern ist es nicht verwunderlich, daß es zahlreiche Bestrebungen gibt, diese Erkenntnisse auch für musikalische Anwendungen zu nutzen. Betrachtet man den Bereich der algorithmischen Komposition, so lassen sich verschiedene Arten der Algorithmus-Anwendung finden.

Markov-Modelle

Die Anwendung von Markov-Modellen (MM) ist eine der ältesten Methoden der Computerkomposition. Bereits Lejaren Hiller und auch Iannis Xenakis verwendeten diese Technik in ihren Kompositionen. Benannt ist sie nach dem russischen Mathematiker Andrej Andrejevič Markov[230] (1856–1922), der umfangreiche statistische Analysen von Texten vornahm. So ermittelte er beispielsweise die Übergangswahrscheinlichkeit von Konsonanten in Vokale in Alexander Puschkins 20 000 Buchstaben umfassendem Versepos *Eugen Onegin*. Sein Ziel war es, aus der Analyse bestehender Strukturen Wahrscheinlichkeiten für das Eintreten zukünftiger Ereignisse anzugeben.

Grundsätzlich beschreiben Markov-Modelle spezielle stochastische Prozesse. Diese Prozesse können in stetiger oder diskreter, d. h. gestufter Zeit ablaufen. Oft wird in der Literatur auch von Markov-Ketten gesprochen. Der Unterschied zwischen Markov-Ketten und Markov-Modellen besteht darin, daß der Zustandsraum (*state space*) bei letzteren normalerweise stetig ist, während bei diskretem Zustandsraum von Markov-Ketten gesprochen wird.

Das musikalische Implementieren von Markov-Modellen ermittelt Übergangswahrscheinlichkeiten für musikalische Parameter, wie die Tonhöhe, aber auch für rhythmische oder dynamische Elemente einer Partitur. Diese können aus bereits existierenden Musikstücken stammen, weswegen sich diese Methode vor allem zur Analyse und Reproduktion von historischen Musikstilen eignet. Die Anzahl der fortschreitenden Zustände, die für die Berechnung verwendet werden, ist abhängig von der Ordnung des Markov-Modells. Modelle höherer Ordnung erzeugen Strukturen, die der Originalstruktur mehr und mehr ähneln.

Eine spezielle Form sind verborgene Markov-Modelle (Hidden Markov Models, HMM). Diese lassen sich als Kombination aus zwei Zufallsprozessen beschreiben. Während der erste Teil dem eines normalen Markov-Modells entspricht, erzeugt ein zweiter Zufallsprozeß die eigentlichen Ausgabedaten (*emissions*) gemäß einer zustandsabhängigen Wahrscheinlichkeitsverteilung. Die Zustände des Markov-Modells sind hier also nicht direkt sichtbar (*hidden*). Die Aufgabe ist es hier, aus der Reihenfolge der Ausgabedaten auf die Sequenz der Zustände des Markov-Modells zu schließen.

Die Anwendungen verborgener Markov-Modelle gehen weit über die einfacher Markov-Modelle hinaus. Sie dienen der Mustererkennung bei der Verarbeitung von Datensequenzen, wie sie beispielsweise Sprache oder auch Musik darstellen. Nierhaus[231] beschreibt Jazz-Improvisationen, die auf Patterns beruhen, die mit Hilfe von HMM erzeugt wurden. Aber auch für die Erzeugung weiterer Stimmen zu einer gegebenen Melodie läßt sich dieses Verfahren nutzen. Eine wesentlich exotischere Anwendung ist die Erkennung von Gesten eines Dirigenten für die Parameter Rhythmus, Tempo und Artikulation, wie sie von Paul Kolesnik und Marcelo M. Wanderley an der kanadischen McGill University entwickelt wurde.[232]

Generative Grammatiken

Diese Technik wurde ursprünglich 1957 von Noam Chomsky für linguistische Anwendungen entwickelt. Im allgemeinen wird hier der Begriff für alle Grammatik-Modelle verwendet, mit deren Regelsystem sich sämtliche grammatischen Sätze einer Sprache erzeugen lassen. Ausgangspunkt ist die Erkenntnis, daß das Vermögen des Menschen zu sprechen, d. h. grammatisch korrekte Aussagen zu machen, auf kognitiven Strukturen beruht, die genetisch bedingt sind, also vererbt werden. Diese Strukturen oder Gesetzmäßigkeiten erlauben es, einen Algorithmus zu finden, mit dem sich alle möglichen Sätze einer Sprache generieren lassen. Auch wenn sich dieser Anspruch in der Praxis als kaum realisierbar erwiesen hat, so liefert diese

Methode einen wichtigen Beitrag zur Beschreibung bereits existierender sprachlicher Strukturen.

Chomsky unterschied vier verschiedene generative Grammatiken (Typ 0–3), wobei mit ansteigender Ordnungsnummer die Bestimmtheit für die Anwendung von Ordnungsregeln zunimmt.

Die Transformation dieser linguistischen Ideen in den musikalischen Bereich geht vor allem auf die Forschungen von Fred Lerdahl und Ray Jackendoff zurück, deren Buch *A Generative Theory of Tonal Music* 1983 erstmals erschien. Sie verwendeten diese Techniken im wesentlichen zur musikalischen Analyse von Werken europäischer Komponisten des 18. und 19. Jahrhunderts. Dabei wurde das musikalische Material auf das Vorhandensein von Abschnitten oder Phrasen untersucht, die sich wiederum aus untergeordneten Abschnitten bzw. Phrasen oder Motiven zusammensetzen. Sucht man hier nach bestimmten Phrasen, wie sie beispielsweise typisch für einen Komponisten und/oder eine historische Epoche waren, so spricht man von wissensbasierten (*knowledge-based*) Expertensystemen. Wenn das System diese Segmentierungsregeln jedoch selbst finden muß, d. h. wenn die Analyse nicht auf externem Expertenwissen beruht, dann handelt es sich lediglich um grammatikalische Schlußfolgerungen für die Analyse.

Doch nicht nur für die Analyse von Musik eignen sich die Techniken der generativen Grammatik, auch für die Erzeugung musikalischer Strukturen, d. h., für die Komposition von Musik kann diese Technik hilfreich sein. Der Komponist definiert hier seine Elemente und Regeln ganz oder teilweise selbst. So beschreibt etwa Holtzman[233] eine von ihm entwickelte Programmiersprache (Generative Grammar Definition Language). Nierhaus[234] erläutert an einem Beispiel, wie diese Technik für die Erzeugung von zwölftaktigen Blues-Sequenzen verwendet werden kann.

Übergangsnetzwerke

Die Anwendung von Übergangsnetzwerken (Transition Networks, TN) ist eine weitere Technik der algorithmischen Komposition. Hierbei handelt es sich um Varianten von abstrakten Automaten. Dies sind Modelle diskreter sequentieller informationsverarbeitender Systeme, wobei die Theorie solcher Automaten sich weniger mit der internen Struktur als mit dem Verhalten der Systeme befaßt. Dieses Verhalten wird wiederum darauf reduziert, welche Folgen von Eingaben in das System welche Ausgaben erzeugen können.

Übergangsnetzwerke bestehen, wie Automaten generell, aus Knoten (*nodes*) und beschrifteten Kanten (*edges*), wobei die Knoten verschiedene Zustände in einem Prozeß repräsentieren und die Kanten die Übergänge von einem Knoten zum nächsten. Genereller Anwendungsbereich von Übergangsnetzwerken ist die Computerlinguistik.

Im Bereich der algorithmischen Komposition sind es vor allem die Arbeiten von David Cope, die sich dieser Netzwerktechnik bedienen. Er verwendet sie zur Generierung von Kompositionen eines spezifischen musikalischen Stils und nennt dies »Experiments in Musical Intelligence« (EMI). Eine ausführliche Beschreibung findet sich in seinem 2001 erschienenen Buch *Virtual Music*[235].

Eine spezielle Variante von Übergangsnetzwerken sind sogenannte Petri-Netze. Der wesentliche Unterschied liegt hier in der Nebenläufigkeit, d. h. in der Fähigkeit, Ereignisse zu bearbeiten, die sich nicht gegenseitig beeinflussen und damit in keiner kausalen Beziehung zueinander stehen.

Die italienischen Komponisten Goffredo Haus und Alberto Sametti entwickelten auf dieser Basis ScoreSynth, ein System zur algorithmischen Komposition mit MIDI-Daten.[236]

Chaos und Selbstähnlichkeit

Chaostheorie oder Chaosforschung ist eine populäre Bezeichnung für die Theorie komplexer dynamischer Systeme. Das Verhalten dieser Systeme unterliegt nichtlinearen physikalischen Gesetzen, hängt aber in jedem Fall sehr von den jeweiligen Ausgangsbedingungen ab. Durch die Komplexität der Gesetze erscheint das Verhalten dieser Systeme oft irregulär, so daß man hier auch von einem deterministischen Chaos sprechen kann. Ihre breite Popularität verdankt diese Theorie vor allem der Entdeckung bestimmter universeller Strukturen und Prinzipien im scheinbar regellosen Verhalten chaotischer Systeme. Die Beschreibung von Wetter oder Straßenverkehr sind typische Anwendungen dieser Theorie.

In diesem Zusammenhang sind auch die Fraktale zu nennen, ein Begriff, der von dem Mathematiker Benoît Mandelbrot in den 1970er Jahren geprägt wurde. Er beschreibt geometrische Muster, die einen hohen Grad an Selbstähnlichkeit oder Skaleninvarianz besitzen. Das ist der Fall, wenn ein Objekt aus mehreren verkleinerten Kopien seiner selbst zusammengesetzt ist.

Auch die sogenannten Lindenmayer-Systeme (L-Systeme, LS) fallen in den Bereich der Chaostheorie. Sie können zur Berechnung von Fraktalen verwendet werden und sind nach dem Botaniker Aristid Lindenmayer benannt, der eine formale Sprache für die Beschreibung des Wachstumsprozesses von Pflanzen entwickelte.

Im musikalischen Bereich algorithmischer Komposition finden sich vor allem drei verschiedene Anwendungen dieser Theorie:

Die erste Methode bedient sich des sogenannten fraktalen Rauschens (Fractional Noise, Fractal Noise). Rauschen im physikalischen Sinn ist ein dichtes Gemisch aus zahlreichen Schwingungen mit jeweils unterschiedlicher Frequenz und Amplitude. Meßbar ist dieses Rauschsignal in Form unregelmäßiger Stromschwankungen, die verstärkt und über Lautsprecher hörbar gemacht werden können. Sind diese Schwankungen rein zufällig, d. h. nicht korreliert, dann handelt es sich um sogenanntes weißes Rauschen. Von farbigem Rauschen spricht man, wenn einzelne Frequenzbereiche im Rauschsignal stärker vertreten sind als andere. Die vom musikalischen Standpunkt aus interessanteste Art ist sogenanntes rosa Rauschen, bei dem die tieferen Frequenzen mit 3 dB/Oktave stärker vertreten sind.

Die gemessenen Stromschwankungen im Rauschsignal können als numerische Werte musikalischen Parametern wie etwa der Tonhöhe zugeordnet werden. Werden diese Werte aus rosa Rauschen gewonnen, dann weisen die Resultate eine gewisse Selbstähnlichkeit auf, d. h., sie bewegen sich in einem limitierten Bereich mit allmählicher Fortschreitungstendenz. Eine musikalische Anwendung dieser Technik zur Gewinnung von Tonhöhen und rhythmischen Werten findet sich bei Charles Dodge und Thomas A. Jerse.[237]

Die zweite Methode besteht in der Anwendung komplexerer nichtlinearer Gleichungssysteme für die Übertragung in musikalische Parameter. Jeff Pressing beispielsweise kontrolliert auf diese Weise nicht nur die Tonhöhe, sondern auch die Tondauer, Hüllkurvenparameter, die Dynamik und die Dichte seiner musikalischen Strukturen.[238] Generell ist die musikalische Herausforderung hier nicht so sehr der technische Prozeß selbst, vielmehr ist es die Auswahl der geeigneten Ausgangsparameter und Übertragungsfunktionen, um ein musikalisch interessantes Ergebnis zu erzielen.

Die dritte Methode beinhaltet die Anwendung von Lindenmayer-Systemen im musikalischen Kontext. Da diese Systeme ursprünglich für die Simulation von Wachstumsprozessen entwickelt wurden, sind sie in der Lage, durch die Anwendung einmal definierter Regeln immer neue Zeichenketten hervorzubringen. Dies geschieht, indem die einfachen Objekte zu Beginn schrittweise durch neue, komplexere Objekte ersetzt werden. Insofern kann man hier auch von einem prozeßhaften Erzeugen neuer Strukturen sprechen. Eine gute Übersicht zu den verschiedenen L-System-Kategorien und ihren möglichen Implementierungen in einen musikalischen Kontext findet sich bei Stelios Manousakis.[239]

Genetische Algorithmen

Die Technik der genetischen Algorithmen (GA) beruht auf der Idee, eine Menge (Population) von Elementen (Individuen) zufällig zu erzeugen und diejenigen auszuwählen, die einem bestimmten Gütekriterium am besten entsprechen. Die Eigenschaften der Population in Form von Parameterwerten (Genomen) werden dann leicht verändert (Mutation) und miteinander erneut kombiniert (Rekombination), um eine neue Generation von Lösungskandidaten zu erzeugen. Diese wiederum bildet den Ausgangspunkt für eine weitere Generation usw. Dieses Ausleseprinzip entspricht weitgehend der biologischen Evolution, wovon sich auch der Name dieser Technik ableitet. Aufgrund ihrer vergleichsweise einfachen Struktur werden genetische Algorithmen vor allem dann verwendet, wenn über die Struktur des zu lösenden Problems wenig bekannt ist oder die Menge möglicher Lösungen sehr groß ist.

Eine der ersten musikalischen Anwendungen dieser Technik beschreiben Andrew Horner und David E. Goldberg.[240] Sie verwenden genetische Algorithmen für die Transformation oder Interpolation einer musikalischen Ausgangsphrase in eine Zielphrase in einem zuvor definierten Zeitraum. Sie nannten dieses Verfahren »Thematic Bridging«.

Vergegenwärtigt man sich die Technik genetischer Algorithmen mit der permanenten Auswahl von Elementen, die zuvor definierten Bedingungen besser entsprechen als andere Elemente, so kann man hier, ohne zu übertreiben, von gewissen Parallelen zum schöpferischen Prozeß sprechen, wie er normalerweise im Kopf eines Komponisten abläuft. Aber wie auch bei einem menschlichen Komponisten ist hier die Formalisierung angemessener Auswahlkriterien (Fitness Function) eine der Hauptschwierigkeiten. Dennoch ist die Anwendung genetischer Algorithmen besonders geeignet für die ständige Modifizierung von musikalischen Elementen sowie die stetige Erzeugung dieser modifizierten Elemente, die wiederum Basis für die Anwendung anderer algorithmischer Kompositionstechniken sein können.

Zelluläre Automaten

Eine weitere Technik, die in der algorithmischen Komposition eine Rolle spielt, sind sogenannte zelluläre Automaten (Cellular Automata, CA). Sie dienen der Modellierung räumlich diskreter dynamischer Systeme. Dafür wird der Raum in einzelne Zellen unterteilt. Betrachtet wird jeweils die Veränderung oder Entwicklung dieser Zellen im Verhältnis zu den jeweiligen Nachbarzellen über einen bestimmten Zeitraum.

In den 1970er Jahren wurde diese Technik einem größeren Publikum bekannt, als John Horton Conway sein »Game of Life« in der Zeitschrift *Scientific American* vorstellte. Sein Algorithmus simulierte Zyklen organischen Wachstums, d. h. das Entstehen und Vergehen von Individuen in einer Umgebung mit begrenztem Nahrungsangebot. Die Individuen, die lebendig oder tot sein können, werden durch Zellen repräsentiert, deren Inhalt null oder nicht null ist. Jede Zelle wird mit den angrenzenden Zellen im Raum verglichen. Ist eine »lebende« Zelle von zwei oder drei anderen lebenden Zellen umgeben, dann kann sie selbst am Leben bleiben. Bei mehr oder weniger benachbarten lebenden Zellen »stirbt« diese Zelle, d. h. ihr Wert wird null. Aber es ist auch eine »Auferstehung« möglich: Ist eine tote Zelle von drei lebenden Zellen umgeben, dann erwacht sie erneut zum Leben.

Die Frage ist nun, kann man ein solches System für musikalische Zwecke nutzen? Die Antwort liegt wie so oft im Bereich algorithmischer Komposition in der Wahl einer geeigneten Mapping-Strategie, d. h. der möglichst sinnvollen Zuordnung von mathematischen Variablen zu musikalischen Parametern. Peter Beyls war einer der ersten Komponisten, der zelluläre Automaten im musikalischen Kontext verwendete.[241] Er verknüpfte Tonhöhen mit der Position einzelner Zellen. Rhythmische Variationen entstanden durch Tonwiederholungen, die Noten nicht erneut auslösten, sondern zu verlängertem Klingen führten. Klangfarbenvariationen wurden durch die Verwendung verschiedener MIDI-Kanäle möglich, die den einzelnen Zell-Modulen zugeordnet wurden.

Eduardo Reck Miranda beschreibt eine weiter gehende Technik.[242] Er verwendet zwei zelluläre Automaten gleichzeitig, den Game-of-Life-Algorithmus sowie einen komplexeren CA-Algorithmus, genannt »Demon Cyclic Space«. Dieser unterscheidet sich vom Game-of-Life-Algorithmus u. a. dadurch, daß die Zellen nicht nur den Wert null oder eins annehmen können, sondern sich in einen zuvor definierten Wertebereich bewegen. In visuellen Repräsentationen werden diese Werte normalerweise verschiedenen Farben zugeordnet. Im musikalischen Bereich läßt sich dieser Wert beliebig zuordnen. So beispielsweise der Dynamik eines musikalischen Events oder wie bei Miranda einem spezifischen MIDI-Kanal für die Auswahl verschiedener Klangfarben. Die räumliche Position eines Events in einem XY-Koordinatensystem bestimmt bei Miranda die Struktur von Dreiklang-Akkorden. Er verwendet den x- und den y-Wert einer Zelle für die Definition von erstem und zweitem Intervall in einem Dreiklang. Damit die musikalische Struktur aber nicht nur aus Dreiklängen besteht, verwendet Miranda die Zustände der Nachbarzellen für die Berechnung der rhythmischen Struktur, die von vollen Akkorden bis zum Arpeggio, d. h. dem sukzessiven Anschlagen der Töne in verschiedener Reihenfolge reicht.

Neuronale Netze

Wie der Name dieser Technik bereits assoziiert, stand hier die Evolution, oder genauer gesagt, das Neuronennetz des menschlichen Gehirns Pate für die Entwicklung von künstlichen neuronalen Netzen (Artificial Neural Networks, ANN). Sie bestehen aus Neuronen, die auch als Units, Nodes, Einheiten oder Knoten bezeichnet werden. Diese Neuronen dienen der Aufnahme von Informationen aus der Umwelt oder von anderen Neuronen, die in den Neuronen auf verschiedene Weise modifiziert und anschließend an andere Neuronen oder die Umwelt weitergeleitet werden. Neuronen sind miteinander durch Kanten (*edges*) verbunden. Die Stärke der Verbindung zwischen zwei Neuronen wird durch einen Parameter definiert, der Gewicht genannt wird. Je größer das Gewicht, desto größer ist der Einfluß eines Neurons auf ein anderes Neuron. Das Gewicht kann einen positiven Wert haben, d. h., ein Neuron hat auf ein anderes Neuron einen erregenden oder exzitatorischen Einfluß. Wenn das Gewicht negativ ist, dann ist der Einfluß hemmend oder inhibitorisch. Ein Gewicht von null repräsentiert keinen Einfluß zwischen diesen Neuronen.

Neuronale Netze können »Wissen« speichern, d. h., wie beispielsweise auf eine spezifische Information aus der Umwelt unter bestimmten Bedingungen zu reagieren ist. Dieses Wissen ist in den Gewichten der Neuronenverbindungen gespeichert. Eine Besonderheit neuronaler Netze ist deren Lernfähigkeit. Während des Lernprozesses wird die Gewichtsverteilung zwischen den Neuronen verändert.

Neuronale Netze wurden ursprünglich für die automatische Erkennung und Klassifizierung von Bildern entwikkelt. Inzwischen werden sie aber zur Simulation der kompletten Bandbreite menschlichen Verhaltens verwendet.

Im musikalischen Kontext können neuronale Netze zur algorithmischen Komposition, aber auch zur Klassifikation, d. h. zur Analyse musikalischen Materials verwendet werden. Eine interessante Anwendung neuronaler Netze für algorithmische Komposition hat Michael Mozer entwikkelt.[243] Sein CONCERT genanntes Netzwerksystem ist in der Lage, Melodien inklusive der dazugehörigen harmonischen Begleitung zu generieren. Er trainierte sein System mit Sopranstimmen aus Bach-Chorälen, europäischer Volksmusik sowie den harmonischen Fortschreitungen in zahlreichen Walzern. Die mit dem System erzeugten Kompositionen bezeichnet Mozer als »gelegentlich angenehm« und nimmt dies zum Anlaß, die Vor- und Nachteile dieser Technik zu diskutieren. So kann diese Technik interessante musikalische Themen, Motive oder Motiv-Fortschreitungen generieren, zeigt sich aber bei der Strukturierung längerer musikalischer Sequenzen schnell überfordert. Eine Beobachtung, die auch auf viele andere Anwendungen algorithmischer Techniken im Bereich musikalischer Komposition zutrifft.

Künstliche Intelligenz

Bei künstlicher Intelligenz (KI; Artificial Intelligence, AI) handelt es sich um ein Teilgebiet der Informatik, das sich mit der Automatisierung intelligenten Verhaltens befaßt. Die generelle Idee ist, wie der Name bereits vermuten läßt, die Nachbildung menschlicher Intelligenz in einer Maschine, die dann menschenähnlich agieren, d. h. »eigenständig« Entscheidungen treffen und auch revidieren kann. In vielen Fällen handelt es sich aber auch um vorgetäuschte Intelligenz, wie etwa beim berühmten Computerprogramm ELIZA von Joseph Weizenbaum.[244] In einem Dialog zwischen Patient (User) und Psychotherapeut (ELIZA) »antwortet« das Programm auf Aussagen und Fragen des Users mit Kommentaren oder weiteren Fragen, die Schlüsselwörter der Fragen des Users verwenden. Weiß der User hier nicht, daß er mit einem Computer kommuniziert, dann ist es für ihn nahezu unmöglich, ihn von einem menschlichen Gesprächspartner zu unterscheiden. Um genau das herauszufinden, entwickelte Alan Turing 1950 einen später nach ihm benannten Test, in dem eine Person das Geschlecht zweier anderer Kommunikationspartner zu bestimmen hat.

Ihre Blütezeit erlebte diese Disziplin in den 1960er und 1970er Jahren. Zentrale These war die Betrachtung des Denkens als Informationsverarbeitung, was technisch auch als Rechenvorgang oder Symbolmanipulation dargestellt werden kann und damit nicht an das Gehirn als Träger gebunden ist. Das führte zu großen Erwartungen in Form von intelligenten Maschinen und Robotern, wie sie einer der Aktivisten dieser Bewegung, Hans Moravec, in seinem Buch *Mind Children* beschrieb.[245] Obwohl sich viele dieser euphorischen Prognosen der Anfangszeit nicht erfüllten, so ist der Bereich künstliche Intelligenz nach wie vor ein wichtiges Teilgebiet der Informatik, auch wenn eine genaue Definition von Intelligenz aussteht.

Betrachtet man die musikalischen Anwendungen von künstlicher Intelligenz, so sieht man sich mit einem weiten Bereich verschiedener Implementierungen konfrontiert. Gerhard Nierhaus[246] unterscheidet allein sieben verschiedene Anwendungsformen künstlicher Intelligenz im musikalischen Kontext, wobei die Abgrenzung zu anderen Techniken algorithmischer Komposition, wie etwa Markov-Modellen oder generativen Grammatiken, oft schwerfällt, da diese häufig kombiniert verwendet werden.

Eine zentrale Technik der künstlichen Intelligenz ist die Verwendung von sogenannten Expertensystemen. Diese Software-Systeme ermöglichen die Lösung von Problemen auf der Basis von formalisiertem Wissen in einem bestimmten Bereich. Fallbasierte Systeme gehen von einer spezifischen Falldatenbasis aus, die konkrete Problemstellungen in ihrem Kontext sowie der jeweiligen Lösung beschreibt. Regelbasierte Systeme verzichten auf konkrete Fallbeschreibungen und verwenden abstrakte Anweisungsregeln für die Lösung von Problemen. In diesem Fall müssen die Regeln für das System zuvor definiert werden. Das kann durch

Analyse von bereits existierenden, vergleichbaren Objekten erreicht werden. Im Kontext musikalischer Komposition bedeutet dies, die jeweiligen Eigenschaften vergleichbarer Werke zuvor genauer zu untersuchen. Ein frühes, aber berühmtes Beispiel für die Anwendung dieser Technik ist die *ILLIAC-Suite* von Lejaren A. Hiller and Leonard M. Isaacson (vgl. S. 267 ff.).[247]

Alle diese Techniken algorithmischer Komposition versuchen den Prozeß des Komponierens auf eine rational beschreibbare, nachvollziehbare Basis zu stellen und damit gleichsam die Verantwortung für das klingende Produkt vom Komponisten auf die technischen Prozeduren zu übertragen. Dies geschieht oft in der Hoffnung, damit potentielle Kritiker von der Qualität des Produktes oder zumindest des Produktionsprozesses zu überzeugen. Diese Handlungsweise wiederum kann als eine Reflexion der verbreiteten Praxis zeitgenössischer Musik gewertet werden, die Erklärung des musikalischen Produktes mit dem Produkt selbst mitzuliefern. Auch hier soll der Hörer dadurch von der wissenschaftlichen Exaktheit des Herstellungsprozesses überzeugt werden, was, wenn keine anderen ästhetischen Kategorien für die Evaluierung mehr greifen, als ein Ausweis für die Qualität des musikalischen Produktes gelten soll.

Klangsynthese mit dem Computer

Technische Voraussetzungen

Spricht man von Computermusik, so ist in der Regel der Bereich gemeint, in dem Computer die Klangerzeugung teilweise oder ganz übernommen haben. Gerade dieser Sektor, der den Computer als eine Art Musikinstrument betrachtet, hat sich in den letzten Jahren sprunghaft entwickelt. Dabei sah die Zukunft für Computermusiker einst nicht eben üppig aus. Rechengeschwindigkeit und verfügbarer Speicherplatz selbst in Großrechnern der fünfziger Jahre ließen eine unmittelbare Klangsynthese im Computer nicht zu.

Das Entwicklungstempo dieses Bereiches zeigt sich beim Speicherplatz besonders anschaulich: Für die Speicherung eines Informationsgehaltes von 10^6 Bytes benötigte man 1953 einen Raum von 220 cm^3, 1960 waren es noch 141 cm^3, um 1980 strebte der Wert gegen 2 cm^3 (das menschliche Gehirn benötigt vergleichsweise 1 mm^3).[248] Die Mitte der achtziger Jahre übliche Speicherkapazität eines Computers von 64 Kilobytes entsprach ungefähr der Leistungsfähigkeit eines 1946 gebauten Rechners mit fünf Megawatt Stromverbrauch und 544 288 Elektronenröhren, die – bei einem Durchmesser von 2 cm – aneinandergereiht eine Strecke von über 10 Kilometern ergeben würden.[249]

Neben Speicherplatz und Rechengeschwindigkeit gab es jedoch noch eine weitere große Schwierigkeit: die Verständigung mit dem Computer über Musik. Da kein Ohr mit Zahlen oder digitalen Impulsfolgen etwas anfangen kann, wird die wechselseitige Umwandlungsmöglichkeit von digitalen und analogen Signalen zur Voraussetzung für die musikalische Nutzung von Computern. Die theoretischen Grundlagen dieses Vorganges wurden bereits in den dreißiger Jahren des 20. Jahrhunderts geschaffen, und zwar zugleich in den USA und in der UdSSR. Die Physiker Claude Shannon und Wladimir Kotelnikow traten den streng mathematischen Beweis dafür an, daß analoge Signale eine ganze Menge »überflüssiger« Information enthalten, deren Übertragung den Nachrichtenkanal zusätzlich zur Übermittlung der unbedingt notwendigen Informationen belastet. Um das vollständige Ausgangssignal exakt zu reproduzieren, genügt die Übertragung einzelner, dem Ausgangssignal in regelmäßigen Zeitabständen entnommener Amplitudenwerte.

Dieser auch als Sampling-Theorem (von engl. *sample* ›Probe‹) bezeichnete Zusammenhang, ohne den digitale Signalverarbeitung nicht möglich wäre, deutet auf ein zentrales Phänomen menschlicher Wahrnehmungsfähigkeit hin. Ebenso wie sich das Auge durch 24 Bilder pro Sekunde zur Illusion eines kontinuierlichen Ablaufes verführen läßt – Film und Fernsehen existieren dadurch –, begnügt sich das Ohr mit ausreichend dicht aufeinanderfolgenden Ausschnitten des Signals, um einen kontinuierlichen Klangablauf als Höreindruck entstehen zu lassen. Wie dicht diese Ausschnitte aufeinanderfolgen müssen, um einen Informationsverlust auszuschließen, stellten Shannon und Kotelnikow ebenfalls fest: Die Anzahl der erforderlichen Amplitudenwerte je Sekunde muß mindestens gleich der doppelten Breite des vom Signal beanspruchten Frequenzbandes sein. Wenn man für die Übertragung von Musik eine obere Grenzfrequenz von 20 kHz annimmt, so müßte demzufolge die Abtastfrequenz mindestens 40 kHz betragen, um die Information vollständig übertragen zu können. Neben dieser Normierung auf der Zeitachse werden auch die einzelnen Augenblickswerte der Amplituden auf eine Reihe diskreter Pegel zurückgeführt. So wird es möglich, statt des jeweiligen Amplitudenwertes eine entsprechende Pegelnummer zu übertragen, in deren Nähe sich der Augenblickswert gerade befindet. Die zeitliche Aufeinanderfolge der einzelnen numerischen Werte, d. h. der Sample- und Amplitudennummern, bildet das digitalisierte Klangsignal und damit die Basis für einen musikalischen Dialog mit dem Computer.

Direkte Synthese

Mit den Problemen, die begrenzter Speicherplatz und nicht ausreichende Rechengeschwindigkeit bereiten, hatte auch der US-Amerikaner Max V. Mathews zu kämpfen. Seine ursprüngliche Arbeitsaufgabe, die ihn seit 1957 in den Bell Telephone Laboratories, einem der renommierten Forschungszentren in den USA, beschäftigte, war die künstliche Sprachsynthese. Der ihm zur Verfügung stehende IBM 7090-Computer gehörte zwar zu den schnellsten und größten Systemen dieser Zeit, seine Leistung reichte aber für eine direkte Umwandlung von Zahlen in Klänge, wie sie zur Erzeugung von Sprache und Musik erforderlich waren, nicht aus. Um bei den erzeugten Tönen einen Frequenzbereich von etwa 15 kHz zu erreichen, mußte der Computer in der Lage sein, mindestens 30 000 Zahlen pro Sekunde gesteuert hervorzubringen. Das vorhandene IBM-Modell brachte es dagegen nur auf etwa 5000 Zahlen pro Sekunde.[250] Um trotzdem den Computer als Klangerzeuger verwenden zu können, fand Mathews eine ebenso einfache wie verblüffende Lösung: Er unterteilte den Klangsynthese-Prozeß in zwei Phasen. In der ersten Phase berechnet der Computer die Momentanwerte der Wellenform für ein klangliches Ereignis und legt diese Daten in der entsprechenden zeitlichen Reihenfolge in einem Computer-Datenspeicher ab. In der zweiten Phase werden die berechneten Werte aus dem Speicher ausgelesen und über einen Digital/Analog-Wandler in Tonsignale umgeformt. Eine Aufgabe, die für den Computer wesentlich einfacher zu lösen ist, da nun ausreichend Zeit zur Berechnung der Wellenform zur Verfügung steht. Programme, die diese Teilung benutzen, werden »akustische Compiler« genannt, da sie aus Textanweisungen für die Synthese von Klängen und deren musikalische Anordnung in Form von Partiturbeschreibungen als Ergebnis ein Klangfile erzeugen, das als Sample beliebig weiterverwendet werden kann. Der Vorzug dieser auch als direkte Klangsynthese bezeichneten Arbeitsweise liegt auf der Hand. Die exakte numerische Kontrolle über die zu erstellende Wellenform erlaubt im Idealfall die Erzeugung von Klängen mit jedem nur erdenklichen Obertonaufbau.

Nun ist aber ein Syntheseverfahren, das für die Festlegung eines Klanges pro Sekunde bis zu 30 000 Zahlen erfordert, praktisch kaum verwendbar. Um diese Technik sinnvoll nutzen zu können, war ein spezielles Computerprogramm notwendig, das die große Zahlenmenge durch einige wenige – möglichst »musikalische« – Parameter ersetzen konnte.

Speziell für diesen Zweck entstand in den Bell Telephone Laboratories unter der Leitung von Max Mathews die Familie der MUSIC-Computerprogramme. MUSIC I entwickelte Mathews 1957, ein Jahr später folgte MUSIC II. Beide Programme synthetisierten Klänge aus lediglich vier Dreieckschwingungen. Die Konzeption dieser Programme entsprang einem Kompromiß zwischen der theoretischen Variante, alle vorstellbaren Klänge zu erzeugen, und einer möglichst einfachen Handhabbarkeit dieser Syntheseprogramme für den Anwender.[251] Die Struktur dieser Programme wies eine prinzipielle Zweiteilung auf.

Der erste Teil umfaßte die Definition der Klänge in für den Computer verständlichen Arbeitsanweisungen. Hierfür entwickelte Mathews ab 1960 ein spezielles Konzept (MU-

SIC III), das dem Anwender die Möglichkeit gab, eigene »Instrumente«, ähnlich den Baugruppen analoger Synthesizer, im Computer zusammenzustellen. Diese Instrumente waren wiederum aus einzelnen sogenannten »Unit-Generatoren« kombinierbar, speziellen Oszillatoren mit jeweils zwei Eingängen und einem Ausgang. Die Unit-Generatoren konnten sowohl zur Klangerzeugung als auch zur Modulation weiterer klangerzeugender Oszillatoren eingesetzt werden. Die Verbindungsart der Unit-Generatoren war vollständig flexibel und damit der Entscheidung des Anwenders überlassen, der sie je nach musikalischem Erfordernis mehr oder weniger komplex gestalten konnte. Komplexere Instrumente führten zu interessanteren Klängen, verlängerten aber gleichzeitig auch die erforderliche Rechenzeit und waren programmiertechnisch schwerer zu handhaben.

Der zweite Teil der Programmstruktur bestand aus einer Liste von Arbeitsanweisungen, die für die im ersten Teil des Programms kombinierten Instrumente bestimmt waren. Der Komponist legte nun fest, welche Töne von den Instrumenten wann gespielt werden sollen. Damit war dieser Programmteil dem Erstellen einer traditionellen Partitur vergleichbar. Mit dem einzigen Unterschied, daß hier zur Kennzeichnung des musikalischen Ablaufs keine Notensymbole verwendet werden, sondern Zeit- und Frequenzwerte.

Die gewünschten Klänge errechnete der Computer im Augenblick der Partitureingabe. Die entstehenden Zahlen wurden laufend auf Magnetband, das damals als Computer-Außenspeicher fungierte, aufgezeichnet. Nachdem der Computer die Partitur vollständig abgearbeitet hatte, erfolgte die Umwandlung der aufgezeichneten Zahlenreihen in analoge Spannungswerte, dann die Lautsprecherwiedergabe.

Während die ersten Entwicklungsstufen der MUSIC-Computerprogramme nur für spezielle Computertypen verwendbar waren (IBM 7040, ab MUSIC II IBM 7094), entstand Ende der sechziger Jahre mit MUSIC V die erste maschinenunabhängige Version. Auf diese Weise konnte das Programm auch von einem größeren Anwenderkreis genutzt werden. Mathews veröffentlichte dafür, gemeinsam mit seinen Mitarbeitern, 1969 *The Technology of Computer Music*, eine gründliche Beschreibung der Programmiersprache MUSIC V und ihrer theoretischen Zusammenhänge. Durch die große Verbreitung in den Forschungszentren für Computermusik während der siebziger Jahre markiert MUSIC V einen wichtigen Meilenstein auf dem Gebiet der Computerklangsynthese. Anfang der siebziger Jahre entwickelte Barry Vercoe im Media Lab des Massachusetts Institute of Technology (M. I. T.) in Cambridge auf dieser Basis sein Programm MUSIC 11, das Mathews' prinzipielle Teilung in Orchestra- und Score-Files beibehielt, jedoch die Verarbeitungsgeschwindigkeit erheblich steigerte. Daraus leitete Vercoe im Laufe der achtziger Jahre das Programm »Csound« ab, das – vollständig in der Programmiersprache »C« geschrieben – relativ leicht auf verschiedene Computertypen, wie Unix-Systeme, Macintosh- oder DOS-Rechner, implementierbar war.

Als ein Nachteil dieser Programme erwies sich lediglich die Zeit, die zwischen Eingabe der Daten und Ausgabe der generierten Klänge verging. Sie konnte für eine Minute Musik, je nach Komplexität von Instrumenten und Partitur, 30 Minuten und mehr betragen.[252]

Der Vorzug einer solchen direkten Computerklangsynthese war dagegen die bis dahin nicht realisierbare Flexibilität und Exaktheit bei der Ausführung musikalischer Anweisungen. Eine große Variationsbreite von Klängen wurde erzeugbar und in beliebigem Tempo reproduzierbar, ohne von Fingerfertigkeiten oder anderen mechanischen Manipulationen abhängig zu sein. Qualitativ also ein großer Sprung weg von der elektronischen Musik der fünfziger Jahre, deren Technik des Bandschnittes etwa, im Vergleich zur exakten Reproduzierbarkeit durch Computer, zahlreiche »Unschärfezonen« aufwies.

Daß diese neu gewonnene Exaktheit jedoch nicht nur Vorteile brachte, ließ sich nicht übersehen. Gerade die Unschärfezonen leisteten oft einen wichtigen Beitrag zur ästhetischen Qualität der Stücke, was sich im Vergleich zeigen ließ, indem man die detaillierten Arbeitsanweisungen elektronisch komponierter Stücke im Computer nachvollzog. Das Ergebnis unterschied sich meist beträchtlich von der ursprünglichen Realisation, wurde jedoch in der Regel als steriler bezeichnet. Hier zeigt sich die prinzipiell veränderte Arbeitsweise im Vergleich zum analogen Studio, wo man unmittelbaren Zugriff zu allen Baugruppen hatte, schnell Dinge ausprobieren, ja gelegentlich sich auch mal von der Maschine »inspirieren« lassen konnte.

Bei Mathews' Arbeiten zeigte sich überdies ein Problem, das die Komponisten von Computermusik bis heute beschäftigt: die klanglichen Ergebnisse der direkten Synthese sind zunächst nur ungefähr vorhersehbar. Als man nach den Ursachen dafür suchte, stieß man darauf, daß alle Erfahrungswerte bei musikalischen Klängen von mechanischen Musikinstrumenten stammen. Die klanglichen Eigenschaften dieser Instrumente werden von Bauform und Spielweise bestimmt, die Beschreibung der Klänge ist deshalb unmittelbar an das ausführende Instrument geknüpft. Solche herkömmliche Fixierung der Klangbeschreibung auf die Art der Hervorbringung (etwa Klarinettenton, Streicherklang) muß bei Computer-, aber auch elektronischer Musik versagen. Hier geht es vielmehr darum, die Zusammenhänge zwischen den physikalischen Parametern der Klangsynthese und der psychoakustischen Wirkung des daraus entstehenden Klanges beim Hören zu untersuchen. Im Mittelpunkt steht dabei die Erforschung wechselseitiger Abhängigkeiten, etwa von Intensität und Lautstärke eines Klanges, seiner Grundfrequenz und seiner Tonhöhe oder Wellenform, Amplitudenverlauf und Klangfarbe. Eine spezifische Instrumentenkunde des Computers, mechanischen Instrumenten vergleichbar, kann es daher nicht geben. Die Psychophysiologie des menschlichen Gehörs wird zur alleinigen Begrenzung.[253] Vor allem die bei der direkten Synthese auftretende Zeitverzögerung zwischen Eingabe der Klangdaten und Ausgabe des akustischen Resultats erschwerte das systematische Arbeiten an klanglichen Prozessen. Dies und der rasche technologische Fortschritt bei der Computerherstellung waren in den siebziger Jahren Ursache für die Entwicklung einer ganzen Reihe von Programmen, die sich dadurch auszeichneten, daß sie die eingegebenen Daten sofort, also in Real-time, in den entsprechenden Klang umsetzen konnten.

Additive Synthese

Eine bahnbrechende Erkenntnis des französischen Mathematikers und Physikers Joseph Fourier (1768–1830) übte eine nachhaltige Wirkung auf das naturwissenschaftliche Verständnis musikalischer Prozesse aus. Dieser als Fourier-Theorem bekannte Satz besagt, daß jede noch so komplizierte periodische Schwingung als die Überlagerung reiner, harmonischer Schwingungen darstellbar ist. Die Grundfrequenz ist dabei durch die Wiederholungsfrequenz der periodischen Schwingung gegeben. In letzter Konsequenz ist damit jede beliebige Klangstruktur aus verschiedenen Sinusschwingungen zusammensetzbar, da nach Fourier jede Schwingungsform als Summe sinusförmiger Teilschwingungen zu verstehen ist. Bestimmt man auf diese Weise die Komponenten einer komplexen periodischen Schwingung, so spricht man von Fourier-Analyse. Bereits 1843 fand der deutsche Physiker Georg Simon Ohm heraus, daß auch unser Ohr Klänge nach dieser Methode analysiert. Den umgekehrten Vorgang, die Erzeugung einer komplexen periodischen Schwingung aus einer Reihe von harmonischen Komponenten – den Sinustönen –, nennt man Fourier-Synthese, auch als »additive Synthese« bezeichnet, da die einzelnen Obertöne des Klanges gewissermaßen durch »Addition« von Sinuston-Komponenten entstehen.

Die additive Synthese ist im Zusammenhang mit der Computeranwendung zur Klangsynthese von großem Interesse; grundsätzlich ist ihre Verwendung jedoch nicht an digitale Signalverarbeitung gebunden. In der Kölner elektronischen Musik der fünfziger Jahre wurden ebenfalls komplexe Klangereignisse aus Sinustönen zusammengesetzt. Die damals gemachten Erfahrungen mit additiver Klangsynthese zeigten, daß auf dem Weg zu ähnlich komplexen und lebendigen Klängen, wie sie unser Ohr von mechanischen Musikinstrumenten her gewöhnt ist, ein großer technologischer Aufwand erforderlich wird, der allein mit Hilfe von Computertechnik sinnvoll realisierbar ist.

Die uns umgebende Klangwelt zeichnet sich besonders durch die zeitlichen Differenzen beim Auf- und Abbau von Obertönen aus, die den Verlauf aller Töne und Geräusche und damit ihren Klangcharakter bestimmen. Jeder einzelne Oberton besitzt gewissermaßen seine eigene, komplexe Hüllkurve.

Bei elektronischen Orgeln bleibt die Realisierung des additiven Syntheseprinzips auf das kontrollierte Hinzufügen einiger, in festen Intervallen zum Grundton gestimmter sinusförmiger Oberwellen (meist weniger als zehn) beschränkt. Eine spezielle Hüllkurven-Beeinflussung ist hier nicht möglich. Wollte man trotzdem die Hüllkurven der einzelnen Klangkomponenten verändern, so war man im Falle der elektronischen Musik der fünfziger Jahre auf diffizile Magnetband-Schnittechniken angewiesen – eine ausgesprochen mühevolle und zeitraubende Arbeitsweise.

Die digitale Realisation der additiven Synthese im Computer gestattet nicht nur eine präzisere Hüllkurvensteuerung der einzelnen Obertöne, auch die Anzahl der verwendbaren Obertöne erhöht sich gewaltig. Zwar ist eine gewisse Menge von Obertönen für einen brillanten Klang notwendig, trotzdem ist es aber nicht sinnvoll, die Zahl der Obertöne überdimensional zu steigern, da auch ein Computer riesige Datenmengen nicht ohne weiteres bewältigt. Sieht man von speziellen Aufgaben ab, so dürften 32 Obertöne bereits das Ohr zufriedenstellen.

Die praktische Arbeit mit additiver Synthese zeigte, daß diese Art der Klangerzeugung sich sogar für viele nicht-periodische, stark geräuschhafte Klangereignisse bewährt. Das rührt in erster Linie von der Möglichkeit, Frequenzen einzelner Obertöne auch außerhalb der harmonischen Skala anzusiedeln, ihnen gegebenenfalls auch selbständige Hüllkurven zuzuordnen, her. Hinzu kommt die Überlagerungsmöglichkeit von Geräuschanteilen, etwa weißen Rauschsignalen, die durch Frequenzbereich und spezielle Hüllkurven genau festgelegt werden können.

Der große Vorzug der additiven Synthese zeigt sich vor allem in der enormen Präzision, mit der in klangliche Mikrostrukturen eingegriffen werden kann. Darin ist sie mit der Klangsynthese durch Frequenzmodulation (vgl. S. 308 ff.) vergleichbar, wenn auch die musikalischen Resultate der additiven Synthese vielfältiger sind. Der hauptsächliche Unterschied zur Frequenzmodulation besteht darin, daß die möglichen klanglichen Manipulationen genau den Parametern entsprechen, die unser Ohr bei seiner Klanganalyse als musikalisch bedeutsam herausselektiert. Bei der additiven Synthese ist die Proportionalität zwischen technischer Manipulation und akustischer Wahrnehmung, die bei der FM-Synthese die Klangerstellung so behindert, voll gewährleistet.

Synthese durch Frequenzmodulation

Das Prinzip der Klangsynthese durch Frequenzmodulation hat Anfang der achtziger Jahre sprunghaft Verbreitung erfahren, entwickelt wurde es aber bereits Ende der sechziger Jahre des 20. Jahrhunderts an der kalifornischen Stanford University. Hier verwendete John M. Chowning, Jahrgang 1934, Musiker und u. a. bei Nadja Boulanger ausgebildeter Komponist, bei Kompositionsstudien am Computer die aus der Elektrotechnik bereits bekannte und bei der UKW-Rundfunkübertragung mit Erfolg angewandte Methode der Frequenzmodulation, kurz FM genannt, erstmals zur Erzeugung von Klangspektren. Ganz allgemein läßt sich dieser Vorgang so beschreiben: Eine Trägerschwingung wird von einer Modulationsschwingung beeinflußt, wobei aus Summen- und Differenzfrequenzen von Träger (engl. *carrier*) und Modulator sowie Vielfachen des Modulators neue Signale entstehen, die sogenannten Seitenbänder. Das Neue an Chownings Arbeiten war, daß sich Träger- und Modulationsfrequenz im Hörbereich befanden, während in der

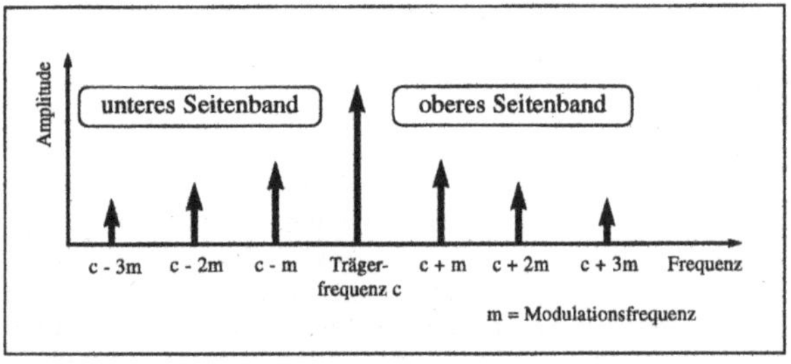

Abb. 34 Bildung von Summen- und Differenzfrequenzen bei der Überlagerung von Träger- und Modulationsfrequenz.

Rundfunktechnik das Trägersignal im Hochfrequenzbereich, d. h. jenseits des menschlichen Hörvermögens, liegt. Es waren indessen nicht theoretische Überlegungen, die ihn leiteten, sondern die praktisch orientierte Variation musikalischer Parameter.

> Ich hatte lediglich ein Vibrato aus dem Bereich, in dem es als solches hörbar ist, herausgehoben und dann mit diversen Träger/Modulator-Verhältnissen, diversen Modulationsintensitäten bzw. Frequenzauslenkungen experimentiert. So hat später die Theorie genau das bestätigt, was meine Ohren wahrnahmen, das war wirklich toll.[254]

Mit der Trägerfrequenzverlagerung vom Hoch- in den Niederfrequenzbereich werden auch die Seitenbänder unmittelbar für das entstehende Klangspektrum bedeutsam. Durch die Modulation einer sinusförmigen Trägerfrequenz mit einer ebenfalls sinusförmigen Modulationsfrequenz entstehen sowohl höhere als auch tiefere zusätzliche Töne, die erwähnten Seitenbänder. Wo die einzelnen Seitenfrequenzen sich befinden – welche Tonhöhe sie haben –, das hängt in erster Linie vom Verhältnis der Modulations- und Trägerfrequenz ab. Ist dieses Verhältnis geradzahlig, so sind die Obertöne harmonisch, d. h. ganzzahlige Vielfache der Grundfrequenz. Mit der Wahl ungeradzahliger Frequenzverhältnisse lassen sich auch Klänge mit unharmonischen Spektren, wie Glocken oder Gongs, erstellen.

Neben dieser wichtigsten Komponente der FM-Klangprogrammierung – der Variation des Verhältnisses von Modulations- und Trägerfrequenz – läßt sich der Anteil der Modulation verändern. Er bestimmt, mit welcher Intensität die Modulationsfrequenz auf die Trägerfrequenz einwirkt, wie stark die Trägerfrequenz »moduliert« wird. Auf diese Weise wird die Trägerfrequenz mehr oder weniger stark verändert. Chowning verwandte dafür die Bezeichnung »Modulationsindex«.[255] Die Anzahl der Seitenbänder und damit die Anzahl der Obertöne des zu erzeugenden Klanges ist direkt von diesem Modulationsindex abhängig. Mit steigendem Index steigt auch die Anzahl der Obertöne, die Bandbreite des Klanges erweitert sich.

Charakteristisch für die Synthese von Klängen durch Frequenzmodulation ist, daß die Energie für die entstehenden Seitenbänder von der Trägerfrequenz stammt, deren Tonhöhe den Grundton bestimmt. Praktisch äußert sich dieses Verhalten in einer zunehmenden Lautstärkereduzierung des Grundtones bei wachsendem Modulationsindex. Im Extremfall ist der Grundton aus einer Fülle von Obertönen nicht mehr heraushörbar.

Eine weitere Charakteristik der FM-Synthese sind die sogenannten reflektierten Seitenfrequenzen. Gerade sie sind es, die dieser Syntheseart ihre speziellen Klangeigenschaften verleihen und damit ihre besondere Eigenart ausmachen. Ein Beispiel (Abb. 35): Um die Trägerfrequenz c von 100 Hz gruppieren sich ganzzahlige Vielfache der Modulationsfrequenz m, die ebenfalls 100 Hz betragen soll, die Frequenzen des oberen und des unteren Seitenbandes. Alle Frequenzwerte des unteren Seitenbandes befinden sich in diesem Fall im negativen Bereich. Diese »negativen« Frequenzen werden nun – das ist das Besondere – an der 0-Hz-Achse in den positiven Bereich gespiegelt, reflektiert sozusagen. Unter Berücksichtigung der Phasenlagen der einzelnen reflektierten Seitenfrequenzen, ihren »Vorzeichen«, erfolgt die Überlagerung mit den nicht-reflektierten Frequenzanteilen. So können Verstärkungen und Auslöschungen einzelner Obertöne der ursprünglichen Seitenbänder entstehen, die im gezeigten Beispiel besonders drastisch ausfallen.

Wie bereits festgestellt wurde, hängt bei der FM-Synthese die Bandbreite und damit die Komplexität des Klangspektrums direkt vom Modulationsindex ab. Bringt man nun den Modulationsindex dazu, sich zeitlich zu verändern, so kann damit die Entfaltung eines Klangspektrums dyna-

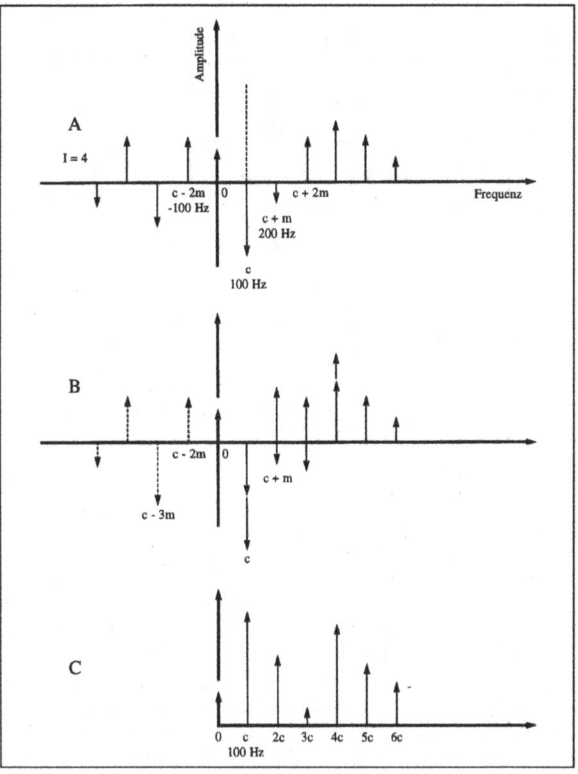

Abb. 35 A = Spektrum mit den Komponenten im negativen Bereich; B = gleiches Spektrum, in dem die negativen Frequenzen bei 0 Hz gespiegelt und ihre Amplituden invertiert sind; C = Darstellung der absoluten Beträge der Amplituden. (Nach Chowning, 1973.)

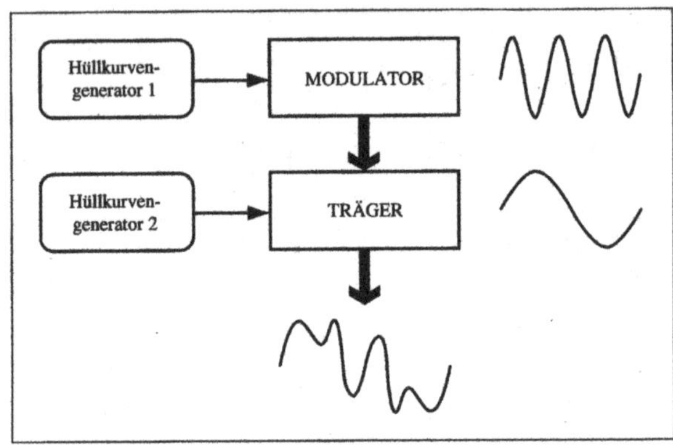

Abb. 36 Dynamische Steuerung eines FM-Klangspektrums durch Hüllkurvengeneratoren.

misch gesteuert werden. Komplexe Klangverläufe sind so mit relativ einfachen Mitteln zu erzeugen und zu kontrollieren. Praktisch umgesetzt wird diese zeitliche Abhängigkeit durch Hüllkurvenverläufe (Abb. 36). Indem der Anteil der Modulationsfrequenz, die auf die Trägerfrequenz wirkt, der Modulationsindex also, einer zeitlichen Steuerung unterworfen wird, ist der Obertongehalt des Klanges von eben dieser Hüllkurve abhängig und damit etwa einer Filter-Hüllkurve analoger Synthesizer vergleichbar. Die Hüllkurve der Trägerfrequenz, die den Grundton bestimmt, wirkt sich, wie von analogen Synthesizern her bekannt, auf den Lautstärkeverlauf des erzeugten Klanges aus.

Wenn diese für die FM-Synthese grundlegenden Zusammenhänge im Vergleich zur analogen Technik auch schon sehr kompliziert erscheinen, so ist die Komplexität der tatsächlich ablaufenden Vorgänge noch wesentlich größer. Verantwortlich dafür ist vor allem die Tatsache, daß Modulations- und Trägeroszillatoren zur Erzeugung von möglichst interessanten und lebendigen Klängen mehrfach vorhanden sind und auch auf verschiedene Arten miteinander verknüpft werden können. Dabei kann ein Oszillator gleichzeitig Träger- als auch Modulatorfunktionen erfüllen (Abb. 37). Die speziellen Verbindungen der Generatoren

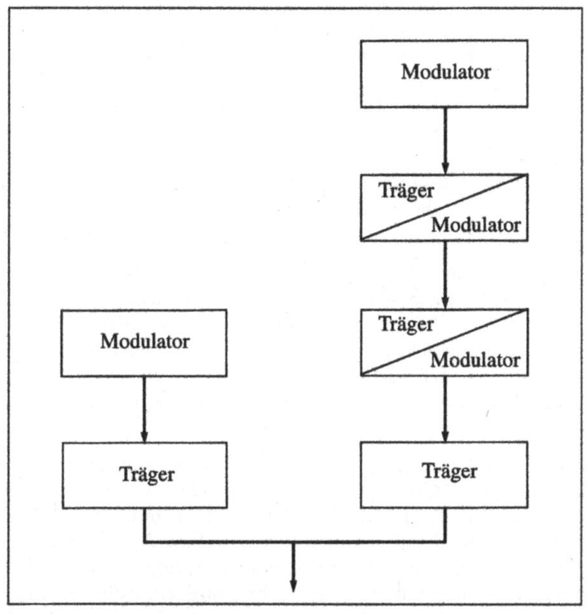

Abb. 37 Bei der FM-Synthese können Oszillatoren gleichzeitig Träger- als auch Modularfunktionen erfüllen.

(bei Yamaha »Operatoren« genannt) bezeichnet man als Algorithmen.

Vergleicht man die Klangsynthese durch Frequenzmodulation mit der bei analogen Synthesizern dominierenden subtraktiven Klangsynthese, so bestechen die Resultate der FM-Synthese zunächst durch zahlreiche Vorzüge, vor allem durch die beträchtlich gesteigerte Beeinflussungsmöglichkeit der klanglichen Feinstruktur. Die am FM-Maßstab gemessen relativ grobe Arbeitsweise subtraktiver Klangsynthese erlaubt, durch die begrenzte Flankensteilheit der Filter, eine planvolle Beeinflussung einzelner Obertöne nur unzureichend. Hier liegt auch eine Ursache für die oft stereotyp gehandhabten Synthesizerklangfarben, welche nicht nur bei vielen Musikern die Überzeugung entstehen ließ, ein guter Synthesizer habe »so und nicht anders« zu klingen.

Auch für Chowning war das Unbehagen an den Unzulänglichkeiten elektronischer Klänge ein wichtiger Handlungsantrieb.

> [...] ich war damals wirklich hungrig nach neuen warmen, klaren Klängen. Ich denke, daß meine Ohren mir sofort mitteilten, daß ich eine wirklich wichtige Entdeckung gemacht hatte. Sie war auch viel mehr musikalischer als technischer Natur. Ich bemerkte plötzlich, welch komplexer Klang mit sehr viel Harmonischen mit nur zwei Sinuswellen realisierbar war.[256]

Neben der Erzeugung komplexer und interessanter Klangfarben betont Chowning hier noch eine zweite Komponente, die für den Erfolg der FM-Synthese ausschlaggebend werden sollte: die ökonomische Seite. Diese Art der Klangerzeugung kommt mit vergleichsweise geringem konstruktiven Aufwand zu hörenswerten Ergebnissen. Eine wichtige Rolle spielt dabei die Möglichkeit, bei der Synthese neben harmonischen auch unharmonische Spektrumsanteile zu steuern. Daher auch die besondere Eignung der FM-Synthese zur Erstellung von metallischen und glas- bzw. glockenartigen Klängen. Auch bei der Interpolation von Klangfarben, dem allmählichen Übergang von Schlagzeug- in Streichertöne etwa, zeigt sich die FM-Synthese von ihrer starken Seite.

Bei allen Vorteilen liegt jedoch ein entscheidender Nachteil darin, daß es keinen anschaulichen Bezug zwischen Parameterveränderungen beim FM-Synthesevorgang und den dabei wahrgenommenen klanglichen Resultaten gibt. Das Ohr analysiert den Klang, indem es ihn in Grundton und Obertöne zerlegt und ihre Amplituden bewertet, woraus sich unser Klangeindruck zusammensetzt (Fourier-Analyse). Andere Arten der Klangerzeugung, wie die von analogen Synthesizern her bekannte subtraktive Klangsynthese, arbeiten genau mit diesen Parametern, die den vom Ohr herausselektierten entsprechen und damit erst wahrgenommen werden. Verändert man etwa die Grenzfrequenz eines spannungsgesteuerten Filters, so hört man direkt die entsprechende Zu- bzw. Abnahme der Obertöne. Bei der FM-Synthese dagegen hat man lediglich Zugriffsmöglichkeit auf Tonhöhe und Lautstärke, also Frequenz und Amplitude der am Synthesevorgang beteiligten Generatoren. Wie bereits beschrieben, entstehen, abhängig vom Grad der Modulation, mehr oder weniger Obertöne, wobei sich jedoch nicht genau vorhersagen läßt, wie sich der Klang mit zunehmender Modulation verändert. Wenn auch Erfahrungswerte und Faustregeln für die Anzahl der entstehenden Obertöne mittlerweile existieren,[257] so läßt sich verbindlich nur feststellen, daß der Klang mit zunehmendem Modulationsindex heller wird. Verantwortlich für diese vertrackte Situation ist die Tatsache, daß sich die Amplituden der entstehenden Obertöne bei wachsender Modulation auf scheinbar willkürliche Weise verändern. In Wirklichkeit ist diese Veränderung jedoch nicht zufällig, obwohl das Ohr den gesetzmäßigen Zusammenhang mit der gleichzeitig erfolgenden Klangänderung nicht wahrnehmen kann.

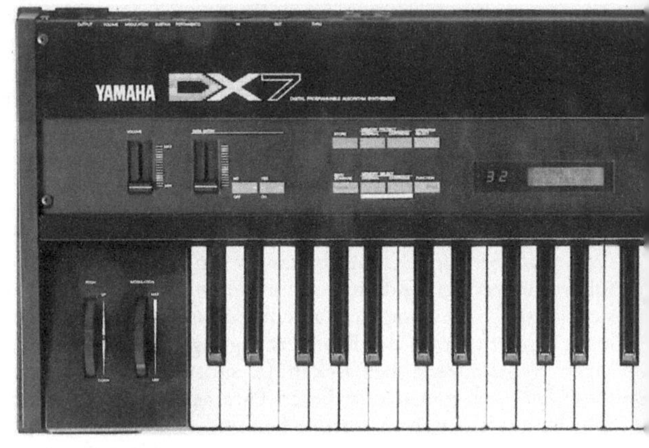

Abb. 38 Der Synthesizer Yamaha DX 7.

Mathematisch lassen sich diese Vorgänge mit Hilfe sogenannter Bessel-Funktionen beschreiben. Die ermittelbaren Bessel-Koeffizienten sind jedoch für das Ohr vollständig wertlos, da es lediglich mit den Amplituden der einzelnen Obertöne, den Fourier-Koeffizienten, etwas anfangen kann. Zwar gibt es eine Möglichkeit, beide Arten von Koeffizienten ineinander umzurechnen, dazu ist aber ein relativ großer technischer Aufwand nötig.[258] Hier liegt auch ein Grund, warum große Musikcomputersysteme, die mit dieser Umrechnungsmöglichkeit ausgestattet sind, in anderen Preis-Bereichen angesiedelt sind als die FM-Synthesizer von Yamaha etwa. Diese Umwandlungsmöglichkeit aber ist eine entscheidende Voraussetzung für die systematische Klangsynthese und -veränderung. Fehlt diese Möglichkeit, so ist man lediglich auf einige prinzipielle Überlegungen

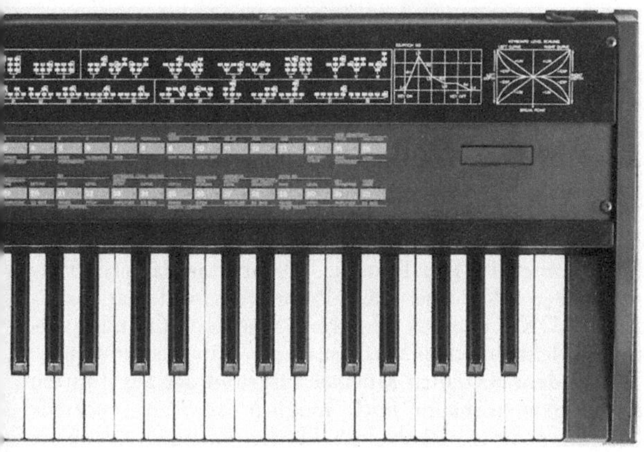

und vor allem die eigene Intuition angewiesen. Die Balance auf dem schmalen Grat zwischen zu viel und zu wenig Obertönen, die Beeinflussung einzelner klanglicher Parameter gestaltet sich zu einer Art Glücksspiel.

Für die in den achtziger Jahren kommerziell überaus erfolgreiche FM-Synthese zeigte Anfang der siebziger Jahre, als die Stanford University nach geeigneten Firmen für die Anwendung und Vermarktung von Chownings Ideen suchte, nur eine einzige Firma Interesse, Yamaha. Und es war nur ein Mann, Yasunori Mochida, der die anfangs skeptische Unternehmensleitung vom Wert der FM-Synthese ganz allmählich zu überzeugen vermochte. Von den zunächst bis 1994 befristeten Patentrechten vergab die Firma Sublizenzen, z. B. an New England Digital, dessen Synclavier-Musikcomputersystem dadurch ebenfalls über FM-Synthesemöglichkeiten verfügen konnte, hier verbunden mit der Umrechnungsmöglichkeit in Fourier-Parameter. Yamaha entwickelte das Chowningsche Syntheseprinzip in ihrem Sinne weiter (Vereinfachung der Bedienung, Vielseitigkeit der Nutzung u. a.). Den technologischen Aufwand reduzierte man durch die firmeneigene Fertigung von zwei speziellen integrierten Schaltkreisen, die eine Vielzahl der FM-Funktionen intern realisieren konnten. Eine entsprechende Fabrikationsstätte für integrierte Schaltkreise errichtete das Unternehmen 1971 in Toyooka. 1983 hatten dann die FM-Synthesizer DX 7 und DX 9 Premiere, von denen besonders der DX 7 überaus erfolgreich war und zum meistverkauften elektronischen Musikinstrument überhaupt wurde.

Da es dem einzelnen Musiker aufgrund der angeführten Schwierigkeiten kaum noch möglich ist, ohne spezielle Kenntnisse systematisch individuelle Klangvorstellungen mit der FM-Synthese zu verwirklichen, ist er zunehmend auf eine Anzahl von bereits vorgefertigten Klängen angewiesen. Gerade weil der Qualitätsunterschied der auf diese Weise erstellten, gewissermaßen »konfektionierten« Klänge zu eigenen, nach der Trial-and-error-Methode gefundenen Klängen normalerweise recht groß ist, steigt der Absatz der industriellen Klangangebote, die der betreffende Musiker dann mit einer Vielzahl seiner Berufskollegen zu teilen hat.

Auf diese Weise gerät nicht nur der ursprüngliche Synthesizergedanke der maximalen individuellen Kontrolle wichtiger Tonparameter ins Hintertreffen, sondern es sind auch die FM-synthetisierten Klänge an einer Reihe prinzipiell gleicher technologischer Merkmale relativ leicht heraushörbar. So erfolgen Obertonzu- bzw. -abnahme stets auf dieselbe, von dem Modulationsindex und dem Träger/Modulator-Frequenzverhältnis abhängige Weise. Es ist also bei aller Anstrengung in der Synthese eine gewisse Uniformität der Klänge nicht zu vermeiden.

Synthese durch Amplitudenmodulation

Im Kapitel zur Technik analoger Klangerzeugung wurde der Begriff »Amplitudenmodulation« als Synonym für den Tremolo-Effekt verwendet, für eine periodische Lautstärkeschwankung des Klanges, die oft zusammen mit dem dort als Frequenzmodulation bezeichneten Vibrato genannt wird. Erreicht wurde dieser Effekt durch die Modulation eines spannungsgesteuerten Verstärkers VCA mit einer periodischen Wellenform, einer Sinuswelle beispielsweise.

Um den gewünschten Effekt in Intensität und Geschwindigkeit beeinflussen zu können, ist der analoge Synthesizer in der Lage, die Stärke der Modulationsspannung sowie deren Frequenz in weiten Grenzen zu verändern. Dazu wird in der Regel der Modulationsoszillator LFO verwendet. Die untere Grenze seines Frequenzbereiches beginnt außerhalb des menschlichen Hörfeldes, etwa bei 0,01 Hz (der Mensch kann erst ab etwa 16 Hz Schwingungen als Tonhöhe wahrnehmen).

Moduliert man die Lautstärke eines Klanges im VCA mit einer LFO-Frequenz, die innerhalb des Bereiches von 0,01 bis 16 Hz ansteigt, erfährt dieser Klang in Abhängigkeit von Modulationsfrequenz und -stärke rhythmische Veränderungen: Der bekannte Tremolo-Effekt steigert sich bis zu einer eigentümlichen Rauheit des Klanges. In diesem Fall spricht man von subauditiver Steuerung, weil die Frequenz des LFOs unterhalb der menschlichen Hörfähigkeit liegt.

Erhöht man die Frequenz des LFO in den Hörbereich hinein, so wandelt sich das klangliche Resultat plötzlich. Aus einem Ton mit rhythmischen Eigenschaften wird beim Überschreiten der unteren Hörgrenze durch die LFO-Frequenz ein komplexer stationärer Klang. Man hört ein dichtes Gemisch aus harmonischen und unharmonischen Teiltönen, deren Entstehung vom Verhältnis der beiden Frequenzen, die an der Modulation beteiligt sind, sowie von

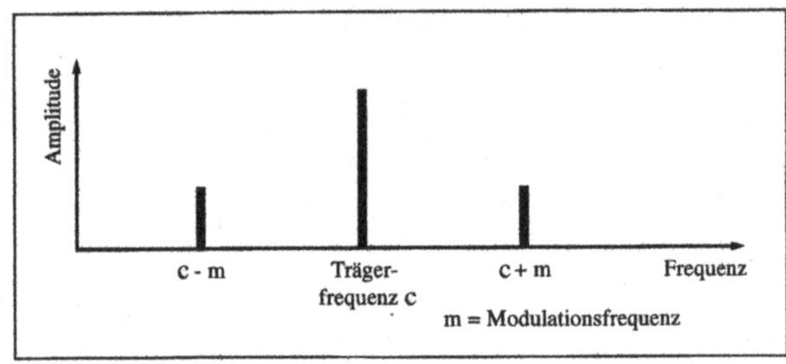

Abb. 39 Bildung von Summen- und Differenzfrequenz bei der Klangsynthese durch Amplitudenmodulation.

ihren Amplituden abhängig ist. Sie verknüpfen sich in diesem Fall auf die schon vom Ringmodulator her bekannte Weise durch die Bildung von Summen- und Differenzfrequenzen (Abb. 39).

Die Modulationsfrequenz m wird zur Grundfrequenz des Klanges c sowohl addiert als auch subtrahiert. Im Prinzip handelt es sich bei der Amplitudenmodulation um eine Perfektionierung der bekannten Ringmodulation.

Ein besonderer Vorzug dieses Klangsyntheseverfahrens betrifft die relativ einfache Erzeugung dynamischer Klangspektren. Erfolgt die Überlagerung mit dem Modulationssignal nicht ständig, sondern wird sie in ihrem zeitlichen Ablauf gesteuert, ist eine kontinuierliche Klangwandlung möglich. Diese Wandlung läßt sich präzise steuern, da der entstehende neue Klang jederzeit durch das Verhältnis der an der Modulation beteiligten Frequenzen mit ihren Amplitudenverhältnissen bestimmt wird. Die zeitliche Steuerung der Klangveränderung läßt sich einfach realisieren, indem man Modulationsfrequenz oder Trägerfrequenz jeweils eigene Hüllkurven zuordnet (Abb. 40). Auch sprunghafte Klangänderungen zwischen verschiedenen in sich sta-

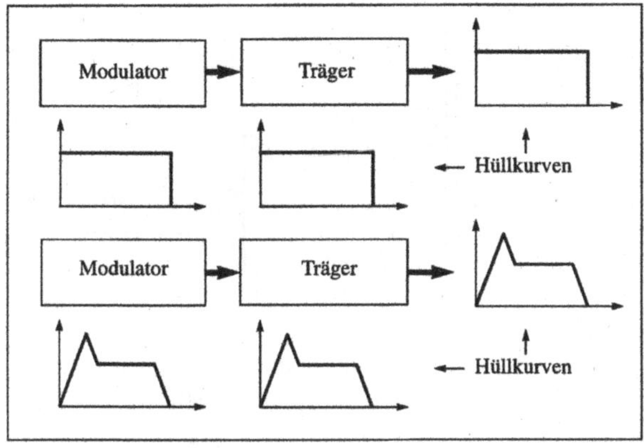

Abb. 40 Zeitliche Steuerung von Klangänderungen durch Hüllkurven.

tionären Klangzuständen lassen sich problemlos erreichen. In diesem Fall werden zu festgelegten Zeitpunkten ausgewählte Modulationsfrequenzen jeweils zu- oder abgeschaltet. Die Steuerung dieser Vorgänge kann manuell durch Potentiometer und Schalter erfolgen, aber auch automatisch, z. B. durch die Verwendung von Sequenzern.

Ein besonderer Fall liegt vor, wenn Klang- und Modulationsfrequenzen selbst Ergebnisse von zuvor durchgeführten Amplitudenmodulationen sind (Abb. 41). Man spricht dann von unterschiedlichen Modulationsebenen. Es ist leicht vorstellbar, daß auf diese Weise sehr komplexe Verbindungen zur Klangsynthese und -steuerung aufgebaut werden können. Die rasch wachsende Komplexität ist es auch, die Voraussagen über das zu erwartende Klangergebnis bei mehreren Modulationsebenen erschwert. Hinzu kommt, daß nicht nur eine, sondern beliebig viele Modula-

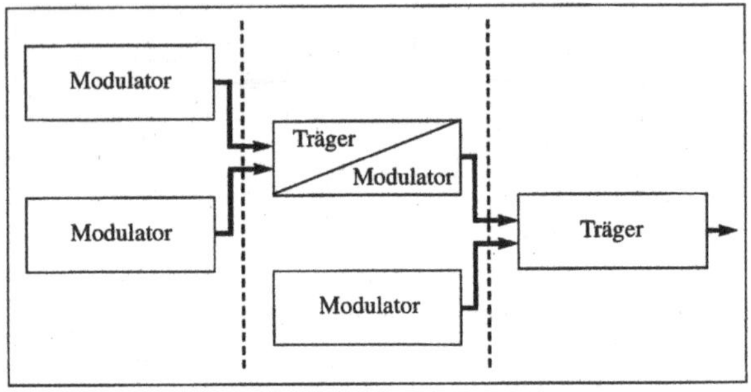

Abb. 41 Verknüpfung mehrerer Modulationsebenen bei der AM-Synthese. (Nach Reith, 1981.)

tionsfrequenzen zur Verknüpfung herangezogen werden können. Alle diese Frequenzen werden mit der Frequenz des Grundklanges auf die erwähnte mathematische Weise verknüpft, so daß sehr komplexe Klangergebnisse erzeugt werden können.

Von Vorteil ist bei dieser Methode der Klangerzeugung die relativ einfache Art der mathematischen Verknüpfung: Mit geringem Aufwand ist es möglich, die Struktur der entstehenden Klänge vorher zu berechnen und so die Modulationsanordnung von den gewünschten Resultaten direkt abhängig zu machen. Diese Anordnungen sind daher bereits mehr als Beschreibungen rein technischer Vorgänge. Sie sind ein wesentlicher Bestandteil musikalischer Planung und damit in vielen Punkten traditionellen Partituren vergleichbar.

Waveshaping-Synthese

Ebenso effektiv wie flexibel ist eine Form der Klangsynthese, die sowohl mit dem Namen »nichtlineare Verzerrung« (engl. *nonlinear distortion*) als auch dem am ehesten mit Wellenformsynthese übersetzbaren Begriff »Waveshaping Synthesis« bezeichnet wird.

Den Ausgangspunkt der Klangsynthese bildet eine Sinuswelle, deren Amplitude von einem Hüllkurvengenerator kontrolliert wird. Diese Welle wird durch eine elektronische Baugruppe geleitet, die als nichtlinearer Prozessor oder auch Waveshaper bezeichnet wird. Sie ist das eigentliche Herzstück dieser Synthesetechnik. Allgemein läßt sich der Vorgang so beschreiben: Der Prozessor formt die obertonlose Sinuswelle, die an seinem Eingang anliegt, in ein Klangsignal mit wechselndem Obertonanteil um. Dabei arbeitet er wie ein kontrollierte Verzerrungen produzierender Verstärker, ähnlich wie man ihn zur Klangformung bei E-Gitarren verwendet. Je nach Einstellung des Verzerrungsgrades werden ausgewählte Frequenzbereiche stärker mit Obertönen angereichert als andere. Diese im Ausgangssignal – der Sinuswelle – nicht vorhandenen spektralen Komponenten werden in der Waveshaper-Baugruppe erzeugt und als Modulationsprodukte bezeichnet.[259] Sind diese Modulationsprodukte hier die Grundlage der Klangsynthese, so sind in einem normalen HiFi-Verstärker Verzerrungen dieser Art höchst unerwünscht, da sie den originalen Klang verfälschen.

Zur grafischen Kennzeichnung dieses Verhaltens von elektronischen Baugruppen verwendet man oft sogenannte Kennliniendarstellungen (Abb. 42). Sie stellen die gegenseitige Abhängigkeit von Eingangs- und Ausgangssignalen einer Baugruppe anschaulich dar. Aus Steigungswinkel und Form der Kennlinie lassen sich Rückschlüsse auf den Grad der Verstärkung und auf die Art eventuell auftretender Verzerrungen ziehen. Damit ist die Kennlinie eine Übertragungsfunktion (engl. *transfer function*) zwischen Ein- und Ausgangssignal. Ein idealer Verstärker, der keinerlei Verzerrungen produziert, würde eine vollständig lineare Übertragungsfunktion besitzen.

Bei der Waveshaping-Synthese wird diese Übertragungsfunktion bewußt manipuliert. An Hand der grafischen Darstellung läßt sich erkennen, wie sich das Modulationsprodukt verändert, wenn die Übertragungsfunktion keine Gerade mehr ist. Der Verlauf der Übertragungsfunktion

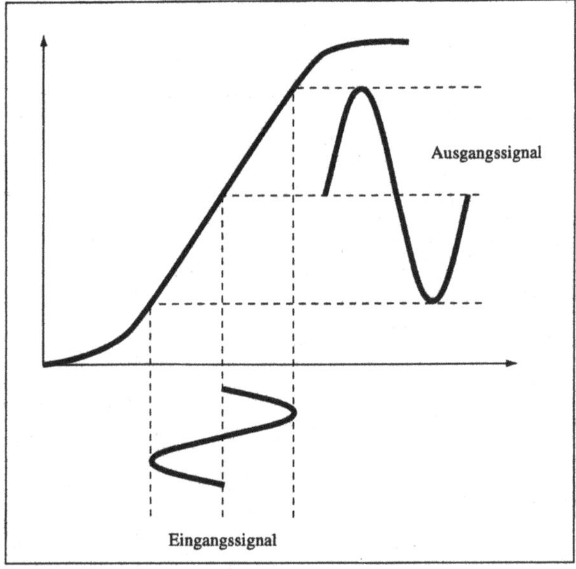

Abb. 42 Kennliniendarstellung einer elektronischen Baugruppe.

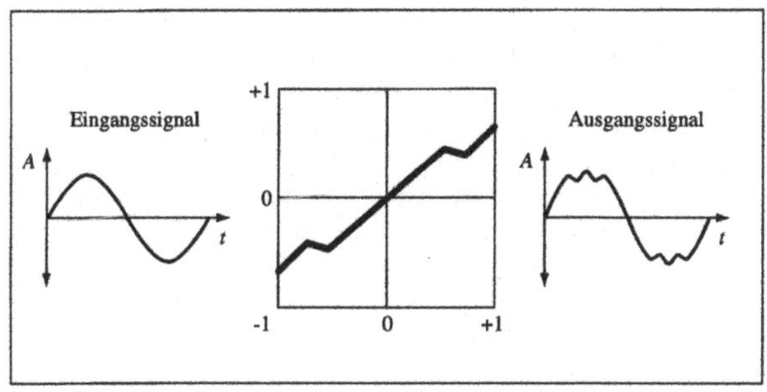

Abb. 43 Steuerung der entstehenden Wellenform durch Manipulation der Übertragungsfunktion: A = Amplitude, t = Zeit. (Nach Roads, 1984.)

bestimmt direkt das entstehende Klangprodukt (Abb. 43). Auf diese Weise wird es möglich, aus einer einfachen Sinuswelle durch gezielte Veränderung der Übertragungsfunktion neue und komplexe Wellenformen zu gewinnen.

Eine Besonderheit dieses Verfahrens ist die einfache Erzeugung dynamischer Klangänderungen. Sie erfolgt ebenfalls durch die Manipulation der Übertragungsfunktion. Die Abbildung erläutert das Prinzip. Solange die Amplitude der Sinuswelle am Eingang einen bestimmten Wert nicht überschreitet, verläuft die Übertragung weitgehend linear. Die Gestalt von Eingangs- und Ausgangssignal sind in diesem Fall identisch. Nach Überschreiten eines bestimmten Amplitudenwertes beim Eingangssignal verändert sich jedoch die Wellenform am Ausgang des Prozessors zunehmend. Sie unterscheidet sich mehr und mehr von der ursprünglichen Sinuswelle. Ordnet man nun der Amplitude des Sinussignals eine eigene Hüllkurve zu, so lassen sich damit dynamische Klangänderungen relativ einfach bewerkstelligen.

An diesem Beispiel wird bereits auch eine Schwierigkeit deutlich. Während die entstehenden Klangspektren bei einfachen Übertragungsfunktionen relativ leicht vorhersehbar sind, versagt diese grafische Anschaulichkeit bei komplizierteren Funktionen. In diesem Fall helfen spezielle mathematische Methoden, die aus einer exakten Beschreibung von Eingangssignal und Übertragungsfunktion das Spektrum des Ausgangssignals präzise vorhersagen.[260]

Die Komplexität des entstehenden Klangereignisses ist direkt von Eingangssignal und Übertragungsfunktion abhängig. Problematisch bei dieser Synthesetechnik ist jedoch, daß durch die unterschiedlichsten Übertragungsfunktionen stets nur harmonische Spektrumsanteile produziert werden.

Um die Variationsbreite der Klangprodukte zu erhöhen und auch inharmonische Anteile erzeugen zu können, existieren verschiedene Erweiterungen der Waveshaping-Synthese. Eine Methode zur Anreicherung mit inharmonischen Anteilen besteht in der zusätzlichen Amplitudenmodulation des Klangprodukts (vgl. S. 319 ff.). Eine weitere Möglichkeit ist die Steuerung der Phasen bei unterschiedlichen Spektrumsanteilen.

Wurden ursprünglich nur Sinuswellen als Ausgangspunkt für die Erzeugung genau definierter Klangspektren verwendet, so können in der Praxis auch komplexere Klangereignisse, wie beispielsweise andere Waveshaping-Syntheseprodukte, verwendet werden. Durch die große Flexibilität und vor allem eine preisgünstige Herstellung findet diese Synthesemethode zunehmend auch in kleineren digitalen Synthesizern ihre Anwendung. Ein Pionier preiswerter digitaler Synthesetechniken war die japanische Firma Casio. Sie entwickelte Anfang der achtziger Jahre ihr Phase Distortion (PD) genanntes Verfahren, das verschiedene Wellenformen aus der zeitlich variablen Abtastung einer Sinuswelle ableitete. 1988 wurde diese Syntheseform zur Interactive Phase Distortion (IPD) ausgebaut. Die letztgenannte Erweiterung unterschied sich von ihrer ursprünglichen Ausführung durch zusätzliche Manipulationsmöglichkeiten. So bemühte man sich um die Erweiterung des Klangspektrums der PD-Klänge vor allem durch verschiedene Arten der Verknüpfung einzelner PD-Produkte untereinander.

Granularsynthese

In vielen Studios für elektronische Musik, speziell in den USA, wird seit den achtziger Jahren eine Methode digitaler Klangerzeugung verwendet, die als »Granularsynthese« bezeichnet wird. Ihr technisches Prinzip ist rasch beschrieben: Es besteht im Zusammenfügen Tausender kleiner Schallimpulse zu neuen akustischen Ereignissen. Was aber ist unter »Schallimpulsen« zu verstehen?

Ende der fünfziger Jahre machte man im Kölner Studio für elektronische Musik eine folgenreiche Beobachtung: Steigerte man bei der Wiedergabe von Klängen, die auf Magnetband fixiert waren, langsam und kontinuierlich die Geschwindigkeit, so erhöhte sich zunächst die Brillanz; die einzelnen Töne wurden »schärfer«, ihre Ein- und Ausschwingphasen verkürzten sich. Steigerte man die Wiedergabegeschwindigkeit noch weiter, so begannen sich aus den verschiedenen, auf dem Tonband nacheinander vorhandenen Klängen neue, komplexe Schallereignisse zu bilden. Aus den diskontinuierlichen Tonband-Aufzeichnungen wurde mit einem Mal ein neuer kontinuierlicher Klang. Beschleunigte man die Abspielgeschwindigkeit von Bandschleifen mit Patterns aus kurzen Impulssignalen, so begannen bei einer bestimmten Geschwindigkeit die einzelnen Impulse zu einem einheitlichen Klang zu verschmelzen. Die so erzeugten Klänge waren in ihrer Struktur äußerst komplex und enthielten nicht selten starke Geräuschanteile. Es zeigte sich, daß durch gezielte Wahl der zeitlichen Reihenfolge der einzelnen Impulse sowie der Wiedergabegeschwindigkeit der Bandschleifen neue Klänge zu erzeugen waren.

Diese empirischen Befunde wurden von theoretischen Untersuchungen gestützt, die der britische Physiker Dennis Gabor bereits 1947 zur akustischen Quantisierung des menschlichen Hörens vorgenommen hatte. Mathematisch bestätigt wurden Gabors Untersuchungen erst zu Beginn der achtziger Jahre. Die mathematische Formulierung stimulierte aller Wahrscheinlichkeit nach neuere und genauere Forschungen zu dieser Art der Klangsynthese, die nun auch mit Hilfe des Computers möglich wurde. Es stellte sich heraus, daß zur Erzeugung von stufenlosen Klangübergängen mit diesem Verfahren 1000 bis 1500 Klangimpulse pro Minute erforderlich sind. Eine beträchtliche Datenmenge also, die sich noch weiter erhöht, weil jeder einzelne Klangimpuls obendrein durch einen individuellen Frequenz- und Amplitudenwert bestimmt werden muß.

Das Ziel neuerer Forschungen zur Granularsynthese ist, dieses technische Prinzip der Klangerzeugung so weit praktisch anwendbar zu machen, daß es für die kompositorische Arbeit sinnvoll eingesetzt werden kann. Dazu ist vor allem eine Aufbereitung der einzelnen Impulsdaten notwendig, um mit nur wenigen, und zwar möglichst musikalischen Parametern die erforderlichen Impulsdatenmengen steuern zu können.

Einen ersten Schritt dazu unternahm Iannis Xenakis. Er entwickelte eine kompositorische Theorie dieser Klangimpulse, in der er davon ausging, daß jeglicher Schall als Kombination von elementaren Klangpartikeln anzusehen ist. Damit ist auch jedes musikalische Ereignis als Ansammlung einer großen Zahl elementarer Klangimpulse betrachtbar, die ihre Zusammensetzung im zeitlichen Verlauf ändern. Wählt man die betrachtete Zeitspanne sehr klein (zwischen

1 und 10 Millisekunden), so kann man durch die Trägheit des menschlichen Ohres zeitliche Änderungen des Klanges für diesen Moment vernachlässigen und die Klangzusammensetzung nur von Frequenz und Intensität (Amplitude) der einzelnen Klangimpulse abhängig machen. So entsteht quasi die »Momentaufnahme« eines Klanges für den betrachteten kurzen Zeitpunkt. Die Klangfarbe wird nur durch die Frequenzen und Amplituden der Klangimpulse bestimmt. Ruft man nun zahlreiche solcher klanglichen Momentaufnahmen rasch nacheinander ab – wie am Daumenkino! –, entsteht eine zeitliche Klangänderung, die allein von der Art der »Momentaufnahmen« mit ihren Klangimpulsverteilungen bestimmt wird (Abb. 44).

Mitte der siebziger Jahre begann der amerikanische Komponist Curtis Roads an der Universität von Kalifornien in San Diego diese Methode zur Klangerzeugung systematisch zu untersuchen. Sein Ziel war ein Granularsynthese-System, welches in Parameterauswahl und -abstimmung ein Maximum an Klangqualität und Flexibilität ermöglicht. Er experimentierte mit Schallimpulsen von fester Dauer und Hüllkurve, variierte dagegen deren Wellenform, Lautstärke und Frequenz. Als optimale Dauer stellte sich ein Wert von 20 Millisekunden heraus, obwohl auch Variationen in einem Bereich von 10 bis 60 Millisekunden zu verwendbaren Ergebnissen führten. Dieser Zeitbereich leitet sich direkt aus der Beschaffenheit des menschlichen Wahrnehmungsapparates ab. Ähnlich dem Film, durch dessen schnelle Abfolge von Einzelbildern sich unser Auge zum Eindruck eines kontinuierlichen Verlaufs verleiten läßt, sind auch akustische Ereignisse auf diese Art zerlegbar. Da die Trägheit unserer akustischen Wahrnehmung aber weitaus geringer ist als die der optischen Wahrnehmung, sind hier – so fand Roads heraus – etwa 50 »Momentaufnahmen« der Klangimpulsverteilungen pro Sekunde notwendig, um den Eindruck kontinuierlicher Klangänderung hervorzurufen.

Durch die große Menge anfallender Daten für die Kontrolle der Klangkomponenten, die unmöglich von einem Komponisten überblickt werden können, war es notwendig, neben der Ebene der Impulsdaten eine weitere Ebene zu schaffen, wo der Komponist seine Anweisungen in einer der Maschine »verständlichen« Form eingeben kann. Da die Arbeit mit langen Zahlenkolonnen musikalisch nicht eben stimulierend ist, entwickelte Curtis Roads eine grafisch orientierte Eingabeform. Damit umging er gleich mehrere heikle Probleme, die bei der musikalischen Arbeit mit Computern stets aufs neue entstehen. Hierzu gehören vor allem die mangelnde Anschaulichkeit von reinen Zahlenmanipulationen, die große Genauigkeit, mit welcher der Computer die eingegebenen Befehle realisiert, die im künstlerischen Bereich nicht immer von Vorteil ist, bis hin zur leichteren Erlernbarkeit des Umgangs mit dem technischen Gerät durch weitgehenden Wegfall der Arbeit mit speziellen Programmiersprachen.

Die grafische Steuerung der Granularsynthese erfolgt bei Roads durch die Festlegung sogenannter »Events«. Besonderer Vorzug dieser Events ist, daß der Komponist in ihnen direkt alle wichtigen musikalischen Parameter festlegen und vor allem anschaulich darstellen kann. Die Festlegung der musikalischen Parameter innerhalb eines Events bildet so ein Mittelglied zwischen den technischen Abläufen des Klangsynthesevorganges auf der einen Seite und den musikalischen Vorstellungen des Komponisten auf der anderen Seite. Die so variierbaren Parameter eines Klanges reichen von generellen Bestimmungen, wie der Zeitdauer des Klanges, bis zu sich innerhalb des Klanges verändernden Größen, etwa dem Verlauf von Tonhöhe und Lautstärke. Hinzu kommen Parameter, welche die Veränderung der Elementarimpuls-Wellenformen betreffen sowie deren Dichteverteilungen im Verlauf eines Klanges oder auch Klangfeldes. Die sich verändernde Tonhöhe des Klanges kann durch ei-

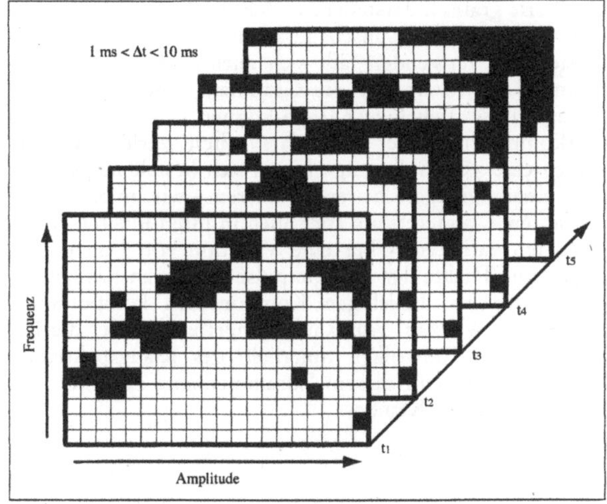

Abb. 44 Abfolge von »Momentaufnahmen« eines Klanges bei der Granularsynthese zum Zeitpunkt t_1 bis t_5. Der zeitliche Abstand dieser Momentaufnahmen Δt liegt zwischen 1 und 10 Millisekunden. (Nach Roads, 1984.)

nen festlegbaren Tonhöhenbereich ersetzt werden, in dem sich dann die Frequenzen der Elementarimpulse befinden. Auf diese Weise können Klangspektren in einem Bereich variiert werden, der vom einzelnen Sinuston über Gruppen verschiedener Frequenzen und Glissandi bis hin zu »Wolken« von Klangkomponenten reicht, die den gesamten Hörbereich umfassen. Hauptvorzug der Granularsynthese ist jedoch, daß diese Variationen durch einfache Veränderung von lediglich ein oder zwei Event-Parametern möglich werden. Die Parameterveränderungen lassen sich auf einfache Weise grafisch darstellen, so daß der Prozeß der Klangsynthese unmittelbar anschaulich wird.

Vielseitig verwenden läßt sich auch eine weitere interessante Eigenschaft, die die Granularsynthese bietet: die Klanganalyse. Beliebige Klänge können in Frequenz- und Zeitkomponenten der Granularsynthese zerlegt werden. Durch eine »Granulierung« lassen sich bestehende Klänge zum einen detailgerecht reproduzieren – wie im Sampling-Verfahren –, andererseits aber auch in ihren inneren Komponenten variieren. Über eine Variation von Dauer, Frequenz und Dichte der Klangimpulse kann man Klangübergänge zwischen beliebigen Komponenten komponieren, ebenso eine Vielzahl von Raumklangeffekten oder die Bewegung von Tonwolken innerhalb des Klangspektrums. Oft spricht man in diesem Zusammenhang auch von der Resynthese eines Klanges.

Resynthese

Schaut man in Kleinanzeigen einschlägiger Musikjournale unter der Rubrik »Sounds«, so findet man jede Menge »samtiger« Streicher-, »fetziger« Bläser-, »druckvoller« Baß- oder »sphärischer« Chorsounds und gigabyteweise »abgefahrene« Effektsounds im Angebot. Daraus wird einerseits deutlich, daß sich im populären Musikbereich in den letzten Jahren zunehmend eine Arbeitsweise herausgebildet hat, die von einer Reihe bestimmter Stereotype des elektronischen Klanges ausgeht. Die Einteilung in Soundgruppen weist auf jeweils dominierende Klangeigenschaften innerhalb dieser Gruppen hin, ohne daß nun beispielsweise jeder Chorsound auch wirklich wie eine leibhaftige Gesangsvereinigung klingen muß. Dabei ist besonders bemerkenswert, daß alle Klänge, die sich nicht den genannten Gruppen zurechnen lassen, als sogenannte Effektsounds klassifiziert werden. Sie bilden also eine Gruppe, deren Sounds keine gemeinsamen Klangmerkmale aufweisen (müssen).

Andererseits offenbart diese Einteilung in Klanggruppen eine erstaunliche sprachliche Sorglosigkeit in der genaueren Beschreibung elektronischer Klänge, die jedoch nicht den Musikern anzulasten ist. Ihre Ursachen sind vielmehr systematischer Art. Das wird besonders deutlich, wenn man einen Seitenblick auf die Kollegen der elektronischen E-Musik wirft, die damit schon seit längerer Zeit zu kämpfen haben. Hier war ein starker Antrieb zur Entwicklung elektronischer Musikinstrumente von Anfang an die Suche nach neuen Klangfarben, die sich von denen herkömmlicher Musikinstrumente unterschieden. Dabei machte sich ein paradoxes Phänomen bemerkbar: je leistungsfähiger und genauer die Klangerzeugungsverfahren arbeiteten, desto schwieriger wurde es, den Klangcharakter des Syntheseprodukts genau vorherzusagen. Bei der Forschung nach den Ursachen stieß man auf die bisher nicht genügend beachtete Tatsache, daß alle Erfahrungswerte über musikalische Eigenschaften von Klängen an mechanischen, nichtelektronischen Musikinstrumenten gesammelt wurden. Das ist der springende Punkt. Die ausschließliche Fixierung der Klangbeschreibung – und damit auch der theoretischen Reflexion darüber – auf die überlieferte Art der Hervorbringung (Bläserton, Streicherklang usw.) muß bei elektronischer Musik wie bei Computermusik versagen.

Aus der Verallgemeinerung von Erfahrungen mit diesem Phänomen entstand die Idee des sogenannten »Resynthese-Verfahrens«. Was ist darunter zu verstehen? Das Grundprinzip besteht, einfach gesagt, darin, einen beliebigen Klang, z. B. ein Sample, als Ausgangspunkt für die Schaffung weiterer Klänge zu verwenden, die alle irgendwie mit dem Ausgangsklang verwandt sind. Man spricht in diesem Zusammenhang auch von gemeinsamen akustischen Merkmalen des Ausgangsklanges und der abgeleiteten Klänge. Zunächst muß der Ausgangsklang analysiert werden; es folgt die gezielte Veränderung von Parametern des Ausgangsklanges, die mit Hilfe der Analyse ermittelt wurden; zuletzt wird aus den veränderten Klangparametern ein neuer Klang synthetisiert. Bei der Resynthese handelt es sich demnach um einen dreistufigen Vorgang, der aus Analyse, Modifikation und erneutem Zusammensetzen von Klängen, eben ihrer »Re-Synthese«, besteht.

Nun wäre zu fragen, warum die Klänge erst mühevoll zerlegt werden müssen, wenn sie ohnehin in dieser oder ähnlicher Form wieder zusammengesetzt werden? Die Erfahrung beim Umgang mit elektronischen Klangsynthesetechniken hat gezeigt, daß es auch mit modernsten elektronischen Mitteln nicht so einfach ist, Klänge zu erzeugen, die eine ähnlich komplexe innere Struktur und ästhetische Qualität besitzen, wie wir sie von mechanischen Musikinstrumenten kennen. Um Kriterien für eine gezielte Weiterentwicklung elektronischer Klangsynthesetechniken zu erhalten, ist die genaue Untersuchung klanglicher Vorbilder unerläßlich. Nur dadurch lassen sich die Bestandteile eines Klanges zu den akustischen bzw. musikalischen Eigenschaften in Beziehung setzen. Dies wiederum ist eine Voraussetzung für das »Maßschneidern« von Klängen bei speziellen musikalischen Anwendungen. In diesem Fall bilden eine Reihe von gewünschten Klangeigenschaften den Ausgangspunkt für die Synthese eines Klanges, der dann nach diesen Forderungen aus verschiedenen elementaren Klangelementen zusammengesetzt wird.

Daß sich Klänge auf verschiedene Arten zerlegen lassen, ist leicht vorstellbar. Welche Art jeweils angewandt wird, hängt vom zu erreichenden Resultat ab. Da akustische Ereignisse, also auch musikalische Klänge, aus verschiedenen

Frequenzen – Grundton und Obertönen – bestehen, die sich innerhalb eines bestimmten Zeitraumes, der Dauer des Klanges, verändern, lassen sie sich zunächst prinzipiell auf zwei Arten zerlegen: in ihrem Zeitverlauf oder ihrer Obertonzusammensetzung.

Die einfachere Art der Manipulation ist auf der zeitlichen Ebene eines Klanges möglich. Sie wird bereits vielfach und auf unterschiedlichen technologischen Ebenen praktiziert, oft ohne das Wissen, daß es sich hierbei eigentlich um eine Form der Resynthese handelt. Die Rede ist von Cut- und Paste-Operationen, mit denen komplette Samples von Klängen oder Teile daraus manipuliert und in neuer Reihenfolge zusammengesetzt werden. Auch die Technik der Granularsynthese mit ihrer Unterteilung des Zeitverlaufs eines Klanges in zahlreiche »Momentaufnahmen« ist als eine Form der Resynthese auf der Zeitebene zu betrachten. Selbst die schnittechnische Bearbeitung von auf Magnetband aufgezeichneten Klängen, wie sie zur Anfangszeit der elektronischen Musik in den fünfziger Jahren praktiziert wurde, läßt sich dieser Rubrik zuordnen. Im Prinzip nichts Neues also.

Interessanter ist da schon die zweite Form der Resynthese, die einen Eingriff in den Obertonaufbau der Klänge gestattet. Auch hier gibt es eine Reihe von Techniken, die vielfach verwendet werden, normalerweise jedoch ohne mit der Resynthese in Verbindung gebracht zu werden. Dazu gehören beispielsweise spezielle Einrichtungen zur Klangveränderung, wie Equalizer. Der Klang wird hier nicht in unterschiedliche Zeitabschnitte zerlegt, sondern in verschiedene Frequenzbänder aufgeteilt, die dadurch in ihrer Intensität einzeln geregelt werden können. Durch Veränderung dieser Intensitätsverhältnisse, dem Anheben oder Absenken von Frequenzbändern, lassen sich aus dem Ausgangsklang verschiedene Varianten von Klängen erzeugen, die alle zwar gleiche Obertonverteilungen besitzen, deren Oberton-Amplituden jedoch verschieden sind.

Ähnlich liegen die Verhältnisse beim Vocoder, einem Gerät, das ursprünglich zur Sprachsynthese entwickelt wurde und im elektronischen Studio vorzugsweise zur Modifikation von Sprache oder Gesang eingesetzt wird. Auch hier wird das Eingangssignal in zahlreiche Frequenzbänder aufgespalten, die anschließend verschiedenen Veränderungen unterworfen werden können, bis hin zur Ausstattung mit eigenen Hüllkurven (vgl. S. 162) pro Frequenzband.[261] Bei der Synthese von Klängen aus stark modifizierten Frequenzbändern entstehen oft Produkte, deren akustische Verwandtschaft mit dem Ausgangsklang nur noch sehr weitläufig ist.

Für das wachsende Interesse sorgt eine neue Art der Klangmodifikation, die sich hinter dem Schlagwort harmonische Resynthese verbirgt. Hier wird, kurz gesagt, der Ausgangsklang in seine Obertöne zerlegt, die dann jeweils in ihrer Amplitude (der Lautstärke also) und ihrer Frequenz (der Tonhöhe) verändert werden können. Damit bietet die harmonische Resynthese eine Reihe von Möglichkeiten, in das Innerste des Klanges einzudringen, über die bisherige Verfahren der Klangsynthese nicht verfügten. Vor allem die Veränderung von Oberton-Frequenzen stellt eine entscheidende Neuerung dar. In letzter Konsequenz lassen sich auf diese Weise beliebige Ausgangsklänge in beliebige Zielklänge »umarbeiten«, indem Art, Zahl und Amplituden der Obertöne einzeln verändert werden.

Zum besseren Verständnis dieser Praxis sei daran erinnert, daß sich sämtliche Klänge als ein Gemisch von Grundton und Obertönen betrachten lassen, wobei die Obertöne in geradzahligen, harmonischen oder ungeraden, d. h. inharmonischen Verhältnissen zum Grundton stehen können. In den fünfziger Jahren wurde durch akustische Messungen an mechanischen Musikinstrumenten festgestellt, daß jeder dieser Obertöne während des Tonverlaufes nicht nur seinen eigenen individuellen Hüllkurvenverlauf besitzt, sondern auch in seiner Frequenz nicht konstant ist.

Es wurden charakteristische Abweichungen von den theoretischen Frequenzwerten der Obertöne registriert, die ihrerseits wiederum von komplexen akustischen Gesetzmäßigkeiten abhängig waren.

Daraus ergab sich die zentrale Aufgabe für eine gezielte Klangsynthese: Vor allem diese akustischen Eigenschaften sind es, die bei der Analyse von Klängen genau erfaßt werden müssen, damit sie in ihren Feinheiten und ihrem inneren Reichtum anderen musikalischen Klängen ebenbürtig werden.

Die Lautstärkeveränderungen einzelner Obertöne innerhalb des Klangverlaufs lassen sich durch zahlreiche, in kurzen Zeitabständen durchgeführte Messungen der Oberton-Amplituden ermitteln (Abb. 45). Damit wird der Klangver-

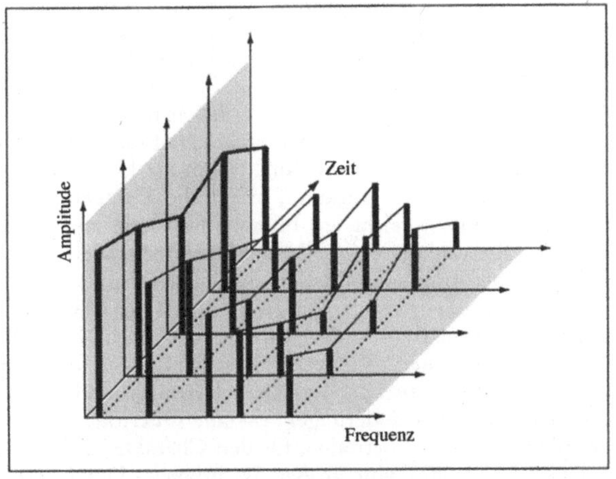

Abb. 45 Veränderungen der Lautstärke (Amplitude) einzelner Obertöne innerhalb des Klangverlaufs.

lauf gewissermaßen in kleine Zeiteinheiten »zerhackt«. Ein Vorgang, der vom Sampling her bekannt ist. Dort betrifft es jedoch Klänge in ihrer Gesamtheit, während hier die zeitlichen Verläufe einzelner Obertöne von Interesse sind. Doch nicht nur die Lautstärke der Obertöne verändert sich innerhalb des Klangverlaufs, auch die Höhe der Obertöne, ihre Frequenz, ist nicht konstant; das wurde bisher bei der Synthese elektronischer Klänge nur unzureichend beachtet, weshalb elektronische Klangspektren oft seltsam starr und leblos wirkten. Allerdings waren die technischen Bedingungen bisher auch so, daß eine gezielte Synthese von lebendigen elektronischen Klängen nur mit großem Aufwand realisierbar gewesen ist. Praktisch anwendbar ist dieses Verfahren erst durch die Anwendung moderner Computertechnik geworden.

Um Frequenzveränderungen der Obertöne während des Klangverlaufs zu registrieren, sind die sogenannten Phasenkurven der Obertöne von besonderem Interesse. Ohne nun auf die Details der Entstehung von Phasen eingehen zu wollen, sei hier lediglich festgestellt, daß man an der Phasenkurve eines Obertones seine momentane Frequenz bzw. deren Veränderung erkennen kann. Wenn die Phase innerhalb des Zeitverlaufs zunimmt, steigt die Frequenz des Obertons ebenfalls leicht an. Nimmt die Phase ab, dann sinkt die Obertonhöhe ebenfalls. Die Tonhöhenänderungen sind allerdings minimal. Man darf also keine Glissandi über mehrere Oktaven erwarten. Die Änderungen der Obertonhöhen spielen sich alle im Mikrointervallbereich ab, sind also sehr viel kleiner als eine kleine Sekunde, der kleinste Schritt der chromatischen Tonskala. Dennoch sind diese minimalen Frequenzänderungen, die alle Obertöne in unterschiedlicher Weise betreffen, für den Charakter des synthetisierten Klanges von großer Wichtigkeit. Durch den ersten Schritt der Resynthese, die Analyse eines Klanges, wird nämlich klargestellt, was dessen spezifische Qualität ausmacht: die zeitlichen Änderungen von Lautstärke und Frequenz jedes einzelnen Obertons. Oder physikalisch gesprochen: der Amplituden und Phasen der Obertöne. Dazu gesellen sich bei jedem Klang verschieden starke Geräuschanteile, deren zeitlicher Verlauf für den Klangeindruck ebenfalls sehr wichtig ist, deren Frequenz aber, anders als bei den Obertönen, nicht genau definiert werden kann. Durch die Geräuschhaftigkeit ist lediglich die Angabe eines mehr oder weniger großen Frequenzbereiches möglich.

Was kann man nun mit diesen Angaben über einen Klang anfangen? Allgemein gesprochen, lassen sich durch die Kenntnis des inneren Aufbaus eines Klanges gezielte Veränderungen mit hoher Präzision vornehmen. Dies ist beispielsweise sinnvoll, wenn ein gesampleter, im Prinzip zufriedenstellender Klang in einzelnen Details verändert werden soll. Das kann die Beseitigung von Störgeräuschen ebenso betreffen wie die Veränderung von einzelnen Obertönen, die im Ursprungssignal entweder zu kräftig oder zu schwach vertreten sind. Die Resynthese ermöglicht in diesen Fällen, den Ausgangsklang durch einen gezielten Eingriff in seine innere Struktur gewissermaßen »zu reparieren«. Allein diese Möglichkeit ist ein starkes Argument für die Resynthese, und sie würde völlig ausreichen, um diese Technik intensiv weiterzuentwickeln, doch damit ist die Resynthese noch lange nicht am Ende ihrer Möglichkeiten. Wenn sich klangliche Details so komfortabel mit Hilfe der Resynthese verändern lassen, dann müssen auch drastische Klangänderungen durch die gleichzeitige Veränderung ausreichend vieler klanglicher Details möglich sein. Das hätte obendrein gegenüber herkömmlichen Synthesetechniken den Vorteil, daß von einem konkreten Klang ausgehend direkt einzelne Obertöne und deren Hüllkurven verändert werden können und nicht verschiedene Synthesizerparameter, die oft (wie bei der FM-Synthese etwa) sehr unanschaulich bleiben.

Bedenkt man allerdings, daß ein Klang aus 50 bis 100 und mehr Obertönen besteht, kann man sich vorstellen, was es für einen Aufwand bedeutet, komplexe Klangänderungen durch Verändern jedes einzelnen Obertons und dessen Hüllkurve zu erreichen. Der große Vorteil gezielter und exakter Beeinflussung würde schnell zum Nachteil werden. Das sahen auch die Entwickler der Resynthese so und schufen eine übergeordnete Programmebene, die die gemeinsame Veränderung vieler Obertonwerte erheblich vereinfachte, die sogenannten Makro-Befehle, kurz Makros genannt. Bei Verwendung dieser Makros ist man nicht mehr gezwungen, alle Obertöne einzeln zu verändern, da nun die Makros die Veränderungen der einzelnen Obertondaten erledigen. Makros sind demnach Kontrollparameter, die umfassende Klangänderungen ermöglichen, indem sie zahlreiche Einzelbefehle zur Veränderung der Amplituden- und Phasenhüllkurven jedes einzelnen Obertons eines Klanges erzeugen. Wie sehen diese Makros nun aus und welche Klangeigenschaften können sie beeinflussen? Derzeit werden etwa ein knappes Dutzend dieser Makro-Befehle verwendet, wobei die Anschauungen darüber, was noch oder schon Makro ist, auseinandergehen. Eine ebenso naheliegende wie phantastische Anwendung ist das Komprimieren und Strecken bzw. Verlängern von Sounds.

Nun war das Stauchen und Verlängern von Sounds auch bisher kein unüberwindliches Hindernis. Man konnte dazu einfach ein Tonband schneller oder langsamer abspielen oder auch im Sampler die Ausleserate der Klänge durch das Spielen auf der Tastatur verändern. In diesen Fällen veränderte sich aber stets die Tonhöhe gleich mit. Erst das Resynthese-Makro erlaubte, Klänge zu verlängern oder zu verkürzen, ohne dabei ihre Tonhöhe zu verändern. Auch die Umkehrung dieses Effekts läßt sich mit dem dazugehörigen Resynthese-Makro erreichen: die Veränderung der Tonhöhe eines Klanges, ohne daß sich dabei seine Länge verändert. Diese Möglichkeit ist bei der praktischen Arbeit an Klängen von großem Nutzen, da so ihr Charakter bei Transponierungen weitgehend gewahrt bleibt.

»Spectral Animation« heißt ein Makro zur Beeinflussung der im Klang stets vorhandenen kleinen und schnellen Schwankungen, welche die meisten musikalischen Klänge in ihren für den unverwechselbaren Klangcharakter verantwortlichen Obertönen besitzen. Sind derartige Schwankungen zu schwach, wirkt der Klang leblos und statisch. Durch die per Spectral Animation erreichte Verstärkung der schwachen Schwankungen im Hüllkurvenverlauf der Obertöne wird der Klang »lebhafter«. Auch der umgekehrte Vorgang, die Smoothing genannte Abschwächung derartiger Schwankungen, läßt sich mit diesem Makro bewerkstelligen.

Ein weiteres Resynthese-Makro verbirgt sich hinter der Bezeichnung »Crossfade«. Gemeint ist das kontinuierliche Überblenden durch Interpolation zwischen den Syntheseparametern zweier Klänge (Morphing). Oder einfacher gesagt: das Ineinanderübergehen von einem Klang in einen anderen. Dies geschieht durch das Addieren der Amplituden- und Phasenkurven beider Sounds in sich laufend ändernden Verhältnissen. Auf diese Weise entstehen zwischen den beiden definierten Klängen zu Beginn und am Ende der Interpolation zahlreiche Zwischenstufen, die zu wechselnden Anteilen sowohl Eigenschaften des Anfangs- als auch des Endklanges aufweisen. Das ist eine vor allem während der siebziger Jahre in den USA beliebte Technik der Computermusik; John Chowning, John M. Grey und Max Mathews haben dieses Phänomen systematisch untersucht. »Sawdust« von Herbert Brün ist beispielsweise eines der Programme zur Komposition von Computermusik, die sich ausschließlich dieser Interpolationstechnik bedienen.

Ein weiteres Resynthese-Makro erlaubt die Steuerung der »harmonischen Verstimmung« eines Klanges. Die Frequenzen der Obertöne einfacher Klänge sind (zumindest annäherungsweise) geradzahlige Vielfache der Grundtonfrequenz. Steigt der Geräuschanteil eines Klanges, so erhöht sich auch der Anteil von Frequenzen, die nicht in harmonischem Verhältnis zum Grundton stehen. Werden nun die Frequenzen der harmonischen Obertöne schrittweise verschoben, so entstehen aus den ursprünglich harmonischen mehr und mehr inharmonische Obertöne. Der Klangcharakter läßt sich, je nach Grad der »harmonischen Verstimmung«, von kaum merklich bis drastisch ändern.

Weitere Makros gibt es für das Festlegen eines Schwellenwertes, unterhalb dessen alle Obertöne abgeschnitten werden, das ist sinnvoll zur Elimination von störendem Rauschen u. ä.; andere Makros fügen gezielt harmonische Obertöne hinzu, ähnlich dem Enhancer-Effekt zur Beeinflussung der Helligkeit eines Klanges, wieder andere verändern die spektrale Dynamik, vergleichbar der Wirkung von den in der Studiotechnik häufig gebrauchten Expandern und Kompressoren. Selbst Makros zur Plazierung eines Klanges im Stereopanorama, wobei verschiedene Obertongruppen im Stereobild unterschiedlich positioniert werden können, gibt es.

Makro-Befehle vermitteln zwischen der Änderung einer Vielzahl einzelner Obertonparameter und den in allgemein musikalischen Kategorien ausgedrückten Wünschen zur Klangveränderung seitens des Musikers oder Komponisten. Doch mit dieser weitreichenden und musikalisch anschaulichen Modifikation von Samples ist der Anwendungsbereich der Resynthese noch keineswegs erschöpft. Es gibt einen zweiten großen Anwendungskomplex der Resynthese, der besonders dem ambitionierten Klangbastler ein vielseitiges Werkzeug an die Hand gibt.

Neben Synthesizern sind es vor allem Sampler, die zur Produktion und Bearbeitung von elektronischen und nichtelektronischen, sogenannten »Naturklängen« verwendet werden. Während Synthesizer in der Regel über Klangspeicher verfügen, die Hunderte von Sounds abrufbar bereithalten, gibt es bei Samplern aber meist Probleme mit dem

Speicherplatz, wenn man über eine bestimmte Anzahl von Klängen hinauswill. Diese Zahl ist sowohl von der Länge der gesampleten Sounds und ihrer Qualität als auch von der Speichergröße des Samplers abhängig. Und da liegt die Anzahl der direkt im Gerät verfügbaren Sounds bei Samplern weit hinter der in Synthesizern – keine gute Ausgangssituation für die Weiterentwicklung der Samplingtechnik, wenn man bedenkt, daß bei vielen musikalischen Anwendungen gesamplete Klänge mittlerweile unersetzbar geworden sind. Und das, obwohl digitaler Speicherplatz nach wie vor nicht zum Nulltarif zu haben ist.

Eine Lösung dieses Problems bietet die Resynthese mit ihrer Fähigkeit zur Analyse und Synthese von Klängen. In bestimmten zeitlichen Abständen entnimmt man dem klanglichen Ausgangssignal sogenannte »Proben«, d. h. einzelne Wellenformen, die den Klangcharakter im Moment der Entnahme repräsentieren. Das Verfahren ähnelt dem Sound-Sampling, bei dem ebenfalls mit der Entnahme von »Proben« (Samples) gearbeitet wird, die Proben jedoch zur Wiedergabe des Klanges lediglich in ihrer aufgenommenen Reihenfolge reproduziert, quasi abgespielt werden. Voraussetzung ist eine entsprechend »dichte« Probenentnahme, damit der wiedergegebene Klang dem Ausgangsklang möglichst nahe kommt. Genau diese »Dichte« der Probenentnahme ist es, beispielsweise 44 100 Proben pro Sekunde für CD-Qualität, die ihren Tribut in Form von Speicherplatz fordert. Dagegen gibt sich die Resynthese mit einer weitaus geringeren Anzahl von Proben zufrieden, indem sie die Übergänge zwischen den Wellenformen der Proben selbst berechnet. Es ist leicht vorstellbar, daß sich auf diese Weise Speicherplatz in beträchtlichem Maß einsparen läßt. Folglich sind bedeutend mehr Sounds zur gleichen Zeit verfügbar, denn der Ausgangsklang für die Resynthese kann wie beim Sampling beliebig gewählt werden.

Ein Problem gibt es dennoch. Es ist die Dichte der Probenentnahme für die Resynthese. Je dichter die Entnahme erfolgt, um so mehr wird der resynthetisierte Klang dem Original entsprechen. Gleichwohl: Um zu befriedigenden Ergebnissen zu kommen, sind immer noch viel weniger Proben erforderlich als beim Sampling, die Einsparung von Speicherplatz macht sich also in jedem Fall als Vorzug deutlich bemerkbar. Darüber hinaus bietet sich ein gezielter Einsatz der Resynthese als Methode zur Klangmodifizierung an. Mit der Variation der Probendichte hat man ein hervorragendes Mittel in der Hand, die Ähnlichkeit der entstehenden Klänge im Verhältnis zum Original zu beeinflussen: Erhöht sich der zeitliche Abstand zwischen der Probenentnahme, so sinkt die Verwandtschaft zwischen Ausgangsklang und entstehendem Klang. Die Zeit für die Interpolation zwischen den spärlicheren Proben steigt, der Sound klingt zunehmend »elektronischer«.

Für den Umgang mit Resynthese, deren technologische Anforderungen bedeutend höher liegen als beim Sampling, bietet das Programm »Turbosynth« von Digidesign eine Möglichkeit. Es simuliert die komfortable Bedienungsober-

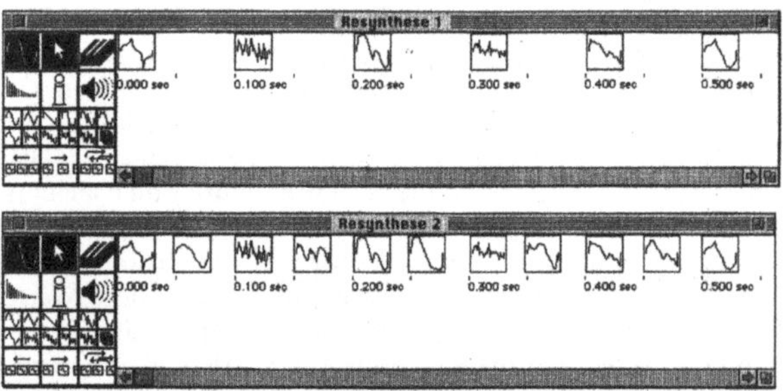

Abb. 46 Resynthese eines Klanges von 500 ms Dauer mit Hilfe des Programmes »Turbosynth«. Probeentnahme 1: alle 100 ms; bei 2: alle 50 ms.

fläche eines analogen Synthesizers, geht aber bei vielen Funktionen weit darüber hinaus. So gestattet es u. a. auch eine echte Resynthese von Samples zur Klangmodifikation (Abb. 46). Leider kann das hier nicht zur Einsparung von Speicherplatz genutzt werden, da die Ergebnisse des Resynthesevorganges erneut in ein Sample konvertiert werden müssen. Dennoch ist das Computerprogramm Turbosynth eines der vielseitigsten Werkzeuge für den direkt am Klang arbeitenden Musiker oder Komponisten.

Physical Modeling

Eine der interessantesten Neuerungen der neunziger Jahre auf dem Gebiet der elektronischen Klangsynthese ist das Verfahren des Physical Modeling (PM), gelegentlich auch Acoustic Modeling oder Modalsynthese genannt. Wie die Bezeichnung Physical Modeling nahelegt, geht es hier zunächst um das Modellieren bzw. Simulieren physikalischer Prozesse im Computer. Grundlage dafür ist die für unser Weltbild fundamentale Erkenntnis, daß alle physikalischen Aktionen bzw. Gesetze durch mathematische Gleichungen beschrieben werden können. Da das Physical Modeling indessen ein Klangsyntheseverfahren ist, handelt es sich natürlich nicht um das Modellieren irgendwelcher physikalischen Prozesse, sondern um die Erzeugung von Schallereignissen. Und diese Schallereignisse sind musikalisch verwendbare Klänge.

Was unterscheidet dieses Verfahren aber von anderen Synthesemethoden? Zunächst einmal die Tatsache, daß hier nicht nur das klangliche Ergebnis eines Musikinstruments nachgebildet wird, sondern wesentliche Komponenten, die zur Entstehung dieses Klangergebnisses führen. Neben den direkten Klangsynthesearten im Computer, die sich als »nichtparametrisch« bezeichnen lassen, weil sie Mechanismen traditioneller, d. h. instrumentaler bzw. vokaler Klangerzeugung weitgehend ignorieren, gibt es so in der Form des Physical Modeling einen zweiten Bereich der Computerklangerzeugung, der als »parametrisch« bezeichnet wird, da er mechanisch-akustische Abhängigkeiten, wie sie für traditionelle Musikinstrumente charakteristisch sind, im Computer simuliert. Eine Methode, die seit Mitte der neunziger Jahre rasch an Bedeutung gewann, da sie einerseits zur Datenreduktion beiträgt, andererseits auch neue Formen der direkten, möglichst musikalischen Steuerung von Computerklängen ermöglicht.

Anfang der siebziger Jahre, als die ersten digitalen Filter genutzt wurden, begann man auch die Realisierbarkeit von instrumentalen Modellen zur elektronischen Klangerzeugung zu erforschen. In den frühen achtziger Jahren gab es dann die ersten verwendbaren Ergebnisse in Form des sogenannten Karplus/Strong-Algorithmus, der – benannt nach seinen Schöpfern Kevin Karplus und Alex Strong – zur elektronischen Modellierung von angeschlagenen Saiten und Schlagzeugklängen verwendet werden konnte.[262] Danach wurde es etwas stiller um diese Synthesemethode, was jedoch nicht heißt, daß man nicht weiterhin daran gearbeitet hat. Die Forschungen erfolgten vor allem im Center for Computer Research in Music and Acoustics (CCRMA) der kalifornischen Stanford University sowie im Pariser Institut de Recherche et Coordination Acoustique / Musique (IRCAM). In Stanford entwickelten Julius O. Smith und David Chaffe Anfang der neunziger Jahre daraus das »Digital Waveguides«-Verfahren, das nicht mehr nur gezupfte Saiten und Schlagzeugklänge, sondern auch verschiedene Blasinstrumente überzeugend modellieren konnte.[263] Am IRCAM entstand zu dieser Zeit mit dem von Joseph Morrison und David Waxman geschriebenen Computerprogramm MOSAIC ein anderes Werkzeug für das »physikalische Modellieren« von Klängen. Als Anwender eines solchen Programms sitzt man gewissermaßen an einer universellen Werkbank, auf der man sich Instrumente nach seinen Wünschen »zusammenbauen« kann. Beliebige Materialien können im Computer zusammengefügt, angeschlagen, angerissen, gezupft oder gestrichen werden, um Schwingungen dieser virtuellen Körper und damit Schallschwingungen zu erzeugen.

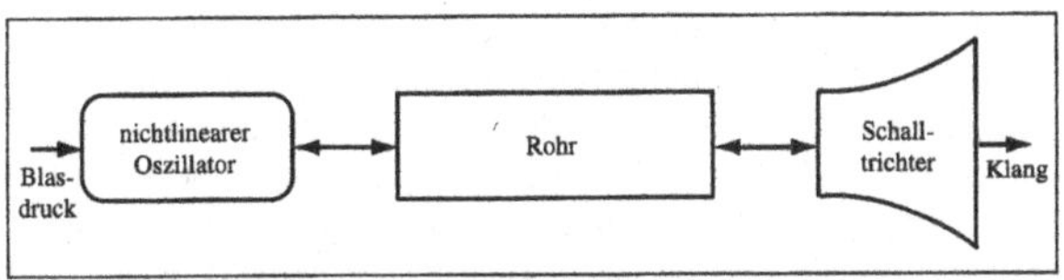

Abb. 47 Das Modell einer Klarinette als Ausgangspunkt für Klangsynthese durch Physical Modeling.

Das Modell eines Blasinstruments, einer Klarinette beispielsweise, besteht dabei aus drei wesentlichen Elementen. Zunächst gehört dazu ein nichtlinearer Oszillator, der die Eigenschaften eines einfachen Rohrblatt-Mundstückes möglichst genau nachbildet. Das zweite Element ist das Rohr, innerhalb dessen sich durch Überlagerungen die für dieses Instrument charakteristischen Wellenmuster bilden. Es wird elektronisch durch Verzögerungseinheiten simuliert, welche die Ausbreitung und Reflexionen der vom Mundstück erzeugten Schwingungen im einseitig offenen Rohr nachbilden. Das dritte Element ist in diesem Beispiel der Schalltrichter, der das offene Ende des Rohres darstellt und zur Abstrahlung der erzeugten Töne dient. Die Abstrahlcharakteristik ist jedoch frequenzabhängig, da der

Durchmesser des Schalltrichters bestimmt, wieviel tiefe Frequenzanteile in das Rohr zurückreflektiert werden. Damit definiert der Durchmesser des Schalltrichters auch den Anteil von höheren Frequenzen, der direkt in die Umgebung abgestrahlt wird. Dieses mechanische Verhalten wird mit Hilfe je eines digitalen Tief- und eines Hochpass-Filters elektronisch nachgebildet.

In jedem Fall handelt es sich stets um die Computermodellierung physischer Abhängigkeiten der Klangeigenschaften des gewählten Materials, nicht um eine wie auch immer modifizierte Sampling-Form. Es ist leicht vorstellbar, daß die Ergebnisse dieser Art von Klangsynthese dem Sampling-Verfahren in mehreren Punkten überlegen sind. Neben den bereits genannten Punkten Einsparung von Speicherplatz und flexible Steuerung der Syntheseprodukte ist es vor allem die Simulation »natürlicher« Interferenzerscheinungen, wie sie für mechanische Musikinstrumente typisch sind. Was ist damit gemeint? Bei einer Saite beispielsweise, die mehrfach nacheinander angeregt wird, beginnt bei jeder neuen Anregung der Schwingungsvorgang nicht einfach von vorn (wie beim Sampler), sondern überlagert sich mit bereits vorhandenen Saitenschwingungen. Resultat: Mit Modalsynthese bzw. Physical Modeling erzeugte Töne klingen »natürlicher«, d. h., sie entsprechen unseren an mechanischen (!) Musikinstrumenten entwickelten Klangvorstellungen sehr viel mehr als etwa gesamplete Instrumentaltöne.

Sollte bisher der Eindruck entstanden sein, Modalsynthese tauge nur zur möglichst perfekten Imitation mechanischer Musikinstrumente, so wäre dieser nicht ganz richtig. In der Tat wurde und wird sie vor allem für diesen Zweck entwickelt, da ja die physischen Zusammenhänge nur an real vorhandenen Instrumenten studiert und schließlich modelliert werden können. Doch ist solch ein Modell erst einmal formuliert, lassen sich jederzeit auch Ausgangsparameter mit sinnvollen klanglichen Resultaten definieren, wie eine drei Kilometer lange Gitarrensaite oder eine Flöte von fünf Metern Durchmesser, Parameter also, die real unmöglich sind. Bei der Klangsynthese durch Physical Modeling läßt sich also der gleiche Effekt beobachten wie bei anderen Klangsyntheseverfahren, die ursprünglich für ein sehr spezialisiertes Anwendungsfeld entwickelt wurden. Sie beweisen durch Modifikation bzw. Erweiterung der Ausgangsbedingungen ihre Leistungsfähigkeit auch in einem weitaus größeren klanglichen Bereich.

Sound-Sampling

Sound-Sampling, oder kurz Sampling, ist ein digitales Verfahren zur Speicherung von Klängen. In der Praxis ist Sampling als Kombination mit digital oder analog vorgenommenen Klangmanipulationen bereits eine eigenständige Klangsynthesetechnik geworden, obwohl es sich im Prinzip nur um die Wiedergabe zuvor aufgezeichneter, also bereits vorhandener Klänge handelt.

Ein Computer ist zwar nicht – wie ein Tonbandgerät etwa – in der Lage, kontinuierliche, d. h. analoge Signale zu verarbeiten, jedoch sind die Vorteile seiner Verwendbarkeit so groß, daß für die Aufzeichnung von Klangdaten eine spezielle Form der Datenwandlung entwickelt wurde. Dazu entnimmt eine Analog/Digital-Wandler genannte Baugruppe dem kontinuierlichen Eingangsklang in regelmäßigen Zeitabständen Samples, »Proben« (Abb. 48). Als Ergebnis dieser Probenentnahme entsteht eine fortlaufende Reihe von Zahlenwerten, die den Amplituden des Ausgangsklanges jeweils zum Zeitpunkt ihrer Messung ent-

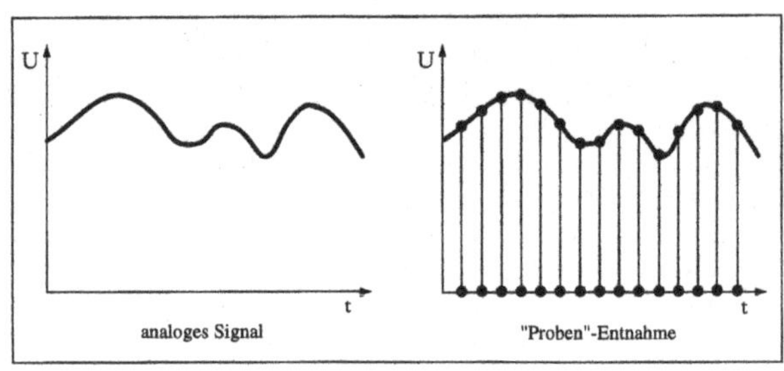

Abb. 48 Sampling: Abtasten eines analogen Ausgangssignals in regelmäßigen Zeitabständen.
U = Spannungswert, t = Zeitverlauf.

sprechen. Dieser Vorgang wird als Abtastung des Signals bezeichnet. Es ist leicht vorstellbar, daß diese Abtastung in verschiedenen Zeitabständen erfolgen kann, mit verschiedenen Frequenzen also, die man folgerichtig Abtastfrequenzen nennt (engl. *sampling rate*). Die Abtastung mit verschiedenen Frequenzen führt zu unterschiedlichen klanglichen Ergebnissen (Abb. 49). Die Abbildung verdeutlicht, was gemeint ist. Mit sinkender Abtastfrequenz (von A nach C) verschwinden zunächst nur die kleineren »Unebenheiten« in der Signaldarstellung, schließlich werden die Pegelsprünge im abgetasteten Signal immer größer, das Signal wird immer »eckiger«, und letztlich ist die Ähnlichkeit mit dem ursprünglichen Signalverlauf kaum noch wahrnehmbar. Die feinen Unebenheiten in der Kurve eines Signals sind aber für den Klangeindruck von besonderer Wichtigkeit, markieren sie doch den Anteil an hohen Frequenzen. Einen Frequenzbereich also, der für die Entfaltung der Obertöne von großer Wichtigkeit ist. Werden diese Frequenzen bei der Abtastung nicht erfaßt, so klingt das Ergebnis meist dumpf und muffig. Will man diesen

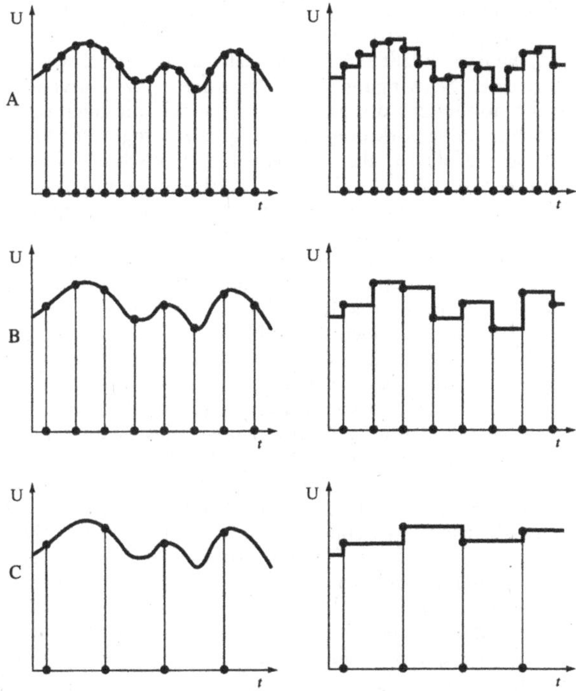

Abb. 49 Sampling: Abtasten eines analogen Ausgangssignals mit verschiedenen Frequenzen (Samplingraten):
A = groß B = mittel C = klein.

Effekt vermeiden, wird man folglich eine möglichst hohe Abtastfrequenz anstreben.

Mathematisch läßt sich zeigen, daß zur exakten Beschreibung einer Schwingung eine Abtastfrequenz notwendig ist, die mindestens doppelt so hoch ist wie die höchste in der Schwingung vorkommende Frequenz. Umgekehrt kann man schlußfolgern, daß bei einem gewünschten Signalfrequenzgang von 20 kHz die Abtastfrequenz mindestens 40 kHz betragen muß, um eine saubere Aufzeichnung und Wiedergabe von Klängen zu erreichen. In einer Sekunde muß der Computer also 40 000 Mal den Amplitudenwert des Signals messen und ihn sich in der richtigen Reihenfolge »merken«. Eine Technik, die viel Speicherplatz benötigt. Da dieser Speicherplatz auch seinen Preis hat, ist man hier stets auf einen Kompromiß zwischen ökonomischen Forderungen und wünschenswerter Klangqualität angewiesen.

Wird dieser theoretische Zusammenhang zwischen Abtastfrequenz und oberer Grenzfrequenz des Signals ignoriert, entstehen sogenannte Aliasing-Geräusche (von engl. *alias* ›anders genannt‹). Das sind Störsignale, die das eigentliche Signal überlagern und damit, je nach Stärke, für musikalische Anwendungen unbrauchbar machen. Die Frequenzen, die diese Effekte verursachen, werden nach ihrer speziellen Art der Entstehung auch als Foldover-Frequenzen bezeichnet.[264] Um diese Störungen in der Praxis zu vermeiden, erfolgt – in Abhängigkeit von der verwendeten Abtastfrequenz – eine Begrenzung der höchsten Eingangsfrequenz des Klanges.

Es wurde festgestellt, daß als Ergebnis der Abtastung des Klangsignals eine fortlaufende Reihe von Zahlenwerten entsteht, die den Amplituden des Ausgangsklanges zum Zeitpunkt ihrer Messung entsprechen (vgl. S. 349). Die Erfassung der einzelnen Amplitudenwerte muß, da es sich hier wiederum um Zahlenwerte handelt, ebenfalls in einer bestimmten Form abgestuft sein, sie müssen quantisiert werden. Diese Quantisierung kann mit unterschiedlicher Feinheit, mit unterschiedlicher »Auflösung« (engl. *resolu-*

tion) erfolgen, was ebenfalls – wie die Wahl der Abtastfrequenz – beträchtliche Konsequenzen für das klangliche Ergebnis hat. Hier kommt das beim Sampling besonders beliebte Bit-Zählen zur Anwendung. Der Bit-Wert gibt an, wie genau der Amplitudenwert erfaßt und damit auch wieder reproduziert werden kann. Abb. 50 deutet das Prinzip an und zeigt deutlich, daß eine möglichst feine Quantisie-

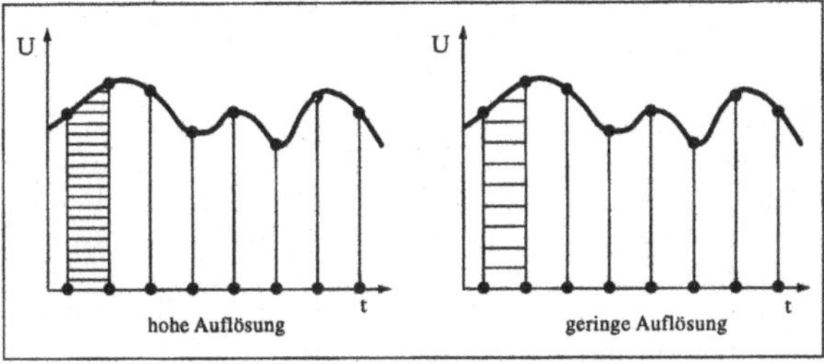

Abb. 50 Sampling: hohe und geringe Bit-Auflösung bei der Abtastung eines analogen Ausgangssignals.

rung der Amplitudenwerte Bedingung für eine hochwertige Signalaufzeichnung ist. Bei 8 Bit-Wandlersystemen ist die Zahl der Abstufungen auf 256 begrenzt, wogegen bei 16 Bit-Wandlung bereits 65 536 Schritte zur Verfügung stehen. 4096 Schritte sind es bei 12 Bit-Systemen (die kaum noch Anwendung finden; gegenwärtig dominieren 16 Bit-, aber auch 20 oder 24 Bit-Wandlersysteme werden zunehmend verwendet). Die Anzahl dieser Schritte ist entscheidend für die durch das technische Verfahren verursachten Störsignale, das sogenannte Quantisierungsrauschen. Die Dynamik und damit der Rauschspannungsabstand des Signals hängen davon ab. Er liegt bei 8 Bit-Systemen mit

48 dB etwa im durchschnittlichen Bereich, erreicht und übertrifft bei 12 und 16 Bit dagegen, mit 72 und 96 dB, sogar die in einem Tonstudio üblichen Werte. Allerdings handelt es sich hierbei um theoretische Werte, die in der Praxis noch von einer Vielzahl anderer Faktoren überlagert werden.

Die Abtastung auf der Zeitebene und die Quantisierung auf der Amplitudenebene stellen zwei verschiedene Formen einer Annäherung an das analoge Ausgangssignal dar. Die Abtastfrequenz entscheidet dabei über die höchste reproduzierbare Frequenz. Die digitale Auflösung der einzelnen Amplitudenwerte ist verantwortlich für die Höhe des Grundrauschens.

Aber Sampling in der musikalischen Anwendung ist nicht nur eine einfache Speicherung, sondern eine Synthesemöglichkeit durch Hard- und Softwarebearbeitung. Bei der Hardwarebearbeitung spielt die analoge Technik herkömmlicher Synthesizer eine große Rolle. Hier dominieren Sound-Nachbearbeitungen mit den bekannten Baugruppen VCF und VCA sowie mit Hüllkurvengeneratoren.

Eine weitere wichtige Voraussetzung von Sampling-Systemen ist das Multisampling, d. h. die durch Vervielfachung bzw. Teilung der Speicherbausteine ermöglichte gleichzeitige Abrufbarkeit verschiedener Samples in einem Gerät. Es erlaubt, abrufbereite Instrumentierungen für eine Komposition zu verwenden oder beim Keyboardspiel den Mickey-Mouse-Effekt zu vermeiden. Dieser entsteht, wenn Formantbereiche (vgl. S. 174) in einem Klang beim Spielen mittransponiert werden. Durch das Multisampling werden die Formantbereiche eines mechanischen Instruments berücksichtigt, so daß eine Imitation einfacher zu bewerkstelligen ist.

Immer wichtiger wird beim Sampling die Klangbearbeitung mit Hilfe von Software. Angefangen hat es mit dem Setzen von Loops, der Schleifenbildung innerhalb der Hüllkurve eines Klanges, wobei ein Klangausschnitt, z. B. als Sustain-Phase (vgl. S. 162), permanent wiederholt wird. Mittlerweile gibt es Entwicklungen, Sampling in Verbindung mit anderen Synthesetechniken, wie z. B. Frequenzmodulation oder additiver Synthese, anzuwenden. Weiterhin sind Modulationen der Phasenlage eines Samples möglich oder auch die Erzeugung von Verzögerungen (Delays) innerhalb eines Samples. Eine weitere wichtige Nachbearbeitung ist das Versehen der Samples mit neuen Hüllkurven. Anders als bei der ADSR-Hüllkurve ist hier oft die freie Bestimmung beliebiger Zeitverläufe möglich.

Nachdem bei der Hardware die Speicherung von Klängen technisch kaum noch Schwierigkeiten bereitet, wird es wohl die Entwicklung im Softwarebereich sein, die beim Sampling an Gewicht gewinnt. Hier liegt auch der beträchtliche Vorsprung der großen Systeme gegenüber kleineren ROM-Samplern, die oft den Charakter von digitalen Mellotronen (vgl. Anm. 90 auf S. 100) haben. Angesichts der hochentwickelten technischen Basis des Samplings wäre zu fragen, wo denn die Resultate der Anwendung solcher Techniken in der Musik bleiben. Gegenwärtig steht der theoretisch unbegrenzten Vielfalt so erzeugbarer Klänge eine sich in recht engen Grenzen bewegende, stereotype praktische Nutzung gegenüber.

Jedes Sampling-System verfügt inzwischen über seine eigene Sound-Bibliothek in Form von Klangdaten, die auf Disketten, CD-ROMs oder Festplatten gespeichert sind. Aber es sind nicht nur die immer wieder gewünschten Orchester-, Bläser- oder Chorsounds, die als vorproduzierte Samples geliefert werden, auch Werksamples etwa von Werkpresets des DX 7 oder diversen analogen Synthesizern sind im Angebot. Vielen Musikern scheint diese Entwicklung entgegenzukommen. Sie sehen es als eine Art Service der Instrumentenhersteller an, der ihnen die mühevolle Arbeit des Selbstaufnehmens und damit Zeit erspart. Das Benutzen von vorproduzierten Klängen bedingt aber zwangsläufig eine klangliche Standardisierung. Eine wichtige Eigenschaft der Werksamples von mechanischen Musikinstrumenten soll dabei nicht übersehen werden. Sie waren in der Regel bisher besser als die vom Musiker mit viel weniger Aufwand selbst gesampleten Ergebnisse. Der große Unterschied lag vor allem im unvergleichlich höheren technischen Aufwand, den professionelle Hersteller von Samples betreiben konnten. Dieser beginnt bereits mit der Auswahl spezieller Mikrophontypen, reicht über die Verwendung von hochwertigen studiotechnischen Bearbeitungsgeräten bis zu den optimierten akustischen Studiobedingungen, unter denen etwa Multisamples eines Flügels hergestellt oder eine Snare-Drum gleich mit Hall gesamplet werden. Nun hat sich inzwischen die technische Qualität der Sampling-Systeme verbessert, so daß Werksamples an Bedeutung verlieren müßten. Die weiterhin breite Verwendung von Werksamples verdeutlicht, daß zwar theoretisch jeder Klang verfügbar und durch eine breite Palette von Manipulationen modifizierbar ist. Die Benutzung dieser Entwicklungen dagegen läßt jedoch oftmals an Orgelregister denken. Simple rhythmische Anordnungen einfacher Samples ersetzen oft inhaltliche und ästhetische Einfälle. Wer kennt sie nicht, die vielen Uh's und Ah's, abgespielt in schnellem Staccato.

In diesem Zusammenhang kommt auch ein neues Problem auf Musiker, Verlage und Schallplattenfirmen zu: das Problem des klanglichen Diebstahls. Sei es nun der Drum-Sound von Phil Collins oder die Gitarre von Carlos Santana, kein Klang ist vor dem Zugriff des Samplers sicher. Damit wird er beliebig oft kopierbar und so massenhaft verfügbar. Es liegt auf der Hand, daß diese technischen Möglichkeiten über die ohnehin grassierende musikalische Standardisierung hinaus zu einer weiteren klanglichen Angleichung vor allem bei hitorientierten Produktionen beitragen können. Bei diesen Produktionen macht die Sampling-Technologie selbst vor der Behandlung der menschlichen Stimme nicht halt, was sicherlich niemanden mehr wundert. Einmal gesamplete Gesangsphrasen werden wie ein Instrumentalklang bearbeitbar. Von der Transponierung diffiziler rhythmischer Bearbeitung bis zu externer Steuerung durch quantisierte MIDI-Signale etwa tut sich hier ein großer Bereich von zusätzlichen musikalischen Gestaltungsmöglichkeiten auf. Sicher ist, daß durch die größere Verbreitung von Sampling-Instrumenten die Ansprüche an die mit ihnen produzierten Klänge steigen werden. Beispielsweise wie beim Synthesizer, wo schon längst nicht mehr jedes Gezwitscher Beifallsstürme entfacht.

Digitale Synthesizerarten

Die in den vorangegangenen Kapiteln beschriebenen Methoden der Computer-Klangsynthese wurden anfangs in speziellen Forschungslabors entwickelt, die, in der Regel technisch üppig ausgestattet, vornehmlich der psychoakustischen Grundlagenforschung dienten. Doch der rasche technologische Fortschritt im Computerbereich sowie ein seit den siebziger Jahren ständig wachsendes Interesse an elektronisch erzeugten Klängen veränderten diese Situation gründlich. Ungefähr ab Mitte der siebziger Jahre gelangte die elektronische Klangsynthese zunehmend ins Blickfeld von Musikproduzenten, was die Reduzierung der experimentellen Forschungsarbeit zugunsten kommerziell orientierter Produktion zur Folge hatte. In den Entwicklungsabteilungen der Instrumentenindustrie suchte man nach Möglichkeiten, die in der experimentellen Arbeit entwickelten Technologien für einen Massenmarkt und damit für die Großserienfertigung nutzbar zu machen. Es mußte ein Weg gefunden werden, die bis dahin an große Computersysteme gebundenen und oft schwer anwendbaren Klangerzeugungs- und Bearbeitungstechniken auf kleineren Systemen anzuwenden.

Die glücklichste Hand hatte dabei in den achtziger Jahren der japanische Elektronikgigant Yamaha. Hier wurde aus der von John Chowning begründeten Klangsynthese durch Frequenzmodulation eine Variante bis zur Serienreife entwickelt, die sich vor allem an den praktischen Bedürfnissen von Musikern orientierte. Die dadurch erreichbare, bei kleineren Synthesizern bisher nicht gekannte Lebendigkeit der Klänge, gepaart mit der hier ebenfalls in der Massenproduktion neuen Möglichkeit, durch die Stärke des Tastenanschlags Einfluß auf Parameter der elektronischen Klangformung zu nehmen, ließen das Synthesizermodell DX 7 überaus populär werden. Von seiner Premiere im April 1983 bis zum Oktober 1986, als das Nachfolgemodell in Serie ging, verkaufte der Konzern insgesamt 200 000 Geräte. Um die Dimension dieser Zahl zu verdeutlichen, mag ein Vergleich mit dem Minimoog, einem der zuvor meistverkauften Synthesizer, eindrucksvoll sein. Von ihm wurden von seiner Premiere im Jahr 1970 bis zur Einstellung der Produktion 1980 insgesamt 13 259 Exemplare verkauft. Diese Zahl erreichte der DX 7-Synthesizer bereits in den ersten zwei Monaten.[265]

Da der Yamaha-Konzern die Patentrechte für das FM-Syntheseprinzip zunächst exklusiv erworben hatte, versuchten es andere international führende Synthesizerhersteller aus Japan und den USA mit einer Kombination von analoger und digitaler Technik. So hoffte man, die Nachteile der FM-Synthese, vor allem die immer noch recht komplizierte Bedienung, auszugleichen. Das eigentliche Ziel war aber, den Hauptvorteil der Analogtechnik, die relativ einfache Bedienbarkeit, mit den Vorzügen der digitalen Klangsynthese und -steuerung zu verknüpfen. Besonders verlockte die größere Klangvielfalt gegenüber rein analog arbeitenden Synthesizern sowie die schnelle und exakte

Steuerung der verschiedenen Klangparameter. Die technischen Wege, die die einzelnen Firmen wählten, scheinen auf den ersten Blick verwirrend vielfältig; verknüpfte doch jeder Hersteller seine spezifische Klangsynthese-Variante mit einer eigenen, möglichst klangvollen Bezeichnung. Bei näherer Betrachtung erweisen sich die Unterschiede aber als gering.

Alle digitalen Synthesizer sind für ihre musikalischen Aufgaben spezialisierte Computer, die sich von ihren universellen Schreibtischbrüdern durch die Optimierung allein auf diese Verwendung unterscheiden. Gemeinsames Merkmal aller digitalen Synthesizer ist zunächst einmal, daß sie eine oder mehrere Methoden digitaler Klangsynthese für die Klangerzeugung nutzen. Diese werden in der Regel mit der Wiedergabemöglichkeit für Samples kombiniert, die – meist fest in das Gerät integriert – eine vom Modell abhängige Anzahl von Klängen traditioneller mechanischer Musikinstrumente, wie etwa Klavier, Flöte oder Violine umfassen.

Insofern ist der Begriff Synthesizer mittlerweile nicht mehr allein die Bezeichnung für ein Gerät, das ausschließlich auf elektronischem Weg Klänge erzeugt, d. h. »synthetisiert«, sondern auch für dessen Kombination mit der Möglichkeit, in einem integrierten Speicher enthaltene Klänge – Samples – abzurufen. Dabei ist es für das Funktionsprinzip zweitrangig, ob der Speicherinhalt vom Hersteller in einem ROM (Read Only Memory) fest vorgegeben ist oder dieser Inhalt in einem RAM-Speicher (Random Access Memory) selbst erstellt und verändert werden kann. Die Bearbeitungsfunktionen, deren Benutzeroberfläche mit Filtern, Modulationen und Hüllkurvenparametern oft analogen Systemen »nachempfunden« ist, sind in der Regel für digitale Synthese und Samples gemeinsam nutzbar.

Nachdem in den letzten Jahren eine Vielzahl von Techniken der Klangsynthese auf die Verwendung in digitalen

Synthesizern zugeschnitten wurde, verändert sich nun zunehmend auch die Struktur der Geräte. Der spezielle Synthesizer mit möglichst vielseitiger und einfach handhabbarer Klangerzeugung bekommt Konkurrenz durch Geräte, die zusätzlich die Speicherung und Nachbearbeitung kompletter musikalischer Abläufe erlauben. Die Vorbildwirkung großer, kommerziell gefertigter Musikcomputersysteme, wie Synclavier oder Fairlight CMI, in denen eine solche Verbindung schon seit längerem mit Erfolg praktiziert wurde, wirkte sich in dieser Entwicklung aus. Angefangen hatte es mit der Integration zunehmend leistungsfähiger Sequenzer in die Synthesizer, die schon bald, verbunden mit dem MIDI-Mono-Mode, ein komplettes musikalisches Recording-System enthielten. Durch die Integration zusätzlicher Geräte, wie Drum-Computer, Multieffektprozessoren und Harddisk-Recordingsystemen, wurde innerhalb eines einzelnen Gerätes die Realisation komplexer musikalischer Produktionsabläufe möglich, wie sie zuvor nur in einem vollständig eingerichteten Tonstudio realisierbar waren. Das eigentlich Bemerkenswerte dabei ist, daß die Produktionsergebnisse in technischer Hinsicht oftmals selbst professionellen Qualitätsanforderungen standhalten. Bezeichnungen wie »Production-Centre« oder »Workstation« beschreiben treffend diese neue technologische Einheit für musikalische Produktionsabläufe.

Die Integration der sonst separat arbeitenden Einheiten erfolgt durch spezifische Methoden, die ihren Ursprung in der derzeitigen Aufnahmetechnik populärer Musik haben. Das ist soweit kein Problem, vorausgesetzt, man ist sich dessen bewußt und hat die Absicht, genau diese musikalische Gattung mit seinen Produktionen zu bedienen. Die verwendeten Geräte, und erst recht die Art ihrer Verknüpfung, haben einen unmittelbaren Einfluß auch auf das, was in diesen Einheiten musikalisch entsteht. So lassen sich

Funktionen, die darin einfach zu realisieren sind, häufiger im musikalischen Kontext wiederfinden, als ausgefallenere Benutzungsmethoden, bei denen die Geräte möglicherweise erst »überlistet«, d. h. entgegen ihrer vom Hersteller vorgesehenen Benutzung verwendet werden müssen.

Immer neue Synthesizer?

Die Methoden der Klangerzeugung mit traditionellen mechanischen Musikinstrumenten waren seit ihrer Entstehung nur unwesentlichen Veränderungen unterworfen. Egal, ob Saiten auf Streichinstrumenten, Luftsäulen in Blasinstrumenten oder Fell an Schlaginstrumenten – alles schwingt prinzipiell auf dieselbe Weise. Der Instrumentenbau wandelte sich lediglich deshalb im Laufe der Zeit, weil man die Spielbarkeit der Instrumente zu verbessern und ihren Klangcharakter den wechselnden musikalischen Idealvorstellungen anzupassen wünschte. Anders dagegen im Bereich elektronischer Klangerzeugung. Hier werden ständig neue Methoden zur Synthese von Klängen entwickelt. Wozu eigentlich?

Die Beantwortung dieser Frage hat zwei Seiten einer Entwicklung zu berücksichtigen. Die historische: Die klanglichen Resultate elektronischer Synthese, wie sie in den vierziger und fünfziger Jahren erstmals als Elemente musikalischer Komposition verwendet wurden, mußten sich stets mit Tönen mechanischer Musikinstrumente vergleichen lassen. Dabei schnitten elektronisch erzeugte Klänge nicht immer gut ab. Steril, leblos, unsensibel, so lauteten die Vorwürfe meist. Und in der Tat unterschieden sie sich anfangs in vielem vom gewohnten Klangbild. Als charakteristischer

Unterschied erwies sich der innere Aufbau der Klänge. Akustische Forschungen bestätigen dies, indem sie die enorm komplizierte Zusammensetzung von Klängen traditioneller Musikinstrumente nachwiesen. Im Vergleich dazu waren die ersten elektronischen Töne geradezu primitiv aufgebaut.

Diese Situation änderte sich schrittweise mit der Weiterentwicklung der Technik, hin zur Erzeugung komplizierterer und damit lebendiger Töne, die ihren mechanisch erzeugten Kollegen immer ähnlicher wurden. Die »Qualität« der Klangsyntheseverfahren ist also abhängig vom allgemeinen Entwicklungsniveau elektronischer Technik.

Nun wäre die Darstellung aber zu einfach, wenn man die Fortschritte in den elektronischen Klangsyntheseverfahren allein auf den historischen Aspekt beschränken würde. Da ist auch die ideelle Seite zu berücksichtigen: In den fünfziger Jahren wurde die Entwicklung elektronischer Musik nicht zuletzt von dem Wunsch getragen, beliebige bruchlose Übergänge zwischen den traditionellen Klangfarben mechanischer Instrumente und so ein kompositorisch gestaltbares Kontinuum aller nur denkbaren Klangfarben zu schaffen. Durch praktische Erfahrungen bei der Komposition elektronischer Musik und durch wissenschaftliche Untersuchungen stellte sich indessen im Laufe der letzten Jahrzehnte heraus, daß es keine elektronische Synthesetechnik gibt, die diesen Anspruch vollständig erfüllen kann. Immerhin gewann man die Erkenntnis, daß verschiedene elektronische Syntheseverfahren in der Regel auch charakteristische Klangbilder hervorbringen. Die klanglichen Ergebnisse einer Syntheseart lassen sich an gemeinsamen akustischen Merkmalen erkennen. Auf diese Weise bilden sie selbständige Klangfamilien. Nun darf man sich diese Sache nicht so vorstellen, daß jede Syntheseart nur einige bestimmte, sich ähnelnde Typen unterschiedlicher Klänge erzeugen kann. Der Spielraum innerhalb der einzelnen Synthesearten ist verschieden groß und oft enorm vielfältig.

Praktisch äußert sich dieser Effekt darin, daß mit bestimmten Synthesearten bestimmte Typen von Klängen besonders leicht zu erzeugen sind, andere dagegen nur schwer oder überhaupt nicht. Die metallischen Sounds der FM-Synthese eines DX7 beispielsweise lassen sich in der Form mit keiner anderen Syntheseart erstellen. Dagegen gibt es Klänge, die allein mit der subtraktiven Klangsynthese analoger Synthesizer (z. B. einem Minimoog) realisierbar sind.

Jede Syntheseart besitzt also ihre spezifischen Vor- und Nachteile, die sie für unterschiedliche Anwendungsbereiche prädestiniert. Damit bekommt die Idee vom gestaltbaren Kontinuum elektronischer Klänge einen neuen Aspekt: Wenn es auch bisher kein universelles elektronisches Syntheseverfahren gibt, das sich für alle Anwendungen gleichermaßen gut eignet, so ist doch für die praktische Arbeit die Möglichkeit der Kombination einzelner Verfahren und ihrer gegenseitigen Ergänzung – dem Zusammenwirken traditioneller Instrumente zum Ausgleich und zur Nutzung ihrer Besonderheiten, ihrer Stärken und Schwächen, vergleichbar – immer wichtiger geworden. War man bisher der Auffassung gewesen, daß eine Instrumentation im elektronischen Bereich gegenstandslos geworden sei, so zeigt nun die Erfahrung mit den unterschiedlichen Methoden der Klangsynthese, daß Prinzipien der Instrumentation ihre spezifische Ausprägung auch im elektronischen Bereich finden können.

Klangsteuerung und Klangbearbeitung mit dem Computer

Digital/Analog-Systeme

Neben Komposition und Klangsynthese ist der allgemein mit »Steuerung klangerzeugender Geräte« zu beschreibende Komplex der dritte große Anwendungsbereich von Computern in der Musikproduktion.

Ende der sechziger Jahre hatten sich analoge Synthesizer mit ihrem Prinzip der Spannungssteuerung in den Studios für elektronische Musik weitgehend durchgesetzt. Was lag nun näher, als durch externe, veränderbare Spannungsquellen die einzelnen Synthesizerfunktionen und damit die klanglichen Prozesse selbst zu steuern. Die Vorteile liegen vor allem in einer verbesserten Handhabbarkeit der analogen Synthesizer; lassen sich doch eine Vielzahl von Regelungsvorgängen simultan und mit größtmöglicher Präzision ausführen.

Man versuchte es zunächst mit auf Tonband aufgezeichneten Steuerspannungen, stieß dabei aber auf Schwierigkeiten. So sind auf diese Weise nur relative Spannungsänderungen fixierbar, die anschließend eine genormte Verstärkung erfordern würden. Außerdem ist die Möglichkeit simultaner Steuerungsvorgänge begrenzt. Nur durch Mehrkanal-Tonbandmaschinen mit jeweils einem Kanal pro separater Steuerungsspannung ließen sich unterschiedliche Spannungsverläufe zeitlich synchron realisieren.

Abhilfe schufen hier die ersten analogen Sequenzer. Sie erlaubten die genaue Fixierung von Spannungswerten nach einem bestimmbaren Zeitplan. Doch leider war die Anzahl der so programmierbaren Spannungswerte selten größer als zwei Dutzend, so daß sich nur kurze musikalische Abläufe exakt vorprogrammieren ließen. Zur Herstellung größerer Musikabschnitte war man entweder auf die Kombination mehrerer Sequenzer angewiesen oder man mußte kurze musikalische Abläufe, auf Tonband fixiert, miteinander verketten.

Für die komplexe Verschaltung von Sequenzern in einem speziellen Koordinationssystem wurde das 1966 an der New York State University in Albany gegründete Studio für elektronische Musik von Joel Chadabe bekannt. Die Aufgabe seiner von Robert Moog konstruierten technischen Ausstattung war die Regelung eines jeden klangbestimmenden Parameters im zeitlichen Ablauf.[266] Die andere Methode, die Verkettung kürzerer Abschnitte, verhalf Walter Carlos zum überwältigenden Erfolg seiner ersten *Switched-on Bach*-LP, die er von 1966 bis 1968 in seinem in einer Ecke des Wohnzimmers eingerichteten Studio aufnahm. Mit populären Bach-Stücken demonstrierte er die Leistungsfähigkeit des Moogschen Synthesizersystems in Verbindung mit speziellen, selbst entwickelten Aufnahmetechniken auf derart eindrucksvolle Weise, daß diese LP zur meistverkauften Klassikschallplatte aller Zeiten wurde, wie Moog 1977 berichtete.[267]

Um die Funktion eines analogen Synthesizers präziser und flexibler zu beeinflussen, ergab sich der nächste Schritt fast zwangsläufig: die Steuerung durch einen Computer. Ende der sechziger Jahre gab es die ersten Versuche damit. Das Prinzip ähnelt dem von Sequenzern her bekannten. Nur sind es hier keine durch Potentiometereinstellung fixierten Spannungswerte, die das Steuersignal bilden, sondern vom Computer produzierte Ziffernfolgen. Diese digitalen Informationen werden durch ein Wandlersystem (Digital/Analog-Wandler) in kontinuierliche Spannungsabläufe transformiert, die dann die jeweiligen Synthesizermodule in ihrer Funktion steuern (Abb. 51 A). Daß hier zwei unter-

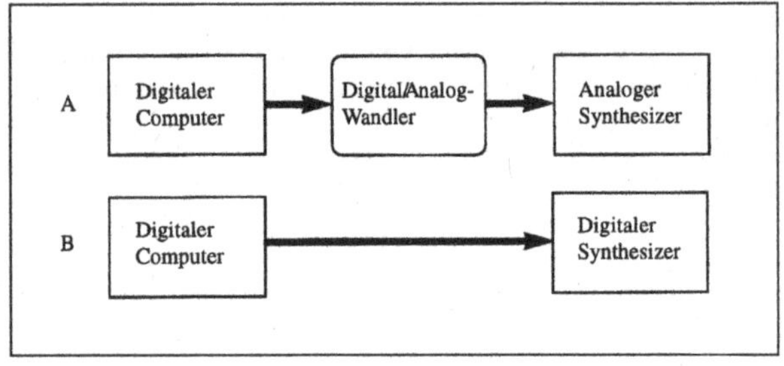

Abb. 51 Einsatz eines Computers zur Steuerung klangerzeugender Geräte:
A = Hybridsystem, B = gemischtes digitales System.

schiedliche Technologien (analog und digital) kombiniert auftreten, hat zur Bezeichnung »Hybridsystem« geführt. »Hybrid« bezeichnet allgemein die Verbindung von Bestandteilen, die ihrem Wesen nach verschiedenen Systemen angehören.

Eines der ersten Hybridsysteme war 1970 der von Max Mathews und John Pierce in den Bell Telephone Laboratories konstruierte GROOVE-Synthesizer. Die assoziationsreiche Kurzformel (für Generated Real-time Operations on Voltage-controlled Equipment) zeigt an, daß es damit möglich war, einen spannungsgesteuerten Synthesizer in Echtzeit zu beeinflussen. Jeder analoge Modularsynthesizer ließ sich auf diese Weise steuern. Die Steuerbefehle konnten neben einer Computertastatur auch mit verschiedenen Keyboards, Joysticks oder Potentiometern eingegeben werden und erschienen in einem Monitorbild, insgesamt 14 verschiedene Steuerspannungsabläufe. Auf einer Diskette konnten die kompletten Steuerdaten für ein Musikstück abgespeichert werden. Das Besondere an diesem System war jedoch, daß während des Programmablaufes, der Aufführung des zuvor programmierten Stückes also, wichtige musikalische Parameter, wie Tempo, Dynamik, Hüllkurven, Obertonanteile usw., durch manuelle Eingabe verändert werden konnten. Der Komponist bzw. Interpret hatte so die Möglichkeit, während einer Aufführung sein zuvor programmiertes Stück wie ein Dirigent in weiten Grenzen zu verändern und damit verschiedene Interpretationen des gleichen Stückes zu präsentieren.[268]

In Großbritannien wurde zur selben Zeit ein Hybridsystem namens MUSYS von David Cockerell, Peter Grogono und Peter Zinovieff entwickelt. Beide Systeme, GROOVE und MUSYS, fanden in den siebziger Jahren oft Verwendung.

Gegen Ende der siebziger Jahre entwickelte man im Stockholmer Studio für elektronische Musik, dem »Elektronenmusikstudion«, eine dritte Art Hybridsystem. Hier konnte der Computer nicht nur beliebige Steuerspannungen erzeugen, er war darüber hinaus auch in der Lage, während des Stückablaufs die Verschaltung der Synthesizermodule untereinander zu verändern. Doch mitten in der Phase konstruktiver Perfektionierung dieses Systems bekam die analoge Klangerzeugung ernsthafte Konkurrenz. Die Klangsynthese direkt im Computer trat mehr und mehr aus ihrem Laborstadium heraus. Es entstanden sogenannte gemischte digitale Systeme.

Gemischte digitale Systeme

Die Steuerung analoger Klangerzeugungsprozesse durch einen Computer – im vorangegangenen Kapitel als Hybridsystem bezeichnet – kennt eine Variante, den Ersatz der analogen Klangerzeugung durch ein digitales System, einen weiteren Computer also: Ein Computer steuert einen anderen klangerzeugenden Computer (Abb. 51 B). Bei diesem folgerichtig »gemischtes digitales System« genannten Verfahren verbinden sich die Vorteile der Computersteuerung, z. B. die genau reproduzierbare Beeinflussung einzelner Parameter, mit den Vorzügen der digitalen Klangsynthese, so der Fähigkeit, komplexe Klangfarben gezielt zu erzeugen. Etwa ab Mitte der siebziger Jahre wurden derartige Systeme immer häufiger entwickelt. Die Erprobung konzentrierte sich zunächst auf spezialisierte Klangforschungszentren. Pionierarbeit bei der Entwicklung leistete das britische Electronic Music Studio (EMS), in dem 1972 ein Team um Peter Zinovieff aus dem Hybridsystem MUSYS das gemischte digitale System VOCOM schuf. Bei diesem System wurde die analoge Klangerzeugung durch einen als digitale Oszillatorbank arbeitenden Computer ersetzt.

In der experimentellen Sphäre besonders erfolgreich waren die Entwürfe Giuseppe di Giugnos für das Pariser Klangforschungsinstitut IRCAM. Ab 1976 entwickelte er die digitalen Synthesizermodelle 4 A, 4 B, 4 C und 4 X, die im IRCAM von Alain Chauveau gebaut wurden. Pierre Boulez, der damalige Leiter des Instituts, und neben ihm vor allem Luciano Berio waren als musikalische Berater an diesen Entwicklungen beteiligt. Jedes der Modelle wurde für die Steuerung durch einen PDP-11-Computer und die Kopplung mit weiteren Signalprozessoren, vor allem Digital/Analog-Wandlern, konzipiert. Die Klangsynthese erfolgte durch die Computersimulation einer Bank digitaler Oszillatoren, kontrolliert durch zahlreiche Hüllkurvengeneratoren. Beim Modell 4 C waren 64 Oszillatoren mit jeweils 16 verschiedenen Wellenformen durch 32 Hüllkurven steuerbar. Dank der Vielzahl von Klangerzeugern bot sich vor allem die additive Synthese zur Klangerstellung an, obwohl auch die Anwendung der Chowningschen FM-Synthese oder des Sampling möglich war.[269] Beim Modell 4 C wurde die spezielle Programmiersprache für den Ablauf von Klangmanipulationen so weiterentwickelt, daß damit auch kompositorische Abläufe durch den Computer simuliert werden konnten. Das Modell 4 X hielt die umfangreichsten technischen Möglichkeiten zur Klangsynthese und -steuerung bereit. Es erlaubte intern bis zu 16 Kanäle mit unterschiedlichen Klanginformationen simultan zu benutzen und bot derart reichhaltige Synthesemöglichkeiten, wie sie zu dieser Zeit nur die direkte Synthese ermöglichte, allerdings ohne deren störende Zeitverzögerung.

Ein weiteres System entstand Ende der siebziger Jahre an der Universität von Toronto. Hier wurde von einer Forschungsgruppe um William Buxton der SSSP-Digital-Synthesizer (Structured Sound Synthesis Project) konstruiert, der in Kombination mit einem Computer (LSI-11/23 der Firma Digital Equipment Corporation) ein gemischtes digitales System bildete. Der Synthesizer konnte aber auch selbständig benutzt werden. Ziel der Konstrukteure war die Realisierungsmöglichkeit aller fortgeschrittenen Klangsynthesetechniken sowie deren möglichst einfache Steuerung durch den angeschlossenen Computer. Das Besondere am Structured Sound Synthesis Project war allerdings eine grafische Eingabemöglichkeit für Steuerbefehle. Diese Eingabemethode sollte dem musikalisch versierten, aber technisch nicht speziell vorgebildeten Benutzer eine effektive Arbeit mit elektronischen Techniken bieten. Mit einem Lichtstift zeichnete der Anwender seine Instruktionen direkt in die einzelnen Menübilder auf dem Monitor. Aus einer Anzahl vereinbarter Symbole wurde auf dem Bildschirm eine Partitur erstellt, die der SSSP-Digital-Synthesizer unmittelbar in Klang umsetzte. Dabei ließ sich die Klangerzeugung und -formung durch direkte Zeichen für Wellenformen, Hüllkurven usw. steuern. Aber auch als konventionelle Partitur zur Ausführung durch mechanische Musikinstrumente konnte die Bildschirmgrafik verwendet werden.[270]

Allen bisher aufgeführten Entwicklungen gemeinsam ist, daß sie innerhalb spezialisierter Computermusik- bzw. Klangforschungszentren entstanden sind.

Die Anwendung von Synthesizern in der populären Musik wuchs seit Beginn der siebziger Jahre enorm. Musikinstrumentenindustrie und Medienkonzerne orientierten sich daher seit Mitte der siebziger Jahre auf elektronische Kommunikationstechniken um. Die Computerklangsynthese und -steuerung gelangte zunehmend ins Blickfeld von Musikproduzenten, zunächst hauptsächlich in den USA. Gemischten digitalen Systemen, die man nun auch als computermusikalische Instrumente (CMI) bezeichnete, kam dabei besondere Bedeutung zu. So konnten Akzentverschiebungen in der Konstruktion nicht ausbleiben. Durch die Verlagerung des Schwerpunkts von der Klangsynthese in Richtung Sampling ging es nun nicht mehr um gut oder schlecht imitierte Trompeten-, Violin- oder Schlagzeugsounds, sondern um die original mit den mechanischen Musikinstrumenten erzeugten Töne, die über ein Mikrophon direkt im Computer in ihrer ganzen Komplexität abgespeichert wurden, um anschließend jederzeit »auf Knopfdruck« polyphon abrufbar zu sein. Als Vorzug erwies sich die Möglichkeit, elektronische oder gesamplete Klänge auf verschiedenen Spuren intern aufzuzeichnen und diese anschließend gleich innerhalb des Computers abzumischen. Für diese eindeutig an Popmusik-Aufnahmetechnik orientierte Arbeitsweise ist nun auch der Ausdruck des Notenmaterials kein Problem; ob einzelne Stimme oder vollständige Partitur, alles läßt sich unmittelbar bereitstellen.

Eines der ersten Geräte dieser Gattung war das 1975 von den Amerikanern Jon Appleton, Sydney Alonso und Cameron Jones entwickelte »Synclavier«. Das von der Firma New England Digital Ende der achtziger Jahre hergestellte Synclavier-Modell 9600 vereinte in sich einen beachtlichen Funktionsumfang, der nahezu den gesamten Bereich professioneller Audioproduktion abdeckte. Dazu gehörte die Fähigkeit zum Sampling (maximal 96 Stimmen bei einer Samplingrate bis 100 kHz und 16 Bit-Auflösung) ebenso wie additive und FM-Klangsynthese, vor allem aber die Möglichkeit zur Resynthese von gesampleten Klängen. Dies wurde ergänzt durch einen »Tapeless Studio« genannten integrierten 200-Spur-Sequenzer mit MIDI-Implementation, Notendruck, umfangreichen SMPTE- und VITC-Synchronisationsmöglichkeiten sowie Harddisk-Recording von beliebigem Audiomaterial auf bis zu 16 Spuren à 80 Minuten Aufnahmezeit.

Während das Synclavier vor allem in den USA erfolgreich war – die Firma New England Digital verkaufte bis Ende der achtziger Jahre über 600 Systeme –, war Anfang der achtziger Jahre in Europa das australische Fairlight CMI weiter verbreitet, dessen erstes Modell 1979 von Peter Vogel und Kim Ryrie vorgestellt wurde. Für die Vermarktung ihrer Entwicklung, die auf einem früheren Digitalsynthesizer (Quasar M 8) beruhte, an deren Konstruktion sie ebenfalls mitwirkten, gründeten die beiden Konstrukteure bereits 1975 in Sydney eine eigene Firma, die ihren poetischen Namen »Fairlight« einer speziellen Wasserspiegelung im Hafen von Sydney verdankte. Das Gerätekonzept einer kompletten und hochwertigen Anlage für die Produktion von Musik in nur einer kompakten Einheit, an deren Ausgang das fertige, auf Masterband aufzeichenbare Stereosignal vorliegt, ist seitdem konsequent weitergeführt worden. 1986 wurde das Fairlight Serie III-Modell vorgestellt, das mit einer Samplingrate von 100 kHz (stereo 50 kHz) arbeitete. Bereits die Grundversion war mit einer RAM-Speicherkapazität von 60 MByte ausgerüstet. Mit 16 Bit ließen sich Samples mit einer Länge von bis zu zweieinhalb Minuten speichern. Für interne Aufnahme und Wiedergabe

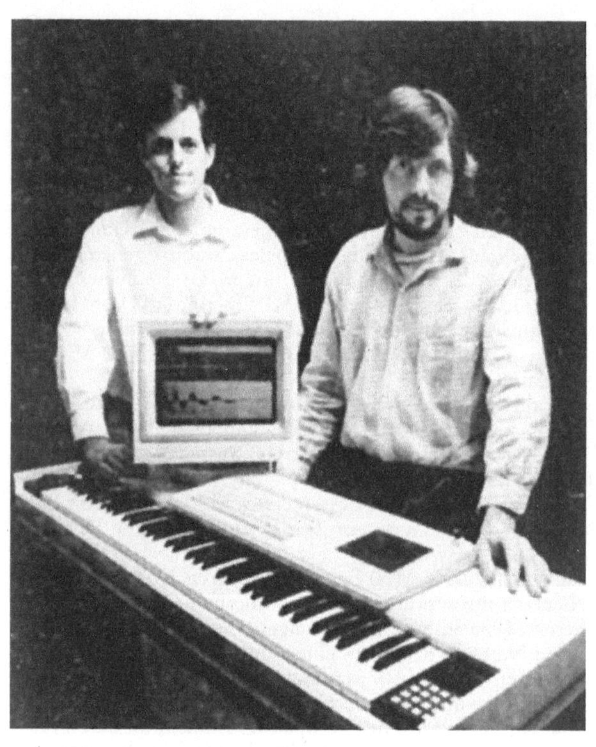

Abb. 52 Peter Vogel und Kim Ryrie konstruierten den Fairlight-Musikcomputer.

stand außerdem ein Sequenzer mit 80 Spuren zur Verfügung. Dies waren Mitte der achtziger Jahre sensationelle Daten, die das Gerät dementsprechend teuer machten. Auch die 1979 in den USA entwickelten Systeme DMX-1000 und Crumar GDS fallen in diese Kategorie der gemischten digitalen Systeme.

Durch den raschen Leistungsanstieg im PC-Bereich und die Entwicklung spezieller Schaltkreise für musikalische Anwendungen wurde es möglich, »abgespeckte« Versionen von Syntheseprogrammen, die größere Rechenleistungen erforderten, auch auf diesem technologischen Niveau mit guten Ergebnissen zu verwenden.

Computer steuern Synthesizer und Sampler

Durch ihre rasante technologische Entwicklung wurden Personalcomputer zunehmend auch für die musikalische Nutzung interessant, zumal das Preisgefälle zwischen Computern und Synthesizern einen massenhaften Absatz erwarten ließ. Zwar war lange Zeit keine direkte Klangsynthese im Computer durchführbar, für die Steuerung klangerzeugender Geräte jedoch reichten Verarbeitungsgeschwindigkeit und Speicherplatz in der Regel aus. Besonders zur Steuerung von Synthesizern haben Personalcomputer ihre Leistungsfähigkeit vielfach unter Beweis gestellt.

Synthesizer haben mittlerweile meist ebenfalls ein digitales Innenleben, so daß der Kommunikation zwischen Steuercomputer und Synthesizer prinzipiell keine Hürden entgegenstehen. So gesehen wäre die Koppelung von Steuercomputer und Synthesizer bereits ein kleines, aber vollwertiges gemischtes digitales System. Dafür mußten nur ein

Computer zur Klangerzeugung und ein weiterer zur Klangsteuerung vorhanden sein. Damit möglichst viele Synthesizertypen durch möglichst viele Computertypen steuerbar werden –, nicht immer nur die Fabrikate einer Herstellerfirma untereinander – einigten sich führende Synthesizer-Hersteller Anfang 1983 auf einen einheitlichen Industriestandard für die Übertragung digitaler Steuerinformationen, die »Musical Instrument Digital Interface«-Spezifikation, kurz MIDI genannt.

Von da an ging es Schlag auf Schlag. Im Jahr zuvor war einer der ersten richtigen »Heimcomputer«, wie man damals sagte, der C 64 der Firma Commodore, auf den Markt gekommen. Auch wenn es inzwischen kaum noch vorstellbar erscheint: Davor gab es keine der mittlerweile so allgegenwärtigen Schreib- und Rechenhilfen, wenn man von den aus heutiger Sicht eher spleenigen Entwicklungen wie dem Sinclair Z 80/81 einmal absieht. Der C 64 war ein überaus erfolgreiches Produkt und gilt mit weltweiten Verkaufszahlen, die je nach Quelle zwischen 17 und 22 Millionen Exemplaren schwanken, auch heute noch als der meistverkaufte Computer überhaupt.

Mit einem optionalen MIDI-Interface ausgestattet, hielt der C 64 mit seinem damals üppigen Arbeitsspeicher von 64 kByte auch im Musikbereich rasch Einzug, was vor allem hochwertigen Software-Kreationen zu verdanken war. Zu den Pionieren in diesem Bereich gehörte die Firma Jellinghaus in Dortmund mit dem Sequenzerprogramm »Scorewriter«. In Hamburg programmierte der Arzt und Musiker Gerhard Lengeling das Sequenzerprogramm Supertrack, das sowohl durch Funktionsvielfalt als auch Funktionssicherheit Maßstäbe setzte; es wurde durch die Firma C-Lab vertrieben, später unter dem Namen Scoretrack um die Funktion der Notendarstellung erweitert. Ebenfalls in Hamburg gründeten Manfred Rürup und Karl Steinberg die Software-Firma Steinberg, deren 1984 vorgestellter C 64-Sequenzer Multitrack ebenfalls rasch viele Freunde fand.

Durch den Verkaufserfolg des C 64 aufgerüttelt, begannen weitere Firmen, den Heimcomputer-Markt für sich zu entdecken und den zügigen technischen Fortschritt in neue Produkte umzuwandeln. Den größten Erfolg erzielte die Anfang der siebziger Jahre zur Herstellung von Konsolen für Computerspiele gegründete japanische Firma Atari. Sie brachte 1985 die Computermodelle 260 ST, 520 ST und 1040 ST auf den Markt, die bereits mit einer serienmäßigen MIDI-Schnittstelle (vgl. S. 384 ff.) ausgerüstet waren. Der Atari 1040 ST wurde in Europa für lange Zeit zum Musikcomputer schlechthin. Die Gründe dafür waren sein gutes Preis-Leistungs-Verhältnis, vor allem aber, wie schon beim C 64, das schnell verfügbare ausgezeichnete Softwareangebot im musikalischen Bereich. Eine neue Generation von leistungsfähigeren Mikroprozessoren, ein serienmäßiges Diskettenlaufwerk und der nunmehr standardmäßige Arbeitsspeicher von einem ganzen Megabyte zeigten den großen technologischen Vorsprung des Atari 1040 ST gegenüber dem C 64 und verhießen paradiesische Arbeitsbedingungen für Musiker und Komponisten. In der Tat entstanden zahlreiche neue Programme, die eine bis dahin ungeahnte Funktionsvielfalt besaßen und nun wirklich professionell einsetzbar waren. Auch hier erwiesen sich wieder die Sequenzer-Programme der Hamburger Firmen Steinberg (»Twenty-Four«, »Cubase«) und C-Lab (»Creator«, »Notator«) als Schrittmacher, an denen sich die Qualität anderer Software-Produkte im Musikbereich messen lassen mußte. Die rasch wachsende Zahl weiterer Software-Firmen, die für Atari ST-Computer Programme entwickelten, und die sinkenden Preise für die Hardware trugen zu einer enormen Verbreitung und ausgiebigen musikalischen Anwendung dieser Computermodelle bei.

1985 kam indessen auch das eigentliche Nachfolgemodell des C 64, der Commodore Amiga, heraus. Obwohl mit ähnlichen technischen Leckerbissen wie der Atari ST ausgestattet, fristete er im musikalischen Bereich ein Schattendasein; Computer der Firma Commodore spielten seit Ende der achtziger Jahre – der C 64 war nun technisch veraltet – in dieser Hinsicht so gut wie keine Rolle mehr. Commodore ging 1994 in Konkurs. Doch auch der Firma Atari gelang es nicht, ihre dominierende Marktstellung zu behaupten. Obwohl sie mit ihren Rechnermodellen 1040 ST und Mega-ST in der zweiten Hälfte der achtziger Jahre eine überaus große Akzeptanz bei musikalischen Anwendungen erzielen konnte, begann ihr Stern Anfang der neunziger Jahre unerwartet zu sinken. Selbst mit dem 1992 präsentierten Nachfolger »Falcon« konnte Atari nicht an die Erfolge der ST-Rechner anknüpfen. Eine Ursache dafür war sicherlich die Veränderung der Produktpolitik der Firma Apple Computer, die zu dieser Zeit vor allem Europa betraf. Während bis dahin Apple-Computer außerhalb des amerikanischen Marktes ausgesprochene High-End-Geräte waren, die preislich in entsprechend hohen Regionen angesiedelt waren, gab es ab 1990/91 erstmals Apple-Rechner zu Konditionen, die sie auch für Privatanwender erschwinglich machten.

Seit der Firmengründung durch Steve Jobs und Stephan Wozniak 1977 in einer Garage im kalifornischen Palo Alto waren Rechner von Apple in den USA eng mit der Geschichte musikalischer Computeranwendungen verknüpft. Für das von Anfang an produzierte Modell Apple II präsentierte die Firma Passport 1984 mit MIDI/4 nicht nur den ersten MIDI-Sequenzer für einen Apple-Computer, sondern auch einen der ersten MIDI-Sequenzer überhaupt.

Die Menge der verfügbaren Software und deren Anwendungsspektrum wuchs hier ebenso rasch wie zur gleichen Zeit in Europa für C 64 und Atari. Eine Besonderheit des Apple II-Computers waren seine Steckplätze für Erweiterungsmodule, die ihn für die Aufnahme von speziellen Karten u. a. auch zur Klangerzeugung prädestinierten. Von dieser Möglichkeit machten die Konstrukteure der Musikcomputer-Systeme »alphaSyntauri« und »Passport Soundchaser« Gebrauch. Diese Systeme bestanden jeweils aus einer dieser Steckkarten für den Apple II, auf der 16 Oszillatoren untergebracht waren, einem Keyboard sowie Software für die Klangsynthese, einem Sequenzer und integrierten Notendruck-Möglichkeiten.

Die von der Firma Apple seit 1984 unter dem Namen Macintosh produzierte neue Computerlinie zeichnete sich dann durch sensationelle Innovationen aus. Sie verfügte über eine grafische Benutzeroberfläche, Tonausgabe sowie eine hochauflösende schwarzweiße Bildschirmgrafik. 1987 folgten die Macintosh II-Modelle, die durch Leistung, Bedienerfreundlichkeit und flexible Erweiterungsmöglichkeiten erneut Maßstäbe im professionellen PC-Markt setzten. Sie bildeten daher seit dem Ende der achtziger Jahre die Basis für professionelle Audioanwendungen, bei denen es in erster Linie auf maximale Qualität und erst in zweiter Linie auf die Kosten ankam.

1990/91 brach Apple mit zahlreichen neuen Modellen, wie Macintosh LC, Classic und Macintosh IIsi, erfolgreich in den Low-Cost-Markt ein. Computer der Firma Apple gehören seit Anfang der neunziger Jahre zu den weltweit verbreitetsten Musikcomputern. 1994 stellte die Firma unter der Bezeichnung Power Macintosh erstmals Computer vor, die mit einem von den Firmen Apple, IBM und Motorola gemeinsam entwickelten Power PC-Prozessor ausgerüstet waren. Ziel dieser gemeinsamen Anstrengung ehemaliger Konkurrenten war die Etablierung einer offenen, für Betriebssysteme unterschiedlicher Firmen gleichermaßen geeigneten Hardware-Plattform.

Verständlich wird diese Bündelung der Anstrengungen vor allem vor dem Hintergrund der übermächtigen Konkurrenz durch Computer, die mit den Microsoft-Betriebssystemen DOS bzw. Windows arbeiten. Wurde der erste 1981 von IBM produzierte DOS-Computer noch mitleidig belächelt, weil man bei Apple schon weiter war, so beherrschen Rechner dieses Typs mittlerweile den weltweiten

Computermarkt. Auch im Musikbereich wächst ihr Anteil seit Anfang der neunziger Jahre ständig. Konsequenz dieser Entwicklung ist auch hier eine rasante Verbreitung und Professionalisierung der Software-Basis.

Für die Steuerfunktionen, die Computer bei Synthesizern und Samplern übernehmen können, haben sich vor allem zwei Programmtypen herausgebildet. Da ist zunächst die Gattung der Sequenzerprogramme, gelegentlich auch noch als Composer-Programme bezeichnet. Sie dienen in erster Linie der externen Tonhöhensteuerung. Die Tastatur eines Synthesizers wird hier durch einen Computer ersetzt, der mit zuvor programmierten Tonhöhenabläufen den Synthesizer steuert. Die Eingabe der Töne in den Sequenzer erfolgt in der Regel mit der Tastatur und auf zwei verschiedene Arten: Im Step-by-Step-Modus werden alle für den Klang wichtigen musikalischen Parameter, wie Tonhöhe, Tonlänge, Dynamik sowie spezielle Vortragsbezeichnungen, einzeln eingegeben. Das kann bei der Eingabe vieler unterschiedlicher Parameter sehr lange dauern. Die zweite Eingabemethode entspricht in etwa der Arbeitsweise einer Tonbandmaschine. Hier wird in Echtzeit (Real-time) gearbeitet, d. h. die auf einem angeschlossenen Keyboard gespielten Töne werden im Computer in Form von Steuerinformationen digital aufgezeichnet und gespeichert. Sie können danach jederzeit abgerufen und, das ist besonders wichtig, auch verändert werden. Diese Veränderung kann die Korrektur einzelner falsch eingespielter Töne ebenso betreffen wie die Modifizierung der Abspielgeschwindigkeit oder die Zuordnung verschiedener Klangfarben zu den eingespielten Tönen. Hinzu kommt in der Regel auch die Möglichkeit des Notendrucks über einen angeschlossenen Drucker, der je nach Bedarf einzelne Stimmen oder vielsystemige Partituren ausdruckt.

Neben der Eingabe per Tastatur verfügen mittlerweile alle Sequenzer auch über die Möglichkeit der direkten Eingabe von Tonparametern am Bildschirm, sei es durch Zeichnen von Balken in einem Koordinatensystem aus Tonhöhe und Zeit oder als numerische Eingabe in einer Liste der als MIDI-Events angezeigten Notenparameter. Hinzu kommt die Eingabemöglichkeit von Noten in einem weitgehend selbst definierbaren Notationssystem per Mausclick. Diese Funktion weist bereits in Richtung spezieller Programme für den Notendruck. Der Übergang zu MIDI-Sequenzern mit Notendarstellung ist jedoch fließend, und so unterscheiden sich beide Programmtypen nicht prinzipiell, sondern nur durch die Funktionsvielfalt im jeweils wichtigeren Bereich.

Der Musiker bekommt mit diesen Programmen Werkzeuge an die Hand, mit denen er komplette Stücke komponieren und arrangieren kann, ohne zuvor seine Absichten den Interpreten erläutern zu müssen und damit auf deren Unterstützung und spezielle Fähigkeiten angewiesen zu sein. Allerdings entfällt so auch die Möglichkeit schöpferischer Auseinandersetzung im Akt des kollektiven Musizierens. Für Menschen ohne instrumentaltechnische Fertigkeiten sind elektronische Instrumente jedenfalls oft die einzige Chance, musikalisch kreativ zu werden.

Den zweiten Programmtyp für die MIDI-Kommunikation zwischen Synthesizer bzw. Sampler und Steuercomputer bildet die Gruppe der Sound Editor-Programme, auch als Voicing-Programme bezeichnet. Die Klangerzeugung neuerer Synthesizer ist schon längst nicht mehr so einfach und übersichtlich wie bei den noch vor einiger Zeit ausschließlich existierenden analogen Synthesizern. Um den Prozeß der Klangsynthese bei neueren Systemen dennoch anschaulich und damit beherrschbar zu machen, verwendet man Programme des Typs Sound Editor. Hier werden alle an der Klangerzeugung beteiligten Parameter des Synthesizers auf einem Computerbildschirm möglichst übersichtlich und grafisch anschaulich dargestellt. Über die alphanumerische Computertastatur oder mit einer Maus ausgeführte Veränderungen des Klanges werden neben der akustischen

Kontrolle unmittelbar auch optisch auf dem Bildschirm durch Veränderung schematisch dargestellter Reglerwerte dokumentiert. Von besonderem Vorteil sind grafische Hüllkurvendarstellungen, die den dynamischen Verlauf des Klanges direkt anschaulich werden lassen. Auf diese Weise am Bildschirm erstellte Klänge lassen sich zu Soundbänken zusammenfassen und im Computer oder auf Disketten speichern. Damit wird der Klangspeicher eines Synthesizers praktisch unbegrenzt erweitert und gleichzeitig die Voraussetzung für die Weitergabe, d. h. den Handel bzw. Tausch von »fertigen« Klängen für die betreffenden Modelle geschaffen.

Die rasche Verbreitung dieser Praxis veranlaßte verschiedene Synthesizer-Hersteller zur Produktion von Synthesizer-Modulen, die selbst über keinerlei eigene Einrichtungen zur Klangmodifikation verfügen, Expander genannt. Will man die einzelnen Klangparameter trotzdem verändern (»editieren«), so ist man auf einen Computer mit entsprechender Editor-Software angewiesen. Während es zunächst nur Editor-Programme gab, die auf die Klangerzeugung einzelner Synthesizertypen spezialisiert waren, existieren mittlerweile ausschließlich universelle Editor-Programme, die durch ihren modularen Aufbau mit Dutzenden von verschiedenen Synthesizern zusammenarbeiten können.

Wie Synthesizer lassen sich auch Sampler von Computern mit Sequenzer-Programmen per MIDI steuern. Unterschiede gibt es bei den Editor-Programmen: Synthesizer übertragen nur digitale Steuerinformationen für ihre interne Klangerzeugung, Sampler dagegen den Klang selbst, d. h. die gesamten im Speicher des Samplers befindlichen digitalisierten Klangdaten, die man verändern möchte. Meist geschieht dies nach dem im März 1987 definierten MIDI Sample Dump Standard. Eine derartige Übertragung von Klangfiles in den Computer hat sowohl Vor- als auch Nachteile. Entscheidender Nachteil ist die vergleichsweise große Datenmenge des Klangfiles, deren Übertragung vom Sampler in den Computer und zurück via MIDI mehrere Minuten in Anspruch nehmen kann. Da Verzögerungen dieser Art bekanntlich jede Kreativität töten, sann man auf Abhilfe, und die kam in Gestalt einer in der Computerwelt verbreiteten SCSI-Schnittstelle (Small Computer System Interface). Verfügen nun Computer und Sampler über einen solchen SCSI-Anschluß und unterstützt das Sample-Editor-Programm auch noch diese Daten-Schnittstelle, dann gibt es bei der Übertragung auch größerer Datenmengen, d. h. längerer Klangfiles, kein zeitliches Problem mehr. Durch die parallele Struktur der SCSI-Schnittstelle können wesentlich mehr Daten pro Zeiteinheit übertragen werden (etwa 2–4 MByte pro Sekunde) als das bei der seriell strukturierten MIDI-Verbindung der Fall ist.

Ist das Sample einmal im Arbeitsspeicher des Computers, steht dort einer weiteren Bearbeitung mit einem Sample-Editor-Programm nichts mehr im Wege. Anders als bei Editoren für Synthesizer können nicht nur die Parameter für eine elektronische Klangerzeugung variiert, sondern der Klang selbst direkt bearbeitet werden. Das hat den Vorteil, daß die erreichbaren Veränderungen nicht von der Ausstattung des Samplers abhängen, sondern ausschließlich von den Funktionen des Sample-Editor-Programms. Hier lassen sich prinzipiell zwei Ebenen der Veränderung unterscheiden. Sie betreffen zum einen den Frequenzaufbau und zum anderen die Zeitstruktur des Originalklanges. Zu Veränderungen des zeitlichen Verlaufes eines Klanges zählen sowohl einfache Manipulationen der Reihenfolge einzelner Abschnitte durch »Ausschneiden« und ein- oder mehrmaliges erneutes »Einfügen« an anderer Stelle im Klangverlauf als auch die Stauchung oder Dehnung, d. h. Verkürzung (Kompression) oder Verlängerung (Expansion) des vollständigen Klanges mit oder ohne Änderung der Tonhöhe.

Die Frequenzstruktur des Ausgangsklanges kann äußerst vielfältig verändert werden. Filterungen durch Verstärkung oder Dämpfung einzelner Frequenzbereiche wirken vor allem auf die Amplituden der betreffenden Obertöne bzw. Obertonbereiche. Mit entsprechenden Hilfsmitteln (Resynthese) lassen sich außerdem die Frequenzen einzelner Obertöne oder kompletter Obertonbereiche verschieben (transponieren), spreizen oder an beliebigen Stellen des Klangspektrums zusammenpressen.

Eine weitere Komponente ist die Gestaltbarkeit der Räumlichkeit des Klangs. Die Simulation verschieden großer Wiedergaberäume läßt sich direkt in den Klang hineinrechnen. Das gleiche gilt für Echowirkungen und Bewegungen in diesen Räumen.

Einmal direkt in den Klang integriert, bleiben diese Modifizierungen dann allerdings auch unveränderbar an ihn gebunden – ein wesentlicher Nachteil der Sampling-Technik. Alle noch so weitreichenden Veränderungen von Klängen liegen am Ende als »fertige« Samples vor. Sie können, nachdem sie vom Computer in den Sampler zurück übertragen wurden, dort zwar mit verschiedenen Tonhöhen abgespielt werden, die Möglichkeiten klangverändernder Einflußnahme beschränken sich jedoch auf ein Minimum und stehen hinter denen von Synthesizern zurück.

Computer erweitern den Nutzungsumfang von Synthesizern und Samplern also außerordentlich. Dies geschieht vor allem durch die Anwendung von Software-Sequenzern, die sowohl bei Synthesizern als auch bei Samplern die Wiedergabe kompletter musikalischer Arrangements aus Tonhöhen, Dynamik, Klangprogrammauswahl und weiteren Performance-Parametern ermöglichen. Darüber hinaus lassen sich Klangerzeugungsparameter von Synthesizern durch Editor-Programme im Computer veranschaulichen und die gefundenen Klänge auch abspeichern. Sample-Editor-Programme gestatten weitreichende Eingriffe in den realen Klang, generieren aber in jedem Fall lediglich neue Samples, bei deren Wiedergabe der Sampler weniger klangliche Eingriffsmöglichkeiten bietet als der Synthesizer.

Neben Sequenzer-, Notendruck- und Editor-Programmen gibt es eine Reihe weiterer Typen musikalischer Computerprogramme. Dazu gehört vor allem Software, die aus mathematischen oder grafischen Anweisungen musikalische Strukturen erzeugt (algorithmische Komposition) sowie Programme, die Audiomaterial beliebiger Herkunft digitalisieren und auf Computerfestplatten aufzeichnen, um es dort ähnlich vielfältig wie Samples bearbeiten zu können (Harddisk-Recording).

Die MIDI-Kommunikation

Warum MIDI?

Verfolgt man die Entwicklungen im Bereich elektronischer Musikinstrumente, so geht dort scheinbar nichts mehr ohne MIDI. Doch während für die einen MIDI das Größte seit der Erfindung des Synthesizers ist, halten es andere lediglich für eine weitere Methode der Industrie, die Umsatzzahlen elektronischer Musikinstrumente in die Höhe zu schrauben. Was an dieser Technik wirklich dran ist, das soll in diesem Kapitel näher untersucht werden.

Wie erwähnt, ist MIDI die Abkürzung für »Musical Instrument Digital Interface«, für eine Möglichkeit also, elektronische Musikinstrumente auf digitalem Weg miteinander zu verbinden. Nun mag auf den ersten Blick der Wunsch, Instrumente miteinander zu koppeln, etwas seltsam erscheinen. Es käme ja wohl niemand auf die Idee, eine Geige mit einer Flöte verbinden zu wollen. Doch bei elektronischen Musikinstrumenten liegen die Dinge anders. Hier bietet sich die Möglichkeit, über ein einziges Bedienungselement, eine Tastatur beispielsweise, verschiedene klangliche Prozesse gleichzeitig zu steuern, geradezu an. Dank der Erfindung des spannungsgesteuerten Synthesizers kann die Ausgangsspannung eines Keyboards zur Steuerung verschiedener Synthesizer-Module eingesetzt werden. Bereits in der ersten Phase dieser technologischen Entwicklung zeigte sich, wie wichtig eine Standardisierung ist, wollte man bei der Zusammenstellung von Klangmodulen nicht immer nur auf die Geräte eines Herstellers angewiesen sein. So kam es für die Steuerspannung von Synthesizern zur Festlegung der 1-Volt/Oktave-Norm, der sich nach und nach alle führenden Synthesizerhersteller anschlossen; bei den in diesem Zusammenhang wichtigen Trigger- und Gate-Impulsen hielten sich firmenspezifische Unterschiede (vgl. S. 150 f.).

Doch als Ende der siebziger Jahre zunehmend Mikroprozessoren in elektronischen Musikinstrumenten Verwendung fanden, reichte dieser Standard nicht mehr aus. Da in den Prozessor-Chips der jeweiligen Geräte digitale Informationen verarbeitet werden, so überlegte man, müßte eine Kopplungsmöglichkeit für Geräte dieser Art untereinander dieser Tatsache angepaßt sein und daher ebenfalls Daten digital übertragen können. Auf der Suche nach geeigneten Methoden schaute man sich zunächst im Computerbereich um. Hier gab es bereits Erfahrungen mit sogenannten Schnittstellen, d. h. Punkten, an denen man von außen mit Rechnersystemen in Verbindung treten kann. An solchen Schnittstellen können die Elemente einer Dateneinheit parallel, d. h. gleichzeitig, oder seriell, d. h. nacheinander, übertragen werden. Beide Übertragungsarten haben ihre Vor- und Nachteile. Die parallele Schnittstelle sichert eine hohe Übertragungsgeschwindigkeit der Daten, erfordert aber einen relativ großen technischen Aufwand an Kabeln und Verbindungssteckern. Bei einer seriellen Schnittstelle ist die Zahl der Kabel und Stecker kleiner, dafür die Übertragungsgeschwindigkeit der Daten niedriger.

Zunächst begann man mit parallelen Schnittstellen zu experimentieren. Firmen wie Digital Keyboards, Rhodes, Oberheim und Roland entwickelten daraus jeweils eigene Systeme zum Verbinden der von ihnen produzierten Synthesizer, Sequenzer und Drum-Computer. 1981/82 schlugen deshalb Dave Smith, damals Präsident der Firma Sequential Circuits, und Chet Wood als erste ein »Universal Synthesizer Interface« (USI) zur Austauschbarkeit von Steuerdaten für Synthesizer unterschiedlicher Fabrikate vor. Als man in Japan von diesen Aktivitäten erfuhr, zeigte man sich bereit, eigene Forschungsergebnisse auf diesem Gebiet, die teilweise bereits fortgeschrittener waren als die von Smith und Wood, beizusteuern. Mitte 1983 wurde das Japan MIDI Standards Committee (JMSC) gegründet, um möglichst viele eigene Entwicklungen im neuen Standard unterzubringen. Schon im August 1983 kam ein Kompromiß zustande, eine Spezifikation, die nun nicht mehr USI, sondern MIDI 1.0 hieß. Der allererste MIDI-Synthesizer, der Prophet 600 von Sequential Circuits, war allerdings schon im Dezember 1982 ausgeliefert worden. Auch die MIDI-Synthesizer Roland Jupiter 6 vom Januar 1983 und Yamaha DX7 vom Juni 1983 waren bereits auf dem Markt.

Zur Überwachung und weiteren Entwicklung der MIDI-Spezifikation wurde Ende 1983 in den USA die International MIDI Association (IMA) gegründet. Weil in ihr mehr MIDI-Anwender als Hersteller von MIDI-Equipment vertreten waren, sah sich die Industrie mit wachsenden Forderungen konfrontiert. Die betroffenen amerikanischen Firmen gründeten daher im Juni 1984 ihre eigene Vertretung, die MIDI Manufacturers Association (MMA), deren erster Präsident Thomas Oberheim wurde. Mittlerweile scheinen die Differenzen dieser beiden Organisationen jedoch beigelegt, denn es gibt zahlreiche personelle Verknüpfungen, und auch bei den inzwischen notwendig gewordenen Erweiterungen von MIDI 1.0 arbeiteten sie effektiv zusammen.

Geeinigt hatte man sich bereits 1983 trotz aller Hindernisse auf eine serielle MIDI-Schnittstelle. Damit war die angestrebte Möglichkeit der Verbindung von Geräten verschiedener Hersteller gesichert. Ausschlaggebend für die Art der Ausführung waren ökonomische Überlegungen, in die sogar der Preis für die Steckverbinder mit einfloß. Auf diese Weise kamen die sonst bei professionellen Anwendern eher verschrieenen fünfpoligen Diodenstecker wieder zur Verwendung.

Weil die serielle Konzeption der Schnittstelle für die Übertragung von viel Information in kürzester Zeit, wie sie bei musikalischen Daten anfallen, zum Problem werden kann, hat man die Übertragungsrate, also die Geschwindigkeit, mit der die einzelnen Informationspakete in die Leitung geschickt werden, möglichst hoch gewählt. Sie beträgt bei MIDI-Signalen 31 250 Baud (1 Baud = 1 Bit/Sek.). Höhere Übertragungsraten sind denkbar und immer wieder im Gespräch. Dann würde sich aber die für einen reibungslosen Betrieb zulässige maximale Kabellänge verringern, da die Wahrscheinlichkeit für das Auftreten von Übermittlungsfehlern bei längeren Übertragungswegen größer würde. Die Verbindung der Geräte erfolgt durch fünfpolige, mit MIDI In, Out und Thru gekennzeichnete Diodenbuchsen für einen einzigen Kabeltyp, der im Prinzip ein normales fünfpoliges HiFi-Diodenkabel ist. Für professionelle Anwendungen, vor allem bei größeren Kabellängen, verwendet man extra modifizierte Kabel mit einer speziellen Abschirmung. Die Anzahl der Kabel ist von der Anzahl der miteinander verbundenen Geräte abhängig.

Die MIDI In-Buchse empfängt alle eingehenden MIDI-Daten, MIDI Out sendet alle zu übertragenden MIDI-Daten. Eine einfache MIDI-Verbindung entsteht, wenn die MIDI Out-Buchse eines Synthesizers mit der MIDI

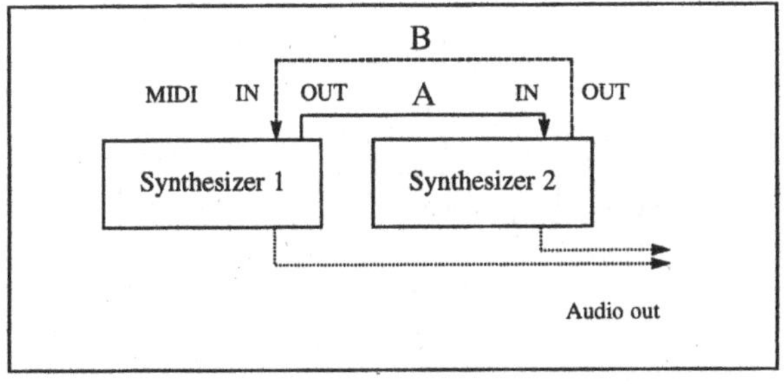

Abb. 53 Verbindung von 2 MIDI-Synthesizern.

In-Buchse eines anderen Synthesizers verbunden wird (Abb. 53 A). In diesem Fall erklingen beide Instrumente, wenn auf der Tastatur des Synthesizers 1 gespielt wird. Der Synthesizer 2 wird bei diesem Beispiel von Synthi 1, dem »Master«, gesteuert, er ist sein »Sklave«. Daher auch die Bezeichnung Slave-Synthesizer. Ein weiteres MIDI-Kabel (Abb. 53 B) ermöglicht die wechselseitige Steuerung beider Synthesizer von beiden Tastaturen aus.

Steigt die Anzahl der zu verbindenden Synthesizer, so werden auch die Verknüpfungsmöglichkeiten vielfältiger. Abb. 54 zeigt eine Art der Verknüpfung von drei Synthesizern: Spielt man den Synthi 1, hört man die Synthis 1 und 2, spielt man Synthi 2, erklingen Synthi 2 und 3. Spielt man Synthi 3, so sind Synthi 3 und 1 zu hören. Will ein Spieler alle drei Geräte gleichzeitig von einer Tastatur aus steuern, benötigt er eine MIDI Thru-Buchse (Abb. 55). MIDI Thru gibt alle an der MIDI In-Buchse anliegenden Signale direkt an andere Musikinstrumente weiter. An der MIDI Thru-Buchse liegt sozusagen eine Kopie der Daten vor, die über MIDI In eingespeist werden. Damit können theoretisch beliebig viele MIDI-Instrumente von einer Tastatur aus gesteuert werden. In der Praxis empfiehlt es sich jedoch, nicht mehr als drei bis vier Geräte auf diese Art zu verbinden.

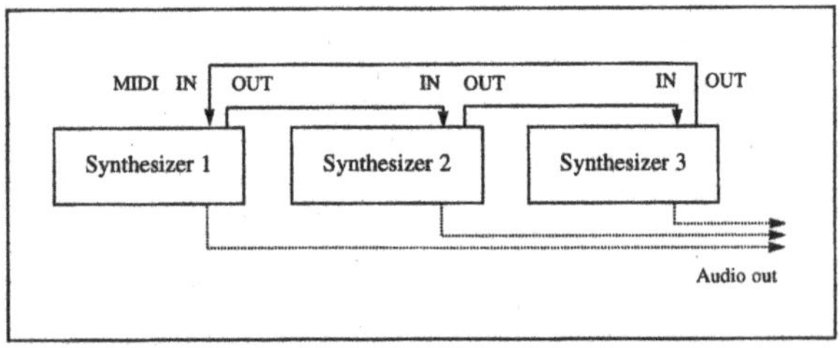

Abb. 54 Verbindung von 3 MIDI-Synthesizern.

Der Grund dafür liegt in der Konstruktionsweise der MIDI-Schnittstellen, zu deren Hardware auch Optokoppler gehören. Das sind optoelektronische Bauelemente, die mit einer minimalen Zeitverzögerung arbeiten. Die Datenfülle einer Reihenschaltung mehrerer MIDI-Geräte kann dadurch zu Impulsverformungen und somit zur fehlerhaften Datenübermittlung führen.

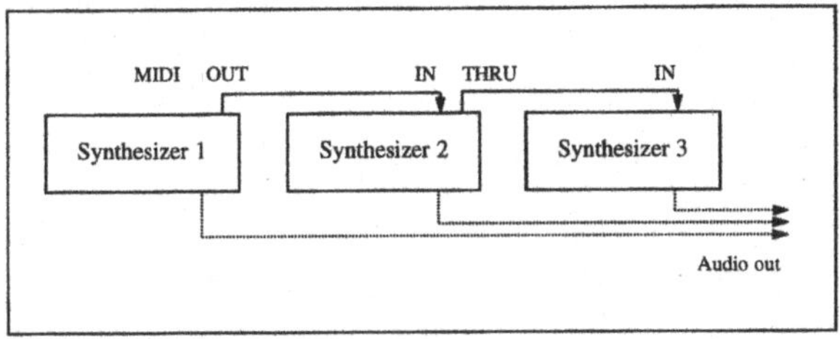

Abb. 55 Die MIDI-Reihenschaltung.

Neben dieser Reihen- oder Kettenschaltung genannten Verknüpfungsart gibt es die sternförmige Verschaltung von MIDI-Geräten (Abb. 56). In diesem Fall sind vom Steuersynthesizer (Master) so viele MIDI Out-Buchsen zur Verfügung zu stellen, wie weitere Geräte angeschlossen werden. Da ein einzelner Synthesizer in der Regel nur über eine MIDI Out-Buchse verfügt, muß das Steuersignal zuvor in die einzelnen Signalpakete für die betreffenden Synthesizer »aufgespaltet« werden. Diese Aufgabe kann eine sogenannte MIDI-Thru-Box erfüllen, ein Gerät, das in der Regel einen Eingang (MIDI In) und mehrere parallele Ausgänge (MIDI Thru) besitzt, so daß die empfangenen MIDI-Daten gleichzeitig an mehrere Empfänger weitergegeben werden können. Durch diese parallele Ausgabe werden Si-

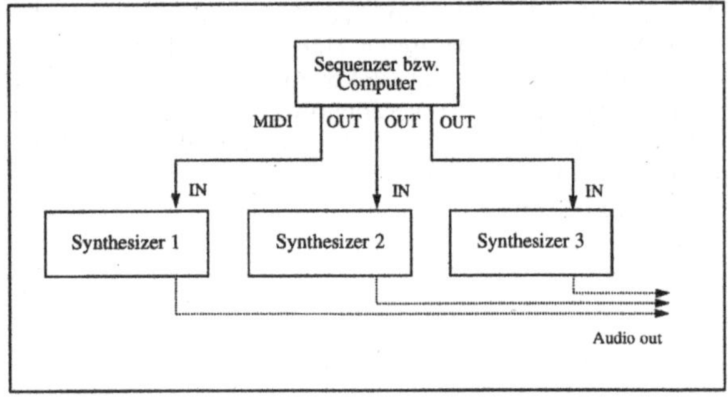

Abb. 56 Die MIDI-Sternschaltung.

gnalverzögerungen, wie sie bei der Reihenschaltung leicht auftreten können, weitestgehend vermieden. Doch nicht nur ein Synthesizer, auch ein Sequenzer bzw. Computer kann zur Steuerung eines solchen Systems eingesetzt werden. Hier geht der Trend zur Ausstattung mit mehreren unabhängigen MIDI-Ausgängen, die, und das ist etwas qualitativ Neues im MIDI-Bereich, nicht mehr stets nur seriell verbunden sind. Software-Sequenzer gestatten die gezielte Programmierung verschiedener MIDI-Ausgänge. Damit erfolgt, je nach Anzahl der so programmierbaren Buchsen, eine Vervielfachung der zur Verfügung stehenden MIDI-Übertragungskanäle, deren Anzahl sonst auf 16 begrenzt ist.

Ein mit MIDI ausgestattetes Instrument kann jeweils Informationen senden, empfangen oder auch beides. Ein Sender übermittelt MIDI-Signale zu anderen, mit ihm in Verbindung stehenden Musikinstrumenten. Diese Instrumente müssen natürlich ebenfalls die »MIDI-Sprache« verstehen, also zunächst einmal über eine entsprechende Eingangsbuchse »MIDI In« verfügen. Diese durch ein externes MIDI-Signal gesteuerten Instrumente tun (im Idealfall) genau das, was ihnen durch diese Signale mitgeteilt wird. Daher werden sie auch als MIDI-Empfänger bezeichnet. Verbindungen dieser Art finden sich besonders bei Synthesizern, Samplern, Sequenzern und Drum-Computern. Aber auch weitere Studiogeräte, wie Effektprozessoren und Mixer, lassen sich in die MIDI-Kommunikation einbeziehen. Die schnelle Verbreitung von MIDI hat völlig neue Instrumententypen hervorgebracht, so die Remote-Keyboards, mehr oder weniger leichte Tastaturen am Umhängegurt, die Keyboarder von ihrem angestammten Hocker in die vorderste Bühnenfront zu Sängern und Gitarristen lockten. Technisch gesehen handelt es sich bei diesen Umhänge-Keyboards meist nur um eine Tastatur ohne eigene Klangerzeugung, aber mit der Möglichkeit, MIDI-Signale zu senden.

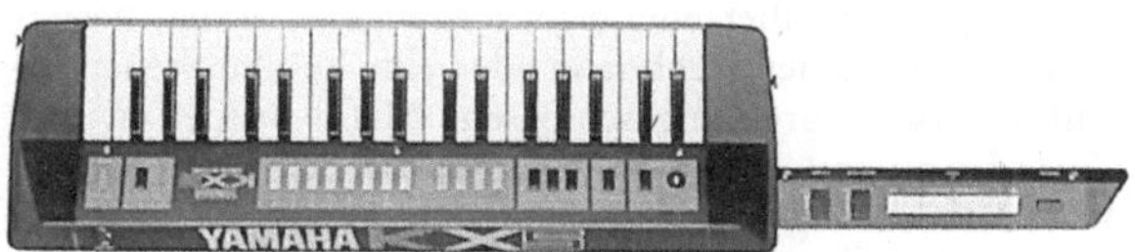

Abb. 57 Ein Remote-Keyboard besitzt keine eigene Klangerzeugung. Es sendet ausschließlich MIDI-Daten.

Nach dem gleichen Prinzip aufgebaut, jedoch technologisch aufwendiger gestaltet, sind sogenannte Master-Keyboards. Während bei den meisten Synthesizern die Tastatur aus Kostengründen wenig Solidität aufweist, wurde beim Master-Keyboard gerade diesem Punkt besondere Aufmerksamkeit zuteil. Häufig werden, um ein pianistisches Spielgefühl zu erreichen, sogar gewichtete (Holz-)Tasten, wie sie jeder Klavierschüler kennt, verwendet. Mindestens ebenso wichtig wie das Spielgefühl sind aber die im Vergleich zu Remote-Keyboards umfangreicheren MIDI-Sendemöglichkeiten. Doch nicht nur Keyboards können MIDI-Signale senden, obwohl dies hier technisch am einfachsten zu bewerkstelligen ist. In jüngster Zeit werden Geräte immer wichtiger, die Spielinformationen anderer Instrumente, wie Gitarre oder Saxophon, zur MIDI-Datengewinnung heranziehen. Auf diese Art ist es möglich, mit einer Gitarre beispielsweise den Orgelsound eines Synthesizers zu steuern, ihn auf der Gitarre »zu spielen«. Nun kann man sich sicherlich fragen, warum eine Gitarre wie eine Orgel klingen muß. Es ist jedoch ein unleugbarer Gewinn, daß sich so die spieltechnischen Besonderheiten der Tonartikulation des Senderinstruments auf beliebige, durch MIDI steuerbare Empfängerinstrumente übertragen lassen und damit die Vielfalt musikalisch-klanglicher Gestaltungsmöglichkeiten erweitert wird.

Die Geräte, die MIDI-Daten nur empfangen, stellen einen Instrumententyp dar, der erst durch die Verbreitung der MIDI-Norm möglich geworden ist, das Expander-Modul. Es verfügt zwar über eine eigene Klangerzeugung, besitzt jedoch kein eigenes Keyboard oder eine andere Steuereinrichtung. Nur durch angeschlossene MIDI-Sender ist ihm Tönendes zu entlocken. Die Vorteile, die sich aus einer solchen Aufspaltung von Klangerzeugung und Klangsteuerung ergeben, liegen auf der Hand: Warum mehrere Synthesizer mit mehreren Tastaturen verwenden, wenn man sowieso nur auf maximal zwei Keyboards gleichzeitig spielen kann? Durch die MIDI-Kommunikation lassen sich auch mit nur einer Tastatur (Master-Keyboard) komplexe Klangkombinationen beherrschen. Verbunden mit dem Plus der Speicherbarkeit kann der Spieler diese Kombinationen auch wechseln und damit den speziellen Aufführungssituationen anpassen.

Als Nachteil dieser Praxis könnte man allenfalls den Umstand betrachten, daß alle verwendeten Komponenten über MIDI verfügen müssen, da sie sonst nicht integrierbar sind. Auch die rasch wachsende technische Komplexität solcher Systeme – wenn die Anzahl der Komponenten über jeweils einen Sender und Empfänger hinausgeht – ist nicht eines jeden Musikers Sache. Es kann leicht passieren, daß mehr Zeit für das Erstellen von MIDI-Datenflußdiagrammen verbraucht wird als für die Umsetzung der musikalischen Einfälle, derentwegen man die Anlage in Betrieb gesetzt hat.

Die MIDI-Kanäle

Bei der Koppelung analoger Synthesizer-Systeme, die in der Regel nur monophon spielbar waren, konnte man lediglich die Steuerspannung und die Tastenimpulse (Gate und Trigger) übertragen und damit Höhe und Dauer der Töne eines externen Synthesizers steuern. Bei einer Kommunikation auf MIDI-Basis erweitert sich die Anzahl der zu übertragenden Parameter beträchtlich. Neu ist die Forderung, daß Tonhöhe und -dauer für mehrere Instrumentalstimmen gleichzeitig übertragen werden, da es sich bei MIDI-Klangerzeugern in der Regel um polyphone Instrumente handelt. Mit der digitalen Übertragung wird es möglich, am zu steuernden Synthesizer durch MIDI-Signale Schalt- und Regelvorgänge vorzunehmen. Der MIDI-Sender wirkt in diesem Fall wie eine »Fernsteuerung«, wovon auch die Bezeichnung Remote-Keyboard abgeleitet ist.

Diese Art der Fernsteuerung ist jedoch nicht auf einen Empfänger begrenzt.

Um jedem Empfänger nur die Nachricht zukommen zu lassen, die für ihn bestimmt ist, erfolgt das Senden und Empfangen von MIDI-Informationen über 16 verschiedene Kanäle, die alle gleichzeitig benutzbar sind. Vergleichbar wäre diese Praxis etwa mit den unterschiedlichen Empfangskanälen eines Fernsehgerätes. Ständig werden viele verschiedene Programme gesendet und über eine einzige Antenne empfangen. Jederzeit läßt sich jedoch der Empfangskanal des Gerätes wechseln und damit auch das Programm. Im Extremfall läßt sich für jeden Empfangskanal ein eigener Fernsehempfänger installieren, um so alle Programme gleichzeitig zur Verfügung zu haben. Wenn dies bei dem Fernseh-Beispiel auch einigermaßen absurd anmutet, so ist es im Fall der MIDI-Datenübertragung von großer Wichtigkeit, da auf diese Weise verschiedene Synthesizer gleichzeitig mit unterschiedlichen, wenn auch aufeinander abgestimmten Informationen versorgt werden können. Diese Abstimmungen lassen sich so präzise organisieren, daß komplette musikalische Abläufe – ähnlich der Mehrkanal-Aufnahmetechnik mit Tonbandgeräten – fixiert und jederzeit reproduziert werden können.

Doch wie erfolgt die Übertragung auf 16 verschiedenen Kanälen, wenn nur ein fünfpoliges Diodenkabel zur Übermittlung zur Verfügung steht? Zur Beantwortung dieser Frage sei daran erinnert, daß bei der MIDI-Schnittstelle die digitalen Dateneinheiten seriell, also nacheinander übertragen werden. Die kleinste verwendete Dateneinheit besteht aus 10 Bits. Abb. 58 zeigt die Anordnung. Die eigentliche Information (Bit 0–7 = 1 Byte) ist eingerahmt von einem Start- und einem Stopp-Bit, damit das empfangende Gerät die Zuordnung der einzelnen Bits zu einer Informationseinheit erkennen kann. Weiterhin wird ein Bit der Information benötigt, um den Charakter des Signals zu kennzeichnen. Genau handelt es sich hierbei um die Unterscheidung zwi-

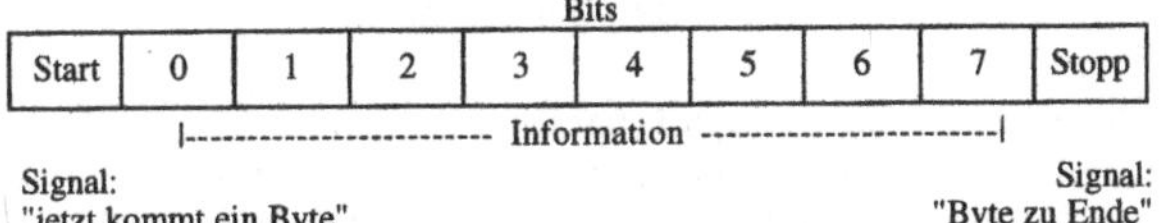

Abb. 58 Das MIDI-Datenformat.

schen Status-Byte und Daten-Byte, den beiden grundlegenden Informationsarten der MIDI-Signale.

Will man einem MIDI-Empfänger die Nachricht über eine gedrückte Taste übermitteln, so sind dazu drei solcher MIDI-Bytes notwendig. Diese Einheit wiederum nennt man MIDI-Wort. Als erstes erfolgt die Übermittlung des Status-Bytes. Hierdurch erhält der Empfänger die Information über die Art der folgenden Daten (*Was* wird übermittelt?). In unserem Beispiel sind es Tastaturdaten auf MIDI-Kanal 1. Als nächstes werden hintereinander zwei Daten-Bytes gesendet. Während das erste Daten-Byte die Informationen über die Höhe der zu spielenden Note liefert – etwa MIDI-Nummer 60 = C 3 –, bringt das zweite Daten-Byte die Nachricht über die mittels Anschlagsdynamik beeinflußbare Lautstärke, *forte* beispielsweise. Für jede gedrückte Taste, in der MIDI-Sprache mit »Note-on«-Befehl bezeichnet, müssen mindestens diese Daten übermittelt werden. Die Zeit, die dafür benötigt wird, ergibt sich aus der standardisierten Übertragungsrate von 31 250 Baud und beträgt nicht mehr als 1/1000 Sekunde.

Beim praktischen Umgang mit MIDI-Instrumenten, das sei tröstlich vermerkt, hat man es jedoch kaum mit einzelnen MIDI-Bytes zu tun. Diese Aufgabe erledigen die Mikroprozessoren in den Instrumenten meist schnell und zuverlässig. Lediglich bei der Verbindung von Synthesizern mit Computern sind diese Datenpakete von speziellem Interesse.

Die MIDI-Betriebsarten

Die zwei grundlegenden Charakteristiken der MIDI-Übertragung wurden bereits genannt: die serielle Übertragung, bei der die Informationen in aufeinanderfolgenden Paketen weitergegeben werden, selbst wenn sie zur selben Zeit ausgelöst wurden, so etwa als Daten für die verschiedenen Töne eines Akkordes; und die zweite, die Übertragungsmöglichkeiten für MIDI-Daten in Kanälen, bei der für die Übermittlung verschiedene Übertragungswege zur Verfügung stehen, deren Zahl in der MIDI-Norm auf 16 festgelegt worden ist. Aus diesen beiden Voraussetzungen leitet sich ab, daß innerhalb eines MIDI-Systems sämtliche Daten gemeinsam gesendet werden und ein Empfänger die jeweils an ihn adressierten Daten aus der Datengesamtheit »herausfiltern« muß.

Es gibt verschiedene »Verhaltensweisen«, wie ein MIDI-Instrument auf die Informationsflut reagiert. Sie werden MIDI-Betriebsarten oder MIDI Modes genannt. Es gibt sie in vier Varianten, die durch die Kombination der Betriebsarten-Nachrichten OMNI, POLY und MONO bestimmt werden. Die OMNI-Betriebsart bietet keine Möglichkeit der Kanalauswahl, die Signale aller 16 MIDI-Kanäle werden vom MIDI-Klangerzeuger gleichermaßen empfangen und ausgeführt. Ist diese Betriebsart ausgeschaltet, so werden Signale nur auf einem einzigen MIDI-Kanal empfangen. POLY und MONO beziehen sich auf die Anzahl der Töne, die gleichzeitig benutzbar sind.

In der **MIDI-Betriebsart 1** (OMNI On, POLY), für die sich die Bezeichnung OMNI Mode eingebürgert hat, empfängt das Instrument alle MIDI-Daten sämtlicher 16 MIDI-Kanäle. Sollte beispielsweise der MIDI-Empfangskanal eines Instruments mit dem des Senders nicht übereinstimmen und auch nicht umschaltbar sein, spielt das im OMNI Mode keine Rolle, da alle Daten gleichermaßen empfangen werden. In der **MIDI-Betriebsart 2** (OMNI On, MONO) ist der zu steuernde Synthesizer, unabhängig vom Sendekanal, nur monophon einsetzbar: auch wenn Daten für einen Akkord beim zu steuernden Synthesizer eintreffen, spielt dieser jeweils nur einen Ton. Eine aus heutiger Perspektive recht sinnlos anmutende Kombination, da alle neu gebauten Synthesizer über polyphone Spielmöglichkeiten verfügen. Demzufolge spielt diese Betriebsart in der MIDI-Praxis kaum eine Rolle. Bei der **MIDI-Betriebsart 3** (OMNI Off, POLY), bekannter unter der Bezeichnung POLY Mode, reagieren zu steuernde Synthesizer auf einem der 16 MIDI-Kanäle polyphon auf MIDI-Signale. So wird es möglich, verschiedene Instrumente zur gleichen Zeit mit unterschiedlichen Funktionen einzusetzen. Jedes mit dem POLY Mode ausgerüstete Instrument wählt aus dem gesamten Datenangebot die ihm zugewiesene, d. h. auf seinem Empfangskanal gesendete Nachricht aus. Nach dieser Kanalzuweisung akzeptiert das zu steuernde Gerät nur noch die Informationen, die auf diesem betreffenden Kanal gesendet werden. Alle anderen Nachrichten werden ignoriert.

In der **MIDI-Betriebsart 4** (OMNI Off, MONO), MONO Mode genannt, werden pro MIDI-Kanal jeweils die Daten für eine monophone Stimme übermittelt: Der zu steuernde Synthesizer kann über MONO Mode verschiedene monophone Stimmen mit unterschiedlichen Sounds gleichzeitig reproduzieren. Die Zuordnung der MIDI-Kanäle betrifft in diesem Fall also nicht mehr bestimmte Geräte, sondern einzelne Stimmen in einem Gerät. Praktisch erfolgt die Zuordnung durch die Festlegung eines sogenannten MIDI-Basiskanals N. Ist beispielsweise N = 11 und der zu steuernde MONO Mode-Synthesizer sechsstimmig, so kann auf den Kanälen N + 5 (= 11, 12, 13, 14, 15, 16) jeweils eine Stimme mit eigenem Sound übermittelt werden. Vor allem in Verbindung mit Sequenzern ist diese Betriebsart effektiv.

Seit einiger Zeit existiert eine weitere Betriebsart, die in der Regel MULTI Mode genannt wird. Aber auch die Bezeichnungen »Betriebsart 3b« oder »erweiterter MONO« bzw. erweiterter »POLY Mode« finden sich in der Literatur. Erwies es sich beim MONO Mode als problematisch, daß für jede Stimme ein eigener MIDI-Kanal benötigt wurde, so erlaubt der MULTI Mode auch die Zuordnung von Stimmengruppen zu einem MIDI-Kanal. Diese Zuordnung kann fest, aber auch dynamisch erfolgen. D. h., entweder wird die maximale Anzahl der Stimmen für die jeweiligen Sounds an MIDI-Sender und Empfänger speziell programmiert oder ihre Konfigurationen sind veränderlich. Im letzten Fall wechselt die Stimmverteilung entsprechend den damaligen Polyphonie-Anforderungen, die über die einzelnen MIDI-Kanäle übermittelt werden. Doch auch hier stehen nicht mehr Stimmen zur Verfügung als im ersten Fall, sie werden jedoch flexibler verteilt.

Bei MIDI-Kopplungen von Synthesizern ist in jedem Fall zu beachten, daß die bestehenden Möglichkeiten der Instrumente dadurch nicht erweitert werden. Daten von Merkmalen, über welche die Geräte im einzelnen nicht verfügen, z. B. Anschlagsdynamik und Aftertouch (vgl. S. 401), werden beim Empfang der MIDI-Daten ignoriert und folglich nicht ausgeführt.

Die MIDI-Kanaldaten

Nachdem erklärt ist, *wie* die einzelnen MIDI-Nachrichten ihren Empfänger erreichen, soll es nun um das gehen, *was* an Informationen im einzelnen übertragen und damit durch MIDI-Signale gesteuert werden kann. Die MIDI-Norm

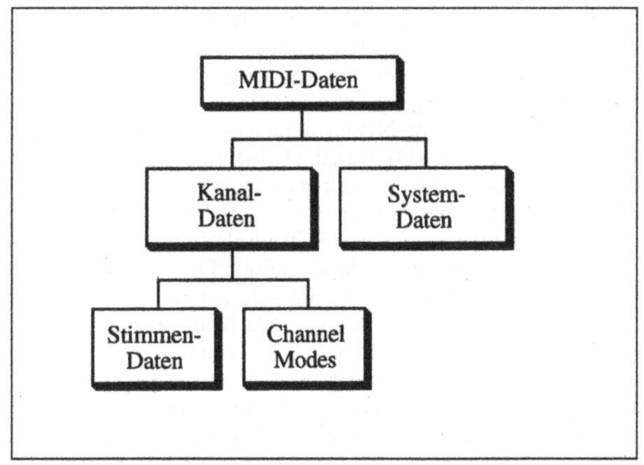

Abb. 59 Die Struktur der MIDI-Kanaldaten.

bietet die komfortable Möglichkeit, zwischen Nachrichten zu unterscheiden, die jeweils nur für bestimmte Kanäle wirksam sind, den sogenannten **Kanaldaten**, und solchen Daten, die ohne diese spezielle Zuordnung auskommen und daher für alle Kanäle gleichermaßen wirksam sind (Abb. 59); da letztere auf das ganze MIDI-System wirken, spricht man von **Systemdaten**.

Die zentrale Gruppe der Kanaldaten bilden die Stimmendaten (Voice-Daten). Davon wiederum eine Untergruppe sind die Tastaturdaten. Zumindest diese Bezeichnung ist recht anschaulich, da es sich hier um Daten handelt, mit denen die Instrumentenstimmen direkt durch das Spielen einer Tastatur gesteuert werden. Der wichtigste Tastenbefehl ist das Note On/Off-Kommando. Auf diese Weise wird von einem Gerät zum anderen übermittelt, ob eine Taste gedrückt oder losgelassen wurde. Damit der empfangende

Synthesizer nun auch erfährt, welche Taste dort gespielt wurde, wie stark sie angeschlagen wurde und ob diese Information überhaupt für ihn und nicht für einen anderen Synthesizer bestimmt ist, besteht dieser Befehl gleich aus vier einzelnen Teilen: Neben dem eigentlichen Note On-Befehl wird der MIDI-Kanal (1–16) festgelegt, auf dem diese Information übermittelt werden soll – diese Einstellung muß allerdings direkt am MIDI-Sendegerät vorgenommen werden –, dann die Tonhöhe (Note Number), schließlich die Dynamik (laut – leise). Die Tonhöhe wird mit Zahlen von 0 bis 127 verschlüsselt; ein Schritt entspricht einem Halbton. Der Bereich von 128 Schritten (0 zählt als Extraschritt) umfaßt den riesigen Tonumfang von zehneinhalb Oktaven, also praktisch den gesamten menschlichen Hörbereich. Auch die Dynamik des Tastenanschlages (engl. *velocity*) wird mit einer hohen Auflösung übertragen. Der Bereich von pianissimo bis forte-fortissimo ist ebenfalls in 128 Schritte unterteilt. Die Dynamik steigt proportional zur Schrittnummer, mit 127 ist der größte übertragbare Dynamikwert erreicht. Am anderen Ende der Skala wird beim Wert Null jedoch nicht der leiseste, sondern gar kein Ton übertragen. Damit ist die Anweisung praktisch mit einem Note Off-Befehl identisch, der normalerweise notwendig ist, um den »eingeschalteten« Ton wieder »auszuschalten«. Hier liegt ein wichtiger Unterschied zur analogen Übermittlung von Tasteninformationen, bei der über die gesamte Zeit des Tastendrucks ein Gate-Signal vorhanden ist. Bleibt bei einer MIDI-Übertragung der Note Off-Befehl aus, etwa durch ein herausgezogenes MIDI-Kabel, so erzeugt der Synthesizer die durch Note On aktivierten Töne bis in alle Ewigkeit. Zu jedem Note On-Befehl gehört also auch ein Note Off-Befehl, der den gleichen Aufbau aus Einzelkommandos besitzt, und damit auch Dynamikwerte für das Loslassen der Taste. Da diese jedoch praktisch kaum bedeutungsvoll sind, werden solche zusätzlichen Informationen auch nur von wenigen Gerätetypen erzeugt und verarbeitet.

Aftertouch

Ein weiterer Tastenbefehl wandelt das nach einem normalen Tastenanschlag mögliche, zusätzliche Herunterdrücken der bereits angeschlagenen Tasten, den sogenannten Aftertouch-Effekt, in MIDI-Steuersignale um. Mit dieser Funktion, über die nicht alle Synthesizer und Master-Keyboard-Modelle verfügen, lassen sich meist Vibrato- oder Filtereffekte dem bereits ertönenden Klang hinzufügen. Beim polyphonen Aftertouch (Key Pressure) werden die MIDI-Signale für die Stärke des Aftertouch-Druckes getrennt für jede Taste übertragen, beim monophonen Aftertouch (Channel Pressure) wird der entstehende Wert für alle Töne eines Akkordes gleichermaßen wirksam. Jeder kann sich leicht vorstellen, daß der konstruktive Aufwand, und damit auch die anfallende Datenmenge, im Fall der einzelnen Übertragung der Werte beim polyphonen Aftertouch sehr viel größer ist als bei der monophonen Form. Aus diesem Grund findet der monophone Aftertouch auch häufiger Anwendung, obwohl gerade die musikalischen Möglichkeiten der polyphonen Variante sehr reizvoll sind. Sie erlaubt beispielsweise in einem Akkord Stimmen durch zusätzlichen Druck mit speziellen Modulationen besonders hervorzuheben. Mit der entsprechenden Fingerbeherrschung wird das Spiel nuancenreicher und ausdrucksvoller, da der Spieler so direkten Einfluß auf die Klangartikulation ausüben kann.

Program Change

Das MIDI-System überträgt Informationen, die das Umschalten von Programmen bei mehreren Instrumenten gleichzeitig erlauben. Nicht der Sound selbst wird demnach übertragen, sondern nur eine Umschaltinformation für den Programmspeicher des angeschlossenen Synthesizers. Mit »Programm« sind hier interne Klangspeicher gemeint, die sich in der Synthesizer-Technologie allgemein durchgesetzt haben. Ihr herausragender Vorteil, in jeder Situation einen zuvor in Ruhe erstellten Klang abrufbereit zu halten, liegt auf der Hand.

Der dazugehörige MIDI-Befehl besteht aus drei Teilen (Abb. 60). Der erste Teil, die Status-Information, gibt die Art der zu übertragenden Nachricht an, in diesem Fall also die »Program Change«-Anweisung. Als zweites erfolgt die Festlegung des MIDI-Kanals, auf dem diese Information übertragen werden soll. So wird das betreffende Gerät aus der Gesamtheit aller verwendeten MIDI-Komponenten ausgewählt. Schließlich erfolgt die Übertragung des eigentlichen Wertes für die Programmumschaltung, die Programmnummer selbst.

Information	Program Change	Channel	Program Number
Wertebereich	(Status)	1-16	0-127

Abb. 60 Der Program Change-Befehl.

Aus der Abbildung ist ersichtlich, daß für die Umschaltung 128 verschiedene Programmnummern zur Verfügung stehen. Diese Zahl scheint sehr reichlich bemessen. Sie ist größer als die Zahl der Klangspeicherplätze, über die Synthesizer meistens verfügen. Sind dennoch mehr davon in einem Gerät vorhanden, so werden diese zu Blöcken aus je 128 Klängen zusammengefaßt, die per zusätzlichem Bank Select-Befehl individuell angewählt werden können. Ein Problem gibt es dennoch. Es ist die unterschiedliche Zählweise, die von den Herstellerfirmen in den Klangspeichern ihrer Synthesizer verwendet wird. Ein Beispiel: Während beim Yamaha DX7 die Klänge von 1 bis 32 dezimal durchnumeriert sind, verwendet Korg ein aus Klangbänken von je acht Einzelsounds (11–18, 21–28 usw.) zusammengesetztes System. Die Firma Roland schwört gar auf ein 8-Bank-System mit einer Kombination aus Zahlen und Buchstaben (A 1–8, B 1–8 usw.) zur Kennzeichnung der Sounds im internen Klangspeicher der Geräte. Erreicht ein Gerät nun der Program Change-Befehl eines anderen Synthesizers, darf man sich überraschen lassen, welcher Sound zu hören sein wird. Bei der Verwendung eines MIDI-Sequenzers wird die Überraschung noch größer, da in diesem Fall die Programmnummern in der MIDI-Zählweise (0–127) eingegeben werden müssen. Abhilfe in diesem Wirrwarr schafft nur eine selbst angelegte Umrechnungstabelle, in der man die verwendeten Numerierungssysteme in Form eines Zahlenstrahls nebeneinanderstellt. Dabei sollte auch der Speicheraufbau der Synthesizer beachtet werden.

Zusätzlich erschwert wird die Programmnummer-Übersicht durch die Verwendung unterschiedlicher Speicherstrukturen bei verschiedenen Synthesizern. Gemeint ist die Aufteilung in Presets und selbst programmierbare Sounds sowie externe Speichererweiterungen durch spezielle Cartridges oder Memory-Cards. Beim DX 7 beispielsweise lassen sich die internen 32 Sounds auf 32 Sounds einer Cartridge-Erweiterung umschalten. Die Umschaltung Intern/Cartridge durch ein MIDI-Signal ist dagegen nicht möglich. Um aber über MIDI Zugriff auch auf die 32 Sounds der Cartridge zu bekommen, werden die Cartridge-Sounds in diesem Fall durch die MIDI-Programmnummern 32–64 aufgerufen.

Pitch Bending

Synthesizerspiel, das ist eine Binsenweisheit, lebt nicht allein vom Betätigen der Tastatur. Besonders wichtig für ein lebendiges und ausdrucksvolles Spiel sind die meist links neben der Tastatur angeordneten Bedienelemente, mit

Information	Pitch Bend	Channel	Wert 1	Wert 2
Wertebereich	(Status)	1-16	0-127	0-127

Abb. 61 Der Pitch Bend-Befehl.

denen der Spieler direkt in die Klangerzeugung eingreifen kann. Die bekanntesten und am häufigsten verwendeten Beeinflussungsmöglichkeiten sind dabei das Pitch Bending, gleitende Veränderungen der Tonhöhe also, und die Modulation, eine von analogen Synthesizern her bekannte Methode zur gezielten Klangveränderung. Ausgeführt werden diese Manipulationen entweder mit je einem speziellen Rad (engl. *wheel*) oder kombiniert mit einem Joystick. Gerade weil diese Komponenten beim Spiel auf elektronischen Instrumenten so wichtig sind, wollte man auch bei der MIDI-Übertragung nicht darauf verzichten.

Am MIDI-Befehl für das Pitch Bending ist einiges bemerkenswert. Seinen theoretischen Aufbau zeigt Abb. 61. Ungewöhnlich ist hier der rechte Teil der Abbildung mit zwei verschiedenen Werten für die Pitch Bend-Information. Diese beiden Werte sind nach einer speziellen Methode ineinander »verschachtelt« (Abb. 62). Der zweite Wert wächst

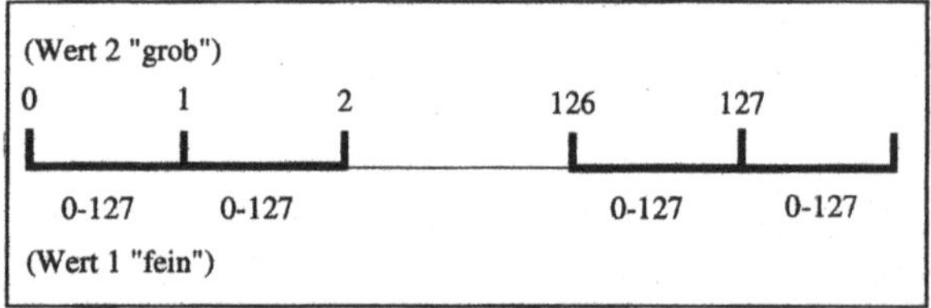

Abb. 62 Die Verschachtelung der Pitch Bend-Werte 1 und 2.

erst dann um einen Schritt, wenn der erste Wert alle seine 128 Schritte durchlaufen hat. Multipliziert man die möglichen Zustände von Wert 1 und 2 (128 x 128), so ergibt sich die stolze Zahl von 16 384 übertragbaren Stufen. Der Grund für eine derart feine Auflösung der Pitch Bend-Werte war die Absicht, eine möglichst fließende Tonhöhenveränderung zu garantieren. Auf keinen Fall sollten beim Verändern der Tonhöhe irgendwelche Abstufungen hörbar sein. Der Bereich, in dem die Tonhöhenveränderung erfolgt, läßt sich am ausführenden Synthesizer einstellen (Pitch Bend Range). Er beträgt für die meisten Anwendungsfälle einen Halbton, kann aber auch auf Werte bis zu einer Oktave und mehr erweitert werden.

In der Praxis wird bei allen bisher hergestellten Synthesizern der Pitch Bend-Befehl nicht in der ursprünglich festgelegten Form (Abb. 61), sondern in einer »vereinfachten« Variante verwendet. Diese unterscheidet sich von der ursprünglichen Festlegung dadurch, daß der erste Pitch Bend-Wert einfach ignoriert wird. Die Übertragung der Tonhöhenveränderungen erfolgt demnach nicht mit 16 384 Stufen, sondern allein durch die 128 des zweiten Wertes (Abb. 63). Die Gründe dafür sind vor allem ökonomischer Natur. Um der Datenflut der ursprünglichen Variante Herr zu werden, wäre ein sehr viel höherer technischer Aufwand, besonders in puncto Speicherplatz und MIDI-Übertragungskapazität, erforderlich. Entscheidend ist jedoch, daß die 128 Stufen bei kleineren musikalischen Intervallen bis

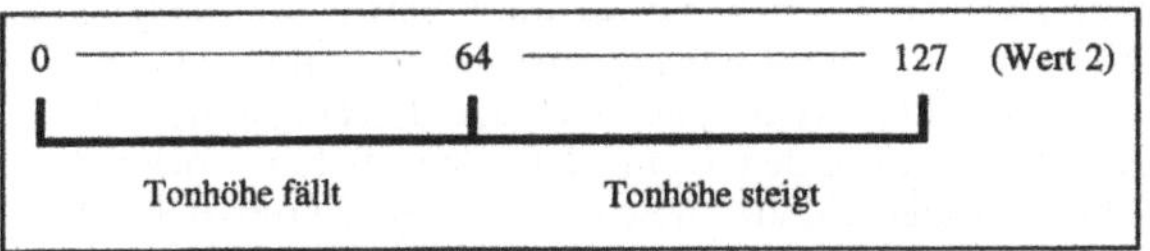

Abb. 63 Die Pitch Bending-Mittelposition.

zu einem Halb- oder auch Ganzton – der bevorzugten Nutzung – immer noch fein genug sind, um nicht als einzelne Stufen gehört zu werden. Und das, obwohl praktisch nur 64 Stufen zur Verfügung stehen, da beim Pitch Bending die Tonhöhe sowohl nach oben als auch nach unten verändert werden kann.

Control Changes

Ein besonders heikles Kapitel der MIDI-Übertragung sind die Control Changes. Ihre Aufgabe ist die Übertragung weiterer, durch die bisher genannten MIDI-Kanalbefehle nicht berücksichtigter Spielparameter. Dazu gehört vor allem die Steuerung von Modulationsvorgängen, der Lautstärke sowie der Portamento-Funktionen. Doch nicht nur die Art der übermittelten Information verändert sich in diesem Befehl von Fall zu Fall. Auch die Einrichtungen zur Steuerung der unterschiedlichen Funktionen – sei es nun Potentiometer, Rad, Joystick, Fußpedal, Fußschalter oder der durch Atemluft steuerbare Breath Controller – differieren oftmals von Gerät zu Gerät.

Das Hauptproblem bei der Erstellung dieses Befehls war für die MIDI-Konstrukteure das Unterbringen der unterschiedlichen Informationen in nur einem Kommando. Diese Vielzahl von Steuerfunktionen führte zu einem Control Change-Befehl, dessen Struktur Abb. 64 zeigt. Neben den von den vorangegangenen MIDI-Befehlen bereits bekannten Status- und Channel-Informationen finden sich hier zweimal 128 Schritte für die Übertragung jeweils von Nummer und Wert einer Kontrolleinrichtung. Durch diesen geschickten technischen Kunstgriff gelang es den MIDI-Konstrukteuren, den Control Change-Befehl nochmals in 128 Unterbefehle zu unterteilen. Diese Unterbefehle können unabhängig voneinander zur Übertragung einzelner Parameter verwendet werden. Eine wahrhaft imposante

Information	Status	Channel	Controller-Nummer	Controller-Wert
Wertebereich	Control Change	1-16	0-127	0-127

Abb. 64 Der Control Change-Befehl.

Anzahl, die zur Zeit auch nicht annähernd ausgenutzt wird. Damit bietet dieser Befehl breiten Raum für zukünftige Entwicklungen auf dem Gebiet der MIDI-Kommunikation.

Die Control Change-Anweisung beinhaltet also in sich ein umfangreiches Befehlsnetz zur Steuerung von 128 separaten Zusatzfunktionen, die über MIDI übertragen werden können. Damit übertrifft dieser Befehl an Komplexität, aber auch an Einsatzmöglichkeiten alle anderen MIDI-Kommandos. Aus diesem Grund ist es beim Control Change-Befehl sinnvoll, von einem selbständigen, in sich geschlossenen Befehlssystem zu sprechen.

Wer die Aufzählung der Control Change-Steuereinrichtungen zu Beginn dieses Textes aufmerksam betrachtet hat, dem ist sicherlich aufgefallen, daß sich die Art der auf diese Weise beeinflußbaren Daten voneinander unterscheidet. Während sich mit einem Potentiometer oder Joystick Werte kontinuierlich beeinflussen lassen, sind andere Steuereinrichtungen, etwa das Sustain-Pedal, lediglich zu- oder abschaltbar. Um diesem unterschiedlichen Charakter der übertragenen Information zu entsprechen, wurde die Struktur der Control Change-Daten grob in fünf Gruppen eingeteilt (Abb. 65). In Gruppe 1 sind alle Parameter zusammengefaßt, die eine kontinuierliche Regelung erfordern. Hierzu gehören beispielsweise Lautstärke, Portamentozeit oder Modulationsstärke. Die Werte dieser Parameter können jeweils in Schritten von 0 bis 127 verändert und damit fast kontinuierlich übertragen werden. Hierfür steht die Spalte »Controller Wert« im Control Change-Befehl zur Verfügung.

Anders verhält es sich dagegen bei der Übertragung von Informationen, die durch Niederdrücken eines Pedals ausgelöst werden. Hierzu gehören die vom Klavier her bekannten Funktionen des rechten Pedals (Hold/Sustain), des linken Pedals (Soft) sowie bei größeren Flügeln des mittleren Pedals (Sostenuto). Bei ihnen wird der betreffende Effekt nicht kontinuierlich geregelt, sondern entweder zu- oder abgeschaltet. MIDI-technisch wird dieser Forderung durch die Übertragung fester Parameterwerte für den Ein- und Ausschaltzustand entsprochen. »Schalter aus« wird stets mit dem Controllerwert 0, »Schalter ein« dagegen mit dem Wert 127 übertragen (Gruppe 3 in Abb. 65). Aus diesem Abbildungsteil ist ersichtlich, daß auch die Information über das zu- bzw. abgeschaltete Portamento auf diese Weise übertragen wird.

Die für spätere Entwicklungen reservierten Controller-Nummern sind zur Zeit in MIDI-technischer Hinsicht noch vollständig offen. Wie wichtig diese Erweiterungsmöglichkeit ist, zeigte sich deutlich etwa an den Data Entry-Tasten der DX-Keyboards von Yamaha. Obwohl sie sich durch die ihr zugeordnete Controller-Nummer 6 in der Gruppe kontinuierlich veränderbarer Controller Daten befinden, erlauben sie weder eine kontinuierliche Regelung von Klangparametern, noch handelt es sich hier um Ein/Aus-Schalterfunktionen. Dagegen wird durch Betätigung der Data Entry-Tasten der angewählte Klangparameter jeweils einen Schritt auf- bzw. abwärts geschaltet. Ein Mitteldding zwischen Regler und Schalter also. Um für Neuentwicklungen dieser und ähnlicher Art gewappnet zu sein, findet sich bei den Control Change-Befehlen der große Anteil dafür reservierter Controller-Nummern. Eine Sonderstellung innerhalb des Control Change-Befehls nehmen die Controller-Nummern 122 bis 127 ein. Sie gestatten über MIDI eine Umschaltung der verschiedenen MIDI-Betriebsarten (vgl. dazu S. 412).

Nr.	Controller im Überblick	bisher definierte Controller
0 : : : : : : : : : : : 31	kontinuierliche Regler 0-127	0 Bank Select 1 Modulation Wheel 2 Breath Controller 4 Foot Pedal Controller 5 Portamento Time 6 Data Entry 7 Main Volume 8 Balance 10 Panorama 11 Expression 12 Effect Control 1 13 Effect Control 2
32 : 63	reserviert für spätere Entwicklungen	
64 : : : : 95	Schalter 0 = aus, 127 = ein	64 Hold/Sustain-Pedal 1 65 Portamento 66 Sostenuto Pedal 67 Soft Pedal 68 Legato Footswitch 69 Hold 2
96 : 121	reserviert für spätere Entwicklungen	96 Data Increment (nur Wert = 127) 97 Data Decrement (nur Wert = 127)
122 : : : : : 127	Channel Mode Befehle	122 Local Control (0/127) 123 All Notes Off (Wert immer 0) 124 Omni Mode Off (Wert immer 0) 125 Omni Mode On (Wert immer 0) 126 Mono Mode On/Poly Off (0-15, Anzahl der Kanäle) 127 Poly On/Mono Off (Wert immer 0)

Abb. 65 Die MIDI Control Changes.

Aus dem rechten Teil der Tabelle (Abb. 65), der die bisher definierten Controller verzeichnet, darf jedoch nicht der Schluß gezogen werden, daß alle MIDI-Geräte über diese Kontrollmöglichkeiten verfügen müssen. Sie bilden letztlich nur den Rahmen, innerhalb dessen die Hersteller von MIDI-Geräten großen Spielraum haben. Sie treffen – in Abhängigkeit von Zielgruppe und Einsatzbedingungen –

für jedes produzierte Gerät neu eine Auswahl der über MIDI ausführbaren Kontrollmöglichkeiten. Die Standardisierung der MIDI-Norm besagt dabei lediglich, daß jede verwendete MIDI-Steuerungsfunktion den festgelegten Richtlinien zu folgen hat. Problematisch kann es jedoch werden, wenn Hersteller in einzelnen MIDI-Geräten freie Control Change-Nummern neu definieren bzw. bestehende Nummern neu interpretieren. Koppelt man diese Geräte untereinander, so gibt es dabei keine besonderen Schwierigkeiten. Bei der Verbindung mit anderen Geräten jedoch kann es zu bösen Überraschungen kommen. Ein Beispiel: Die Firma Casio hatte in ihren CZ-Synthesizern die Gesamtstimmung durch Controller 6 über MIDI regelbar gemacht. Bei Yamaha ist der Controller 6 mit der Data Entry-Eingabe verbunden. Werden beide Geräte nun über MIDI gekoppelt, so verändert sich bei jeder Datenmodifikation am Yamaha-Synthesizer die Gesamtstimmung des Casio-Synthesizers! Derart drastische Beispiele sind jedoch glücklicherweise selten. Um vor solchen Überraschungen sicher zu sein, empfiehlt sich zuvor stets ein Blick in die Implementation Charts der verwendeten MIDI-Geräte. Diese Verzeichnisse stehen in der Regel auf dem letzten Blatt der Bedienungsanleitung. Hier sind neben allen anderen gesendeten und empfangenen MIDI-Daten auch Art und Umfang der Control Change-Fähigkeiten des betreffenden Gerätes vermerkt. Durch Nebeneinanderlegen der Implementation Charts lassen sich Verbindungen von Gerät zu Gerät gut auf eventuelle Abweichungen hin vergleichen.

Grundlage für die bisherigen Überlegungen war, daß jedes MIDI-Gerät eine intern fest zugeordnete Control Change-Ausstattung hat. Das muß aber nicht immer so sein. Mittlerweile werden zunehmend Geräte mit variabler Zuordnungsmöglichkeit für Control Changes hergestellt. Insbesondere für Master-Keyboards ist diese Form der Control Change-Verteilung interessant. Praktisch äußert sich diese Fähigkeit in der freien Zuordnungsmöglichkeit von Control Change-Befehlen und den verschiedenen Spielhilfen, wie den zu Beginn dieses Kapitels erwähnten Potentiometern, Rädern, Joysticks, Fußpedalen und Fußschaltern. Selbstverständlich muß dabei die prinzipielle Unterteilung in Schalter und Regler erhalten bleiben. Regler können demzufolge den Controller-Nummern 0 bis 63 zugeordnet werden, Schalter den Nummern 64 bis 121. Aufgrund der flexiblen Zuordnung bleibt es dem Anwender überlassen, ob er mit dem Rad seines Synthesizers bzw. Master-Keyboards beispielsweise den Modulationsanteil, die Portamentozeit oder etwa die Gesamtlautstärke beeinflussen will. Da in diesem Fall die gesendeten MIDI-Control-Change-Signale frei den verfügbaren Spielhilfen zuzuordnen sind, spricht man hier von einer **freien Sende-Zuordnung**. Die Control Change-Funktionen können auf diese Weise gezielt den Control Change-Möglichkeiten eines Empfangsgerätes zugeordnet werden.

Nun liegt es nahe anzunehmen, daß auch beim Empfang von MIDI-Control-Change-Signalen **variable Zuordnungen** verwendet werden können. In der Tat ist es möglich, daß der Anwender bestimmt, welchen Parametern des Synthesizers welche Spielhilfen zugeordnet werden, und zwar durch Festlegen einer Controller-Nummer und deren anschließender Zuordnung einer bestimmten Funktion des zu steuernden Synthesizers, der Modulation beispielsweise. Andersherum betrachtet: Die Funktion »Modulation« kann verschiedenen Controller-Nummern zugeordnet und damit durch verschiedene Spielhilfen mit kontinuierlicher Regelung gesteuert werden. Auf diese Weise läßt sich mit den Control Change-Anweisungen die Struktur der MIDI-Kommunikation zwischen den Geräten optimal vom Benutzer selbst festlegen.

Channel Modes

Im Bereich der Control Change-Nummern 122 bis 127 werden die sogenannten Channel Mode-Befehle übertragen (vgl. Tabelle, Abb. 65). Ihre Aufgabe ist das Umschalten zwischen den verschiedenen MIDI-Betriebsarten per MIDI-Befehl. An Hand der verwendeten Controller-Nummern läßt sich abzählen, daß es sich um sechs verschiedene Befehle handeln muß. Eine Besonderheit ist zu beachten: Zwar werden diese Anweisungen mit dem Control Change-Befehl übertragen, doch sind sie in ihrer Funktion völlig unabhängig von den übrigen, oben erläuterten Control Change-Funktionen. Lediglich der Aufbau des Befehls ist mit dem Control Change-Befehl identisch.

Vor der Erläuterung der Befehle kurz eine Erinnerung an die wichtigsten MIDI-Betriebsarten (vgl. S. 396 ff.): Die OMNI-Betriebsart bietet nicht die Möglichkeit, verschiedene MIDI-Kanäle auszuwählen; die Signale aller 16 Kanäle werden vom Gerät gleichzeitig empfangen. POLY und MONO beziehen sich auf die Anzahl der Töne, die gleichzeitig benutzbar sind.

Die Controller-Nummern 124 und 125 sind für das Zu- bzw. Abschalten der OMNI-Information gedacht. Da es sich hierbei um Schaltanweisungen und nicht um Regelungsvorgänge handelt, erfolgt die Übermittlung durch den Controller-Wert 0. Diese beiden Befehle bestimmen demnach, ob der angeschlossene Synthesizer auf allen MIDI-Kanälen gleichzeitig empfängt (OMNI On) oder spezielle Empfangskanäle auswählt (OMNI Off). Beide Befehle schließen sich gegenseitig aus, so daß sinnvollerweise jeweils nur der eine oder der andere Befehl verwendet werden kann.

Die Controller-Nummer 127 (POLY On / MONO Off) übermittelt die Information, daß der angeschlossene Synthesizer polyphon spielbar sein soll. Der Controller-Wert für eine erfolgreiche Übermittlung ist hier ebenfalls 0. In Kombination mit OMNI Off (Controller 124) wird der Synthesizer nur von einem bestimmten MIDI-Kanal polyphon gesteuert, bei OMNI On (Controller 125) sind wiederum alle MIDI-Kanäle zur Steuerung verwendbar.

Die Controller-Nummer 126 (MONO On / POLY Off) entscheidet über die monophone Spielbarkeit des Synthesizers. Auch hier entscheidet die Kombination mit der OMNI-Betriebsart über die Details der Übertragung. Ist die OMNI-Betriebsart eingeschaltet, so empfängt der Synthesizer die Daten aller MIDI-Kanäle. Da er sich aber in monophoner Betriebsart befindet, kann er immer nur einen Ton wiedergeben, in diesem Fall den der zuletzt gedrückten Taste. Eine recht absurd anmutende Schaltungsvariante. Interessanter ist dagegen die Kombination mit der OMNI Off-Betriebsart. In diesem Fall erhält jede Stimme im Synthesizer einen eigenen MIDI-Kanal zugeordnet. Voraussetzung ist allerdings, daß der betreffende Synthesizer bzw. Expander über den MIDI-MONO-Mode verfügt. Der Controller-Wert kann bei dieser Befehlskombination von 0 bis 15 variiert werden. Er hat die Aufgabe, die Anzahl der benötigten MONO Mode-Kanäle per MIDI-Signal festzulegen. Dazu ist zu einem MIDI-Basiskanal, auf dessen Empfang der Synthesizer abgestimmt ist, die Zahl der verwendeten MONO Mode-Stimmen zu addieren. Beispiel: Der Synthesizer empfängt nur auf Kanal 8. Ihn erreicht per MIDI die Controller-Information Nummer 126 (MONO On / POLY Off) mit dem Controller-Wert 4. In diesem Fall verteilen sich die MONO Mode-Stimmen so: MIDI-Kanal 8 = Stimme 1, Kanal 9 = Stimme 2, Kanal 10 = Stimme 3, Kanal 11 = Stimme 4, Kanal 12 = Stimme 5. Die 0 des Controller-Wertes zählt als eigener Wert. Daher sind fünf Stimmen geschaltet, obwohl der in diesem Beispiel übermittelte Controller-Wert nur 4 betrug.

Im Prinzip handelt es sich bei diesen Befehlen um die

unter »MIDI-Betriebsarten« erläuterten Zusammenhänge. Normalerweise werden diese Einstellungen vor Beginn der Arbeit direkt am Gerät vorgenommen und während der Arbeit selten verändert. Insofern ist es möglicherweise verblüffend, daß die MIDI-Norm auch die Umschaltung dieser Funktionen per MIDI-Befehl vorsieht. In der Praxis spielen diese Befehle eine eher untergeordnete Rolle.

Nicht so die noch ausstehenden zwei Befehle in der MIDI-Praxis, die Controller-Nummern 122 und 123: Local Control- und All Notes Off-Befehl. Hinter der geheimnisvollen Bezeichnung »Local Control« verbirgt sich eine verblüffend einfache Sache. Dieser Befehl unterbricht die intern im Synthesizer vorhandene Verbindung zwischen Tastatur (mit ihren Spielhilfen) und der Klangerzeugung des Synthesizers. Damit lassen sich Keyboard und Klangerzeugung jeweils separat verwenden. Die Klangerzeugung wird so als ein Expander verwendbar, der über MIDI ansteuerbar ist. Die Tastatur kann mit entsprechenden Zusatzgeräten Master-Keyboard-Funktionen übernehmen, wie beispielsweise die direkte Steuerung eines MIDI-Sequenzers. Die Struktur dieses Befehls entspricht dem Control Change-Kommando. Die übertragenen Controller-Werte sind von den beiden Schaltzuständen des Befehls abhängig (Local On = 127, Local Off = 0).

Der All Notes Off-Befehl (Controller 123) schaltet im Moment seines Eintreffens sämtliche Instrumentalstimmen aus. Hier ist zwar eine gewisse Doppelung zum Note Off-Befehl deutlich, in der Praxis ergänzen sich jedoch beide Befehle sehr vorteilhaft. Ein wichtiges Anwendungsgebiet des All Notes Off-Befehls sind MIDI-Sequenzer. Wie bereits gesagt, sind die Befehle Note On für das Starten und Note Off für das Beenden eines Tones notwendig. Bleibt der Note Off-Befehl aus, so klingt der Ton endlos lange, da ihn der Ausschaltbefehl nicht erreicht hat. Stoppte man einen MIDI-Sequenzer in der Wiedergabe-Betriebsart an einer beliebigen Stelle im Stück, würden einige kurz zuvor ausgelöste Töne ihren Note Off-Befehl nicht mehr erhalten, sogenannte »Notenhänger« wären die Folge. Hier hilft der All Notes Off-Befehl, indem er im Augenblick des Sequenzerstopps alle klingenden Töne automatisch ausschaltet.

Die MIDI-Systemdaten

Die sogenannten MIDI-Systemdaten, deren Wirkung nicht auf spezielle MIDI-Kanäle begrenzt ist, sondern das gesamte MIDI-System betrifft, bilden gemeinsam mit den Kanaldaten, von denen oben die Rede war, die zwei großen Gruppen der MIDI-Datenarten. Sie lassen sich in drei verschiedene Arten unterteilen (Abb. 66).

Die erste Kategorie bilden die **System-Echtzeit-Daten** (System Real-time). Ihre Aufgabe ist die Abstimmung der zeitlichen Abläufe von Geräten, die in einem MIDI-System zusammengefaßt sind. Diese Synchronisation des MIDI-Systems ist besonders bei Verbindungen von Sequenzern und Drum-Computern, also Geräten mit jeweils eigener Zeitsteuerung, wichtig. Von einem Gerät aus – Sequenzer oder Drum-Computer – lassen sich alle anderen angeschlossenen Geräte steuern. Im Rahmen der System-Echtzeit-Befehle steht dafür eine Reihe spezieller Anweisungen zur Verfügung.

Die Basis für die Synchronisation von MIDI-Geräten bilden spezielle Impulse (Timing Clock: 24 Impulse pro Notenviertel), die das Steuergerät in regelmäßigen Abständen per MIDI aussendet. Neben den Synchronimpulsen sendet es ebenfalls die zur gemeinsamen Wiedergabe notwendigen Anweisungen, wie »Start«, »Stop« und »Continue«. Wäh-

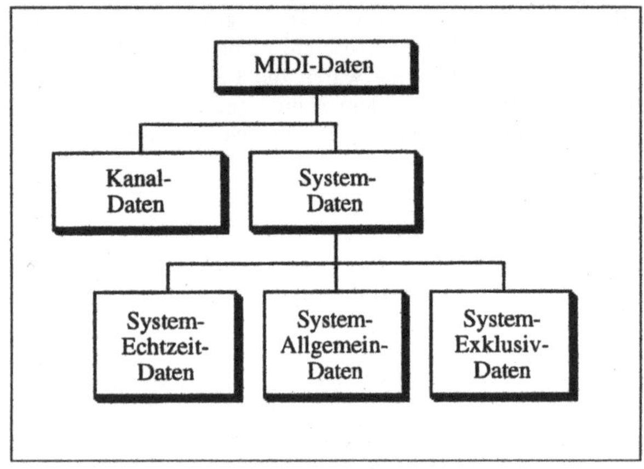

Abb. 66 Die Struktur der MIDI-Systemdaten.

rend »Start« das Programm des gespeicherten Stückes stets wieder von vorn beginnen läßt, erlaubt der »Continue«-Befehl die Fortsetzung des Programms an der mit »Stop« unterbrochenen Position.

Eine zweite Art der MIDI-Systemdaten sind die **System-Allgemein-Daten** (System Common). Hier findet sich eine besondere Einrichtung, deren Aufgabenbereich ebenfalls die Abstimmung zeitlicher Abläufe bei Sequenzern und Drum-Computern ist: der MIDI-Song-Positions-Zeiger (Song Position Pointer). Dieser Befehl ermöglicht das Wiederfinden einer bestimmten Taktstelle innerhalb eines Songs. Dazu benutzt der Befehl ein internes Register, das die Anzahl der MIDI-Schläge seit Songbeginn zählt. Dieses Register ist in 16 384 Schritte unterteilt, wobei jeder Schritt einer Sechzehntel-Note entspricht. Beim 4/4-Takt läßt sich so eine maximale Song-Länge von 1024 Takten errechnen. Der

Song Pointer-Befehl übermittelt den Geräten des MIDI-Systems ihren gemeinsamen Startpunkt für die Wiedergabe. Dabei spielt es keine Rolle, ob der Song vom Anfang oder von einem beliebigen Takt im Inneren des Stückes gestartet werden soll.

Oft sind Sequenzer und Drum-Computer in der Lage, nicht nur einen, sondern mehrere Songs in ihrem internen Speicher abzulegen. Damit die betreffenden Geräte eine Information darüber erhalten, welcher Song gerade benötigt wird, existiert dafür ein spezieller Song-Auswahl-Befehl (Song-Select). Er bestimmt, welcher Song oder welche Sequenz nach Empfang eines Startbefehls (System Echtzeit) gespielt werden soll. Zu den System-Allgemein-Befehlen gehört ebenfalls noch ein Kommando zum automatischen Stimmen angeschlossener Synthesizer oder Expander (Tune Request). Voraussetzung dafür ist allerdings das Vorhandensein einer automatischen Stimmfunktion in dem betreffenden Gerät, da es sich hier nur um das per MIDI sendbare Auslösekommando handelt. Diese Funktion entstand vor dem Hintergrund eines leidigen Problems bei analogen Synthesizern: Mit zunehmender Betriebsdauer erhöhte sich die Umgebungstemperatur und veränderte damit meist auch die Feinstimmung der einzelnen Oszillatoren. Da digitale Geräte in dieser Hinsicht kaum Probleme bereiten, verliert dieser MIDI-Befehl mehr und mehr seine praktische Bedeutung.

Den dritten und wahrscheinlich interessantesten Teil der MIDI-Systemdaten bildet der Bereich sogenannter **System-Exklusiv-Daten** (System-Exclusive). Hierbei handelt es sich im wesentlichen um Sounddaten bzw. Klangparameter von Synthesizern.

Geht man von der erwiesenen Tatsache aus, daß fast jeder Synthesizer oder Expander über seinen eigenen Datenaufbau, sein spezielles Datenformat verfügt, so scheint es doch sehr verwunderlich, daß über die genormte MIDI-Schnittstelle gerade auch diese gerätespezifischen Informationen übertragen werden sollen.

Doch die Vorteile der Übertragung solch spezifischer Informationen (direkter Zugriff auf die inneren Bereiche aller MIDI-Geräte, ihre Tonerzeugungsparameter, ihren Speicherinhalt) waren so verlockend, daß trotz aller technischen Probleme nach Lösungen dafür gesucht wurde.

Eine Normung dieses Bereiches, vergleichbar der des Austausches für allgemeingültige MIDI-Daten, war aus Gründen der Konzeptvielfalt und technischen Weiterentwicklung von vornherein unmöglich. Blieb nur die andere Variante, die Verwendung eines nicht genormten Übertragungsbereiches innerhalb der MIDI-Kommunikation, den die Konstrukteure von MIDI-Geräten ihren Absichten anpassen konnten. Damit wurde als Teil der MIDI-Daten die Gruppe der System-Exklusiv-Daten geschaffen. Ihre Struktur wird vom jeweiligen Hersteller festgelegt. Die allgemeinen Festlegungen beinhalten lediglich einen Hersteller-Identifikationscode (ID = Zahl zwischen 0 und 127) sowie eine Kennzeichnung für das Ende der Übertragung. Zwischen diesen beiden Festpunkten kann eine beliebige Anzahl von Datenbytes erscheinen. Den Herstellern von MIDI-Geräten wird lediglich nahegelegt, daß sie das von ihnen benutzte Datenformat bekanntgeben, damit die Anwender die MIDI-technischen Möglichkeiten der Geräte voll ausnutzen können. Doch leider halten sich nicht alle Hersteller an diese Empfehlung. Oft ist die Angst vor der Entwicklung spezieller Software für die firmeneigenen Produkte durch andere Anbieter, und damit vor Umsatzeinbußen, der Grund dafür.

System-Exklusiv-Daten werden vor allem zur Übertragung von Speicherinhalten der MIDI-Geräte verwendet. Dabei ist es gleichgültig, ob es sich im Einzelfall um den Klangspeicher eines Synthesizers, die programmierten Abläufe eines Sequenzers bzw. Drum-Computers oder die Hallprogramme im Speicher eines Multieffektgerätes handelt. Einzige Bedingung für die Übertragung ist, daß das betreffende Gerät vom Hersteller mit der Fähigkeit, System-Exklusiv-Daten zu senden, ausgestattet wurde. Das ist leider nicht bei allen Geräten der Fall.

Um diese Datenübermittlung einzuleiten, gibt es zwei verschiedene Methoden. Die erste Möglichkeit ist der sogenannte **Manual-Data-Dump**. Hier muß der Anwender am betreffenden Gerät selbst die Übertragung des Speicherinhalts »manuell« auslösen. Diese Art der Aktivierung bereitet kaum Probleme, wenn ein geeignetes Gerät zur externen Aufzeichnung der System-Exklusiv-Daten – MIDI-Datenrecorder, Computer mit speziellem Dump-Programm, zunehmend aber auch komfortable Sequenzer-Programme – zur Verfügung steht. Die zweite Möglichkeit zur Auslösung der System-Exklusiv-Daten ist ein sogenannter **Dump-Request**. Das ist ein spezieller Befehl, der die Sendung der Speicherdaten veranlaßt. Die Datensendung wird hier nicht am betreffenden Gerät selbst, sondern von außen ausgelöst. Die Schwierigkeit ist jedoch, daß kein universelles Dump-Kommando für alle MIDI-Geräte gemeinsam existiert, sondern jedes Instrument seine eigene, ganz spezielle »Kennung« besitzt. Der Grund dafür ist einleuchtend: Existierte dieses universelle Kommando, so würden – einmal ausgesandt – sämtliche Geräte eines MIDI-Systems gleichzeitig ihre Speicherinhalte als Antwort absenden! Das heißt also, daß Geräte, die zur Speicherdatenverwaltung verwendet werden sollen, über ein Repertoire von verschiedenen Dump-Requests für die verwendeten MIDI-Geräte verfügen müssen, wenn diese keine Manual-Data-Dump-Einrichtung besitzen.

Die Anwendungsmöglichkeiten der System-Exklusiv-Daten sind ausgesprochen vielfältig. Die auf diese Weise gesendeten Klangdaten eines Synthesizers können beispielsweise im Computer abgespeichert und verwaltet werden. Diese Einrichtung bildet die Grundlage für Editor- und Librarian-Programme. Damit lassen sich – vergleichbar einer Bibliothek – Soundbänke aus verschiedenen Klangblöcken individuell zusammenstellen und im Computerspeicher ablegen. Diese Art der Datenspeicherung auf Diskette bzw. Harddisk ist flexibler und meist auch preisgünstiger als die interne Speicherung im Synthesizer, der in der Regel über kein eigenes Diskettenlaufwerk verfügt. So kann man beliebig große Soundbibliotheken anlegen, da der Klangspeicherinhalt des Synthesizers nun keine Begrenzung mehr darstellt. Auch der Austausch und Verkauf von Sounds wird auf diese Weise begünstigt. Während die Librarian-Programme die im Synthesizer erstellten Programme lediglich verwalten, dienen Editor-Programme der gezielten Veränderung von Klangdaten, zur Modifikation bestehender oder Schaffung neuer Klänge. Die Grundlage für diesen Datenaustausch zwischen Synthesizer und Editor-Programm bilden jedoch in jedem Fall System-Exklusiv-Daten.

Eine weitere vorteilhafte Anwendung findet sich in neueren MIDI-Sequenzern, die über die Fähigkeit, System-Exklusiv-Daten zu empfangen, verfügen. Auch sie gestatten eine Speicherverwaltung der angeschlossenen MIDI-Geräte. Der große Vorteil dabei ist, daß die Aufzeichnung dieser Speicherinformationen gemeinsam mit den für einen Song benötigten Sequenzerdaten erfolgen kann. So werden alle für einen Song benötigten Daten auf nur einer Diskette gemeinsam unter einem Namen abspeicherbar. Diese Möglichkeit wird um so bedeutsamer, wenn man sich vergegenwärtigt, was an Daten zu einem Song gehören kann. Neben den Sequenzerdaten zählen hierzu auch die Klangdaten der angeschlossenen Synthesizer bzw. Expander, die Daten des Drum-Computer-Speichers sowie zunehmend auch Daten von in das System integrierten MIDI-Effektprozessoren und Mischpultsteuerungen. Befinden sich all diese Programmteile auf getrennten Speichermedien, so ist oft guter Rat teuer, wenn gerade die Diskette mit den benötigten Klangprogrammen nicht zur Hand ist oder man nicht mehr genau weiß, welche Sounds zu welchem Song gehörten. Voraussetzung für diese Arbeitsweise ist jedoch in jedem Fall auf der einen Seite das Vorhandensein einer Übertragungsmöglichkeit für System-Exklusiv-Daten in den Geräten selbst, da immer noch nicht alle MIDI-Geräte über diese so vielseitig nutzbare Ausstattung verfügen. Auf der anderen Seite sollten entsprechende Dump- oder Sequenzer-Programme über eine große Auswahl an Dump-Requests verfügen, damit der Anwender möglichst viele Geräte in die Übertragung von System-Exklusiv-Daten einbeziehen kann.

Der General MIDI-Standard

In den achtziger Jahren erweiterte sich nicht nur der Handel und Tausch von Sounds für Synthesizer und Sampler sprunghaft, es gab auch immer mehr Anbieter und offenbar auch Käufer für »komplette MIDI-Songs«. Diese waren in der Regel als MIDI-Standard-File zu erwerben, d. h., sie konnten von fast allen MIDI-Sequenzern geladen und abgespielt werden. Das Repertoire dieser Songs deckte so ziemlich alles ab, was sich in MIDI-Daten pressen ließ. Dabei erstreckte sich die Spannweite von damaligen Hitparadennummern aus den USA und England bis zu Schunkel-Hits der Volksmusik, von Standards für Alleinunterhalter bis zum *Wohltemperierten Klavier* und zu Beethoven-Sinfonien.

Hatte man nun stolz einen solchen Song erworben, in seinen MIDI-Sequenzer geladen und die Start-Taste gedrückt, so war das Ergebnis oftmals sehr überraschend. Abgesehen davon, daß die Noten im gekauften Song nicht immer mit dem Original gemeinsame Schnittmengen aufwiesen, konnte es passieren, daß etwa die Baßlinie vom Klavier, die Melodie vom Schlagzeug gespielt wurde und harmonische

Füllungen ganz fehlten, weil sie MIDI-Instrumenten zugeordnet waren, die man nicht besaß. Der Grund: Verschiedene MIDI-Instrumente waren jeweils verschiedenen MIDI-Kanälen und Klangprogrammen zugeordnet, und diese Zuordnung differierte sowohl von Anbieter zu Anbieter als auch bei den Abspielsystemen. Abhilfe schuf eine manuelle Zuordnung, indem man MIDI-Kanäle und Klangprogramme von vorhandenen MIDI-Klangerzeugern denen des gekauften Songs anpaßte, so gut es ging – was indessen nicht immer zum Erfolg führte, nämlich dann nicht, wenn die MIDI-Files mit anderen Instrumenten oder Synthesizern hergestellt worden waren, als beim Abspielen verfügbar. So klang das Ganze oft recht schlicht, nicht selten sogar peinlich.

Abhilfe schuf die Musikinstrumentenindustrie, gemeinsam mit der MIDI Manufacturers Association (MMA), im Oktober 1991. Man definierte einen neuen Standard für die Zuordnung von Klangtypen – hier Instrumente genannt – und Program Change-Befehlen und nannte das Ganze »General MIDI« (GM). Der japanischen Firma Roland gingen die Festlegungen von GM nicht weit genug, und so definierte sie ihren eigenen »General Standard« (GS), der zwar weitergehende Festlegungen enthält, jedoch mit den Forderungen von GM kompatibel ist. Yamaha zog mit dem XG-Standard nach.

Die definierten Grundanforderungen an einen GM-Klangerzeuger verlangen mindestens 24 Stimmen, die dynamisch auf die verwendeten MIDI-Kanäle aufteilbar sein müssen. Außerdem muß er in der Lage sein, auf allen 16 MIDI-Kanälen gleichzeitig Daten zu empfangen und damit 16 verschiedene Klänge zur selben Zeit wiederzugeben (Multi Mode). Der GM-Standard enthält auch die Festlegung einer Mindestanzahl bereits existierender MIDI-Befehle, die ein nach GM-Standard gebautes Gerät garantiert verarbeiten muß. Dazu gehören die Controller 1 (Modulation), 7 (Volume), 10 (Panorama), 11 (Expression), 64 (Sustain Pedal), 121 (Reset All Controllers) und 123 (All Notes

Off) sowie Pitch Bend-, Fine- und Coarse-Tuning und Aftertouch (Channel Pressure).

Kern des GM-Standards bleibt jedoch die feste Zuordnung von 128 Program Change-Nummern und speziellen Instrumententypen (vgl. Tabelle, Abb. 67). GS von Roland geht hier noch einen Schritt weiter, indem dort sogar 64 verschiedene Bänke mit jeweils 128 an den GM-Standard angelehnten Instrumentenkonfigurationen abrufbar sind, was insgesamt nicht weniger als 8192 verfügbare Klangprogramme bedeutet. Von der festen Zuordnung zwischen Klangtypen und Program Change-Nummern sind auch die Schlagzeugklänge betroffen. Sie sind bei GM stets auf MIDI-Kanal 10 zu finden, wobei jeder Taste, d. h. jedem Note On/Off-Befehl einer bestimmten Tonhöhe, eines der Schlaginstrumente zugeordnet ist (vgl. Tabelle, Abb. 68). Trotz der Standardisierung von Klangtypen müssen die GM-Klangerzeuger in der Praxis jedoch nicht gleich klingen, da jeder Hersteller in der Wahl seines Klangerzeugungsprinzips nach wie vor frei ist. Elektronisch erzeugte Varianten eines Klaviers sind also auf den Preset-Nummern 1 bis 3 ebenso möglich wie etwa die Wiedergabe von in unterschiedlicher Qualität aufgezeichneten Klavier-Samples.

Der GM-Standard mit seiner festen Zuordnung von Klangprogramm-Nummern und Instrumententypen hat die MIDI-Landschaft nachhaltig verändert. Der Einstieg ist leichter geworden, da man sich zunächst nicht um Fragen der Klangerzeugung und MIDI-Kanalzuordnung sorgen muß. Vor allem hat dieser Standard aber die Entstehung einer neuen Generation von Geräten nach sich gezogen, der GM-Expander, und damit der Industrie neuen Absatz beschert. Auch Anbieter von Sequenzer-Songs haben durch diese Standardisierung mehr Produkte verkaufen können,

Abb. 67 General MIDI: Zuordnungen von Program Change-Nummern und Klangtypen.

001	Piano 1	044	Contrabass	087	5th Saw Wave
002	Piano 2	045	Tremolo Strings	088	Bass & Lead
003	Piano 3	046	Pizzicato Strings	089	Fantasia
004	Honky-tonk	047	Harp	090	Warm Pad
005	E-Piano 1	048	Timpani	091	Polysynth
006	E-Piano 2	049	Strings	092	Space Voice
007	Harpsichord	050	Slow Strings	093	Bowed Glass
008	Clavinet	051	Syn. Strings 1	094	Metal Pad
009	Celesta	052	Syn. Strings 2	095	Halo Pad
010	Glockenspiel	053	Choir Aahs	096	Sweep Pad
011	Music Box	054	Voice Oohs	097	Ice Rain
012	Vibraphone	055	Syn Vox	098	Soundtrack
013	Marimba	056	Orchestra Hit	099	Crystal
014	Xylophone	057	Trumpet	100	Atmosphere
015	Tubular Bell	058	Trombone	101	Brightness
016	Dulcimer	059	Tuba	102	Goblin
017	Organ 1	060	Muted Trumpet	103	Echo Drops
018	Organ 2	061	French Horn	104	Star Theme
019	Organ 3	062	Brass 1	105	Sitar
020	Church Organ	063	Synth Brass 1	106	Banjo
021	Reed Organ	064	Synth Brass 2	107	Shamisen
022	French Accordion	065	Soprano Sax	108	Koto
023	Harmonica	066	Alto Sax	109	Kalimba
024	Tango Accordion	067	Tenor Sax	110	Bag Pipe
025	Nylon-str. Guitar	068	Baritone Sax	111	Fiddle
026	Steel-str. Guitar	069	Oboe	112	Shannai
027	Jazz Guitar	070	English Horn	113	Tinkle Bell
028	Clean Guitar	071	Bassoon	114	Agogo
029	Muted Guitar	072	Clarinet	115	Steel Drums
030	Overdrive Guitar	073	Piccolo	116	Woodblock
031	Distortion Guitar	074	Flute	117	Taiko
032	Guitar Harmonics	075	Recorder	118	Melodic Tom
033	Acoustic Bass	076	Pan Flute	119	Synth Drum
034	Fingered Bass	077	Bottle Blow	120	Reverse Cymbal
035	Picked Bass	078	Shakuhachi	121	Gt. Fret Noise
036	Fretless Bass	079	Whistle	122	Breath Noise
037	Slap Bass 1	080	Ocarina	123	Seashore
038	Slap Bass 2	081	Square Wave	124	Bird
039	Synth Bass 1	082	Saw Wave	125	Telephone 1
040	Synth Bass 2	083	Syn. Calliope	126	Helicopter
041	Violin	084	Chiffer Lead	127	Applause
042	Viola	085	Charang	128	Gun Shot
043	Cello	086	Solo Vox		

MIDI-Notennummer	Drum Sound	MIDI-Notennummer	Drum Sound
35	Acoustic Bass Drum	59	Ride Cymbal 2
36	Bass Drum 1	60	Hi Bongo
37	Side Stick	61	Low Bongo
38	Acoustic Snare	62	Mute Hi Conga
39	Hand Clap	63	Open Hi Conga
40	Electric Snare	64	Low Conga
41	Low Floor Tom	65	High Timbale
42	Closed Hi-Hat	66	Low Timbale
43	High Floor Tom	67	High Agogo
44	Pedal Hi-Hat	68	Low Agogo
45	Low Tom	69	Cabasa
46	Open Hi-Hat	70	Maracas
47	Low-Mid Tom	71	Short Whistle
48	Hi-Mid Tom	72	Long Whistle
49	Crash Cymbal 1	73	Short Guiro
50	High Tom	74	Long Guiro
51	Ride Cymbal 1	75	Claves
52	Chinese Cymbal	76	Hi Wood Block
53	Ride Bell	77	Low Wood Block
54	Tambourine	78	Mute Cuica
55	Splash Cymbal	79	Open Cuica
56	Cowbell	80	Mute Triangle
57	Crash Cymbal 2	81	Open Triangle
58	Vibraslap		

Abb. 68 General MIDI: Der Percussion Key Map auf MIDI-Kanal 10.

da sie nun von allen Konsumenten auf nahezu jedem Sequenzer mit GM-Expander abspielbar geworden sind. Der schöpferischen Auseinandersetzung mit dem Potential elektronischer Klangerzeugung und dessen musikalischer Auslotung hat General MIDI mit seinem registerartigen Abrufen vorgefertigter Klangfarben indessen keine neuen Impulse gegeben.

Musiktechnologie zu Beginn des 21. Jahrhunderts

Seit der ersten Auflage dieses Buches sind nunmehr bereits mehr als 20 Jahre vergangen. Damit bietet sich eine hervorragende Möglichkeit, die enormen Veränderungen in der elektronischen Klangerzeugung und -bearbeitung, aber auch, in weitaus größerem Maße, bei jeglicher Art von Musikproduktion zu skizzieren.

Vergleicht man Umfang und Ausmaß elektronischer Technologien im Musikleben des beginnenden 21. Jahrhunderts mit den Anfängen elektronischer Musik in den fünfziger Jahren des 20. Jahrhunderts, so kann man von nicht weniger als einer tiefgreifenden Revolution sprechen. Gab es zur damaligen Zeit noch erbitterte Diskussionen über die Legitimität elektronisch erzeugter Klänge, denen jedes Maß an Natürlichkeit abgesprochen wurde, so ist das spätestens seit den achtziger Jahren überhaupt kein Thema mehr.

Der deutsche Musikforscher Friedrich Blume äußerte sich in seiner 1959 erschienenen Schrift »Was ist Musik?« ausführlich dazu, warum elektronische Musik keine »Musik« sei. Er gesteht, daß er

> nicht mehr wüßte, wo eine Begriffsbestimmung der Musik ansetzen sollte, wenn nicht bei dem naturklanggegründeten Tonstoff und wenn die elektronische Klanganalyse und -remontage Musik genannt werden sollen.[271]

Für diese Ablehnung waren in starkem Maße auch ideologische Gründe ausschlaggebend. Blume fährt fort:

> »Ist es statthaft, daß wir die Axt an die Wurzeln einer der vollkommensten Schöpfungen Gottes legen, um dann aus den Trümmern eine Fratzenwelt aufzubauen, die den Schöpfer äfft? [...] Mit Musik aber [...] hat die-

ses volldenaturierte Produkt aus der Montage physikalischer Schälle nichts mehr zu tun.«[272]

Diese erbitterte Ablehnung elektronisch erzeugter Klänge und die Gegenüberstellung eines »naturklang-gegründeten Tonstoffs« übersah jedoch, daß auch Violinen und Klaviere nicht an Bäumen wachsen, sondern das Resultat eines hochartifiziellen Herstellungsprozesses sind. Elektronische Techniken sind somit lediglich eine neue Technologie zur Klangerzeugung und damit kein prinzipieller Unterschied zu mechanischer Klangerzeugung traditioneller Musikinstrumente oder der menschlichen Stimme. In jedem Fall werden Schallwellen erzeugt, welche das Ohr durch Luftdruckschwankungen erreichen. Dabei ist es unerheblich, ob diese Wellen durch schwingende Saiten, Luftsäulen oder Pappmembranen von Lautsprechern erzeugt werden.

Trotz aller Bedenken hat sich elektronische Musiktechnologie auf breiter Front durchgesetzt und Kritiker rasch verstummen lassen. Wie konnte das geschehen?

Einer der Hauptgründe ist in der rasanten Entwicklung der Technologie selbst zu sehen. Das Material der ersten elektronischen Kompositionen bestand aus von Hand auf Tonband aufgenommenen Sinustönen und deren Mischung, was einen hohen handwerklichen Anteil bei der Komposition erforderte. Jeder Oberton wurde gewissermaßen von Hand erzeugt. Die Situation änderte sich, als die ersten Synthesizer verfügbar wurden. Ihre elektronischen Generatoren waren in der Lage, neben Sinusschwingungen auch einfache Wellenformen, wie Rechteck- und Sägezahnwellen zu erzeugen, die ihre eigenen Obertöne bereits mitbrachten. Es folgte die Ära analoger Synthesizer, welche vor allem durch vielfältige Modulationen die Erzeugung komplexerer Klänge erlaubten.

Warum ist das wichtig? Einfache elektronische Klänge wie Rechteck- oder Sägezahnwellen haben starre Obertonstrukturen. Man kann ihr Spektrum filtern, um es interessanter zu machen (das Grundprinzip aller subtraktiven Synthesizer), Hüllkurven zur Lautstärkekontrolle benutzen, aber in jeden Fall modifizieren wir alle Obertöne, oder Bereiche davon, gemeinsam. Das gleiche gilt für additive Synthese, wenn alle Obertöne den gleichen Lautstärkeverlauf aufweisen. Dies war der Fall bei frühen elektronischen Instrumenten, wie beispielsweise dem Telharmonium oder der Hammond-Orgel.

Das macht den statischen, starren Charakter dieser Klänge aus – eine Qualität, die wir gelernt haben, als »elektronisch« zu bezeichnen. Das ist ein prinzipieller Unterschied zu allen anderen nicht-elektronischen Klängen, egal ob von mechanischen Musikinstrumenten oder Alltagsgeräuschen. Diese Klänge besitzen für jeden Oberton einen individuellen Amplitudenverlauf oder eine individuelle Hüllkurve und sind somit wesentlich komplexer gebaut als einfache elektronische Klänge. Und das hört man. Die letzten Jahrzehnte haben jedoch gezeigt, daß man auch lernen kann, diese einfach strukturierten Klänge zu lieben, gerade weil sie so verschieden sind. Wesentlich komplexere Klänge ließen sich mit digitalen Synthesizern erzeugen, welche jegliche Art von Wellenformen, und damit Obertonstrukturen, erzeugen und dynamisch interpolieren konnten.

Vom künstlerischen Standpunkt ist es wünschenswert, eine möglichst große Palette an unterschiedlichen Klangfarben zur Verfügung zu haben. Die ursprüngliche Idee der Kölner elektronischen Musik, durch additive Synthese alle nur möglichen Klangfarben zu erzeugen, hat sich zwar nicht erfüllt, dennoch haben wir eine Vielzahl von verschiedenen elektronischen Synthesetechniken, welche oft miteinander kombiniert eingesetzt werden, bringt doch jede Syntheseart eher spezifische Familien von Klängen hervor.

Bevor die digitale Klangsynthese zur allgemeinen Praxis wurde, gab es eine Zwischenstufe auf dem Weg zu komplexeren, »authentischeren« Klängen. Die Rede ist vom Aufnehmen und Wiedergeben bereits existierender Klänge, egal ob von einer Violine oder einem zerspringenden Weinglas. Das erfolgte anfangs auf Tonbandschleifen (Mellotron), später aber im Computer und wurde dort als Sampling bekannt. Auf diese Weise brauchte man nicht mühsam komplexe Spektren elektronischer Klänge zu generieren, man nahm einfach die bereits komplexen mechanisch erzeugten Spektren als Klangmaterial. Diese Technologie wurde ein großer Erfolg und ist weitgehend für den Siegeszug elektronischer Musiktechnologie verantwortlich, ermöglichte sie doch, gewissermaßen elektronische Versionen von mechanischen Musikinstrumenten zu erstellen. Ein lang gehegter Traum der meisten Konstrukteure elektronischer Instrumente ging schließlich in Erfüllung. Kämpften die ersten Sampler vor allem mit begrenztem Speicherplatz, was zu kurzatmigen Loops führte, und geringer Prozessorleistung, was die Polyphonie einschränkte, so sind das alles mittlerweile keine Probleme mehr.

Dies führt zu einem zweiten Grund für den Siegeszug elektronischer Musiktechnologie, und der ist ein ökonomischer. Diese Technologie ermöglicht es, leibhaftige Musiker durch digitale Kollegen zu ersetzen und damit Kosten zu sparen. Die erste Gruppe, die die Auswirkungen zu spüren bekam, waren die Schlagzeuger, welche fortan mit Drum-Computern konkurrierten. Prinzipiell macht diese Entwicklung vor keinem Instrument halt, nicht einmal vor der menschlichen Stimme.

Die Tatsache, daß jedes Instrument mithilfe eines Computers ohne Beteiligung Dritter »gespielt« werden kann, hat nicht nur Konsequenzen für die Musiker, es hat auch die Art und Weise des Komponierens nachhaltig verändert.

Das gilt nicht nur für den Bereich der sogenannten angewandten Musik (Film-Scoring, Werbung), die von Anfang an eine Domäne elektronischer Instrumente war, sondern auch für nahezu alle Genres populärer Musik und auch Teile zeitgenössischer E-Musik.

Die universelle technologische Basis dafür ist etwas, das

Digital Audio Workstation (DAW) genannt wird. Diese Software faßt alle wesentlichen Bestandteile einer Musikproduktion – wie Erzeugung bzw. Aufnahme, Bearbeitung und Speicherung von Audiomaterial – unter einer gemeinsamen Benutzeroberfläche zusammen. Damit vereinen DAWs die Funktion von separaten Programmen, wie sie in den früheren Kapiteln dieses Buches besprochen werden, sowie praktisch alle Arten elektronischer Klangerzeugung, Harddisk Recording, MIDI Sequencing, Voicing, Mixing und Mastering innerhalb eines Computers unter einer einheitlichen Benutzeroberfläche. Eine Kommunikation mit externen Hardware-Komponenten außerhalb des Computers ist ebenfalls möglich. Diese erfolgt erstaunlicherweise nach wie vor mit MIDI-Signalen, einer mehr als 35 Jahre alten Technologie aus den Kindertagen des Personal Computers. Es hat in den letzten Jahrzehnten nicht an Versuchen gemangelt, das Datenprotokoll für diese Kommunikation der rasanten Entwicklung im Computerbereich anzupassen, wie etwa mit Open Sound Control (OSC), jedoch mit begrenztem Erfolg. Das wird sich sicherlich bald ändern, denn die MIDI Manufacturers Association hat 2019 die MIDI 2.0 Spezifikation vorgestellt und damit letztlich auch die MIDI-Datenübertragung im 21. Jahrhundert ankommen lassen.

DAWs sind das Zentrum elektronischer Musiktechnologie, auch wenn wie so oft die Anfänge eher bescheiden waren. Es begann 1989 mit der Software Sound Tools der Firma Digidesign, welche dafür eine eigene DSP-Karte entwickeln mußte, da der Prozessor im Macintosh Host Computer für Audio Editing zu langsam war. Diese Software ermöglichte erstmals visuelles Waveform Editing für zwei Audiospuren sowie die Speicherung des Signals auf der Festplatte eines Computers. Etwas, das bis dahin nur exotischen Instrumenten wie Fairlight und Synclavier vorbehalten war. Diese Software wurde später zu Avid Pro Tools, einer der weit verbreiteten DAWs, welche vor allem im Bereich der Film-Postproduktion genutzt wird.

Eine neue Qualität von DAWs war die Möglichkeit, zusätzliche Programme zur Erzeugung und -bearbeitung von Klängen zu installieren, welche dann ihrerseits untereinander kommunizieren konnten. Dafür hat sich auch im deutschsprachigen Raum der Term Plugins etabliert. Während zu Beginn erneut jeder Hersteller sein eigenes Plugin-Format entwickelte, änderte sich die Situation, als die Hamburger Firma Steinberg 1996 ihr Konzept für ein virtuelles Studio vorstellte (VST), wo verschiedene Plugins, auch von anderen Herstellern, über eine einheitliche Schnittstelle miteinander kommunizieren konnten. Die weitere Entwicklung der VST Spezifikation, welche den Austausch von MIDI- und Audiodaten zwischen Host DAW und Plugins ermöglicht, war eine wesentliche Voraussetzung für die rasante Verbreitung elektronischer Produktionstechniken, auch wenn es weiter Hersteller oder Plattformen mit eigenen Plugin-Formaten gibt (so etwa ProTools der Firma Avid mit den Formaten TDM, RTAS, AAX oder die Firma Apple mit ihrem Audio Units Format [AU], worauf jedoch, einmal installiert, alle Mac-Audio-Programme Zugriff haben).

Gedankliches Vorbild für Harddisk-Recording-Programme und damit auch DAWs war die sequenzielle Art der Aufnahme von virtuellen »Spuren« auf das bis dahin verwendete analoge Magnetband. Doch der Computer kann wesentlich mehr, als das erzeugte Klangmaterial in seiner ursprünglichen linearen Zeitstruktur wiederzugeben. Zwar waren auch Schnitt und damit die Erzeugung von Loops mit analogem Tonband möglich, im Computer aber bekommen diese Techniken durch ihre vergleichsweise einfachere Handhabbarkeit eine neue Qualität. Diese technologische Basis ermöglichte die Entwicklung einer Vielzahl von loopbasierten Stilen in der populären Musik wie etwa Techno, EDM, Hip-Hop und Rap, um nur einige zu nennen.

Die enorme Bedeutung einer loop-basierten Arbeitsweise erkannte die Berliner Firma Ableton früher als andere Her-

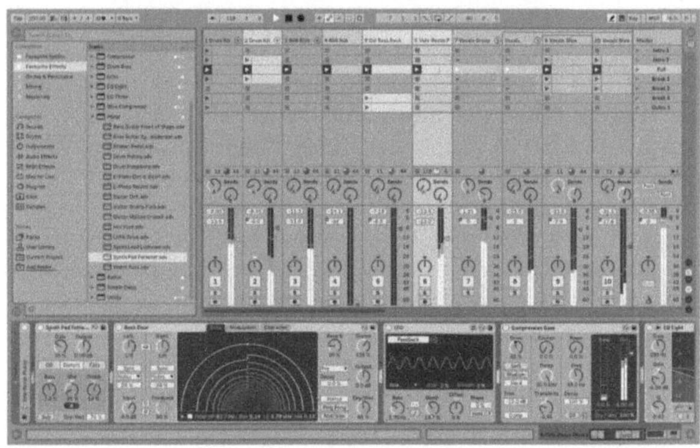

Abb. 69 Die DAW-Software Ableton Live ermöglicht es, verschiedene Audio- und MIDI-Loops (Clips) in nicht-linearer zeitlicher Synchronisation wiederzugeben.

steller, indem sie 2001 mit Live eine DAW vorstellte, welche neben einer linearen Zeitleiste auch eine nicht-lineare Aufnahme und Wiedergabe von Audio- und MIDI-Loops (Clips) in zeitlicher Synchronisation ermöglichte. Die Loops ließen sich durch ein Feld von Tasten in Real-time starten und stoppen. Damit ermöglichte dieses Konzept erstmals so etwas wie eine Improvisation mit den musikalischen Loop-Elementen, und das war zu diesem Zeitpunkt etwas wirklich Neues.

Seit Beginn des 21. Jahrhunderts lag der technologische Schwerpunkt vor allem in einer Verfeinerung des DAW-Konzepts und in der Entwicklung einer gewaltigen Vielzahl von Plugins für alle nur erdenklichen Anwendungen im Audiobereich. Vor allem Software-Versionen klassischer analoger Synthesizer erlangten wachsende Verbreitung, oftmals mit liebevoller Emulation der alten analogen Benutzeroberfläche. Klanglich ihren analogen Vorbildern ebenbürtig oder überlegen, boten diese Software-Synthesizer nicht nur den »originalen« Sound, sie kombinierten ihn auch mit der Speicherbarkeit aller Parameter in Presets, einem Hauptvorteil digitaler Arbeitsumgebungen. So kam es einigermaßen überraschend, daß die analogen Originale seit einiger Zeit eine Renaissance erfahren, nachdem sie Ende des 20. Jahrhunderts nahezu vom Markt verschwunden waren. Viele Firmen, welche in den achtziger und neunziger Jahren in diesem Markt erfolgreich waren, etwa Roland, Yamaha, Korg, ARP, Buchla oder Sequential Circuits, beleben nun ihre alten Modelle wieder oder entwickeln neue Hardware-Synthesizer. Auch modulare Systeme haben eine Renaissance erfahren, wobei sich in diesem Markt vor allem eine Vielzahl kleinerer Anbieter tummelt. Eine wichtige Voraussetzung dafür war die neue Entwicklung einer einheitlichen Spezifikation für Steuerspannungen, Audiosignale, Trigger-, Gate- und Clock-Impulse sowie mechanische Bauformen. Das geschah hier eher durch Zufall. Ende der achtziger Jahre gab es praktisch keinen Hersteller analoger Modularsysteme mehr, allein die Firma Doepfer in München trotzte der Entwicklung und stellte 1996 den modularen Synthesizer A-100 vor. Wachsende Nachfrage ließ aber auch andere Hersteller modulare Systeme wiederentdecken, und diese übernahmen die Standards von Doepfer. Die Eurorack-Spezifikation war geschaffen. Diese ermöglicht es, Module auch unterschiedlicher Hersteller miteinander zu verknüpfen, solange sich diese an die Spezifikation hielten.

Als Folge wachsender Popularität analoger und digitaler Hardware ist eine zunehmende Verschmelzung von Soft- und Hardware zu beobachten. Software-Firmen erweitern ihre Produktpalette mit selbst entwickelten Controllern, welche die spezifische Funktionalität ihrer Software unterstützen. So etwa Ableton mit seinem Push Controller oder Native Instruments mit seinem Native Kontrol Standard

NKS. Ziel ist es, die Benutzbarkeit der Software zu verbessern, aber auch durch die Schaffung eigener »Ökosysteme« den Benutzer stärker an Produkte der eigenen Firma zu binden.

Zusammenfassend läßt sich feststellen, daß in den letzten Jahrzehnten elektronische Techniken der Musikproduktion in einem Maße Einzug gehalten haben, welches zu Beginn dieser Entwicklung unvorstellbar war. Damit hat diese Technologie, ausgehend von speziellen Forschungszentren für elektronische Musik, mittlerweile die Gesamtheit musikalischer Produktion erreicht. Eine weitere Ausbreitung ist daher kaum noch möglich. Es wird interessant sein zu verfolgen, wie die weitere Entwicklung elektronischer Techniken die Struktur der Musikproduktion und damit der Musik selbst verändert.

Anmerkungen

1 Curt Sachs, *Reallexikon der Musikinstrumente*, Berlin 1913, S. 108.
2 Zit. nach: *The Art of Electronic Music*, hrsg. von Greg Armbruster, New York 1984, S. 6.
3 R. S. Baker, »New Music for an Old World«, in: McClure's Magazine, Juli 1906.
4 Zit. nach: Karl-Heinz Schubert, »Elektronische Musik – Von der Ätherwellengeige zur elektronischen Orgel«, in: *Jugend+Technik* 26 (1978) H. 12, S. 1028 f.
5 Von der latinisierten Schreibweise des Namens existieren zahlreiche Varianten. Hier wurde als Grundlage eine den Transkriptionsrichtlinien folgende Umschrift des kyrillischen Originals TEPMEH verwendet.
6 Biographie zit. nach einem Typoskript von Lydia Kavina (einer Schülerin Termens), 1994.
7 Interview mit Lew S. Termen, in: *Sowjetskaja Rossija* vom 25. 2. 1979; dt. in: *Presse der Sowjetunion* 9 (1979) S. 31.
8 Im anglo-amerikanischen Sprachgebrauch wurde aus Lew Termen schließlich Leon Theremin, wobei die Bezeichnung »Theremin« auch für das Ätherophon selbst verwendet wurde. Die Namen »Ätherophon«, »Ätherwelleninstrument«, »Theremin« und »Termenvox« (auch »Thereminvox«) bezeichnen also alle das gleiche Instrument.
9 Werner Meyer-Eppler, *Elektrische Klangerzeugung*, Bonn 1949, S. 106 f.
10 Interview mit Lew S. Termen (s. Anm. 7), S. 31.
11 »›Aber um Musik darauf zu machen ... Das ist eine exakte Kunst!‹ – Clara Rockmore im Gespräch mit Charles Amirkhanian und Laurie Spiegel, 7. 3. 1979«, in: *Neuland*, hrsg. von Herbert Henck, Bd. 4: *Ansätze zur Musik der Gegenwart*, Bergisch Gladbach 1983–84, S. 209–214.
12 Béla Bartók, »Die maschinelle Musik [1937]«, in: B. B., *Musiksprachen*, Leipzig 1972, S. 185.
13 Interview mit Lew S. Termen (s. Anm. 7), S. 31.
14 Ferruccio Busoni, »Entwurf einer neuen Ästhetik der Tonkunst (1907/1916)«, in: F. B., *Von der Macht der Töne. Ausgewählte Schriften*, Leipzig 1983, S. 78 f.

15 Emil Schenk, *Jörg Mager, dem Deutschen Pionier der Elektro-Musikforschung zum Gedächtnis*, hrsg. von der Städtischen Kulturverwaltung Darmstadt, 1952, S. 7.
16 Jörg Mager, »Der musikalische Storchschnabel«, in: *Deutsche Tonkünstler-Zeitung* 29 (1931) H. 10, S. 134–136.
17 Die Bezeichnung »Elektromophon« findet sich bei: Peter Lertes, *Elektrische Musik*, Dresden/Leipzig 1933, S. 159.
18 Emil Schenk, *Jörg Mager, dem Deutschen Pionier der Elektro-Musikforschung zum Gedächtnis* (s. Anm. 15), S. 9.
19 Beschreibung der Schaltungstechnik bei: Meyer-Eppler, *Elektrische Klangerzeugung* (s. Anm. 9), S. 98. – Meyer-Eppler irrt übrigens, wenn er dort formuliert, daß Mager das Klaviatur-Sphärophon mit der Absicht entwickelte, »die übliche zwölfstufige Tonleiter feiner zu unterteilen«. Eben dies traf nur auf alle Instrumente Magers *vor* dem Klaviatur-Sphärophon zu.
20 Jörg Mager, »Der musikalische Storchschnabel« (s. Anm. 16), S. 136.
21 Emil Schenk, *Jörg Mager, dem Deutschen Pionier der Elektro-Musikforschung zum Gedächtnis* (s. Anm. 15), S. 13.
22 Emil Schenk, *Jörg Mager, dem Deutschen Pionier der Elektro-Musikforschung zum Gedächtnis* (s. Anm. 15), S. 16.
23 Ein Prinzip, das in neuerer Zeit unter Einbeziehung des Raumes für die Aufführung elektronischer Musik erneut eine gewisse Bedeutung besitzt. Die französische Groupe de Musique Expérimentale de Bourges (GMEB) verwendet beispielsweise derartige Anordnungen (GMEBaphone), um in begrenztem Maße »Interpretationen« von auf Tonband fixierten Stücken während einer Live-Aufführung zu ermöglichen. Auch das Birmingham Electro Acoustic Sound Theatre (BEAST) oder das »Acousmonium« der Pariser Groupe de Recherches Musicales (GRM) verwenden dieses Prinzip bei ihren Aufführungen.
24 Vgl. Peter Lertes, *Elektrische Musik* (s. Anm. 17), S. 164.
25 Zit. nach: Emil Schenk, *Jörg Mager, dem Deutschen Pionier der Elektro-Musikforschung zum Gedächtnis* (s. Anm. 15), S. 20.
26 Werner Meyer-Eppler, *Elektrische Klangerzeugung* (s. Anm. 9), S. 106.
27 Peter Lertes, *Elektrische Musik* (s. Anm. 17), S. 161.
28 Arthur Honegger, *Beruf und Handwerk des Komponisten*, Leipzig 1980, S. 190.
29 Ausführliche Erläuterungen zum Handlungsablauf bei: Erich

Stockmann, *Der musikalische Sinn der elektro-akustischen Musikinstrumente*, Diss. Berlin 1953, S. 114.

30 Arthur Honegger, *Beruf und Handwerk des Komponisten* (s. Anm. 28), S. 142.

31 Liste in: Fred Prieberg, *Musica ex machina*, Berlin / Frankfurt a. M. / Wien 1960, S. 217–221.

32 Zit. nach: Erich Stockmann, *Der musikalische Sinn der elektro-akustischen Musikinstrumente* (s. Anm. 29), S. 140.

33 In den USA wurden Superhet-Röhrenempfänger bereits seit 1921 produziert.

34 *Ein Jahrhundert Telephon, Phono, Funk*, Katalog zur Sonderausstellung des Oberösterreichischen Landesmuseums, Linz 1982, S. 26.

35 Siemens-Werbeanzeige anläßlich der Berliner Funkausstellung 1932, in der Beilage zu: *Die Musik* 24 (1932) H. 11.

36 Walter Michael Berten, *Musik und Mikrophon*, Düsseldorf 1951, S. 47.

37 Max Butting, »Lehr- und Studienstätte für Radiomusik im Konservatorium Klindworth-Scharwenka«, in: *Deutsche Tonkünstler-Zeitung* 29 (1931) H. 10, S. 138.

38 Friedrich Trautwein, »Die technische Entwicklung der elektrischen Musik«, in: *Deutsche Tonkünstler-Zeitung* 29 (1931) H. 10, S. 133 f.

39 Auch Peter Lertes rühmte die »ganz außerordentliche Mannigfaltigkeit der Klangfarben« des Trautoniums, in: P. L., *Elektrische Musik* (s. Anm. 17), S. 162.

40 Werner Meyer-Eppler, *Elektrische Klangerzeugung* (s. Anm. 9), S. 105.

41 Auch »Kohlewatte« genannt, vgl. das Zitat von A. Lion auf S. 62.

42 Eine Einrichtung, die man im MIDI-Zeitalter wiederfindet und dort – bei ähnlicher Funktion – als »Aftertouch« bezeichnet.

43 A. Lion, »Das Trautonium«, in: *Die Musik* 24 (1932) H. 11, S. 834.

44 A. Lion, »Das Trautonium« (s. Anm. 43), S. 835.

45 Laut mündlicher Auskunft Oskar Salas von etwa 1990.

46 In der Literatur gibt es zwei verschiedene Daten für diese Aufführung, den 20. sowie den 30. Juni 1930.

47 Klaus Ebbeke, »Paul Hindemith und das Trautonium«, in: *Hindemith-Jahrbuch XI/1982*, Mainz / London / New York / Tokyo 1983, S. 96.

48 Es existiert wohl keine Originalaufnahme der Uraufführung

von 1930. Es gibt jedoch eine Rekonstruktion, bei der Oskar Sala 1979 in seinem Studio alle drei Stimmen dieser sieben Triostücke nacheinander mit dem Multiplayback-Verfahren selbst einspielte.

49 Siehe Diskographie. Oskar Sala rekonstruierte das Stück Anfang der siebziger Jahre aufgrund einer in den USA aufgefundenen Schellackplatte aus den dreißiger Jahren.

50 Laut mündlicher Auskunft Oskar Salas von etwa 1990.

51 Text von Harald Genzmer und Oskar Sala im Booklet zur Wergo-Einspielung der *Trautonium-Konzerte* von Harald Genzmer, 1986, S. 4.

52 Oskar Sala, »Subharmonische elektrische Klangsynthesen«, in: *Klangstruktur der Musik*, hrsg. von Fritz Winckel, Berlin 1955, S. 93.

53 Oskar Sala, »Subharmonische elektrische Klangsynthesen« (s. Anm. 52), S. 108.

54 Fred K. Prieberg, *Versuch einer Bilanz der elektronischen Musik*, [o. O.] 1980, S. 106 f.

55 Aus einem Brief Werner Meyer-Epplers an Oskar Sala vom 18. 12. 1953. Zit. nach: *Grauzonen/Farbwelten – Elektronische und Konkrete Musik 1945–1955*, Programmheft von Klaus Ebbeke zu 2 Konzerten in der Akademie der Künste Berlin am 9. und 16. 3. 1983, S. 21.

56 Oskar Sala über das »Mixtur-Trautonium nach Oskar Sala«, in: Programmbuch zum Festival Neuer Musik »Inventionen '90«, Berlin 1990, S. 104.

57 Die *Internationale Dokumentation elektroakustischer Musik* (Berlin/Saarbrücken 1996) listet insgesamt 216 Werke von Oskar Sala auf. Sie ist momentan die vollständigste Übersicht zum Schaffen Salas.

58 E 88 war das Kürzel für »Berlin – Kulturstadt Europas 1988«.

59 Die CD (90340) mit Kompositionen für Mixtur-Trautonium von Oskar Sala wurde 1990 von Erdenklang unter dem Titel *My Fascinating Instrument* eingespielt.

60 Peter Lertes, *Elektrische Musik* (s. Anm. 17), S. 185.

61 Werner Meyer-Eppler, *Elektrische Klangerzeugung* (s. Anm. 9), S. 112.

62 Katalog zur Ausstellung »Für Augen und Ohren« der Akademie der Künste Berlin, Berlin 1980, S. 64.

63 In: Berliner Lokal-Anzeiger vom 31. 8. 1903.

64 Zur Lautsprecherentwicklung vgl. den Beginn des Kapitels »Die Odyssee des Trautoniums«, S. 56 ff.
65 Etwa *Ungarische Tänze – Studie 9* nach Brahms; der Film zu einem »Menuett« Mozarts von Oskar Fischinger oder Walter Ruttmans Filme zu Schumanns *Nachtszenen* (1931).
66 Eisler berichtet darüber, »daß zunächst der Film mit der Musik vorgeführt wurde. Danach dirigierte Eisler das Orchester mit derselben Musik zum stumm gezeigten Film, um einen Vergleich zu ermöglichen«, vgl. Hanns Eisler, *Musik und Politik. Schriften 1924–1948*, Leipzig 1985, S. 387.
67 Siehe Diskographie.
68 Kurt London, *The Film Music*, London 1936, S. 197 f.
69 Norman McLaren, »Synthetic Sound on Film«, in: *Journal of the Society of Motion Picture Engineers* 50 (1948) S. 233–247.
70 Erste elektromagnetische Tonabnehmer gab es in den USA schon in den zwanziger Jahren.
71 Werner Meyer-Eppler, *Elektrische Klangerzeugung* (s. Anm. 9), S. 96.
72 Erst elektromagnetische, etwa ab 1933 elektrostatische Abtastung.
73 Oskar Vierling, »Das Förster-Elektrochord«, in: *Zeitschrift des VDI* [Verein Deutscher Ingenieure], 1936, S. 1069–74.
74 Peter Lertes, *Elektrische Musik* (s. Anm. 17), S. 188.
75 Oskar Vierling, »Praktischer Einsatz der elektrischen Orgel auf der Dietrich-Eckart-Bühne und auf der Rundfunk-Ausstellung«, in: *Elektrotechnische Zeitschrift* 58 (1937) S. 90 f.
76 Auf den siebten Teilton verzichtete Hammond aus Gründen der Stimmung. Musikalisch schien er ihm nicht zwingend notwendig und technisch wäre er schwerer zu erzeugen gewesen.
77 Werner Meyer-Eppler, *Elektrische Klangerzeugung* (s. Anm. 9), S. 109.
78 Diese gespannten Spiralfedern waren zunächst in mit Öl gefüllten Schläuchen zur Dämpfung gelagert, ab 1959 kam eine neue kleinere »trockene Halleinheit« ohne Öl zum Einsatz.
79 »Die Hammond-Story«, in: *Keyboards* 1989, H. 10, S. 30.
80 Gayle Young, »The 1948 Sackbut – Performance Mode of Electronic Instruments«, [Typoskript], S. 3. Dieses Referat wurde gehalten auf der International Computer Music Conference, Paris 1984.

81 Hugh Le Caine, *Electronic Music. Proceedings of the Institute of Radio Engineers*, Ottawa 1956, S. 465.
82 Die 1985 erschienene kanadische Schallplattenproduktion *Hugh Le Caine – Compositions and Demonstrations 1948–1972* (JWD Music, Nr. 02) enthält zwar keine Kompositionen aus dieser Frühzeit, dafür aber, neben speziell für das Sackbut arrangierten Stücken, den *Sackbut Blues*, eine Originalkomposition Le Caines für dieses Instrument.
83 Zit. nach: Gayle Young, *The Sackbut Blues – Hugh Le Caine, Pioneer in Electronic Music*, Ottawa 1989 (National Museum of Science and Technology), S. 47.
84 Zit. nach: Gayle Young, *The Sackbut Blues* (s. Anm. 83), S. 183.
85 Später von Le Caine auch als »Coded Music System« bezeichnet.
86 Vgl. das Kapitel »Die Music for Tape und der erste Synthesizer«, S. 184.
87 Hugh Le Caine, »Touch-Sensitive Organ Based on an Electrostatic Coupling Device«, in: *Journal of the Acoustical Society of America* 27 (1955) S. 781–786.
88 Hugh Le Caine, »A Tape Recorder for Use in Electronic Music Studios and Related Equipment«, in: *Journal of Music Theory* 7 (1963) H. 1, S. 83.
89 Hugh Le Caine, »A Tape Recorder for Use in Electronic Music Studios and Related Equipment« (s. Anm. 88), S. 83–97.
90 Das Mellotron ist ein Mitte der sechziger Jahre in den USA entwickeltes Tasteninstrument, dessen Klangerzeugung auf der Abtastung von Tonbändern basiert.
91 Myron Schaeffer, »The Electronic Music Studio of the University of Toronto«, in: *Journal of Music Theory* 7 (1963) H. 1, S. 73–81.
92 Hugh Le Caine, »A Tape Recorder for Use in Electronic Music Studios and Related Equipment« (s. Anm. 88), S. 94.
93 François Guérin, »A Brief Overview of Electroacoustic Music in Canada«, im Booklet der von Radio Canada International produzierten *Anthology of Canadian Music. Electroacoustic Music*, CD 1–4, ACM 37, 1990, S. 3–11.
94 Vgl. das Kapitel »Klänge aus der Luft«, S. 23 ff.
95 Vgl. das Kapitel »Die amerikanische Music for Tape und der erste Synthesizer«, S. 184 ff.
96 Robert Moog, »Voltage Controlled Electronic Music Modules«,

in: *Journal Of The Audio Engineering Society* 13 (1965) H. 3, S. 200–206.

97 Zit. nach: *The Art of Electronic Music* (s. Anm. 2), S. 70.

98 Benjamin Folkman: »Bach à la Moog«, im Booklet zur LP *Switched-on Bach*, 1968, S. 3.

99 Robert Moog, »Electronic Music«, in: *Journal of the Audio Engineering Society* 25 (1977) H. 10/11, S. 855–861.

100 Wendy Carlos, »Secrets of Synthesis Electronic Orchestration from *Switched-on Bach* to *Digital Moonscapes*«, Textbeilage zu CBS FMT 42333, 1987.

101 Wendy Carlos, »Back to Bach« (Interview von Dominic Milano u. Robert L. Doerschuk), in: *Keyboards*, 1992, H. 11, S. 18–42.

102 Vgl. *Vintage Synthesizers*, hrsg. von Mark Vail, San Francisco 1993, S. 33.

103 Interview mit Keith Emerson, in: *Keyboards* 1988, H. 6, S. 24.

104 Zit. nach: Dominic Milano, »Robert Moog«, in: *The Art of Electronic Music* (s. Anm. 2), S. 73.

105 In: *Vintage Synthesizers*, hrsg. von Mark Vail (s. Anm. 102), S. 34.

106 *The Art of Electronic Music* (s. Anm. 2), S. 76.

107 *Music from Mills*, 3 LPs, 1986 (»Program Notes«).

108 Zit. nach: Curtis Roads, Booklet zur Wergo-CD von Morton Subotnick *Silver Apples of the Moon*; *The Wild Bull*, S. 2.

109 Normalerweise hatte eine LP-Seite eine Spielzeit von etwa 20 Minuten. Durch den großen Dynamikumfang der elektronischen Klänge konnten hier jedoch nur geringere Spielzeiten untergebracht werden.

110 Vgl. Curtis Roads, Booklet der Wergo-CD von Morton Subotnick (s. Anm. 108), S. 4.

111 Siehe Diskographie.

112 Siehe Diskographie.

113 Zit. nach: *Eigenwelt der Apparate-Welt – Pioneers of Electronic Art*, hrsg. von David Dunn, Linz 1992, S. 40.

114 Wendy Carlos, »Much better oscillators than the Moog«, in: *The A–Z of Analogue Synthesisers*, hrsg. von Peter Forrest, Devon 1994, S. 17.

115 NAMM = National Association of Music Merchants Trade Show, die wichtigste amerikanische Musikmesse, findet zweimal jährlich statt, im Winter in Anaheim (Kalifornien) und im Sommer in Nashville.

116 Ursprünglich war er für den BBC Radiophonic Workshop entworfen und gebaut worden. Weitere Modelle wurden verkauft an die Russische Schallplattenfirma Melodia, Radio Belgrad, Electronic Music Studio der University of East Anglia sowie das Cuenca Music Conservatory in Spanien.
117 Dazu ausführlich im Kapitel »Elektronische Musik aus Köln«, S. 228 ff.
118 Während der Grundton in die Zählung der Harmonischen, der Teil- und Partialtöne mit einbezogen wird (Grundton = 1. Harmonische / Teilton / Partialton), beginnt die Zählung der Obertöne oberhalb des Grundtons (1. Oberton = 2. Harmonische / Teilton / Partialton).
119 Otto Luening, »Some Random Remarks about Electronic Music«, in: *Journal of Music Theory* 8 (1964) H. 1, S. 89–98.
120 Vladimir Ussachevsky, »Die ›Tape Music‹ in den Vereinigten Staaten«, in: *Vers une Musique Expérimentale* (1957) S. 50–55.
121 Heinz H. K. Thiele, »Audio Technologie in Berlin bis 1943: Magnetton«, in: *Proceedings of the 94th Audio Engineering Society Convention*, Berlin 1993, S. 164.
122 Zu hören ist dies u. a. auf der CD *Zum 50. Jahrestag von Stereo-Tonbandaufnahmen*, hrsg. von der Audio Engineering Society, Region Europe, Berlin 1993.
123 Mark Clark, »Audio Technologie in den USA bis 1943« (s. Anm. 121), S. 28.
124 Otto Luening, *The Odyssey of an American Composer*, New York 1980, S. 509 f.
125 Otto Luening, »Origins«, in: *The Development and Practice of Electronic Music*, hrsg. von Jon H. Appleton und Ronald C. Perera, Englewood Cliffs (New Jersey) 1975, S. 15.
126 Otto Luening, »Origins« (s. Anm. 125), S. 16.
127 Otto Luening, »Origins« (s. Anm. 125), S. 16.
128 Pressestimmen sind ausführlich zitiert bei: Otto Luening, »Origins« (s. Anm. 125), S. 17.
129 Vladimir Ussachevsky, »Die ›Tape Music‹ in den Vereinigten Staaten« (s. Anm. 120), S. 50–55.
130 Vgl. das CD-Booklet von Alice Shields zur Einspielung von Vladimir Ussachevskys *Film Music* (New World Records 80389-2, Recorded Anthology of American Music, 1990), S. 6.
131 Elliott Schwartz, *Electronic Music*, London 1973, S. 52.

132 Harry F. Olson, *Music, Physics, and Engineering*, New York [2]1967, S. 415.
133 Harry F. Olson, *Music, Physics, and Engineering* (s. Anm. 132), S. 416.
134 Wie schnell Tonbandgeräte die Schallplattenaufzeichnung verdrängten, zeigt sich an der Tatsache, daß Prieberg (1960) Olson (1955) mit einem Blockschaltbild des RCA-Synthesizers zitiert, welches als Aufzeichnungsmedium Schallplatten verwendet. Das identische Blockschaltbild findet sich – mit Mehrkanal-Magnetband-Aufzeichnung – bei Olson. Der Wechsel von Schallplatten- zu Magnetband-Aufzeichnung erfolgte mit der Ablösung des Modells Mark I durch Mark II.
135 Otto Luening, *The Odyssey of an American Composer* (s. Anm. 124), S. 552.
136 Richard Boulanger, »Interview with Roger Reynolds, Joji Yuasa and Charles Wuorinen«, in: *The Music Machine*, hrsg. von Curtis Roads, Cambridge (Mass.) / London 1989, S. 54.
137 Vladimir Ussachevsky, »Music in the Tape Medium«, in: *The Julliard Review*, 1959, S. 19.
138 Richard Toop, »Stockhausens Konkrete Etüde«, in: *The Music Review* 37 (1976). S. 295–300.
139 Zit. nach: Ivo Malec, »Musique concrète 1948–1968«, in: *Melos* 36 (1969) H. 2, S. 53–57.
140 Pierre Schaeffer, in: *Polyphonie*, 1949, H. 6, Ser. 2.
141 Pierre Schaeffer, *Musique concrète*, Stuttgart 1974, S. 19.
142 Pierre Schaeffer, *Musique concrète* (s. Anm. 141), S. 8. Hervorhebungen im Original.
143 Pierre Schaeffer / Guy Reibel / Beatriz Ferreyra, *Solfège des objets sonore*, Paris 1967, Abschnitt 73, 4 [Klangbeispiele und Textheft zu: Pierre Schaeffer, *Traité des objets musicaux*, Paris 1966].
144 Herbert Eimert / Hans Ulrich Humpert, *Das Lexikon der elektronischen Musik*, Regensburg 1973, S. 216.
145 Fred Prieberg, *Musica ex machina* (s. Anm. 31), S. 79.
146 Pierre Schaeffer, *Musique concrète* (s. Anm. 141), S. 25.
147 Pierre Schaeffer, *Musique concrète* (s. Anm. 141), S. 25.
148 Diese Technik der Instrumentalklangmodifikation ist zwar durch John Cage bekannt geworden, wurde aber zur gleichen Zeit und unabhängig von Cage von Pierre Schaeffer und Pierre Henry für Belange der Musique concrète entwickelt.
149 Pierre Schaeffer, *Musique concrète* (s. Anm. 141), S. 21.

150 Pierre Schaeffer, *Musique concrète* (s. Anm. 141), S. 23.
151 Otto Luening als eingeladener Vertreter der Music for Tape berichtet über diesen Kongreß aus seiner Perspektive in: O. L., *The Odyssey of an American Composer* (s. Anm. 124), S. 525 ff.
152 Pierre Schaeffer, *Musique concrète* (s. Anm. 141), S. 30.
153 Pierre Schaeffer, *Musique concrète* (s. Anm. 141), S. 31.
154 Pierre Schaeffer, *Traité des objets musicaux*, Paris 1966.
155 Pierre Schaeffer, *Musique concrète* (s. Anm. 141), S. 33.
156 Pierre Schaeffer, *Musique concrète* (s. Anm. 141), S. 35.
157 Pierre Schaeffer, *Musique concrète* (s. Anm. 141), S. 35.
158 Pierre Schaeffer, *Musique concrète* (s. Anm. 141), S. 36.
159 Nämlich in: Pierre Schaeffer, *Traité des objets musicaux*, Paris 1966.
160 Pierre Schaeffer / Guy Reibel / Beatriz Ferreyra, *Solfège des objets sonore* (s. Anm. 143), Einleitung.
161 Diese Auffassung Schaeffers findet sich in den Manifesten des italienischen Futurismus, auf die sich Schaeffer auch zu Beginn seiner Studien berief; vgl. Luigi Russolo, »Die Geräuschkunst«, in: *Futurismus*, hrsg. von Hansgeorg Schmidt-Bergmann, Reinbek 1993, S. 238.
162 Jacques Poullin, »Musique Concrète – Aufnahmetechnik bei der Verarbeitung von Klangmaterial und neuer musikalischer Formen«, in: *Klangstruktur der Musik* (s. Anm. 52), S. 109–117.
163 Jacques Poullin, »Musique Concrète« (s. Anm. 162), S. 118.
164 Jacques Poullin, »Musique Concrète« (s. Anm. 162), S. 125 ff.
165 Pierre Schaeffer, *Musique concrète* (s. Anm. 141), S. 48.
166 Pierre Schaeffer, *À la recherche d'une musique concrète*, Paris 1952. – Zit. nach: Herbert Eimert / Hans Ulrich Humpert, *Das Lexikon der elektronischen Musik* (s. Anm. 144), S. 216.
167 Aus einer Kleinanzeige in der *Berliner Zeitung* vom 27. 8. 1985.
168 Wolfgang Martin Stroh, »Elektronische Musik (1975)«, in: *Handwörterbuch der musikalischen Terminologie*, hrsg. von Hans Heinrich Eggebrecht, 14. Auslieferung, Wiesbaden 1987.
169 Werner Meyer-Eppler, »Zur Terminologie der elektronischen Musik«, in: *Technische Hausmitteilungen des Nordwestdeutschen Rundfunks* 6 (1954) H. 1/2 [Sonderheft über elektronische Musik], S. 5–7.
170 Herbert Eimert, »Elektronische Musik«, in: *Technische Hausmitteilungen* (s. Anm. 169), S. 5.

171 Karlheinz Stockhausen, »Arbeitsbericht 1953. Die Entstehung der Elektronischen Musik«, in: K. St., *Texte*, Bd. 1, Köln 1963, S. 42. – Hervorhebungen im Original.
172 Werner Meyer-Eppler, »Elektronische Musik«, in: *Klangstruktur der Musik* (s. Anm. 52), S. 156.
173 Werner Meyer-Eppler, »Elektronische Musik«, in: *Klangstruktur der Musik* (s. Anm. 52), S. 157.
174 Herbert Eimert, »Probleme der elektronischen Musik«, in: *Prisma der gegenwärtigen Musik*, hrsg. von Joachim E. Berendt und Jürgen Uhde, Hamburg 1959, S. 158.
175 Herbert Eimert, »Elektronische Musik«, in: *Die Musik in Geschichte und Gegenwart*, Bd. 3, Kassel/Basel 1954, Sp. 1263–68.
176 Herbert Eimert, »Probleme der elektronischen Musik« (s. Anm. 174), S. 148.
177 Karlheinz Stockhausen, »Elektronische und instrumentale Musik (1958)«, in: K. St., *Texte*, Bd. 1 (s. Anm. 171), S. 143 f.
178 Die vier Stücke von Eimert und Beyer waren: *Klangstudie I, Klang im unbegrenzten Raum (drei Sätze), Ostinate Figuren und Rhythmen* sowie *Klangstudie II*.
179 Robert Beyer, »Das Problem der kommenden Musik«, in: *Die Musik* 20 (1928) H. 12, S. 861–866.
180 Robert Beyer, »Zur Situation der elektronischen Musik«, in: *Zeitschrift für Musik*, 1955, H. 8/9, S. 452–456.
181 Theodor W. Adorno, »Das Altern der Neuen Musik (1954)«, in: *Gesammelte Schriften*, Bd. 14, Frankfurt a. M. 1973, S. 160.
182 Henry Pousseur, »Calculation and Imagination in Electronic Music«, in: *Electronic Music Review* 5 (1968) S. 22.
183 Werner Meyer-Eppler, »Elektronische Musik«, in: *Klangstruktur der Musik* (s. Anm. 52), S. 136.
184 Herbert Eimert, »Probleme der elektronischen Musik« (s. Anm. 174), S. 152.
185 Henry Pousseur, »Calculation and Imagination in Electronic Music« (s. Anm. 182), S. 24.
186 György Ligeti, »Wandlungen der musikalischen Form«, in: *die reihe VII*, Wien/Zürich/London 1960, S. 14.
187 Obwohl diese Charakterisierung im Prinzip für jegliche notierte Musik gilt, offenbart sich dieser Konflikt bei elektronischer Tonbandmusik in besonderem Maße, da hier auch die relative Freiheit des schöpferischen Interpreten wegfällt.
188 Marietta Morawska-Büngeler berichtet in ihrer Dokumenta-

tion über das Kölner Studio für Elektronische Musik ausführlich über die technische und organisatorische Umstrukturierung; vgl. M. M.-B., *Schwingende Elektronen*, Köln 1988, S. 19 ff.

189 Herbert Eimert / Hans Ulrich Humpert, *Das Lexikon der elektronischen Musik* (s. Anm. 144), S. 76.

190 Herbert Eimert / Hans Ulrich Humpert, *Das Lexikon der elektronischen Musik* (s. Anm. 144), S. 77.

191 Die Partitur von York Höller, *Horizont*, ist erschienen in der Partiturbibliothek Nr. 5097 bei Breitkopf & Härtel in Wiesbaden, ohne Jahresangabe (etwa 1974).

192 Vgl. Karlheinz Stockhausen, *Texte*, Bd. 3, Köln 1971, S. 347. – Hier vermerkt Stockhausen (nicht ohne Stolz), daß seine Partituren von *Studie II*, *Kontakte* und *Telemusik* zu »Bibeln« für alle jüngeren Komponisten elektronischer Musik geworden sind.

193 Vgl. Karlheinz Stockhausen, *Texte*, Bd. 5, Köln 1989, S. 548 ff.

194 Vgl. Karlheinz Stockhausen, *Texte*, Bd. 6, Köln 1989, S. 114 ff.

195 Karlheinz Stockhausen, »Elektronische Musik zu KATHINKAs GESANG als LUZIFERs REQUIEM (1984)«, in: K. St., *Texte*, Bd. 6, Köln 1989, S. 119.

196 In: Karlheinz Stockhausen, *Texte*, Bd. 1, Köln 1963, S. 99–139.

197 Karlheinz Stockhausen, »Vier Kriterien der Elektronischen Musik (1973)«, in: K. St., *Texte*, Bd. 4, Köln 1978, S. 368. – Hervorhebungen im Original.

198 Karlheinz Stockhausen, »Vier Kriterien der Elektronischen Musik (1973)« (s. Anm. 197), S. 381. – Hervorhebungen im Original.

199 Karlheinz Stockhausen, »Vier Kriterien der Elektronischen Musik (1973)« (s. Anm. 197), S. 383.

200 Karlheinz Stockhausen, »Vier Kriterien der Elektronischen Musik (1973)« (s. Anm. 197), S. 382.

201 Diese Sichtweise veränderte sich erst allmählich mit der Entwicklung des Orchesters und – damit verbunden – der Orchestrierung als Kunst der »Klangfarbenmischung«.

202 Karlheinz Stockhausen, »Vier Kriterien der Elektronischen Musik (1973)« (s. Anm. 197), S. 393 f. – Hervorhebungen im Original.

203 Karlheinz Stockhausen, »Vier Kriterien der Elektronischen Musik (1973)« (s. Anm. 197), S. 395.

204 Fred Prieberg, *Musica ex machina* (s. Anm. 31), S. 106 f.

205 Edgar Allan Poe, »Mälzels Schachspieler«, in: *Brief an B.* (Essays), Leipzig 1987, S. 12–38.
206 Lejaren A. Hiller, *Informationstheorie und Computermusik*, Mainz 1964 (Darmstädter Beiträge zur Neuen Musik, VIII), S. 37.
207 Es sei darauf hingewiesen, daß es sich in diesem Fall nicht immer um »echte« Zufallszahlen handelt, da die gleiche Reihenfolge gleicher arithmetischer Operationen stets zu gleichen Resultaten, und damit zu nicht zufälligen Zahlen führt. Da die Ordnung dieser Zahlen für den Benutzer jedoch nicht offensichtlich ist, erfüllen die so gewonnenen Zahlenfolgen praktisch den gleichen Zweck.
208 Lejaren A. Hiller, *Informationstheorie und Computermusik* (s. Anm. 206), S. 37.
209 Vgl. P. G. Neumann / H. Schappert, »Komponieren mit elektronischen Rechenautomaten«, in: *Nachrichtentechnische Zeitschrift*, 1959, H. 8, S. 403.
210 Lejaren A. Hiller / Robert A. Baker, »Computer Cantata: A Study In Compositional Method«, in: *Perspectives Of New Music* 3 (1964) H. 1, S. 62–90.
211 Lejaren A. Hiller, »Music Composed with Computers – A Historical Survey«, in: *The Computer and Music*, hrsg. von Harry B. Lincoln, Ithaca/London 1970, S. 61.
212 Iannis Xenakis, »La crise de la musique sérielle«, in: *Gravesaner Blätter* 1 (1956) S. 2 f.
213 Interview mit Xenakis, in: *Iannis Xenakis – Der Mensch und sein Werk*, hrsg. von Mario Bois, Bonn 1968, S. 20.
214 Iannis Xenakis, »La crise de la musique sérielle« (s. Anm. 212), S. 3.
215 Interview mit Xenakis (s. Anm. 213), S. 12.
216 Interview mit Xenakis (s. Anm. 213), S. 13.
217 Interview mit Xenakis (s. Anm. 213), S. 13.
218 Interview mit Xenakis (s. Anm. 213), S. 13 f.
219 Interview mit Xenakis (s. Anm. 213), S. 14.
220 Gerald Strang, »Ethics and Esthetics of Computer Composition«, in: *The Computer and Music* (s. Anm. 211), S. 39 f.
221 Herbert Brün, *Über Musik und zum Computer*, Karlsruhe 1971, S. 91.
222 Herbert Brün, *Über Musik und zum Computer* (s. Anm. 221), S. 91.

223 Zit. nach: Ursula Stürzbecher, *Werkstattgespräche mit Komponisten*, München 1973, S. 29.
224 James Tenney, »Computer Music Experiments, 1961–1964«, in: *Electronic Music Reports*, H. 1, 1969, S. 46 ff.
225 Zit. nach: Ursula Stürzbecher, *Werkstattgespräche* (s. Anm. 223), S. 30.
226 Gottfried Michael Koenig, »Project 1«, in: *Electronic Music Reports*, H. 2, 1970, S. 32–44.
227 Gottfried Michael Koenig, »Project 2 – A Programme for Musical Composition«, in: *Electronic Music Reports*, H. 3, 1970. [Das ganze Heft ist diesem Thema gewidmet.]
228 Magnus Lindberg / Yves Potard / Kaija Saariaho, *Esquisse – A Compositional Environment. – Proceedings of the ICMC 1988*, Köln, S. 108 ff. – Eine umfassende Weiterentwicklung dieses IRCAM-Programms (»PatchWork«) demonstrierten Magnus Lindberg und Marc-André Dalbavie u. a. in einem Workshop während der »Inventionen '92« in Berlin.
229 Übersicht dazu bei Gareth Loy, in: *Current Directions in Computer Music Research*, hrsg. von Max V. Mathews und John R. Pierce, Cambridge/London 1989, S. 315.
230 Es sind verschiedene latinisierte Schreibweisen des kyrillischen Namens gebräuchlich. So finden sich in der Literatur auch Markoff und Markow; am geläufigsten ist die englische Schreibung Andrey Andreyevich Markov.
231 Gerhard Nierhaus, *Algorithmic Composition – Paradigms of Automated Music Generation*, Wien / New York 2009, S. 77.
232 Paul Kolesnik / Marcelo M. Wanderley, »Implementation of the Discrete Hidden Markov Model in Max/MSP Environment«, in: *Proceedings of the Eighteenth International Florida Artificial Intelligence Research Society Conference*, Clearwater Beach (Fla.) 2005, S. 68–73.
233 S. R. Holtzmann, »Using Generative Grammars for Music Composition«, in: *Computer Music Journal* 5,1 (1981) S. 51–64 (URL:http://www.jstor.org/stable/3679694).
234 Nierhaus (s. Anm. 231), S. 106 ff.
235 David Cope, *Virtual Music*, Cambridge (Mass.) 2001.
236 Goffredo Haus / Alberto Sametti, »SCORESYNTH. A System for the Synthesis of Music Scores Based on Petri Neta and Music Algebra«, in: *IEEE Computer* 27,7 (1991).

237 Charles Dodge / Thomas A. Jerse, *Computer Music. Synthesis, Composition, Performance*, London 1986, S. 289 ff.
238 Jeff Pressing, »Nonlinear Maps as Generators of Musical Design«, in: *Computer Music Journal* 12,2 (1988) S. 35–46.
239 Stelios Manousakis, *Musical L-Systems*. Diss. The Hague 2006.
240 Andrew Horner / David E. Goldberg, *Genetic Algorithms and Computer-Assisted Music Composition. Proceedings of the International Computer Music Conference 1991*, Montreal 1991, S. 479 ff.
241 Peter Beyls, *The Musical Universe Of Cellular Automata. Proceedings of the International Computer Music Conference 1989*, Ohio 1989, S. 34 ff.
242 Eduardo Reck Miranda / John Al Biles (Hrsg.), *Evolutionary Computer Music*, London 2007, S. 121 ff.
243 Michael C. Mozer, »Neural Network Music Composition by Prediction: Exploring the Benefits of Psychoacoustic Constraints and Multi-scale Processing«, in: Niall Griffith / Peter M. Todd (Hrsg.), *Musical Networks*, Cambridge (Mass.) 1999, S. 227 ff.
244 Joseph Weizenbaum, *Die Macht der Computer und die Ohnmacht der Vernunft*, Frankfurt a. M. 1978 (st 274), S. 14 ff.
245 Dt. u. d. T.: H. M., *Mind Children. Der Wettlauf zwischen menschlicher und künstlicher Intelligenz*, Hamburg 1990.
246 Nierhaus (s. Anm. 231), S. 230 ff.
247 Lejaren A. Hiller / Leonard M. Isaacson, *Experimental Music. Composition with an Electronic Computer*, New York / Toronto / London 1959.
248 Zit. nach: Werner Kaegi, »Musik und Computer«, in: *Schweizerische Musikzeitung* 123 (1983) H. 1, S. 6 f.
249 Zit. nach: Wolfgang Wierzyk, »Bits und Bytes«, in: *Keyboards* 1988, H. 8, S. 122.
250 Max V. Mathews, »The Digital Computer as a Musical Instrument«, in: *Science* 142 (1963) S. 553–557.
251 Max V. Mathews, »The Digital Computer as a Musical Instrument« (s. Anm. 250), S. 553–557.
252 Neuere Versionen von Csound arbeiten auf schnellen RISC-Rechnern bereits in Realtime.
253 Max V. Mathews / John R. Pierce / Norman Guttman, »Musikalische Klänge von Digitalrechnern«, in: *Gravesaner Blätter* 6 (1962) H. 23/24, S. 109–118.
254 Interview mit John M. Chowning, in: *Fachblatt Musik Magazin* (1988), H. 1, S. 179.

255 John M. Chowning, »The Synthesis of Complex Audio Spectra by Means of Frequency Modulation«, in: *Journal of the Audio Engineering Society* 21 (1973) H. 7, S. 526–534.
256 Interview mit John M. Chowning (s. Anm. 254), S. 179.
257 Geht man davon aus, daß sich der Modulationsindex zwischen 0 und 15 maximal ändert, so wäre die Anzahl der entstehenden Obertöne aus dem Modulationsindex plus zwei ermittelbar.
258 Obwohl bereits kleinere Computeranlagen FM-Parameter in Fourier-Daten umwandeln, geht John Chowning nach wie vor davon aus, daß diese Transformation nur bei einfachen, musikalisch nicht sehr wertvollen Klängen erfolgreich ist. Der einzige Weg ist für ihn die Analyse und der Vergleich von Frequenzspektren, um so einen bestimmten Algorithmus und die anderen Parameter zu finden, von denen man glaubt, sie seien geeignet.
259 Curtis Roads, »A Tutorial on Nonlinear Distortion or Waveshaping Synthesis«, in: *Foundations of Computer Music*, hrsg. von Curtis Roads und John Strawn, Cambridge (Mass.) / London 1985, S. 85.
260 Daniel Arfib, »Digital Synthesis of Complex Spectra by Means of Multiplication of Nonlinear Distorted Sine Waves«, in: *Journal of the Audio Engineering Society* 27 (1979) H. 10, S. 757–768. – Marc LeBrun, »Digital Waveshaping Synthesis«, in: *Journal of the Audio Engineering Society* 27 (1979) H. 4, S. 250–266.
261 Genaugenommen stellt die Verwendung von eigenen Hüllkurven bereits erneut einen Eingriff in den zeitlichen Ablauf des Ausgangsklanges dar und bildet damit gewissermaßen eine Mischform der Resynthese, bei der Zeit- und Amplitudenmodifikationen von Frequenzbändern gleichzeitig erfolgen.
262 Kevin Karplus / Alex Strong, »Digital Synthesis of Plucked String and Drum Timbres«, in: *Computer Music Journal* 7 (1983) H. 2, S. 43–55.
263 Julius O. Smith, »Physical Modeling Using Digital Wave Guides«, in: *Computer Music Journal* 16 (1992) H. 4.
264 Max V. Mathews / Joan E. Miller / F. Richard Moore / John R. Pierce / Jean-Claude Risset, *The Technology of Computer Music*, Cambridge (Mass.) 1969, S. 9.
265 Zit. nach: *Musik international* 41 (1987) H. 5, S. 370 f.
266 Joel Chadabe, »Das elektronische Studio von Albany«, in: *Melos* 38 (1971) H. 5, S. 188–190.

267 Robert Moog, »Electronic Music« (s. Anm. 99), S. 859.

268 Max V. Mathews, »Die musikalischen Möglichkeiten des Computers, theoretisch und praktisch: Das Dirigentenprogramm«, in: *Teilton 3*, Kassel 1980 (Schriftenreihe der Heinrich-Strobel-Stiftung des Südwestfunks), S. 26–30.

269 James A. Moorer u. a., »The 4 C Machine«, in: *Foundations of Computer Music* (s. Anm. 259), S. 261–280.

270 William Buxton u. a., »The Evolution of the SSSP Score-Editing Tools«, in: *Foundations of Computer Music* (s. Anm. 259), S. 376–402.

271 Friedrich Blume, »Was ist Musik? Ein Vortrag«, in: *Musikalische Zeitfragen* (1959) H. 5, S. 17.

272 Blume (s. Anm. 271), S. 17.

Abbildungsnachweis

F. A. Brockhaus, Mannheim, und Deutscher Taschenbuch Verlag, München: Abb. 5; H. Karnine: Abb. 29; Siegfried Mager, Wipperfürth: Abb. 3; William Morrow and Company Inc., New York: Abb. 13, 14, 27; Fred K. Prieberg: Abb. 4; Dr. Karl Widmaier, Baden-Baden: Abb. 33; Ableton AG (www.ableton.com): Abb. 69
Alle anderen Abbildungen: Archiv des Autors

Für einige Abbildungsvorlagen waren die Inhaber der Rechte nicht zu ermitteln. Hier ist der Verlag bereit, nach Anforderung rechtmäßige Ansprüche abzugelten.

Bibliographie

Ackermann, Philipp: Computer und Musik. Eine Einführung in die digitale Klang- und Musikverarbeitung. Wien / New York 1991.

Aicher, Richard: Das MIDI Praxisbuch. München 1987.

Anderton, Craig: MIDI for Musicians. New York 1986.

Appleton, Jon H. / Perera, Ronald C.: The Development and Practice of Electronic Music. Englewood Cliffs (N.J.) 1975.

Appleton, Jon H.: Electronic Music. Questions of Style and Compositional Technique. In: Musical Quarterly 65 (1979) S. 103–110.

Armbruster, Greg (Hrsg.): The Art of Electronic Music. New York 1984.

Audio Engineering Society (Hrsg.): 50 Jahre Stereo-Magnetbandtechnik. Die Entwicklung der Audio Technologie in Berlin und den USA von den Anfängen bis 1943. Berlin 1993.

Batel, Günther: Synthesizermusik und Live-Elektronik. Wolfenbüttel 1985.

– (Hrsg.): Computermusik. 1987.

– / Kleinen, Günter / Salbert, Dieter (Hrsg.): Radiophonische Musik. Celle 1985.

Bayle, François: Musique acousmatique, propositions… …positions. Bibliothèque de recherche musicale. Paris 1993.

Berten, Walter Michael: Musik und Mikrophon. Düsseldorf 1951.

Blum, Frank: Digital Interactive Installations. Programming Interactive Installations Using the Software Package max/MSP/Jitter. Saarbrücken 2007.

Bock, Wolfgang: Synthesizer – Aufbau, Funktion, Anwendung. Hamburg 1981.

Borwick, John (Hrsg.): Sound Recording Practice. London / New York 1977.

Boulanger, Richard: The Csound Book. Perspectives in Software Synthesis, Sound Design, Signal Processing, and Programming. Cambridge (Mass.) London 2000.

Braun, Hans-Joachim (Hrsg.): »I Sing the Body Electric«. Music and Technology in the 20th Century. [o. O.] 2000.

Bregman, Albert S.: Auditory Scene Analysis. The Perceptual Organization of Sound. Cambridge (Mass.) / London 1994.

Bruch, Walter: Vom Glockenspiel zum Tonband. Die Entwicklung von Tonträgern in Berlin. Berliner Forum 7/81. Berlin 1981.

Brün, Herbert: Über Musik und zum Computer. Karlsruhe 1971.
Buhlert, Klaus: Musiksprachen auf Computersystemen. Berlin 1985.
Cancellaro, Joseph: Sound Design for Interactive Media. Clifton Park / New York 2006.
Chadabe, Joel: Electric Sound. The Past and Promise of Electronic Music. New Jersey 1997.
Chamberlin, Hal: Musical Applications of Microprocessors. Rochelle Park (N. J.) 1980.
Chion, Michel / Reibel, Guy: Les Musiques électroacoustiques. Aix-en-Provence 1976.
– Pierre Henry. Paris 1980.
– La musique électroacoustique. Paris 1982.
– L'Art des sons fixés ou La musique concrètement. Fontaine 1991.
– L'audio-vision. Paris 1994. [Engl. u. d. T.: Audio-Vision. New York 1994.]
– (Hrsg.): François Bayle – parcours d'un compositeur. Ohain 1994.
Chowning, John: The Synthesis of Complex Audio Spectra by Means of Frequency Modulation. In: Journal of the Audio Engineering Society 21,7 (1973) S. 526–534.
– Computer Synthesis of a Singing Voice. In: Arthur H. Benade (Hrsg.): Sound Generation in Winds, Strings, Computers. Stockholm 1980. (Publication of the Royal Swedish Academy of Music. 29) S. 4–13.
– / Bristow, David: FM Theory & Applications. Tokyo 1986.
Conrad, Jan-Friedrich: Taschenlexikon Musik-Elektronik. München 1997.
Cook, Perry R.: Real Sound Synthesis for Interactive Applications. Wellesley (Mass.) 2002.
– (Hrsg.): Music, Cognition and Computerized Sound. An Introduction to Psychoacoustics. Cambridge (Mass.) / London 1999.
Cope, David: Virtual Music. Computer Synthesis of Musical Style. Cambridge (Mass.) / London 2001.
Dallet, Sylvie / Brunet, Sophie: Pierre Schaeffer. A Career in Research. A Commented Bibliography of Published Works. Frz./Engl. Montreuil [o. J.].
Dean, Roger T.: The Oxford Handbook of Computer Music. London [u. a.] 2009.
Deutsch, Herbert: Synthesis. New York 1976.
Dickreiter, Michael (Hrsg.): Handbuch der Tonstudiotechnik. München / New York 1978.

Dodge, Charles / Jerse, Thomas A.: Computer Music. Synthesis, Composition, Performance. London 1986.

Dunn, David (Hrsg.): Eigenwelt der Apparate-Welt. Pioneers of Electronic Art. Katalog zur Ausstellung im Oberösterreichischen Landesmuseum Linz während des Festivals Ars Electronica, 22. Juni – 5. Juli 1992. Linz 1992.

Ebbeke, Klaus: Phasen. Zur Geschichte der elektronischen Musik. Berlin 1984.

Eimert, Herbert / Humpert, Hans Ulrich: Das Lexikon der elektronischen Musik. Regensburg 1973.

Emmerson, Simon: Der Einsatz von Elektronik in der Musik. Forschung und Praxis in Großbritannien. In: Das Musikinstrument 36 (1987) H. 1. S. 144–146.

– (Hrsg.): The Language of Electroacoustic Music. London 1986.

– (Hrsg.): Timbre Composition in Electroacoustic Music 10 (1994) Tl. 2.

Enders, Bernd: Substantielle Auswirkungen des elektronischen Instrumentariums auf Stil und Struktur der aktuellen Popularmusik. In: Werner Klüppelholz (Hrsg.): Musikpädagogische Forschung. Bd. 4: Musikalische Teilkulturen. Laaber 1983. S. 265–294.

– Die Klangwelt des Musiksynthesizers. München 1985.

– Lexikon Musikelektronik. München/Mainz 1985.

– / Klemme, Wolfgang: Das MIDI- und SOUND-Buch zum Atari ST. Haar b. München 1988.

– / Hanheide, Stefan (Hrsg.): Neue Musiktechnologien. Vorträge und Berichte vom KlangArt-Kongreß 1991 an der Universität Osnabrück. Mainz [u. a.] 1993.

Ernst, David: The Evolution of Electronic Music. London 1977.

Föllmer, Golo: Netzmusik. Hofheim (Ts.) 2005.

Forester, Heinz von / Beauchamp, James W. (Hrsg.): Music by Computers. New York 1969.

Forrest, Peter: The A–Z of Analogue Synthesisers. Tl. 1: A–M. Devon 1994. Tl. 2: N–Z. Ebd. 1997.

Furlong, William: Audio Arts. Beunruhigende Versuche zur Genauigkeit. Leipzig 1992.

Gertich, Frank / Gerlach, Julia / Föllmer, Golo: Musik..., verwandelt. 40 Jahre Elektronisches Studio der TU Berlin. Hofheim (Ts.) 1996.

Gibbs, Tony: The Fundamentals of Sonic Art & Sound Design. Lausanne 2007.

Gorges, Peter / Merck, Alex: Keyboards, MIDI, Homerecording. München 1989.

Gottstein, Björn: Musik als Ars Scientia. Die Edgard-Varèse-Gastprofessoren des DAAD und der TU Berlin. Saarbrücken 2006.

Griffiths, Paul: A Guide to Electronic Music. London 1979.

Guerin, Robert: MIDI Power! The Comprehensive Guide. Boston 2006.

Hegarty, Paul: Noise / Music. A History. London 2007.

Hein, Folkmar / Seelig, Thomas: Internationale Dokumentation Elektroakustischer Musik. Hrsg. vom Elektronischen Studio der Technischen Universität Berlin und der Deutschen Gesellschaft für elektroakustische Musik. Saarbrücken 1996.

Helmholtz, Hermann von: Lehre von den Tonempfindungen als physiologische Grundlage für die Theorie der Musik. Braunschweig 1863.

Herbort, Heinz Josef: Computermusik. Stuttgart 1978.

Hiller, Lejaren A.: Informationstheorie und Computermusik. Mainz 1964. (Darmstädter Beiträge zur Neuen Musik. 8.)

– / Baker, Robert A.: Computer Cantata: A Study in Compositional Method. In: Perspectives of New Music 3,1 (1964) S. 62–90.

– / Isaacson, Leonard M.: Experimental Music. Composition with an Electronic Computer. New York 1959.

Höhn, Eberhard: Elektronische Musik. München 1979.

Hoffmann, Peter: Amalgam aus Kunst und Wissenschaft. Naturwissenschaftliches Denken im Werk von Iannis Xenakis. Frankfurt a. M. [u. a.] 1994.

Holmes, Thom: Electronic and Experimental Music. New York / London 2002.

Howard, David M. / Angus, Jamie A. S.: Acoustics and Psychoacoustics. Oxford [u. a.] [4]2009.

Howe, Hubert S.: Electronic Music Synthesis. New York 1975.

Humpert, Hans Ulrich: Elektronische Musik. Geschichte – Technik – Komposition. Mainz [u. a.] 1987.

International Computer Music Association (Hrsg.): Proceedings of the International Computer Music Conference (ICMA). San Francisco 1974 ff.

Judd, Frederick C.: Electronic Music and Musique Concrète. London 1961. [Dt. u. d. T.: Elektronische Musik. München 1965.]

Kaegi, Werner: Was ist elektronische Musik? Zürich 1967.

– Musik und Computer. In: Schweizerische Musikzeitung 123 (1983) H. 1. S. 3–8.

Kahn, Douglas: Noise, Water, Meat. A History of Sound in the Arts. Cambridge (Mass.) / London 2001.

– / Whitehead, Gregory: Wireless Imagination. Sound, Radio and the Avantgarde. Cambridge (Mass.) / London 1994.
Karbusicky, Vladimir: Elektronische Musik und Hörer. In: Musik und Bildung (1969) H. 5. S. 215–219.
Katz, Mark: Capturing Sound. How Technology has Changed Music. Berkeley / Los Angeles / London 2004.
Kaufmann, Dieter: Elektroakustische Musik in Österreich. In: Melos 39 (1972) H. 4. S. 214–219.
Kettlewell, Ben: Electronic Music Pioneers. Vallejo (Calif.) 2002.
Koenig, Gottfried Michael: Computeranwendung in Kompositionsprozessen. In: Ulrich Dibelius (Hrsg.): Musik auf der Flucht vor sich selbst. München 1969. S. 78–91.
– Ästhetische Praxis. Texte zur Musik. 2 Bde. Saarbrücken 1991/92.
LaBelle, Brandon: Background Noise. Perspectives on Sound Art. New York / London 2006.
Landy, Leigh: What's the Matter with Today's Experimental Music? Chur [u. a.] 1991.
– Understanding the Art of Sound Organization. Cambridge (Mass.) / London 2007.
Lepper, Markus: Kleine Kompositionslehre der elektronischen Musik. In: Gert Kaiser [u. a.] (Hrsg.): Kultur und Technik im 21. Jahrhundert. Frankfurt a. M. / New York 1993. S. 378–395.
Lertes, Peter: Elektrische Musik. Dresden/Leipzig 1933.
Licht, Alan: Sound Art. Beyond Music, Between Categories. New York 2007.
Luening, Otto: The Odyssey of an American Composer. New York 1980.
Mackay, Andy: Electronic Music. Toronto 1981.
Mager, Jörg: Vierteltonmusik. Aschaffenburg 1915.
– Eine neue Epoche der Musik durch Radio. Berlin 1924.
– Der musikalische Storchschnabel. In: Deutsche Tonkünstlerzeitung 29 (1931) H. 10. S. 134–136.
Manning, Peter: Electronic and Computer Music. London [u. a.] 1985.
Martenot, Maurice: Méthode pour l'enseignement des ondes musicales. Paris 1931.
Mathews, Max V.: The Digital Computer as a Musical Instrument. In: Science 142 (1963) H. 3592. S. 553–557.
– / Miller, Joan E. / Moore, F. Richard / Pierce, John R. / Risset, Jean-Claude: The Technology of Computer Music. Cambridge (Mass.) 1969.

Mathews, Max V. / Pierce, John R. (Hrsg.): Current Directions in Computer Music Research. Cambridge (Mass.) / London 1989.

Meyer, Jürgen: Akustik und musikalische Aufführungspraxis. Frankfurt a. M. [3]1994.

Meyer-Eppler, Werner: Elektrische Klangerzeugung. Elektronische Musik und synthetische Sprache. Bonn 1949.

– (Hrsg.): Gravesano – Musik, Raumgestaltung, Elektroakustik. Mainz 1955.

Miranda, Eduardo Reck: Composing Music with Computers. Oxford / Burlington (Mass.) 2004.

– / Biles, John Al (Hrsg.): Evolutionary Computer Music. London 2007.

Moles, Abraham A.: Informationstheorie und ästhetische Wahrnehmung. Köln 1971.

– Kunst und Computer. Köln 1973.

Moog, Robert: Voltage Controlled Electronic Music Modules. In: Journal of the Audio Engineering Society 13 (1965) H. 3. S. 200–206.

– Electronic Music. In: Journal of the Audio Engineering Society. 25 (1977) H.10/11. S. 855–861.

Morawska-Büngeler, Marietta: Schwingende Elektronen. Eine Dokumentation über das Studio für Elektronische Musik des Westdeutschen Rundfunks in Köln 1951–1986. Köln 1988.

Morrill, Dexter: The Dynamic Aspects of Trumpet Phrases. Paris 1981.

de la Motte-Haber, Helga: Historische und ästhetische Positionen der Computermusik. In: Musica 41 (1987) Heft 1/2. S. 128–134.

– Musik aus der Maschine. In: Katalog der Kasseler Musiktage 1987. Kassel 1987. S. 23–28.

– (Hrsg.): Klangkunst. München / New York 1996. [Katalogband zum Festival ›sonambiente‹ für Internationale Klangkunst im Rahmen der 300-Jahr-Feier der Akademie der Künste Berlin.]

– / Frisius, Rudolf (Hrsg.): Musik und Technik. Mainz 1996.

Mundigl, Josef Otto: Elektronische Musik im Unterricht. Diss. Regensburg 1980.

Naumann, Joel: Analog Electronic Music Techniques. In Tape, Electronic and Voltage Controlled Synthesizer Studios. London 1986.

Nierhaus, Gerhard: Algorithmic Composition. Paradigms of Automated Music Generation. Wien / New York 2009.

Noll, Justus: Multimedia, Midi und Musik. Frankfurt a. M. 1994.

Olson, Harry F.: Music, Physics and Engineering. New York 1967.
Pfitzmann, Martin: Elektronische Musik. Stuttgart 1975.
Philipp, Siegfried: MIDI-Kompendium. Fränkisch-Crumbach 1984.
Pierce, John R.: The Science of Musical Sound. Rev. Ausg. New York 1992.
Pope, Stephen Travis (Hrsg.): The Well-Tempered Object. Musical Applications of Object-Oriented Software Technology. Cambridge (Mass.) / London 1991.
Prieberg, Fred K.: Musik des technischen Zeitalters. Freiburg i. Br. 1956.
– Musica ex machina. Über das Verhältnis von Musik und Technik. Berlin [u. a.] 1960.
– Versuch einer Bilanz der elektronischen Musik. Rohrdorf 1980.
Raffaseder, Hannes: Audiodesign. Leipzig 2002.
Reetze, Jan: Musikcomputer – Computermusik. Stuttgart 1987.
Reith, Dirk: Zur Situation elektronischen Komponierens heute. In: Wilfried Gruhn (Hrsg.): Reflexionen über Musik heute. Mainz 1981.
– Geschichte und Entwicklung der elektronischen Musik. In: Gert Kaiser [u. a.] (Hrsg.): Kultur und Technik im 21. Jahrhundert. Frankfurt a. M. / New York 1993. S. 366–377.
Rhea, Thomas L.: The Evolution of Electronic Musical Instruments in the United States. Diss. Nashville (Tenn.) 1972.
Riedel, Heide: 60 Jahre Radio. Von der Rarität zum Massenmedium. Berlin 1987.
– 70 Jahre Funkausstellung. Politik, Wirtschaft, Programm. Berlin 1994.
Risset, Jean-Claude: Musical Acoustics. Paris 1978.
Roads, Curtis: The Computer Music Tutorial. Cambridge (Mass.) 1994.
Roads, Curtis (Hrsg.): Composers and the Computer. Los Altos (Calif.) 1985.
– (Hrsg.): The Music Machine. Cambridge (Mass.) / London 1989.
– / Strawn, John (Hrsg.): Foundations of Computer Music. Cambridge (Mass.) 1984.
Rowe, Robert: Machine Musicianship. Cambridge (Mass.) London 2001.
Ruschkowski, André: Soundscapes. Elektronische Klangerzeugung und Musik. Berlin 1990.
– Fluchtpunkt Sprache. Komponieren im elektronischen Medium. In: Neue Zeitschrift für Musik 157 (1996) H. 5. S. 28–33.

– »Wissenschaftlich exakte Musik« durch elektronische Technik. Eine Idee und ihre Folgen. In: Nova Acta Leopoldina. N. F. 341 (2005) Bd. 92. S.113–126.
– Computermusik. In: Holger Schramm (Hrsg.): Handbuch Musik und Medien. Konstanz 2009.
– (Hrsg.): Die Analyse elektroakustischer Musik. Eine Herausforderung an die Musikwissenschaft? Berlin 1991.
Russ, Martin: Sound Synthesis and Sampling. Oxford / Burlington (Mass.) 2004.
Sadie, Stanley (Hrsg.): The New Grove Dictionary of Musical Instruments. Bd. 1–3. London / New York 1984.
Salbert, Dieter: Die Bedeutung der automatischen Musikinstrumente für die Ästhetische Erziehung unter besonderer Berücksichtigung der audiovisuellen Kommunikation und Musikdidaktik. Diss. Hamburg 1984.
Schaeffer, Pierre: À la recherche d'une musique concrète. Paris 1952.
– Traité des objets musicaux. Paris 1966.
– La musique concrète. Paris 1967. [2]1973. [Dt. u. d. T.: Musique concrète. Von den Pariser Anfängen um 1948 bis heute. Für die dt. Ausg. überarb. von Michel Chion. Stuttgart 1974.]
– Faber et sapiens. Paris 1986.
– / Reibel, Guy / Ferreyra, Beatriz: Solfège de l'objet sonore. Paris 1967. [Textheft und 3 LPs.]
Schafer, R. Murray: The Tuning of the World. Toronto 1977. [Dt. u. d. T.: Klang und Krach. Eine Kulturgeschichte des Hörens. Frankfurt a. M. 1988.]
Schenk, Emil: Jörg Mager – dem deutschen Pionier der Elektro-Musikforschung zum Gedächtnis. Darmstadt 1952.
Schreiber, Bernd: Das Synthesizer-Handbuch. Marburg 1980.
Schwartz, Elliott: Electronic Music. A Listener's Guide. New York 1973.
Silberhorn, Heinz: Die Reihentechnik in Stockhausens *Studie II*. Rohrdorf 1980.
Spangemacher, Friedrich: Luigi Nono – die elektronische Musik. Historischer Kontext, Entwicklung, Kompositionstechnik. Regensburg 1983.
Stange, Joachim: Die Bedeutung der elektroakustischen Medien für die Musik im 20. Jahrhundert. Pfaffenweiler 1989.
Sterne, Jonathan: The Audible Past. Cultural Origins of Sound Reproduction. Durham/London 2003.
Stockhausen, Karlheinz: Texte. 6 Bde. Köln 1963–89.

Stockmann, Erich: Der musikalische Sinn der elektro-akustischen Musikinstrumente. Diss. Berlin 1953.
Strange, Allen: Electronic Music. Systems, Techniques, Controls. Dubuque (Io.) 1972.
Stroh, Wolfgang Martin: Soziologie der elektronischen Musik. Zürich 1975.
– Zur Soziologie der elektronischen Musik in den 80er Jahren. In: Schweizerische Musikzeitung 123 (1983) H. 1. S. 14–24.
Supper, Martin: Elektroakustische Musik und Computermusik. Geschichte – Ästhetik – Methoden – Systeme. Darmstadt 1997.
Taube, Heinrich K.: Notes from the Metalevel. Introduction to Algorithmic Music Composition. London / New York 2004.
Technische Hausmitteilungen des Nordwestdeutschen Rundfunks Köln 6 (1954) H. 1/2. [Sonderheft über elektronische Musik.]
Termen, Lew S.: Fizika i muzykal'noe iskusstwo. Moskau 1966.
Toop, David: Ocean of Sound. Aether Talk, Ambient Sound and Imaginary Worlds. London 2001.
Trautwein, Friedrich: Elektrische Musik. Bd. 1 der Veröffentlichungen der Rundfunkversuchsstelle bei der Hochschule für Musik in Berlin. Berlin 1930.
Trimmel, Gerald: Zur Entwicklung der elektroakustischen Musik in Österreich. In: Das Audiovisuelle Archiv H. 33/34 (1994) S. 31–56.
– Die Entstehung des Studios für Elektronische Musik in der Akademie für Musik und Darstellende Kunst in Wien. Aus der Pionierzeit der elektroakustischen Musik in Österreich. In: Wiener Geschichtsblätter 50 (1995) H. 1. S. 34–43.
Truax, Barry: Acoustic Communication. Westport (Conn.) / London 2001.
Ungeheuer, Elena: Wie die elektronische Musik »erfunden« wurde ... Quellenstudie zu Werner Meyer-Epplers Entwurf zwischen 1949 und 1953. Mainz [u. a.] 1992.
Vail, Mark: Vintage Synthesizers. San Francisco 1993.
Varga, Bálint András: Gespräche mit Iannis Xenakis. Zürich/Mainz 1995.
Vierling, Oskar: Das elektroakustische Klavier. Berlin 1936.
Weiss, Allen S. (Hrsg.): Experimental Sound and Radio. Cambridge (Mass.) / London 2001.
Wells, Thomas: The Technique of Electronic Music. London 1981.
Winckel, Fritz: Klangwelt unter der Lupe. Berlin/Wunsiedel 1952.
– Phänomene des musikalischen Hörens. Berlin/Wunsiedel 1960. (Stimmen des XX. Jahrhunderts. 4.)

Winckel, Fritz (Hrsg.): Klangstruktur der Musik. Berlin 1955.
– (Hrsg.): Experimentelle Musik. Berlin 1970. (Schriftenreihe der Akademie der Künste. 7.)
Winkler, Todd: Composing Interactive Music. Techniques and Ideas Using Max. Cambridge (Mass.) / London 1998.
Wishart, Trevor: Audible Design. York 1994.
– On Sonic Art. Amsterdam 1996. (Contemporary Music Studies. 12.)
Wolff, O. J. B.: Über den Ursprung der Elektrizität und ihre unmittelbare Wirkungsweise. Leipzig 1900.
Xenakis, Iannis: Musique formelles. Paris 1963. [Engl. u. d. T.: Formalized Music. Bloomington 1971.]
– Music Architecture. Stuyvesant (N. Y.) 1997.
Yavelow, Christopher: Music & Sound Bible. The Definitive Guide to Music, Sound & Multimedia on the Mac. San Mateo (Calif.) 1992.
Young, Gayle: The Sackbut Blues. Hugh Le Caine, Pioneer in Electronic Music. Ottawa 1989.
Zaripov, R. Chafizovic: Kibernetika i muzyka. Moskau 1971.
Zinovieff, Peter: Compositional Attitudes to Electronic Music. In: Composer 76/77 (1982) S. 6–11.

Diskographie

Bei den aufgeführten Tonträgern handelt es sich – wenn nicht anders angegeben – um Compact Disks. Das Jahr bezieht sich auf die Veröffentlichung des betreffenden Tonträgers.

Archives GRM. [5 CDs.] INA GRM C 1030 (2004).

The Art of the Theremin. [Enthält u. a. Kompositionen von Rachmaninoff, Saint-Saëns, de Falla, Achron, Wieniawski, Strawinsky, Ravel, Tschaikowsky und Glasunow.] Clara Rockmore, Ätherophon. Delos D/CD 1014 (1987).

Babbitt, Milton: Correspondences for String Orchestra and Synthesized Tape. Chicago Symphony Orchestra unter der Leitung von James Levine. Deutsche Grammophon 431698-2 (1994).

– Philomel for soprano, recorded soprano and synthesized sound. Phonemena for soprano and piano. Phonemena for soprano and tape. Reflections for piano and synthesized tape. New World Records 80466-2 (1995).

Barron, Louis und Bébé: Forbidden Planet. Original MGM Soundtrack. Small Planet Records PR-D-001 (1989).

Bayle, François: Erosphère. INA C 3002 (1990).

– Théâtre d'Ombres / Miameta. MGCB 0291 (1991).

– Vibrations Composées / Grande Polyphonie. MG CB 0392 (1992).

– Fabulæ. INA-GRM/Musidisc 244732 (1993).

– L'Expérience Acoustique. MGCB 5694 (1994).

– La Main Vide. INA-GRM/Musidisc 244542 (1996).

– Son Vitesse-Lumière. MGCB 91097 (1997).

– Trois rêves d'oiseau / Miameta. Agon PV 725001 (1997).

– La forme de l'esprit est un papillon. MGCB 1804 (2004).

Carlos, Wendy: Secrets of Synthesis. Electronic Orchestration from *Switched-On Bach* to *Digital Moonscapes*. CBS FMT42333 (1987).

Chowning, John: Phoné, Turenas, Stria, Sabelithe. Wergo WER 2012-50 (1988).

Cologne – WDR. Early Electronic Music. Werke von Herbert Eimert, Robert Beyer, Karel Goeyvaerts, Paul Gredinger, Gottfried Michael Koenig, Henri Pousseur, Bengt Hambraeus, Franco Evangelisti, György Ligeti, Giselher Klebe und Herbert Brün. (Acousmatrix. 6.) BVHaast CD 9106 (o. J. [1991?]).

Dhomont, Francis: Forêt profonde. empreintes DIGITALes IMED 9634 (1996).
– Mouvances-Métaphores. empreintes DIGITALes IMED 9633 (1996).
– Sous le regard d'un soleil noir. empreintes DIGITALes IMED 9634 (1996).
– Jalons. empreintes DIGITALes IMED 0365 (2003).
Electroacoustic Music. Anthology of Canadian Music. [4 CDs.] Radio Canada International (1990).
Ferrari, Luc: Electronic Works. (Acousmatrix. 3.) BV Haast CD 9009 (o. J.).
– Presque rien. Musidisc 245172 (1995).
– L'œuvre électronique. [10 CDs.] INA-GRM 6017/26 (2009).
Futurism & Dada Reviewed. Original recordings by Apollinaire, Cocteau, Duchamp, Grandi, Huelsenbeck, Janco, Lewis, Marinetti, Russolo, Schwitters, Tzara. Subrosa SUBCD012-19 (o. J.).
Genzmer, Harald: Konzert für Trautonium und Orchester. Konzert für Mixtur-Trautonium und Großes Orchester. Oskar Sala, Trautonium / Bremer Philharmonisches Orchester unter der Leitung von Siegfried Goslich / Sinfonie-Orchester des Süddeutschen Rundfunks Stuttgart unter der Leitung von Hans Müller-Kray. Wergo WER 6266-2 (1994).
Henry, Pierre: Variations pour une Porte et un Soupir. Voile d'Orphée. Harmonia Mundi HMC 905200 (1987).
– Des Années 50: Bidule en mi. Musique sans Titre. Fantasia. Concerto des Ambiguités. Batterie Fugace. Tam Tam. Micro Rouge. Dimanche noir. Sonatine. Tabou Clairon. Antiphonie. Vocalises. Astrologie. Voile d'Orphée (version intégrale). Kesquidi. Spatiodynamisme. Spirale. Haut-Voltage. Coexistence. Entité. Mantra 032/642032 (o. J. [1989?]).
– Apocalypse de Jean. Oratorio électronique en cinq temps. Mantra 080/642080 (1994).
– Messe pour le Temps Présent. Philips 456293-2 (1997).
Hiller, Lejaren: Computer Music Retrospective 1957–1985. [Enthält u. a.: *String Quartet No. 4 »Illiac-Suite«*.] Wergo WER 60128-2 (1989).
Hindemith, Paul: Langsames Stück und Rondo für Trautonium. Oskar Sala, Trautonium. Thorofon Classics CTH2044 (1988).
The Historical CD of Digital Sound Synthesis. Mit Werken von Newman Guttman, John R. Pierce, Max V. Mathews, David Levin, James Tenney, Ercolino Ferretti, James Randall und Jean-

Claude Risset. (Computer Music Currents. 13.) Wergo WER 282033-2 (1995).
Honegger, Arthur: Jeanne d'Arc au Bûcher. Solisten: Marthe Keller, Georges Wilson / Chœur de Radio France und Orchestre National de France unter der Leitung von Seiji Ozawa. Deutsche Grammophon 429412-2 (1991).
Jolivet, André: Concerto pour Ondes Martenot et Orchestre. Ginette Martenot, Ondes Martenot / Orchestre du Théâtre National de l'Opéra de Paris unter der Leitung von André Jolivet. Disques Ades 13.291-2 (1991).
Koenig, Gottfried Michael: Klangfiguren II. Essay. Terminus I/II. Output. Funktionen. (Acousmatrix. 1/2.) BVHaast CD 9001/2 (o.J. [1990?]).
Le Caine, Hugh: Compositions and Demonstrations 1948–1972. JWD Music 02 (LP, 1985).
Maderna, Bruno: Musica Elettronica: Notturno. Syntaxis. Continuo. Musica su due dimensioni. Dimensioni II – Invenzione su una voce. Serenata III. Le Rire. Stradivarius STR 33349 (1994).
Messiaen, Olivier: Trois petites liturgies de la Présence Divine. Cynthia Millar, Ondes Martenot / Rolf Hind, Klavier / London Sinfonietta und London Sinfonietta Chorus unter der Leitung von Terry Edwards. Virgin Classics VC 791472-2 (1991).
– Turangalîla-Symphonie. Jeanne Loriod, Ondes Martenot / Yvonne Loriod, Klavier / Orchestre de la Bastille unter der Leitung von Myung-Whun Chung. Deutsche Grammophon 431781-2 (1991).
Nono, Luigi: Prometeo. EMI Classical 5552092 (1995).
Ohm. The Early Gurus of Electronic Music 1948–1980. [3 CDs.] Ellipsis Arts CD3670 (2000).
Parmegiani, Bernard: de natura sonorum. INA-GRM C 3001 (1990).
– La création du Monde. INA-GRM Musidisc 244372 (1996).
– L'Œil écoute. Agon PV725002 (1997).
– Violostries. Pour en finir avec le pouvoir d'Orphée. Dedans-Dehors. Rouge-Mort. Exercisme 3. Le présent composé. INA-GRM C 1012/13 (1997).
– L'œuvre musicale en 12 CD. INA-GRM 6000/11 (2008).
Pioneers of Electronic Music. Music for Tape von Wladimir Ussachewsky, Otto Luening, Bülent Arel, Mario Davidovsky, Pril Smiley und Alice Shields. CRI American Masters CD 611 (1991).
Pousseur, Henri: Electronic Works. (Acousmatrix. 4.) BV Haast CD 9010 (o.J.).

Reich, Steve: Early Works: Come out. Piano phase. Clapping music. It's gonna rain. Electra/Nonesuch 979169-2 (1987).
Riley, Terry: In C. Edsel Records EDCD314 (1989).
Risset, Jean-Claude: Sud. Dialogues. Inharmonique. Mutations. INA-GRM C 1003 (1987).
Rosenboom, David / Buchla, Donald: Collaborations in Performance. 1750 Arch Records S-1774 (1978, LP).
Ruttmann, Walter: Week-End. (Collection Cinéma pour l'oreille.) Metamkine MKCD010 (o.J. [1995?]).
Sala, Oskar: My Fascinating Instrument. Eigenkompositionen von Oskar Sala für das Mixtur-Trautonium. Oskar Sala, Mixtur-Trautonium. Erdenklang 90340 (1990).
– Resonanzen. Oskar Sala, Mixtur-Trautonium. Originalton West 028 (1994).
– Suite für Mixtur-Trautonium und elektronisches Schlagwerk. Resonanzen für Mixtur-Trautonium und elektronisches Orchester. Oskar Sala, Mixtur-Trautonium. Originalton West OW 028 (1994).
– Subharmonische Mixturen. Erdenklang 70962 (1997).
– Elektronische Impressionen. Oskar Sala, Mixtur-Trautonium. Erdenklang 81032 (1998).
Schaeffer, Pierre: L'œuvre musicale. [Enthält u.a. die ersten *Cinq études de bruits* von 1948 und die *Symphonie pour un homme seul.*] INA C 1006–09 (1990).
Stockhausen, Karlheinz: Elektronische Musik 1952–1960. [Enthält u.a. *Etude*, *Studien I & II*, *Gesang der Jünglinge* und die elektronische Fassung von *Kontakte*.] Stockhausen-Verlag (1992).
– Kontakte (Fassung mit Klavier und Schlagzeug). David Tudor, Klavier und Schlagzeug / Christoph Caskel, Schlagzeug. Wergo WER 6009-2 (1992).
– Sirius. Elektronische Musik, Trompete, Sopran, Baßklarinette und Baß. Stockhausen-Verlag (1992).
Morton Subotnick: The Key To Songes. Return. New Albion Records NA 012CD (1986).
– Touch. Wergo WER 2014-50 (1989).
– Silver Apples of the Moon. The Wild Bull. Wergo WER 2035-2 (1994).
Switched-On Bach. Virtuoso Electronic Performances. Wendy Carlos performing on the Moog Synthesizer. CBS Masterworks MK 63501. (1981).
Ussachewsky, Wladimir: Film Music. New World Records 80389-2 (1990).

Varèse, Edgard: Poème électronique. Déserts. ASKO Ensemble unter der Leitung von Cliff Crego. Attacca Babel 9263-2 (o. J.).
– Ecuatorial. Bass Ensemble of the University-Civic Chorale / Utah Symphony Orchestra unter der Leitung von Maurice Abravanel. Vanguard Classics OVC 4031 (1991).
Wishart, Trevor: Red Bird. Anticredos. October Music Oct 001 (1992).
Xenakis, Iannis: Eonta. Metastasis. Pithoprakta. Le Chant du Monde LDC 278 368 (o. J. [1990?]).
– La légende d'Eer. Auvidis Montaigne MO 782058 (1995).
– Electronic Music. Electronic Music Foundation EMF CD 003 (1997).

Register

Ableton 431–433
Abtastfrequenz 286, 349 f.
additive Synthese 20, 86, 305 ff., 355, 369, 371
Adorno, Theodor W. 237 f.
ADSR-Generator 162 ff., 355
Ätherophon 25 ff., 39, 55, 88, 110, 120
Aftertouch 90, 401
Agitation Free 137
AKAI 146
Aleatorik 185, 243, 245, 249, 276
Alesis 147
algorithmische Komposition 269, 281, 283, 284 ff., 383
Aliasing-Geräusche 352
Alonso, Sydney 370 f.
alphaSyntauri 376
Amplitudenmodulation, Klangsynthese durch 319 ff.
Analog / Digital-Wandlung 299 f., 349 f.
Anhalt, Istvan 102, 105
Apple Audio Units (AU) 431
Apple-Computer 376 ff.
Appleton, Jon 370 f.
Arca musarithmica 261
Arel, Bülent 204
ARP-Synthesizer 118, 138 ff., 144
Atari 374 f.

Babbitt, Milton 201, 204, 206, 267
Baker, Robert A. 271 f.
Baldwin 96, 110
Bandpass-Filter 160
Bandsperre-Filter 160
Barron, Louis und Bébé 192 f.
Bartók, Béla 30 f.
Baur, Jürg 71
Bayle, François 218
Beach Boys 35
Beaver, Paul 112
Béjart, Maurice 215
Belar, Herbert 200
Bell Telephone Laboratories 106, 190 f., 300 f., 366
Berio, Luciano 198, 204, 244 f., 368
Beyer, Robert 236 ff.
Beyls, Peter 293
Bigelow-Rosen, Lucie 29
Blume, Friedrich 426
Böhm, Karl 43
Boulez, Pierre 208, 254, 355
Brown, Earle 193 f.
Brün, Herbert 293, 341
Buchla, Donald 90, 144 f., 149
Buchla-Synthesizer 120 ff., 175, 178
Busoni, Ferruccio 36 ff., 195
Butting, Max 60
Buxton, William 369

Cage, John 104, 184 f., 193 f., 249, 272 f., 274
Cahill, Thaddeus 18 ff., 36, 57
Camras, Marvin 191
Carlos, Wendy (Walter) 112 ff., 136, 138, 365
CBS 124, 139, 145
Center for Computer Research in Music and Acoustics (CCRMA) 346

Chadabe, Joel 137, 365
Chaostheorie 288 ff.
Chaffe, David 346
Channel Modes 412 ff.
Charpentier, Gabriel 105
Charpentier, Jacques 54
Chauveau, Alain 355
Chomsky, Noam 286 f.
Choralcello 18
Chowning, John M. 308 ff., 341, 358
Ciamaga, Gustav 102, 105, 112
Claudel, Paul 49 f.
Club d'Essai 208, 213, 218
Cockerell, David 144, 177, 367
Coded Music Apparatus (Coded Music System) 93 f.
Coloured Noise 157
Columbia-Princeton Electronic Music Center 185 ff., 201 ff.
Commodore Amiga 375 f.
Commodore C 64 374 ff.
Computer (musikalische Anwendung) 259 ff.
Computerklangsynthese 259 f., 298 ff.
Computerkomposition 259, 266 ff.
Control Changes 406 ff.
Conway, John Horton 292
Cope, David 288
Cowell, Henry 127, 192, 197
Csound 303
Cut-off-Frequency 158 f.

Dailygraph 187
DCO 156 f.
Denis d'or 17
Dessau, Paul 67, 69, 71
Deutsch, Herbert 110
Digital Audio Workstation (DAW) 430 ff.
Digital Waveguides 346
Digital/Analog-Wandlung 299 f., 349 f., 365
direkte Klangsynthese 300 ff.
Diviš, Prokopius 16 f.
Dodge, Charles 290
Doepfer 433
Dreieckwelle 154
Dump-Request 419
Dyck, Ralph 177
Dynamophone 18 ff., 36, 57

E-mu 147
Eaton, John 137
Eckert, J. Presper 266
Edison, Thomas A. 186
Editorprogramme 379 ff.
EG 162 ff.
Egk, Werner 71
Eimert, Herbert 231 ff.
Einstein, Albert 31
Electronic Music Studios Ltd. (EMS) 143 ff., 177, 368
Electronic Rock 127, 137
elektrische Musik 228
elektroakustische Musik 231
Elektromophon 38
elektronische Musik 228 ff.
Elektrophon 38
Elektrotonorgel 43 f.
ELIZA 295
Elkind, Rachel 112
Emerson, Keith 115 f.
Emerson, Lake & Palmer 116
ENIAC 266
Enkel, Fritz 237
Ensoniq 147
Envelope Follower 171
Envelope Generator 162 ff.
Eurorack-Spezifikation 433
Expertensysteme 287

Fairlight CMI 360, 371 f.
Feldman, Morton 193 f.
Ferrari, Luc 218
Filter, spannungsgesteuerter 158 ff.
Fischinger, Oskar 79, 81
Flankensteilheit 160
FM-Synthese 308 ff., 369
Förster-Elektrochord 83 f.
Folkman, Benjamin 112
Formanten 174
fotoelektrisches Prinzip der Klangerzeugung 75
Fourier, Joseph 305
Fourier-Theorem 232 f., 240, 306
Fraktale 289
fraktales Rausches 289 f.
Frequency Follower 170 f.
Frequenzmodulation 308 ff., 369
Fuleihan, Anis 30
Futurismus 37, 207
Fux, Johann Josef 270

Gabor, Dennis 328
Galeev, Bulat 34
Galvani, Luigi 16
Game of Life 292 f.
Gate-Signal 150 f.
gemischte digitale Systeme 368 ff.
General MIDI-Standard 421 ff.
generative Grammatiken 286 f.
genetische Algorithmen 291 f.
Genzmer, Harald 67, 69, 71
Gershwin, George 86
Giugno, Giuseppe de 368
Goebbels, Joseph 46, 68 f., 84
Goeyvaerts, Karel 238
Goldberg, David E. 291
Grainger, Percy 31
Granularsynthese 327 ff.
Grateful Dead 127
Gray, Elisha 17
Gredinger, Paul 238
Grogono, Peter 367
GROOVE-Synthesizer 366 f.
Groupe de Recherches Musicales (GRM) 219, 227 f.
Grundton 152 f.
Guericke, Otto von 15

Hába, Alois 36, 38, 40, 54
Hammond, Laurens 20, 85
Hammond-Orgel 85 ff., 110, 248, 428
Harddisk-Recording 383
Hardware-Sequenzer 179
Harmonische 153 f.
Haus, Goffredo 288
Helmholtz, Hermann von 19
Henry, Pierre 213 ff.
Henze, Hans Werner 71
Hermann, Bernhard 35
Hiller, Lejaren A. 102, 106, 266 ff., 276, 279, 297
Hindemith, Paul 40, 63 ff., 70
Hipp, Matthäus 17
Hochpass-Filter 159
Höller, York 250
Hoffmann, Ernst Theodor Amadeus 264
Honegger, Arthur 47, 49 ff., 69, 273
Hornbostel, Erich Moritz von 37
Horner, Andrew 291
Hoschke, Frederick Albert 87
Hüllkurvengenerator 162 ff., 177
Humpert, Hans Ulrich 249

Husserl, Edmund 221
Hybridsystem 124, 366

ILLIAC-Suite 266 ff., 297
International MIDI Association (IMA) 386
IRCAM 282, 346, 368
Isaacson, Leonard M. 266 f., 270, 297
Ives, Charles 272

Jackendoff, Ray 287
Japan MIDI Standards Committee (JMSC) 386
Jaquet-Droz, Henry-Louis 264
Jaquet-Droz, Pierre 264
Jarre, Maurice 55
Jerse, Thomas A. 290
Jolivet, André 53 f.
Jones, Cameron 371

Kagel, Mauricio 105
Kaleidosphon 41
Kennlinie 323 f.
Ketoff, Paul 137
Kircher, Athanasius 261 f.
Klaviatur-Sphärophon 41
Kölner Konzept (Schule) der elektronischen Musik 71 f., 149, 212, 215, 217, 227, 232 f., 236, 247, 249, 306, 327, 428
Koenig, Gottfried Michael 280 ff.
Kompaktsynthesizer 181 f.
Korg 143, 183
Kotelnikow, Wladimir 299
künstliche Intelligenz 295 ff.

Laborde, Jean-Baptiste 17
Lautsprecher (technische Entwicklung) 56 ff.
Le Caine, Hugh 87 ff., 175
Le Corbusier 273
Led Zeppelin 35
Leidener Flasche 15 f.
Lenin, Wladimir Iljitsch 27 f.
Lerdahl, Fred 287
LFO 165 ff., 319
Lichtton 78 f.
Ligeti, György 244
Lindberg, Magnus 282
Lindenmayer, Astrid 289
Lindenmayer-Systeme 289 f.
Live-Elektronik 172, 227, 248, 250, 283
Lorenz, Ernst 17
Luening, Otto 112, 137, 185, 194 ff.

Mâche, François-Bernard 218
Mager, Jörg 36 ff., 48, 66, 69, 83
magnetische Schallaufzeichnung (Entwicklung) 186 ff.
Malec, Ivo 218
Mandelbrot, Benoît 289
Manousakis, Stelios 291
Manual-Data-Dump 419
Markov, Andrej Andrejevič 285
Markov-Ketten 285
Markov-Modelle 285 ff
Martenot, Maurice 47 f.
Martin, Anthony 121, 126 f.
Martinů, Bohuslav 31
Masterkeyboard 392
Mathews, Max V. 106, 204, 300 ff., 341, 366
Mauchley, John W. 266
McLaren, Norman 81
Mellotron 100, 122, 148, 355, 429
Messiaen, Olivier 53 f., 208, 213, 238, 273
Meßter, Oskar 78 f.
Meyer-Eppler, Werner 72, 229 ff.

MIDI 2.0 Spezifikation 430
MIDI IN 387 f.
MIDI Manufacturers Association (MMA) 386, 422, 430
MIDI OUT 387 f.
MIDI THRU 388 f.
MIDI-Betriebsarten 396 ff.
MIDI-Datenformat 394 f.
MIDI-Expander 392 f.
MIDI-Kanaldaten 399 ff.
MIDI-Kanäle 393 ff.
MIDI-Spezifikation (Entstehung) 374 ff., 384 ff.
MIDI-Systemdaten 415 ff.
MIDI-Tastenbefehle 399 f.
MIDI-Übertragungsrate 387
Mikrointervalle 36 ff.
Milhaud, Darius 47, 53, 121, 208, 273
Minimoog 116, 119, 135, 140, 144, 358, 363
Miranda, Eduardo Reck 293
Mixtur-Trautonium 69 ff.
Mochida, Yasunori 316
Modalsynthese 345 ff.
Modularsynthesizer 182
Modulationsfrequenz 308 ff., 319 ff.
Modulationsindex 309 f.
MONO Mode 396 ff.
Moog, Robert 90, 104, 107, 110 ff., 134 ff., 147, 149, 365
Moog-Synthesizer 109 ff., 134 ff.
Moravec, Hans 296
Morphophon 227
Morrison, Joseph 346
Mozer, Michael 295
MULTI Mode 396 ff.
Multisampling 355
Murail, Tristan 54 f.
MUSIC 11 303
MUSIC V 303
Music for Tape 111, 120, 132, 184 ff., 217, 230, 255
MUSIC-Computerprogramme 301
Musikautomaten 261 ff.
Musique concrète 93, 96, 185, 198, 203, 206, 207 ff., 230 f., 238, 255
Musurgia universalis 261 f.
MUSYS-Hybridsystem 367

Nadeltonverfahren 186
Neo-Bechstein-Flügel 81 ff.
neuronale Netze 294 f.
nichtparametrische Klangsynthese 346
Nikolais, Alwin 111

Oberheim, Thomas 107, 139 f., 147, 386
Oberheim-Synthesizer 139 f., 177 f., 385
Oberton 153 f., 306 f.
Ohm, Georg Simon 306
Oliveros, Pauline 105, 120 ff., 127 f.
Olson, Harry F. 200
OMNI Mode 396 ff.
Ondes Martenot 47 ff., 69, 88, 91
Ondes musicales 48
Open Sound Control (OSC) 430
Orff, Carl 71
Oszillator, spannungsgesteuerter 154 ff.

parametrische Klangsynthese 346 ff.
Parmegiani, Bernard 218
Partch, Harry 121
Partiturophon 43

Partitursynthese 259
Passport Soundchaser 376 f.
Pearlman, Alan R. 138
Petri-Netze 288
Pfenninger, Rudolf 81
Pfleumer, Fritz 188
Phase Distortion 326 f.
Philippot, Michel 218
Phonogen 227
Phonurgia nova 261
Physical Modeling, Klangsynthese durch 345 ff.
Pierce, John 366
Pink Floyd 127
Pink Noise 158
Pitch Bending 403 ff.
Poe, Edgar Allen 264
POLY Mode 396 ff.
Polymoog 116, 118, 138
Polyphone 107
Polyphone Synthesizer 182 f.
Popov, Gavriel 31
Potard, Yves 282
Poullin, Jacques 226 f.
Poulsen, Valdemar 186 f.
Pousseur, Henry 238, 243
Preset-Synthesizer 182 f.
Pressing, Jeff 290
Production-Centre 360
Program Change 180, 401 ff.
pseudopolyphone Synthesizer 183
Psychedelic Rock 126 f., 137
Pulsweitenmodulation 167, 176

Quantisierung 352 ff.
Quicksilver Messenger Service 127

Rachmaninow, Sergej 31
radiophone Musik 209
Rauschgenerator 157 f.
RCA-Synthesizer 95, 175, 200 ff.
Rechteckwelle 154
Remote-Keyboard 391
Resonanzfilter 174
Resynthese 332 ff.
Rhythmikon 31
Riley, Terry 121, 133
Ringmodulator 171 f.
Roads, Curtis 131, 329 f.
Rockefeller Foundation 29, 200
Rockmore, Clara 29 ff.
Roland 141 f., 177 f., 385 f.
Rolling Stones 136
Rosenboom, David 132 f.
Rubinstein, Ida 49
Rundfunk (Anfänge) 56 ff.
Ruttmann, Walter 79 f.
Ryrie, Kim 371

Saariaho, Kaija 282
Sacher, Paul 50
Sachs, Curt 40
Sackbut 89 ff., 107, 175
Sägezahnwelle 154
Sala, Oskar 64 ff., 71 f.
Sametti, Alberto 288
Sample Editor-Programme 380 ff.
Sample-and-Hold 169 f.
Sampler 342 f., 349 ff.
Sampling 338, 343 f., 348 ff., 369 ff., 429
Sampling-Theorem 299
San Francisco Tape Music Center 121 ff.
Schaeffer, Myron 102, 105
Schaeffer, Pierre 93, 96 f., 198, 207 ff., 238, 273
Schafer, Murray 105
Scherchen, Hermann 43
Schönberg, Arnold 38 f.

Schott, Caspar 262
Schulze, Klaus 137
Scott, Jim 116
SCSI-Schnittstelle 381
Sear, Walter 112
Seitenband 308 ff.
Selbstähnlichkeit 289 ff.
Sender, Ramon 120 ff., 127
Sequential Circuits 140 f., 385 f.
Sequenzer (musikalischer Einsatz) 129 f.
Sequenzer, analoge 175 ff.
Sequenzer, digitale 175 ff.
Serial Sound Structure Generator 105 f.
serielle Musik 71, 101, 184, 232, 242, 274
Severy, L.Melvin 18
Shannon, Claude 299
Shields, Alice 200
Siday, Eric 112
Sinclair, George B. 18
Sinuswelle 154
Smith, Dave 140 f., 385
Smith, Julius O. 346
Software-Sequenzer 178 ff., 374 ff., 378 ff.
Sonde 106
Sound Editor-Programme 379 ff.
Sound-Sampling 349 ff.
Spannungssteuerung 148 ff.
Special Purpose Tape Recorder 97 ff.
Spectrogram 103 f.
Spencer, Herbert 210
Sphärophon 39
Spielmann, Emerich 75
SSSP-Digital-Synthesizer 369 f.
Steinberg 179, 374 f., 431
Steuerspannung 148 ff.
Steuerspannungscharakteristiken 149 f., 384 f.
stochastische Musik 276
Stockhausen, Karlheinz 102, 144, 207 f., 232, 238 ff.
Stokowski, Leopold 30, 86, 197
Strauss, Richard 71
Strobel, Heinrich 215
Stumpf, Carl 61
Subotnick, Morton 121 ff., 128 ff., 144
Superpiano 75 ff.
Synclavier 360, 371
Synket 137
Synthesizerarten, analoge 181 ff., 427, 432 f.
Synthesizerarten, digitale 357 ff., 428, 433
synthetische Musik 81
System-Allgemein-Daten 416 f.
System-Echtzeit-Daten 415 f.
System-Exklusiv-Daten 417 ff.

Taktgenerator 176
Tal, Josef 102
Tangerine Dream 137
Teilton 153 f.
Telharmonium 18, 428
Tenney, James 281
Termen, Lew 23 ff., 39, 48, 87
Terpsiton 31
Tiefpass-Filter 158 f.
Tonfilm (Anfänge) 78 ff.
Tongemisch 234
Toscanini, Arturo 45, 197
Trägerfrequenz 308 ff., 320 ff.
Transformation 227
Transmutation 226 f.
Trautonium 45, 61 ff., 90 f., 237
Trautwein, Friedrich 60 f., 71 f., 237

Trigger-Signal 150 f., 163 f., 176
Tudor, David 105, 193
Turing, Alan 296

Übergangsnetzwerke 288
Übertragungsfunktion 324
Unit-Generator 302
Untertonreihe 70
UPIC 279
Ussachevsky, Vladimir 105, 110 f., 112, 185 f., 194 ff.

Varèse, Edgar 30, 53, 55, 105, 204, 273
Vaucanson, Jacques 263 f.
VCA 161
VCF 158 ff.
VCO 154 f.
Verstärker, spannungsgesteuerter 161
Vierling, Oskar 45, 83 f.
Virtual Studio (VST) 431
Vocoder 336
Vogel, Peter 371
Volta, Alessandro 16

Waveshaping-Synthese 323 ff.
Waxman, David 346
Waxman, Franz 31
Weizenbaum, Joseph 295
Welte-Lichtton-Orgel 78
White Noise 157
Wolff, Christian 194
Wood, Chet 385
Workstation 360
Würfelspiele, musikalische 264 f.
Wuorinen, Charles 204
Wurlitzer-Orgel 87
Wyschnegradsky, Iwan 54

Xenakis, Iannis 218, 273 ff., 328 f.

Yamaha 141 ff., 313, 316 f., 358 f., 386
Yamaha-Synthesizer 141 ff.
Young, Gale 109

zelluläre Automaten 292
Zinovieff, Peter 143, 177, 367 f.
Zitzmann-Zerini, Erich 34
Zufallsgenerator 170

Zum Autor

André Ruschkowski, geb. in Berlin, Berufsausbildung auf dem Gebiet der Tonstudiotechnik. 1984–1989 Studium der Musikwissenschaft an der Humboldt-Universität zu Berlin, Teilnahme an Kompositionskursen und Arbeit in verschiedenen Studios für elektronische Musik in Europa, in den USA und in Kanada. 1993 Dissertation über divergierende ästhetische Konzeptionen elektronischer Musik. 1992–2006 Lehrbeauftragter für elektronische Musik an der Technischen Universität Berlin, 1995 Gastprofessor für Musik des 20. Jahrhunderts an der Universität Köln, 1995–2006 Professor für elektronische Musik und Computermusik an der Universität Mozarteum Salzburg, 2006–2017 Professor of Sound Art am Savannah College of Art and Design, Georgia (USA).

Werkaufführungen und Rundfunkpräsentationen u. a. in Deutschland, Österreich, Frankreich, Italien, Ungarn, USA (International Computer Music Conference 1998), Kanada, Südkorea, Slowakei, Schweiz, Schweden, Griechenland (ICMC 1997) und Japan; Anerkennungen beim Internationalen Wettbewerb für elektroakustische Musik 1985, 1989 und 2000 in Bourges (Frankreich) sowie 1989 beim Internationalen Wettbewerb für elektroakustische Musik »Luigi Russolo« in Varese (Italien), 1990 Preis der Stadt Varese, 1997 Preis des Wettbewerbes für Radiokunst in Paris, 1998 erster Preis beim Kompositionswettbewerb für Computermusik in Braunschweig.

Neuere Kompositionen sind auf allen größeren Musikstreaming-Plattformen, wie Spotify, Apple Music, YouTube Music, Amazon Music etc. verfügbar.

Weitere Informationen unter: www.ruschkowski.net